CULTIVATING ELEMENTARY TEACHERS

TOWARDS

EXCELLENCE

新时代小学教育专业建设与小学教师教育研究丛书
丛书主编：刘慧

走向卓越的
小学教师培养

刘慧　刘海涛　主编

天津出版传媒集团
天津人民出版社

图书在版编目（ＣＩＰ）数据

走向卓越的小学教师培养 / 刘慧, 刘海涛主编. --
天津 : 天津人民出版社, 2023.8
（新时代小学教育专业建设与小学教师教育研究丛书 /
刘慧主编）
ISBN 978-7-201-19649-7

Ⅰ.①走… Ⅱ.①刘… ②刘… Ⅲ.①小学教师—师
资培养 Ⅳ.①G625.1

中国国家版本馆 CIP 数据核字(2023)第 147778 号

走向卓越的小学教师培养
ZOUXIANG ZHUOYUE DE XIAOXUE JIAOSHI PEIYANG

出　　版	天津人民出版社	
出 版 人	刘　庆	
地　　址	天津市和平区西康路35号康岳大厦	
邮政编码	300051	
邮购电话	（022）23332469	
电子信箱	reader@tjrmcbs.com	

责任编辑	武建臣
特约编辑	郭雨莹
装帧设计	汤　磊

印　　刷	天津新华印务有限公司
经　　销	新华书店
开　　本	710毫米×1000毫米　1/16
印　　张	35.00
插　　页	2
字　　数	480千字
版次印次	2023年8月第1版　2023年8月第1次印刷
定　　价	138.0元

新时代小学教育专业建设与小学教师教育研究丛书

序

　　新时代中国小学教育专业如何建设？面向未来的小学教师如何培养？这是当代小学教师教育者必须要回应的时代之问。本套丛书是我们——首都师范大学初等教育学院迎接新挑战、抓住新机遇、乘势而上的实践探索与理论研究答卷。

　　我国小学教师中师培养的历史已有百年，而本科层次培养的历史却很短。首都师范大学初等教育学院，作为我国小学教师本科培养的首批单位之一，其建设发展的历程，也是当代中国小学教育专业建设与小学教师本科层次培养历程的"缩影"。在"十四五"开局之年，面向未来的教师教育改革与创新，我们认为，有必要将我们在小学教师教育理论研究与实践探索过程中的一些重要事件、主要成果整理出版，通过回顾历史来把握当下、创造未来，也为推动具有中国特色的小学教师教育体系、世界先进水平的小学专业建设贡献我们的微薄之力。

　　首都师范大学初等教育学院，1999年由两所中师——具有百年历史的通州师范学校和颇具影响力的北京第三师范学校合并升格成立，至今走过了22年的发展历程。在此期间，经历了学院文化的大学化、小学教育专业性质的定位、小学教育专业人才培养模式的形成与发展、初等教育学学科建设的确立与起步等至关重要的发展阶段与事件；并在国家一系列教师教育政策的指引下得以迅速发展,取得了显著成绩,被誉为全国小学教育专业的"领头雁""带头羊"。在此过程中的关键事件,可以分为三类。

一、关于小学教育专业建设的政策、项目与成效

在 20 年时间里,对小学教育专业建设产生重要而深远影响的国家政策与项目主要有以下几个:

2007 年,教育部评选国家级特色专业,我校和上海师范大学小学教育专业首批入选。这是建立不足 10 年的高师小学教育专业得到国家认可与重视的"信号",是对全国小学教育界(简称"小教界")的莫大鼓舞。一些省市也相继开展特色专业评选活动,小教界有多家单位入选,由此开启了我国小学教育专业特色建设的探索之旅。小教界围绕着小学教育专业特色"特"在何处、小学教育专业的核心品质到底是什么等问题进行了深入探索。这是推动我国小学教育专业关注自身性质、特色建设,注重内涵发展的重要力量。

2011 年,根据《教育部 财政部关于"十二五"期间实施"高等学校本科教学质量与教学改革工程"的意见》和《关于启动实施"本科教学工程""专业综合改革试点"项目工作的通知》,我校于 2012 年组织申报"高等学校专业综合改革试点"项目,我院小学教育专业的申报得到了学校的支持并获得立项。经过 3 年的建设,完成了"以人才培养质量为核心,进一步改革人才培养模式,凝练人才培养特色,为小学输送优秀教育工作者,在全国小学教师教育院系中起到引领和示范作用"的建设目标,实现了人才培养模式、教学团队建设、新课程体系建设等具体目标,开启了我院小学教育专业综合改革之路。

2017 年,我校接受北京市教委对高校本科专业审核评估。我们通过撰写"本科教学工作审核评估汇报报告",从学院发展概况、办学特色、人才培养目标的实现、质量保障体系建设、存在的问题与努力方向、建设规划等六个方面认真梳理了建院以来的教学工作,为日后申报一流专业建设点和撰写

师范专业认证自评报告打下了坚实基础。

同年,北京市属高校一流专业建设工作启动,我院小学教育专业入选首批一流专业建设单位。2018年5月,我们组织骨干教师团队,研究并依据一流专业建设的具体要求,对我院小学教育专业建设现状、专业建设存在的问题、专业建设目标、专业建设的主要举措等方面做了进一步的梳理与研究。在此过程中,参与撰写的教师思想观念、思维方式不断发生转变,对一流专业建设的理解不断加深。

2018年9月4日,我院接到通知,被指定为全国小学教育专业认证"打样"单位。依据教育部颁布的《普通高等学校师范类专业认证实施办法(暂行)》,经过两个月的高效工作,我院小学教育、美术学(小学教育)、音乐学(小学教育)接受了教育部师范类专业"联合认证",开启了中国小学教育专业认证的历史,也正如教育部教师工作司任友群司长在认证反馈会上所指出的:"为我国的师范教育发展史留下了浓墨重彩的一笔。"这一过程,不仅仅是完成了专业认证这项工作本身,更是梳理与反思了我院小学教育专业的建设历程,研究与憧憬了小学教育专业的未来发展。

2019年,教育部颁布了《关于实施一流本科专业建设"双万计划"的通知》,我院小学教育专业经过层层选拔,入选了首批"国家级一流本科专业"建设点。这一成绩的取得,得益于前期大量的基础性工作,它不仅是扎实的实践探索,更是针对小学教育专业与小学教师教育的学术研究。可以说,我院小学教育专业能入选首批"国家级一流本科专业"建设点,一路走来,每一步都很坚实,每一步都展现了学院追求卓越、敢为人先的探索与创新精神。2020年,根据学校要求,对照《一流本科专业建设点推荐工作指导标准》科学编制一流本科专业3年建设规划方案,提出了深化专业综合改革的六大主要举措,3年后的成效将使我院小学教育专业建设再上新台阶。

二、关于小学教师教育的政策、项目与成效

2010年，教育部启动教师专业标准研制工作，我院有幸在顾明远先生的指导下开展"小学教师专业标准"研制工作。在一年多的研制过程中，我们认真梳理了各国教师专业标准及其相关标准的有关内容，反思了我院小学教育专业建设经验，整理了我们对小学教育和小学教师教育的研究成果，尤其是对小学教师与中学教师的异同的探析，逐步厘清了小学教师专业标准的理念、维度、领域、基本要求等框架与内容，并完成了《小学教师专业标准解读》的撰写。由此不但进一步推动了小学教师教育研究，而且整体提升了我院教师团队的小学教师教育专业水平，尤其是带动了大学学科教师向小学教育专业教师的转型，为我院的发展提供了强有力的专业教师团队。

2014年，教育部出台《关于实施卓越教师培养计划意见》（称为1.0版），全国小教界共有20家入选，我院小学教育专业是其中一员。如何理解"卓越""卓越教师"的内涵，成为影响卓越教师培养计划实施的关键。对此，我们突破"学科教学"本位的思想与思维"禁锢"，提出卓越小学教师的核心是以"儿童教育"为本，并积极探索培养模式，"一体两翼一基"培养机制，解答了"卓越小学教师应如何培养"的问题。

2019年，正值我院成立20周年，我们积极筹备承办了以"走近·对话·共享——多元取向小学教师教育伦理与实践"为主题的首届"小学教师教育国际会议"，来自中国、芬兰、法国、匈牙利、冰岛、日本、韩国、瑞士、澳大利亚、美国等10个国家102个不同单位（其中包括78所大学）300余位专家学者参加，分享了各国小学教师教育的理念、模式及质量保障机制等，为推进国际多元取向小学教师教育模式的彼此交流，共享过去、现在与未来，做出时代贡献，开启了国际小学教师教育模式跨文化、跨领域、跨时空对话的新篇章。

三、关于课程建设的政策、项目与成效

小学教育专业课程建设，既是小学教育专业建设的重心，也是小学教师培养的主渠道，因此如何构建小学教育专业课程体系成为小学教育专业建设与小学教师教育的关键问题。

2012年，教育部教师工作司开展"教师教育国家级精品资源共享课"建设项目，我们申报的《小学生品德发展与道德教育》课程入选，经过3年的建设，在"爱课网"上线，并于2015年出版同名教材，之后又在"中国大学慕课"上线。此课程及教材自上线与出版以来，持续受到小教界同人的关注与使用，尤其是师范类专业认证以来，落实立德树人的根本任务，小学德育课成为小学教育专业的必修课，2020年，《小学生品德发展与道德教育》课程荣获线上线下混合教学"国家级一流本科课程"。

2013年，在教育部"专业综合改革试点"项目下，开展小学教育专业课程地图研制工作。依据所提出的小学教师核心素养及其指标体系，创制了小学教育专业课程地图。这是基于小学教师理念、理论对小学教育专业课程体系的设置，突破了之前课程设置的经验性与随意性过重的现象，首创"333"式课程结构，使专业课程内在逻辑清晰、层次清楚，体现科学性、规范性、系统性；确立了"儿童＆教育"专业核心课程体系，解决了长期以来该专业核心课程不明的理论难题，实现了课程设置"精致化"，在小教界兼具开创性和示范性。

2016年，教育部颁布《关于组织实施中小学幼儿园教师培训课程标准研制工作通知》，我院承担了"教师培训标准——小学品德与生活（社会）学科教学"研制项目，借此全面深入地研究了小学德育理论与实践及小学德育课程与教学，这一标准研制工作的完成，不仅有利于我院2019年在小学教育专业中增设小学德育方向，也为组织开展小学德育学科骨干教师培训打下坚实基础。

　　总之，高校小学教育专业建设，在我国还是"新事物"，本科层次小学教师培养历史仅有22年。在这段历程中，上述所列政策、事件起到了关键作用。本书选取了小学教师教育国际会议、小学教育专业认证、小学教师培养模式、道德与法治课程建设等内容整理出版。未来，我们还将陆续选择影响我国小学教育专业建设与小学教师教育发展的关键事件，进行整理出版。这既是我国小学教育专业建设与小学教师教育研究的现实历程，也是未来的史料；既是鲜活的个案，也是典型的代表；既是实践的呈现，也是理论的贡献。我们愿为此努力付出。

刘慧

2021年9月25日于西钓鱼台嘉园

前　言

　　《走向卓越的小学教师培养》一书,是首都师范大学小学教育专业为接受教育部师范类专业三级认证"打样"工作而作,经过两年的修改完善,今天终于付梓了,我们深深地为之欣喜。

　　本书是我校小学教育专业 20 余年发展的积淀,更是自 2018 年 11 月二级"打样"认证以来,我院小学教育专业特色发展与成果成效的集中呈现。此书全方位呈现了我院小学教育专业发展特色及状态,为我国小学教育专业建设贡献了我们的方案、经验和智慧。2022 年 11 月 10 日—17 日,我校小学教育专业完成了认证专家组线上考察,被誉为"真是一个宝藏库"。

　　五年前,在准备小学教育专业二级"打样"认证时,我们的目标就定位于三级——培养卓越的小学教师。我们是首批国家卓越教师培养单位、国家一流建设单位,是首个国家特色专业建设单位,也是教育部专业综合改革试点单位之一,我们没有理由不努力争取通过三级认证。

　　二级认证"打样"以来,我们不断持续改进,不仅是完成二级认证专家提出的问题,而且朝向三级努力做出我们的贡献。我们积极做好顶层设计,将"国家一流小学教育专业建设""卓越小学教师培养模式探索"与"小学教育专业三级认证"工作相结合,不断追求卓越,不仅对标对表,而且主动、积极、不断创新，以"国家队"姿态，以形成"中国经验、中国故事、中国方案"为目标导向，梳理我院历史发展脉络与阶段，以重大突破性事件、长期探索形成的成熟的基本面与核心点为抓手，全面升级专业建设标准，提升专业建设水平。

在具体的工作中，我们首先明确了人才培养目标，即培养"具有未来教育家潜质的卓越小学教师"，这不仅体现在观念上，而且体现在专业建设的方方面面。如刘婧媛副书记在指导学生活动中，特别向学生提出，学校的培养目标是成为卓越小学教师，而不仅仅是合格。我特别兴奋于婧媛书记的这个强调与明确，为培养卓越的小学教师，就需要有卓越的小学教师教育者队伍，营造卓越的学院文化，这应成为我们领导班子的重要工作，并在班子会上、全体教师会上多次不断强调营造卓越的学院文化；孙建龙副院长积极组织修订人才培养方案，构建支撑卓越小学教师培养的课程体系；张志坤副院长围绕拓展学生国际视野开展多样活动；刘海涛书记以党建引领学院卓越文化发展。全院师生齐心努力，形成了积极、向上、和谐、温暖的追求卓越的学院文化精神与气氛，为三级认证"打样"工作奠定了坚实基础。

在迎接三级认证过程中，我们不断深入领会三级认证"打样"的意义及我们的使命。我们认为，三级认证"打样"工作是对学院师范专业办学水平的一次大检查，更是推动教师教育改革的重要突破口和着力点。作为小学教育专业三级"打样"认证单位，必须彰显出我们应有的"国家队""头部"姿态。全国仅有 10 个师范专业 10 所高校作为三级"打样"认证单位，这样的"殊荣"意味着必要有独特的贡献，不仅要完成三级认证标准要求的规定动作，而且要有我们的主动作为，也就是说，我们不是单纯地"被动"接受认证，而应是创造者、立标者，要发挥主动性、积极性与创造性，要能给出专业建设的有益经验与模式。

如何给出我们的答案？2022 年 1 月 12 日，在全国师范类专业三级认证工作研讨会上，我作了题为"深度理解小学教育专业特性，积极做好三级认证工作"的报告,以我院为例,提出了五点思考。一是个性化,如在专业发展过程中,我院逐渐明晰了人才培养的"儿童取向",以此为方向,这是我们的特色。二是地域性,我院地处北京,就应体现首都功能定位,更好地服务于首都基础教育。三是引领性,在专业建设方面、人才培养方面,作为三级认证单位都要有所突破、有所创建,体现出对全国小学教育专业发展的示范、引领作用。四是学术性,小学教育专业建设离不开初等教育学学科建设的支撑,初等教育学学科建设是我院的一项基础性、核心性工作,我们将学科建设成果应用于专业建设。五是生态性,卓越小学教师培养、三级专业建设都不是某一方面或某几方面的各自行动,而是一个有机整体,需要领导班子做好顶层设计,协调学院及学校各个方面协同发力、共同推动。当然,生态性还体现为全国师范类专业三级认证单位的多样性发展及由此构成的生态性发展。

三级认证工作到底怎么做?当时我们并不清晰。撰写案例的创意源于教育部评估中心向我们征集的示范性教学改革典型案例。当时,教务处让提交一个案例,我们提交了由唐斌副教授主笔的"首都师范大学小学教育专业跨学科素养形成的理念与实践"案例。之后,教务处反馈需要小学科学方面的,我们又提交了由和继军教授执笔的案例。是否还需要我们再提供案例?我们也不清楚,教务处也不知道。但这给了我很大的启示:案例呈现的是专业建设的特色与经验,达到三级的专业,必须要有自己的特色,而且代表着本专业发展的前沿性、引领性、示范性,此时是被动等待还是积极作为?我在班子会上提出,我们要积极主动梳理、总结、提炼我院小学教育专业发展的优势、特色与亮点,以形成多个案例,无论评估中心需要哪方面的、什么样的案例,我们都有,这样不至于被动或来不及撰写。我们这样做不是简单地宣传我院,而是积极主动为国家师范类专业三级认证提供我们的经验与智慧。班子成员经过讨论、论证,同意了我的主张,确定要撰写多个能代表我院专业发展特色的案例,经过后续不断拓展,最终形成了33个案例,先后有30多位教师、职员参与写作。

我院领导班子高度重视案例写作工作，多次召开不同层次不同人员的工作会议。在一次会上，刘海涛书记强调，案例写作是三级认证的重要准备内容，一定要充分做足前期经验凝练，文稿撰写工作；孙建龙副院长指出，三级认证是一件继往开来的事情，希望大家积极准备，提炼出工作的精华。之后，撰写案例的教师们依照规定体例报告各自案例的基本情况，提出了各自案例实施和写作中遇到的难点。每位教师汇报后，在座领导与教师都针对其案例内容进行充分的交流讨论。我逐一分析各案例的优缺点及下一步改进措施，提出了不同案例的侧重点和应突出的亮点，解答教师们对案例开发的不同问题。会议最后，我再次强调，案例写作，不仅是三级认证工作重要的准备，更是梳理我院发展的特色与优势，并从标题、定位、思路、框架、原则及具体内容等方面，对案例写作提出进一步的具体要求。

具体而言，首先，案例写作指导思想与定位，主要体现为三级认证、国家一流专业、卓越教师培养 2.0 要求、"儿童取向"卓越小学教师培养模式、形成的相对成熟的有特色的案例，注重体现学术性与专业性、理论性与实践性、继承性与创造性、示范性与可借鉴性的结合。其次，写作思路要求有针对性问题、指导思想、整体设计、具体举措、成果与成效。在撰写过程中，逐渐明晰了写作体例，形成了背景与问题、举措与成效、反思与展望的结构。其中，背景与问题部分，主要内容有存在的问题、社会大背景、指导思想等，力求通过简短的语言介绍本案例在学院历史发展中的状况；举措与成效部分，包括理念和观点、实施举措的具体做法，以及可借鉴和示范性的成效；反思与展望部分，主要关注目前仍然存在的问题和不足，并着眼于未来的改进方案，以及持续改进的举措等。

本书以"走向卓越：从二级到三级的进阶之路"案例开头并统领全书，其余 32 个案例分属在"方向与理念""课程与教学""实践与实验""效果与评价"四个板块中。其中，"方向与理念"板块有 9 个案例，有党建引领、学科建设、儿童取向、师德养成、生命教育、美育陶养、国际视野、面向未来、书院制探索等;"课程与教学"板块有 13 个案例,主要有德育"金课"、课程思政、跨学科、小学德育、少先队、国学经典、儿童文学、科普研发、教学信息化、数字化转型等课程体系、课程模块、课程群;"实践与实验"板块有 7 个案例,包括全程实践、虚仿实验、基本功训练、未来教育家计划、研学实践、服务"双减"、"大小协同"等;"效果与评价"部分主要有 4 个案例,包括培养目标达成与评价、毕业要求达成与评价、课程目标达成与评价、实习评价,严格地说这部分不是案例,而是很重要的部分。

本书在写作和出版过程中,汇聚了我院诸多教师的教育智慧和辛勤付出。案例执笔人主要有:刘慧、刘海涛、魏戈、钟晓琳、张志坤、欧璐莎、朱永海、陈源、李敏、于帆、唐斌、刘峻杉、张平仁、王蕾、曾小平、孟海蓉、熊艳艳、和继军、徐燕、宋侨、李春雷、张端、李云文、田河、刘婧媛、白欣、鲁华夏、杨小英、傅添、李玉华、俞劼、毛新瑞、张俊、苏萌萌、孙建龙(按案例先后顺序排序)等 35 位教师。在成书过程中,我院科研管理办公室王辰辰和宋静两位老师做了大量的沟通、案例整合、排版、编校、样书制作等工作。天津人民出版社的武建臣编辑和其他同人给予了很多专业、中肯的意见,有效地保障了本书的出版质量和品质要求,在此表示最诚挚的感谢。

我院三级认证工作得到校领导及各职能部处的大力支持与帮助,尤其是李小娟副校长、教务处孙士聪处长、王海燕处长的指导与支持,在此表示最诚挚的感谢。

2023 年 6 月 29 日于西山艺境

目　录

Contents

369　第三部分　实践与实验

467 **第四部分 效果与评价**

走向卓越：从二级到三级的进阶之路

——首都师范大学小学教育专业建设的研究与实践

我国小学教师中师(师专)培养的历史已有百年,而本科层次培养的历史却很短。首都师范大学初等教育学院,作为我国小学教师本科培养的首批单位之一,其小学教育专业建设发展的历程,也是当代中国小学教育专业建设与小学教师本科层次培养历程的"缩影"。

一、背景与问题

首都师范大学初等教育学院,1999 年由两所中师——具有百年历史的通州师范学校和颇具影响力的北京第三师范学校合并升格成立, 至今走过了 24 年的发展历程。在此期间,经历了学院文化的大学化、小学教育专业性质的定位、小学教育专业人才培养模式的形成与发展、初等教育学学科建设的确立与起步等至关重要的发展阶段与事件; 并在国家一系列教师教育政策的指引下得以迅速发展, 取得了显著成绩, 被誉为全国小学教育专业的"领头雁""带头羊"。

我国高师小学教育专业走过了一个 "从无到有""从小到大""从单纯的专业建设到学科专业一体化建设"的历程。在中国小学教师本科层次培养模式的构建过程中,各高师院校充分利用自身优势,形成了多种培养模式。从研究的角度对小学教师的本科培养模式进行分类,有两类划分方式,一是三分法,即分科型、中间型和综合型;二是四分法,即"综合培养+"分科选修、分方向培养、特色人才培养、大文大理。初等教育学院小学教育专业人才培养模式,通过长期的潜心研究与实践探索,形成了"儿童取向"的卓越小学教师培养模式,其核心强调的是以儿童为本、实施儿童教育,凸显儿童性、生命性、综合性等,走出了一条适合我国小学教育发展需要、具有鲜明特色的小学教师培养之路,在学术界及社会上产生了广泛的影响。

新时代中国小学教育专业如何建设?面向未来的小学教师如何培养?这是当代小学教师教育者必须要回应的时代之问。首都师范大学初等教育学院小学教育专业建设二十多年来,尤其自2018年二级"打样"认证以来,做好顶层设计,将"国家一流小学教育专业建设""卓越小学教师培养模式探索""小学教育专业三级认证"结合一体,不断追求卓越,不仅"对表对标",而且主动、积极、不断创新,以"国家队"的姿态,形成以"中国经验、中国故事、中国方案"为目标导向,梳理初等教育学院历史发展脉络与阶段,以重大突破性事件、长期探索形成的成熟的基本面与核心点为抓手,全面升级专业建设标准,提升专业建设水平。2019年,荣获"全国教育系统先进集体"。

二、举措与成效

(一)依托国家重大课题,引领小学教育专业持续高水平发展

在初等教育学院小学教育专业建设历程中,紧跟国家教师教育、师范教育发展战略、步伐,先后承担了十余项教育部重大课题,对初等教育学院小学教育专业建设产生重要而深远影响。

1.首批国家特色专业(2007)

这是建立不足十年的高师小学教育专业得到国家认可与重视的"信号",由此开启了我国小学教育专业特色建设的探索之旅,围绕小学教育专业特色"特"在何处、小学教育专业的核心品质到底是什么等问题进行深入探索。这是推动我国小学教育专业关注自身性质、特色建设,注重内涵发展的重要力量。

2.教育部《小学教师专业标准》研制项目(2010—2011)

2010年,教育部启动教师专业标准研制工作,初等教育学院有幸在顾明远先生的指导下开展"小学教师专业标准"研制工作。在一年多的研制过程中,我们认真梳理了各国教师专业标准及其相关标准的有关内容,反思了初等教育学院小学教育专业建设经验,整理了我们对小学教育和小学教师教育的研究成果,尤其是对小学教师与中学教师异同的探析,逐步明确了小学教师专业标准的理念、维度、领域、基本要求等框架与内容,并完成了《小学教师专业标准》的撰写。

通过研制《小学教师专业标准》工作,不仅进一步推动了小学教师教育研究,而且打造了一支学术前沿、国家立场、国际视野的"国家级"小学教师教育研究团队,前瞻性、全方位地认识与理解了小学教师教育,整体提升了初等教育学院教师团队的小学教师教育专业水平,带动了大学学科教师向小学教育专业教师的转型,为卓越小学教师培养模式的形成储备了人力资源。

3.教育部高校"专业综合改革试点项目——小学教育"(2012—2015)

2012年,初等教育学院在教育部"专业综合改革试点"项目推进过程中,对小学教育人才培养在理论与理性上有了清晰、全面、系统的定位和理解,依据所提出的小学教师核心素养及其指标体系,创制了小学教育专业课程地图,对专业建设的顶层设计、整体架构与操作层面进行改革,深度优化人才培养方案,系统而精致设计课程体系。这是基于小学教师教育理念、理论对小学教育专业课程体系的设置,突破了之前课程设置的经验性与随意性过重的现象;首创了"333"式课程结构,使专业课程内在逻辑清晰、层次清楚,体现科学性、规范性、系统性;确立了"儿童 & 教育"专业核心课程体系,解决了长期以来该专业核心课程不明的理论难题,实现了课程设置"精致化",在小教界兼具开创性和示范性,开启了初等教育学院小学教育专业综合改革之路。

4. 教育部教师教育精品资源共享课程建设项目——小学生品德发展与道德教育(2013—2015)、入选首批国家一流课程(2021)

2012 年,教育部教师工作司开展"教师教育国家级精品资源共享课"建设项目,我们申报的"小学生品德发展与道德教育"课程入选。经过三年的建设,在"爱课网"上线,并于 2015 年出版同名教材,之后又在"中国大学慕课"上线。此课程及教材自上线与出版以来,持续受到小教界同人的关注与使用,尤其是在师范类专业认证以来,落实立德树人的根本任务,小学德育课成为小学教育专业的必修课。经过 8 年的持续建设,于 2020 年,"小学生品德发展与道德教育"课程荣获首批"国家级一流本科课程"(线上线下混合教学)。

5.教育部卓越小学教师培养单位(2014)

2014 年,教育部出台《关于实施卓越教师培养计划意见》(称为 1.0 版),全国小教界共有 20 家入选,初等教育学院小学教育专业是其中一员。如何理解"卓越""卓越教师"的内涵,成为影响卓越教师培养计划实施的关键。对此,我们突破"学科教学"本位的思想与思维"禁锢",提出卓越小学教师的核心是以"儿童教育"为本,并积极探索新的小学教师培养模式,形成"一体两翼一基"培养机制,解答了"卓越小学教师应如何培养"的问题。

6.教育部义务教育小学《品德与生活(品德与社会)》学科教师培训课程标准研制项目(2015)

2015 年,教育部颁布《关于组织实施中小学幼儿园教师培训课程标准研制工作通知》,初等教育学院承担了"教师培训标准——小学品德与生活(社会)学科教学"研制项目,借此全面而深入地研究了小学德育理论与实践及小学德育课程与教学、小学教师德育教学能力标准等,这一标准研制工作的完成,不仅有利于初等教育学院 2019 年在小学教育专业中增设小学德育方向,也为组织开展小学德育学科骨干教师培训打下了坚实的基础。

7.教育部师范类专业"联合认证"(2018)

2018 年 9 月 4 日,初等教育学院被指定为全国小学教育专业认证"打样"单位。依据教育部发布的《普通高等学校师范类专业认证实施办法(暂行)》,经过两个月的高效工作,小学教育与美术学(小学教育)、音乐学(小学教育)接受了教育部师范类专业"联合认证",开启了中国小学教育专业认证的历史,也正如教育部教师工作司司长任友群在认证反馈会上所指出的:"为我国的师范教育发展史留下了浓墨重彩的一笔"。这一过程,不仅是完成了专业认证这项工作本身,而且是梳理与反思了初等教育学院小学教育专业的建设历程,研究与憧憬了小学教育专业的未来发展。

值得一提的是,2017 年,我校接受北京市教委对高校本科专业审核评估。我们通过撰写"本科教学工作审核评估汇报报告",从学院发展概况、办学特色、人才培养目标的实现、质量保障体系建设、存在的问题与努力方向、建设规划等六个方面认真梳理了建院以来的小学教育专业的教学工作,为申报一流专业建设点和撰写师范专业认证自评报告打下了坚实的基础。

8.首批教育部"三全育人"综合改革试点单位(2018—2022)

初等教育学院作为教育部首批"三全育人"综合改革试点单位,弘扬百年师范文化涵养师范生师德师风,构建中国特色小学教育专业"育人生态"与"师德养成"体系。家国情怀深厚、政治意识牢固、教育情怀浓郁成为师范生鲜明的师德底色。"初教论坛""致远论坛""朋辈论坛",使学院周周有讲座,一线特级教师、校长、知名校友以及国内教育名家为本科生做学术讲座,发展学生的实践观察与反思能力、教育理解与创新能力,为每名师范生配备新生党员成长导师、学业导师和职业发展导师,形成了人人育人、时时育人、处处育人的生态系统，一草一木均育人，一言一行皆示范。

9.教育部"双创"项目"党建标杆院系"创建（2020—2021）

2019年，学院在原有基础上成功申报教育部第二批新时代高校党建示范创建和质量创优项目，成为第二批全国近百个高校标杆院系工作创建单位。学院党委以习近平新时代中国特色社会主义思想为指导，学习贯彻党的教育方针，落实全国教育大会精神，全面加强党的领导，落实立德树人根本任务，积极服务北京四个中心建设，奋力投身学校"攀登计划"，在两年的创建时间里，全体师生守正创新，奋发有为，立德树人水平进一步提高，各项工作得到有效推进。

在"党建标杆院系"创建中，学院对标对表，结合实际，凝练出"五机制，五到位"工作模式，即体制保障机制，实现党组织领导和运行机制到位；思想保障机制，实现基层组织制度执行及时到位；组织保障机制，实现基层组织制度执行到位；动力保障机制，实现推动改革发展及时到位。可复制、可推广的一套行之有效的模式得以创建。培育成果及建设经验及时发布在全国高校思想政治工作网育人号上。

通过党建引领，学院大力推进课程思政，创建新媒体育人平台，探索书院制育人新模式，实施"三全育人"铸师魂等项目，主动服务"双减"政策落地。通过两年多努力，学院家国情怀深厚成为师生鲜明的师德底色；育人本领增强成为学生综合素质的鲜明体现；毕业生受到基础教育界广泛欢迎。充分发挥了党建引领作用。

10.首批国家一流专业建设点（2020）

2019年，教育部发布了《关于实施一流本科专业建设"双万计划"的通知》，初等教育学院小学教育专业经过层层选拔，入选了首批"国家级一流本科专业"建设点。这一成绩的取得，得益于前期大量的基础性工作，尤其是2017年初等教育学院小学教育专业入选首批北京市属高校一流专业建设单位以来的持续努力。在此过程中，我们依据一流专业建设的具体要求，对初等教育学院小学教育专业建设现状、专业建设存在的问题、专业建设目标、专业建设的主要举措等方面做深度梳理与研究,与"十四五"发展规划、准备三级认证、卓越小学教师培养计划"一体共建",不断推动小学教育专业高水平发展。

11.教育部"小学教育专业虚拟教研室"建设(2022)

我校虚拟教研室为"全国性""专业建设类",属于教育部虚拟教研室中最广泛的类型。虚拟教研室将持续挖掘小教专业在教育部二级、三级认证打样试点单位经验;激活虚拟教研室跨学科融合、跨区域示范、跨层级互补、跨时空整合和"智能+"协同等功能;在质量层面上,建成符合不同办学定位的、高质量的小学教育专业发展生态体系;在组织层面上,建设能够敏捷响应与持续创新的小学教育专业教研共同体运行机制;在手段层面上,建设具有小学教育专业特征的"智能+"与精准的虚拟教研形态。将虚拟教研室建设成为全国小学教育专业建设的重要交流平台。

虚拟教研室成立了由 23 人组成的"建设指导委员会",已有首批 48 所成员校加入。召开了虚拟教研室启动仪式暨"智能+"小学教育专业建设研讨会,顾明远在会上指出,虚拟教研室建设中,要注重从学生角度出发;要重视课程整合和学科间的体系;要注重教师队伍的建设和教师信息化素养的提高,提升教师教书育人的质量。孟繁华强调,虚拟教研室要建成三个共同体:立德树人共同体、敏捷响应的专业发展共同体和"智能+"的精准教研共同体。

12. 小学教育专业三级认证(2022)

在二级认证的基础上,将专业改进与一流专业建设、三级师范专业认证的准备等工作统筹设计,回应时代要求,提升专业内涵,满足基础教育改革对高素质、专业化、创新型小学教师的需求。一方面,深刻理解党和国家教育改革的政策与方向,把握基础教育改革与发展的现实要求,对北京"四个中心"建设背景下的教师素养需求进行调研与分析;另一方面,对本专业人才培养与毕业生专业发展持续进行追踪与分析,以学科发展促进专业内涵建设,以"大小结合"实现人才的全域培养。确立了中国特色、国际视野、儿童取向、综合培养、学科引领、大小融合的建设思路与工作侧重。在完成二级认证中期审核的基础上,于 2022 年基于充分准备并通过了小学教育三级师范专业认证的申请,作为国家头部专业开启了地方师范院校三级认证"打样"工作。2022 年 11 月 14 日—17 日在新冠肺炎疫情间隙,三级认证专家组完成线上认证考察工作。

(二)坚持学科—专业一体化建设,促进小学教育专业人才培养模式"迭代"

初等教育学院坚持学科与专业一体化建设,整合学院多学科优势资源,重点打造以初等教育学为龙头的高水平学科建设,支撑高水平小学教师教育发展,促进初等教育学院小学教育专业人才培养模式的迭代升级。

初等教育学院在建院初期,经过短暂的"大文大理"培养阶段(1999—2000 年)后,进入了"综合培养、发展专长、注重研究、全程实践"培养模式(1.0版)(2001—2017 年);经过长期的潜心研究与实践探索,在迎接师范类小学教育专业二级"打样"认证过程中,明确提出了"儿童取向的卓越小学教师培养模式"(2.0 版)(2018 年至今),即"儿童取向、素养综合、主兼多能、全域路径"。培养模式 2.0 版,以培养卓越小学教师和未来教育家为己任,构建了具有首都特色、国际化视野、儿童取向的小学教师培养体系,建立了多维度、多层次、立体化的以学科课程为主体、以实践教学和实验教学为两翼、以教师基本功实训为从教之基的"一体两翼一基"课程体系,形成了新时代小学教师培养的中国经验。2012 年,"突出专业特色,培养师德好、能力强的小学教师"荣获北京市高等教育教学成果奖二等奖;2017 年,"创制基于儿童教育本位的核心素养课程地图,建构卓越小学教师培养模式"荣获北京市高等教育教学成果奖二等奖;2022 年,"儿童取向卓越小学教师'全域'培养模式研究"荣获北京市高校教育教学成果奖二等奖。

1.不断探索小学教师核心素养及其指标体系

中师升格并入高师后,本科层次小学教师培养规格的确定是一个难题。以往的做法要么基于经验,要么依据中学教师培养,缺乏基于小学教师自身发展的理论支撑。初等教育学院通过教育部高等学校"专业综合改革"试点项目(2012—2016)和《小学教育专业课程地图建设》项目(2013—2014),在理论上对小学教师培养有了相对清晰、全面、系统的理解与定位。围绕当代小学教师兼顾适应个人终身发展和社会发展需要的必备品格和关键能力展开研究,于2014年提出了小学教师核心素养的概念,并研制出小学教师核心素养的指标体系。

小学教师核心素养是由"认识小学儿童、理解小学教育、发展专业自我"三维构成,含13个核心要素、71个指标,是一个完整的体系。其中,"认识小学儿童"维度下有5个核心素养,分别是天性与表达、身体与健康、社会性与道德、认知与学习以及安全与权利;"理解小学教育"维度下有4个核心要素,分别是综合素养、教育素养、学科素养和管理素养;"发展专业自我"维度下有4个核心素养,分别是成长与规划、道德与情感、技能与实践以及反思与研究。

2018年,在接受二级打样认证过程中,进一步完善了课程地图。在准备三级认证过程中,再进一步审视、完善小学教师核心素养及其指标体系,2022年进一步修改为:小学儿童:认识与关爱;小学教育:理解与实践;小学教师:专业认同与自我发展。凸显小学教师素养的实践性,体现教师实践的"知行合一"。

2.不断明晰、完善小学教育专业人才培养目标

2006年,初等教育学院小学教育专业发展进入第二阶段,依据北京市小学教育的需要,将人才培养模式由"大文大理"1.0变为"分学科"2.0,直至2018年,通过二级认证,明确开启卓越小学教师培养模式。其间,不断审视培养目标定位及其表述,其中,不变的是培养小学教育人才,其他表述均有变

化;2006和2010方案均体现了"综合培养、发展专长"模式2.0的特性,2014方案则是模式2.0向3.0的"过渡"版,也是"突破"原有框架,将国家《小学教师专业标准》要求作为人才培养目标的重要内容,积极探索基于儿童教育本位的卓越小学教师培养模式的首次体现,具有重要的意义;18方案和22方案则体现了"儿童取向"模式3.0的特性,凸显了师范类专业认证的要求,落实于卓越小学教师培养。其中,对"卓越"的理解及其规格要求概括为师德优秀、儿童为本、素养综合、国际视野、人机协同、专业创新、全面育人、终身发展。对此,通过以下人才培养方案清晰可见。

2006方案培养目标:本专业培养德、智、体、美、劳全面发展,学有专长,具备小学教育专业知识,胜任小学教育、教学工作,具有现代教育观念并能从事教育科研的小学教育工作者。

2010方案培养目标:本专业培养热爱小学教育事业,具有良好的道德素养和文化素质,基础知识扎实宽厚、学有专长、教育技能全面并具有一定从事小学教育教学和研究实际能力的小学教育工作者。

2014方案培养目标:本专业培养热爱小学教育事业;认识小学儿童,能以儿童为本;理解小学教育,能以师德为先;发展专业自我,教书育人,终身学习;具有胜任小学教师职业潜质的人才。

2018方案培养目标:本专业立足首都基础教育改革与发展的需要,传承百年师范精神,面向未来,培养理想信念坚定,师德优秀、儿童为本、素养综合、全面育人、终身发展,具有卓越小学教师和未来教育家潜质的小学教育人才。

2022方案培养目标:本专业立足首都基础教育改革与未来教育发展的需要,传承百年师范精神,培养师德优秀,热爱小学教育事业,能以儿童为本,全面育人,素养综合,能够终身发展,具有国际视野和未来教育家潜质的创新型小学教育人才。

3.积极探索师范生的师德养成体系

初等教育学院在小学教育专业的建设中，始终把学生培养质量放在"立院之本"的重要位置上，尤其是在学院发展进入第二个十年期间，不断探索与创新小学教师培养模式。在2010人才培养方案中，凸显了"重师德，强能力"人才培养目标，增加了师德教育模块，设置了"教师职业道德""小学德育实践论""生命教育""小学教育专业发展"等课程，并将"小学德育实践论"列入专业核心类课程。不仅如此，重师德的教育理念，还通过专门设置的实践活动，使学生们获得真实的教育体验，进而成为他们自身的师德规范和专业理想。"师德为先，能力为重"，是《小学教师专业标准》所倡导的基本理念。在2014人才培养方案修订中，首次将"师德为先"作为培养目标的内容写入其中。

2018年，在小学教育专业二级认证过程后，进一步强化师范生的师德教育。特别是依托2019年北京高等教育"本科教学改革创新项目"——"师范生师德养成体系研究"，从师范生师德养成的目标体系、课程体系、践行体系、教师示范体系及评价体系等五大方面整体构建、整体研究，逐步走向师德建设的体系化。建立起以"仁爱"为核心的师德养成目标体系，将师范生师德养成融入培养的整体框架中，包括"培养目标""毕业要求及指标点"中师德目标的论证与设计，德育课程及学科课程的目标设计与德育渗透，基于师德养成的第二课堂中实践类、活动类课程的整合与规划，以及师德养成形成性评价的设计等。

4.构建小学教育专业特色课程体系

小学教育专业课程建设，既是小学教育专业建设的重心，也是小学教师培养的主渠道。而对小学教育专业课程设置缺乏科学性、规范性、系统性，且经验性、随意性过重。因此，如何构建小学教育专业课程体系成为小学教育专业建设与小学教师教育的关键问题。经过多年的理论研究与实践探索，初等教育学院形成了以小学教育专业学科课程为主体，以全程实践课程和全方位实验课程为两翼,以实训课程强化师范生的基本从教技能,全面系统构建了小学教育专业人才培养的课程体系。

2014年,初等教育学院基于对小学教师核心素养的研究,研制了小学教师的知识结构和能力结构,并按目标、能力与课程的对应关系,以及知识和能力内在发展逻辑关系,系统规划了课程、实践等环节,并将此以组织结构图的形式呈现。首创"333"式课程结构。所谓"333"式课程结构是指:①小学教育专业课程分为三类:专业基础、专业核心和专业方向,突破了以往二分式的"学科+教师教育"课程结构,真正实现了小学教育作为一个专业"存在"的一体化课程设置;②将专业方向课程结构分为学科基础、学科课程和学科教学三类,突破了以往课程设置中学科基础类课程比重过大,混淆于高校学科专业课程,凸显了与小学教育相关联的小学学科课程与学科教学类课程,增加了相应的课程比重;③将专业基础、专业方向课程再进一步"细化"为基础性、核心性和拓展性课程,使得专业课程内在逻辑清晰、层次清楚,实现了课程设置的"精致化"。确立并运行了"儿童教育"专业核心课程体系,解决了长期以来该专业核心课程不明的理论难题。着重推进"立德树人类课程群""儿童类课程群""教师综合能力课程群"三大类课程群建设。

在此基础上,初等教育学院人才培养方案,依据初等教育学学科建设的研究成果,尤其是师范类小学教育专业"打样"认证工作以来的持续改进。2018方案与2022方案中的课程体系不断完善,依据三级认证标准,对应人才培养目标与毕业要求,调整课程板块与课程模块,形成如下课程体系(见图0-1)。

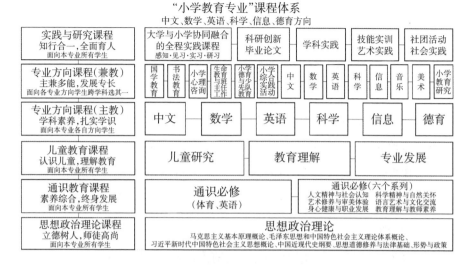

图0-1 "小学教育专业"课程体系

（三）面向未来教育，积极探索新时代小学教育人才培养新模式

教育部教师工作司司长任友群说，"小学教育的源头在师范学院，对小学教育的重视是更重要、更长远的战略"。为回应人民对于一流小学教师的期待，初等教育学院在全国率先启动书院制小学教师培养，两个具有鲜明小学教师教育特色的书院相继落成。

1.成立敬修书院与伯良书院，探索书院制小学教育专业人才培养新模式

2021年，学院成立了以我校校友、著名儿童教育家孙敬修命名的"敬修书院"，每年在京招生40人。2022年，学院成立了以"京兆女子师范"（初等教育学院前身）创办者尚伯良先生命名的"伯良书院"，首届在京招生40人。

书院制人才培养模式的探索，是我校拔尖人才培养的重要举措。围绕培养高素质、国际化、创新型小学教育人才的目标，采取一系列的措施，如成立由校内外专家学者、教育家、科学家等组成的学术指导委员会、实行导师培养制、校领导担任首届书院实验班第一班主任、聘请院士为名誉院长，创建专门课程体系，开展国内外学者学术讲座、贯穿4年的学术训练，一线骨干

教师的职业发展引领等,使学生成长为高素质创新型的卓越小学教师。

2.培养小学德育专业人才,设置小学教育专业"德育方向"

长期以来,师范教育体系中缺少德育本科专业和方向,而现实学校德育中的许多问题与缺乏专业的德育教师密切相关,故非常需要完善小学教师职前培养环节。2019年,初等教育学院在小学教育专业增设"德育方向",是基于初等教育学院多年的德育理论研究与实践探索及多方储备。

学院制定了具有德育特色的培养方案,以卓越小学教师为培养目标,重点突出"理解小学德育原理,掌握德育基本方法,具备班级管理和活动组织能力;具有小学德育教师的基本技能,能熟练完成德育教学、少先队活动等常规德育工作;了解德育理论与实践的前沿问题,具有终身学习能力,学会分析和解决德育工作中的问题;具有良好的团队合作精神和沟通协调能力"等培养规格要求,构建了独特的课程体系,通过课堂教学活动、实践活动、学术活动等方式实施培养,经过3年的实践探索,形成了"学–研"结合的小学德育人才培养模式。

3.创建未来教育研究院:与教育部规建中心联合共建

培养"未来教师能力素养"是创新型卓越小学教师的重要内涵之一。但"未来教育"目前还是教育前沿中讨论且未有定论的领域,初等教育学院立足首都国际地位,开展面向未来教育,培养未来教师,积极申创"儿童与未来教育创新研究院",于2020年6月获学校批准,并于同年12月,与教育部学校规划建设发展中心联合共建,从而为培养小学未来教师奠定了研究与组织基础。

研究院主要围绕"儿童教育创新"和"未来教育创新"两大方向,强化理论研究,构建未来教育理论,引领未来教育发展;深化社会服务,推进基础教育改革,打造实践研究基地;反哺人才培养,明确基础学校需求,服务高校人才培养。研究院设有学术专家指导委员会和工作委员会,下设12个研究室/中心,1个未来教育创新实训基地,建立了4个未来教育实践研究基地,并拥有"首都未来教育论坛"和"未来教育实践研究基地联盟"等品牌。

(四)加大国际化力度,形成"会—访—课"三维共建的学院国际化发展特色

"国际视野"是初等教育学院小学教育人才培养的内在要求,国际化是当代中国小学教师教育研究走向世界的时代诉求,也是应有的姿态。初等教育学院一直重视国际合作与交流,特别是小学教育专业二级认证以来,更加重视国际化。不断加强对国际小学教育的发展趋势和前沿动态研究与国际交流,加大师生国际交流、研学的力度,拓展国际化视野和国际理解能力,构建"小学教育国际化课程群",以满足北京作为国际化大都市对小学教师素养的基本需求。

1.连续举办两届大型"小学教师教育国际会议",影响广泛而深远

自 2018 年起,初等教育学院积极筹备小学教师教育国际会议,于 2019年 10 月 24—25 日圆满举办首届"小学教师教育国际会议",主题是"走近·对话·共享——多元取向小学教师教育伦理与实践",来自中国、芬兰、法国、匈牙利、冰岛、日本、韩国、瑞士、澳大利亚、美国 10 个国家 102 个不同单位(其中包括 78 所大学)的 300 余位专家学者参加,分享了各国小学教师教育的理念、模式以及质量保障机制等,为推进国际多元取向小学教师教育模式的彼此交流,共享过去、现在与未来,做出时代贡献,开启了国际小学教师教育模式跨文化、跨领域、跨时空对话的新篇章,在中国小学教师教育发展史上有着里程碑意义。

2021 年 10 月 21—22 日,克服因新冠肺炎疫情带来的重重困难,如期召开了主题为"互通、互鉴、互融——面向未来,优质发展"第二届小学教师教育国际会议,会议采取线上线下相结合的方式。来自中国、日本、韩国、芬兰、瑞士、法国、德国、意大利、匈牙利、美国、澳大利亚 11 个国家的千余名专家、学者、师生参加,国内 28 个省(自治区、直辖市)以及台湾和澳门地区的 166

个单位参加，交流、分享面向未来的小学教师高质量发展、小学教师培养机制创新、小学教师与新技术的关系、小学课程与教学高质量发展等议题。在国内外小学教师教育界产生深远影响。

2.开展广泛的国际访学、学术交流活动，师生海外访学人次一年过百人

建院以来，初等教育学院不断扩大与外国高校的交流、合作。先后与美国、瑞士、德国、日本、韩国、澳大利亚、芬兰、挪威、新加坡等国家的高校建立了合作与交流关系，组织师生赴海外交流学习。尤其是2019年，可谓是初等教育学院"国际学术交流年"。在全校率先成立对外交流办公室，不断扩大对外交流范围和深度，从6月到11月，持续约半年的时间，共组织了12支团队（其中5支学生团队），共有117人次公派赴海外学术交流、访学。

初等教育学院组织和支持教师出国（境）学术研讨交流，共7支队伍，30人次，先后到访中国台湾台北大学、日本创价大学、日本学艺大学、韩国釜山教育大学、匈牙利罗斯大学、荷兰赫尔辛基大学、英国伦敦大学、新加坡南洋理工大学，大大拓宽了初等教育学院教师团队的国际视野。此外，教师团队出国参加国际学术会议，展现了初等教育学院教师的国际化发展水平。初等教育学院先后组织5支学生团队，7位教师带队，本科生64人，研究生20人，分别赴芬兰、日本、英国、新加坡4国开展国际研学活动，开拓了学生的国际视野，对国外小学教育有了真实体验，提升了学生素养和能力。

3.构建多维开放的生成性国际化课程群，营造国际学术交流气氛

为培养师范生的"国际视野"，提升小学教师的国际化素养，初等教育学院构建了"国际化课程群"，并积极探索国际课程教学新形式。其课程群主要包括三类：一是人类与教育课程，如国际德育发展专题、仪式教育、教育人类学、人类社会与文明等课程，在教学中，采用了双语教学、案例研究式教学，同时采用比较教育方法拓展学生的认知和理解。二是语言类课程，如国外母语概况、英语国家概况、英语儿童文学选读。三是讲座类课程，邀请国际知名学者来初等教育学院进行学术讲座，"国际学术周"等活动，几年来，我们先

后邀请了德国、法国、芬兰、冰岛、澳大利亚、美国、加拿大、日本、韩国、新加坡等国家的专家学者来初等教育学院讲学。即使在新冠肺炎疫情形势下,也并没有停下国际学术交流的脚步,组织中外大学生在线交流。

作为国家一流小学教育专业建设点,初等教育学院的国际合作与学术交流、国际小学教育比较研究、国际化课程研发等不断加强,并取得一系列研究成果和成效。于2022年出版国际会议文集《走近·对话·共享——多元取向小学教师教育伦理与实践》;设计"国外小学教师教育译丛"计划,并已翻译出版了芬兰的《面向未来培养教师——发展中的芬兰学科教师教育》等书籍。

(五)注重学科建设,促进小学教育专业高水平发展

学科建设是专业建设的基础,是保证人才培养质量的基础,任何一种职业成为一门专业的核心是有其赖以存在的学科做基础。因此,积极推进学科建设是高校小学教育专业发展的重要使命。初等教育学学科是小学教育专业的基础学科、支撑学科。1999年,伴随着小学教师本科化培养,初等教育学学科建设也开始起步。基于社会发展需要而诞生的小学教育本科专业,进入高等教育体系后缺乏相应的学科支撑,而初等教育学学科建设对促进小学教育专业发展、初等教育学院大学化进程以及丰富教育学学科建设等具有重要意义。初等教育学院的初等教育学学科建设经历了初创期(1999—2010年)和发展期(2011年至今)。

1.从无到有:初等教育学院初等教育学学科建设起步

在初创期,初等教育学院学科建设主要有两个主线,一是开启了硕士层次的小学教师培养,二是积极筹备初等教育学学科独立设置工作。初等教育学院于2003年在课程教学论学科专业下培养硕士研究生层次的小学教师;2006年"初等教育学"设为校重点建设学科;2008年1月召开"初等教育学学科建设专家咨询会",就初等教育学学科建设的合理性、合法性进行论证,

由此奠定了初等教育学独立设置的思想基础。2009 年 1 月在《首都师范大学学报》（社会科学版）开设"初等教育学专栏"，刊登"关于初等教育学科建设的几点思考"等文，对学科建设的合理性和重要性进行了论证，论述了初等教育学学科建设的价值、核心、关键；同年 12 月主办"全国首届初等教育学学科建设论坛"，在全国小学教育专业产生了深远影响。

2.从一到多：初等教育学院学科建设进入发展期

进入发展期，初等教育学院积极推动初等教育学二级学科硕士学位点建设，于 2011 年在全国率先自主设置教育学一级学科下的"初等教育学"二级学科硕士学位授权点，并于 2012 年首届学生入学。这一事件标志着初等教育学作为独立的二级学科的诞生，初等教育学学科进入了实质性建设阶段，也标志着初等教育学院发展迈出了学科建设引领小学教育专业发展的坚实一步。之后，2012 年"少年儿童组织与思想意识教育"二级学科独立设置，并于 2014 年招收首届学术型硕士；2016 年"学校心理学"二级学科独立设置。此外，初等教育学院还获批了"小学教育"专业硕士点（2009）和"科学与技术教育"专业硕士点（2010），目前每年招生人数达 150 人左右。自 2003 年招收首届研究生，2006 年第一届研究生毕业，至 2022 年共毕业 17 届研究生，共 985 人，其中，进入全国各地小学工作的有 798 人，占 81%。

特别是 2018 年以来，围绕儿童取向的卓越小学教师培养目标，聚焦儿童学、初等教育学、小学教师教育学研究，努力进行学科专业一体化建设，以学科研究引领教学实践，以教学实践反哺学科研究。进入"十四五"，初等教育学院分层次、有重点地推进初等教育学学科建设，将小学学科课程与教学并入初等教育学科二级学科，重点做好小学德育研究、小学学科课程与教学研究、小学儿童研究、小学教师教育研究、初等教育学基本理论研究等。

3.注重高水平研究团队建设与研究成果产出

初等教育学院以培育团队和产出成果为两个重要维度，灵活多样地加大学科建设步伐与力度。充分调动学院人力和物力资源，鼓励交叉学科研究,充分调动、发挥非实体研究机构(中心、所、院)的作用,加强已有机构的研究工作,鼓励定期开展学术活动,积累科研资源,扩大影响;努力开拓儿童研究、人工智能、未来教育、创新教育等新兴研究领域;鼓励研究机构之间开展横向跨界交流合作,加大成果产出力度。由此打造高水平的研究团队,及时将研究成果发布与实践化。

伴随初等教育学院对小学儿童、小学课程与教学、小学教师、小学教师培养的学术研究不断深入,在小学教育专业的理论研究方面取得了显著成绩,高水平学术论文的发表,学术专著、教材丛书等出版,在国内产生了广泛影响。如,2009 年以来,围绕初等教育学学科建设的基本问题、初等教育学与小学教育专业的关系、初等教育学学科发展状况等展开研究,并发表一系列的论文。2015 年,将初等教育学院教师及一线小学校长多年来对小学教育课程与教学的研究成果选编出版。2020 年继续整理出版第二本初等教育学文集。2019 年以来,陆续组织出版"新时代初等教育学丛书""新时代小学教育专业建设与小学教师教育研究丛书""国际小学教师教育译丛"。在教材出版方面,2015 年起在人民教育出版社出版了由初等教育学院教师编写的高校小学教育专业"卓越教师培养计划"系列教材;2020 年起,在北京师范大学出版社陆续出版 "新时代小学教师教育融媒体丛书";2022 年起在高等教育出版社陆续出版"新时代小学教育专业系列教材"。

三、反思与展望

在小学教师本科培养的进程中, 初等教育学院面临一系列的问题与困惑。如脱胎于中师的小学教育专业,如何在传承百年师范经验的基础上赋予高等教育的内涵? 小学教育专业作为大学的一个专业,其特色及不可替代性何在? 与中学教师培养模式相比,小学教师的培养模式有何特色? 初等教育学、小学教师教育学、儿童学之间的关系如何? 及与小学教育专业建设的关系如何？小学儿童在小学教师培养中处于何种位置？面向未来，如何培养卓越的小学教师？如何在国际舞台上讲好中国小学教师教育故事？

对此，初等教育学院自成立以来一直在不断地开展理论研究与实践探索，尤其是进入发展的第二个十年，依托国家重要课题，大大地推动了初等教育学院小学教育专业建设。特别是初等教育学院小学教育专业入选首批"国家级一流本科专业"建设点以来，一路走来，每一步都很坚实，每一步都展现了学院追求卓越、敢为人先的探索与创新精神。而就高校小学教育专业建设而言，在我国还是"新事物"，历史很短，仅有24年，诸如此类的一系列问题均需深入地研究与探索。

为此，我们在认真总结发展经验与成果，分析现实问题的基础上，面向未来，努力做好初等教育学院的"十四五"发展规划。"十四五"时期是高质量推进学校"双一流"建设，加快建设中国特色、世界一流师范大学的关键时期，也是学院加快建设中国特色、世界一流小学教师教育学院的关键时期。

（一）指导思想

第一，坚持立德树人，为党育人、为国育才使命。坚持中国特色，扎根中国、融通中外，立足时代、面向未来，坚定不移走中国特色社会主义教育发展道路。

第二，坚持传承与创新相结合，进一步梳理、传承百年师范优秀传统，不断改革创新，推动学院内涵式、高质量发展，提升核心竞争力和综合办学实力。

第三，坚持学科与专业一体化建设，整合学院多学科优势资源，重点打造以初等教育学为龙头的高水平学科建设，支撑高水平小学教师教育发展。

第四，坚持人才培养的目标定位与我国基础教育改革发展相适应，培育具有卓越小学教师和未来教育家潜质的小学教育人才。

第五，坚持深化教育评价改革，坚持把立德树人成效作为根本标准，将思想政治工作贯穿教育教学全过程,提高教育治理能力和水平,办人民满意教育。

(二)发展战略与主要举措

1.推进儿童取向的卓越小学教师培养模式

重点推进师范专业认证(小学教育,三级)和国家级一流专业、北京重点专业建设项目。积极推进儿童取向的卓越小学教师培养模式,构建完整的理论体系,形成重大教学成果、精品课程和精品教材等,以高水平的专业建设质量确保一流人才培养质量。

2.强化以初等教育学学科为龙头的高水平学科建设

整合学院多学科优势资源,重点打造以初等教育学学科为龙头的高水平学科建设。明晰学科战略布局,加快学科优势整合,促进学科交叉。建立健全跨教研室的学科协调机制和学科交叉团队运行管理机制。完善以学科建设任务和绩效为导向的资源配置机制,研制一批高水平的科研成果。

3.深化以育为主、引育结合的高水平教师队伍建设

围绕专业特色、学科特点,打造一支国际化、高水平学术团队。着重培育学术团队领军人才,大力加强青年教师发展支持力度,将初等教育学院教师队伍的学缘结构优势、数量优势转化为质量优势。注重引进高层次人才,尤其是发展潜力大的青年才俊,以加强初等教育学院高水平的教师队伍建设。

4. 提高学院国际化的规格与质量

建设世界一流的小学教师教育学院需要学院整体工作的国际化水平的不断提升。优化人才培养规格,建设国际化课程群、增加国际研学留学机会,进一步提升学生的国际化学习能力;大力鼓励支持教师的国际访学与项目研究,提升教师的国际交流与合作研究能力;以品牌化国际会议为核心,打造高水平国际交流与合作平台。认真甄别与研究,实现小学教师教育国际前沿理念与实践的本土化,在国际交流与合作中,贡献具有中国特色小学教师

教育研究的智慧与做法。

5.提升党建引领下的学院治理水平

坚持党建引领,重点推进全国党建工作标杆院系创建单位、教育部"三全育人"综合改革试点单位建设工作,进一步挖掘学院办学思想、育人理念、学子精神的思想文化内涵,凝心聚力,形成全院师生认同并遵循的价值理念。加强学院学术组织建设,健全以学术委员会为核心的学术管理体系,完善民主管理和监督机制,增强学院治理效能。

（执笔人：刘慧）

第一部分

方向与理念

守正创新：以高质量党建引领事业发展

　　2019 年教育部发布了《教育部办公厅关于开展第二批新时代高校党建示范创建和质量创优工作的通知》，首都师范大学是"双一流"建设高校。初等教育学院是专注于小学教师培养的教学研究型学院，在全国小学教师教育领域有着广泛影响，为了完善儿童取向卓越小学教师培养模式 3.0，满足首都基础教育现代化对高质量师资的需求，学院党委认真学习习近平新时代中国特色社会主义思想，贯彻习近平关于教育的论述，紧扣"双创"指标，守正创新，强化责任担当，对标对表，构建了党建引领的"五机制，五到位"模式，有效落实了党的十九届五中全会提出的高质量发展要求，在学生培养方面取得明显成效。2022 年 6 月，学院党委顺利通过教育部第二批新时代高校党建示范创建和质量创优验收。本案例详细介绍了学院几年来摸索、构建的体系和架构。按以上通知要求，模式可复制、可推广，实现了党建与事业发展的高度融合，落实了学校的"攀登计划"，进一步完善了学院"三全育人"体系，更好实现了立德树人根本任务。

　　首都师范大学是"双一流"建设高校。初等教育学院的办学历史可追溯到 1905 年，著名儿童教育家孙敬修，国学大师张中行，教育家、法学家杨秀峰，教育家、书法家欧阳中石曾先后求学、任教于此。现有教职工 142 人，在读本硕博学生 2000 人，党支部 24 个，党员 535 名。每年为基础教育输送 500

余名毕业生,北京地区小学教师六成是学院培养的。学院是全国培养小学教师的排头兵,先后被评为全国教育系统先进集体、全国巾帼文明岗、全国模范职工小家、入选教育部三全育人综合改革试点院系、被评为北京高校德育先进集体、首都学雷锋志愿服务岗、北京高校优秀党务工作者、获得北京市党建研究会优秀自选课题成果一等奖。学院现为教育部高等学校小学教师培养指导委员会主任委员和秘书长单位,"小学教育"专业入选国家级特色专业、教育部卓越教师培养计划和北京市一流建设专业,在第四次学科评估中获得 A–成绩。

一、背景与问题

按照新时代党的建设总要求,积极探索新时代高校院系党建规律,以政治建设为统领,以提升组织力为重点,以推动事业发展为落脚点,整体推进,按计划、分步骤开展培育创建工作。此前,学院党建工作不同程度存在上热、中温、下凉问题,甚至某些领域存在"中梗阻"现象,这些阻碍了上级精神的有效传达和入脑入心。针对于此,学院党委精准发力,发扬钉钉子精神,形成了党建成果,构建了"五机制、五到位"工作模式,创建了高质量党建新格局。

二、举措与成效

(一)举措方面

1.健全了体制保障,实现党组织领导和运行机制及时到位

体制保障,学院建立了内部各职能发挥体系。学院党委发挥政治核心作用。厘清学院政治、行政、学术、民主参与、监督等权利的主体和责任,构建发挥党委政治核心作用的长效机制。

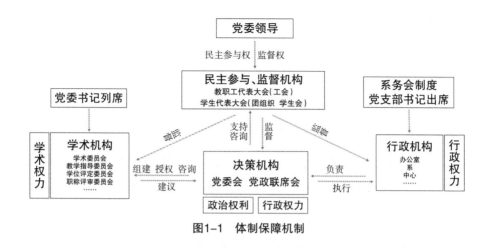

图1-1　体制保障机制

一是学院党委负责学院党的建设,履行政治责任。学院党委在学校党委的领导下开展工作,全面负责学院党的建设,履行政治责任,保证监督党的路线方针政策及上级党组织决定的贯彻执行,把握好教学科研管理等重大事项中的政治原则、政治立场、政治方向,在干部队伍和教师队伍建设中发挥主导作用。加强习近平新时代中国特色社会主义思想的宣传教育,不断引领师生增强"四个意识"、坚定"四个自信"、做到"两个维护",在思想上政治上行动上同以习近平同志为核心的党中央保持高度一致。学院党委政治核心领导地位体现在全面负责师生思想政治教育与指导,确保学院的教育符合社会主义的本质要求;学院党委政治核心作用要体现在对以院长为核心的行政权力的监督以及对学院"重大事项、大额资金、重要人员变动"的参与决策权。建立党委书记参加学术委员会、教学委员会、学位评定委员会、职称评定委员会等的工作制度,形成党委书记全面参与发展规划、学科建设、人才培养、队伍建设、社会服务的工作制度,形成党组织参与制定政策、开展思想动员、积极协调落实、营造和谐环境、服务发展大局为内容的工作格局。

2021年4月,《初教院党委会会议议事规则》经过研究讨论,开始执行,党委会职责、议事程序进一步明晰、规范,有效保障了党路线方针政策及上级党组织决定的贯彻执行。

二是党政联席会负责学院的重要事项，履行事项决定权。党政联席会讨论决定学院工作中的重要事项，党委书记主持会议。实行集体领导、党政分工合作、协调运行的工作机制，负责讨论决定人才培养、科学研究、学科建设、人才队伍建设、思想政治工作和行政管理等方面的重要事项，适时召开党政联席扩大会(党、政、学术机构负责人、教职工代表大会负责人)。从讲政治的高度严格把关，组建学术机构并向其进行咨询和授权，做出的决策由办公室等执行机构落实并向决策机构负责，教职工代表大会作为监督机构负责监督咨询、决策、执行的过程。

2021年4月，《初教院党政联席会会议议事规则》经过研究讨论，开始执行，党委会职责、议事程序进一步明晰、规范。党政联席会关键做到"不越位"，不能代替党委会会议；"不掉队"，重要事项不能不过党政联席会。

三是学术机构负责学院的学术事项，履行学术把关权。党政联席会授权学术机构行使学术权力，进行学术相关的"决策""审议""评定""咨询"四方面工作，体现教授治院，院长须作为各学术机构成员(可不做主任)，书记参加各学术机构会议，非列席会议。学术机构行使学术权力，包括在教学、科研、学科建设、课程设置、教材建设、师资培养、学位授予、招生就业等方面学术相关的咨询、决策、审议、评定工作。

2020年11月，学院学术委员会换届，全院教师投票产生新一届委员，并选举出主任、副主任，有效保证了学院学术权威。

四是行政机构负责学院的具体事务，履行高效执行权。党政联席会授权办公室、教研室、中心等行使具体事项行政权力，进行教学、科研、学科、课程、教材、学生、学位、招生就业等方面具体行政事务管理。实行室务会制度，由室主任、党支部书记组成核心，形成议事制度，研究、计划、实施、总结本部门的工作。

五是教代会、群团组织负责民主参与、履行群众监督权。在党委领导下，完善教职工代表大会(工会)、学生代表大会(团组织、学生会)等组织形式，健全利益表达和协调机制,依法保障教职工和学生参与民主管理和监督,维护师生合法权益。通过代表大会审议讨论院(系)重大事项、教代会主任、工会主席列席党政联席会议等形式,发挥教职工代表大会对决策机构、学术机构、行政机构的监督职能。

2.健全了方向保障机制,实现了政治把关作用及时到位

方向保障机制是以加强理想信念教育为重点,以落实意识形态责任、开展健康向上校园文化、构筑思想宣传阵地、加强舆论监管研判为内部治理抓手,通过严格的追究问责把关,实现全领域的方向保障。

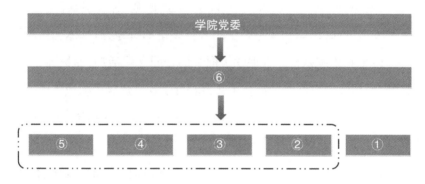

注:①深化理想信念;②落实意识形态责任;③引领协同交流文化;④筑牢思想宣传阵地;⑤加强舆情监管研制;⑥执行监督问责

图1-2　方向保障机制

一是深化理想信念,实现正确政治方向把关。始终用习近平新时代中国特色社会主义思想武装党员干部和师生头脑,夯实坚定理想信念的思想基础。牢牢抓住学院理论学习中心组主阵地,把意识形态工作作为学习的重要内容,以理论学习中心组带动党员学习、教职工学习和学生学习,引导师生坚持中国特色社会主义道路自信、理论自信、制度自信、文化自信。

二是落实意识形态责任,实现内部治理把关。学院出台《初等教育学院党委意识形态工作责任制》,党委牢牢把握意识形态工作的领导权、管理权、话语权,坚持马克思主义在意识形态领域的指导地位,切实增强"四个意

识"。党委对学院意识形态工作负主体责任,党委书记是第一责任人,班子其他成员按照"一岗双责"要求,对职责范围内的意识形态工作负责。党委会每年研究一次意识形态问题,党委理论学习中心组每年开展一次意识形态专题学习。签订"一岗双责"责任书。健全完善教材使用、教师引进、评先评优、学术活动、成果申报、科研平台、著作出版、学位论文、社团活动、网络媒体、图书采购等阵地管理制度,确保意识形态工作无死角。

三是引领校园主流文化,实现学院机体活力把关。努力推进学院文化建设(精神文化、制度文化、环境文化),让办学理念、培养原则、培养模式、学子精神、院训院歌深入人心,从人生观、价值观、道德观层面,引领初教院的办学方针和发展方向,影响和规范师生的言行举止和行为方式,体现初等教育学院办学思想和传统精神。开展积极向上的校园文化活动,弘扬民族精神、时代精神,引导师生积极践行社会主义核心价值观。建成了初教院史馆暨北京地区小学教师教育发展史馆,挖掘传承百年师范的办学传统,切实增强了师生的认同感和归属感。

四是筑牢思想宣传阵地,实现意识形态主渠道把关。加强对学术组织、研究机构的引导,课堂教学管理,坚持"学术研究无禁区,课堂教学有纪律"原则,建立健全课堂教学管理办法和管理体系,划定课堂教学意识形态安全底线和红线,严格执行教师教学考核、教学过程督导制度。建立并落实学院党委、行政班子听课制度,学院党政主要领导每学期到课堂听课6次以上。舆论阵地的建设与管理,建好学院门户网站和各部门网页,大力宣传党中央的路线、方针和政策,弘扬校园正气,以正面权威声音,形成强势主流舆论,牢牢把握舆论主导权。学院上报学校的新闻宣传稿要经院党委书记审核,学院网站的新闻宣传稿要经主管院领导审核。全面落实举办讲座、论坛、报告会、研讨会、演出、展览等"一会一报"和"一事一报"制度,按照"谁主办、谁负责、谁审批、谁监管"原则,严格申报、登记、审批制度,把好关口。加强大学生社团管理,坚持建设和管理并重,严格实行学生社团登记报批制度,健全组织机构,指定专职团干负责社团日常管理工作。加强新兴媒体阵地建设力度。以系统工程的理念推进互联网、微信等新技术媒介以及宣传海报、标语等传统媒介的有机整合,做到互通有无、整体推进。

学院建设了学生乐看的校园网、有近 3 万粉丝的云端课程思政媒体平台、有学生创建的公众号,弘扬、传播正能量,教育场域得到无限延伸。两年来,学院向教育部思政网育人号平台累计投稿 250 余篇。

五是加强舆情监管研判,实现民情民意把关。完善舆情监控制度,通过党群"心连心"活动及时掌握教师思想动态,通过党员担任一年级新生的"人生导师"引导学生树立正确三观。定期分析研判意识形态领域情况,及时分析重大事件、重要情况、重要社情民意中的倾向性、苗头性问题,建立舆情突发应对预案。定时开展各类网络舆情监控,对涉及学院工作的舆情信息,及时分析研判,提出应对措施,力求把舆情监控变为听民声、察民意、传信息的有效平台和载体,作为宣传学院办学的重要手段和工具。

六是执行监督问责,实现方向纠偏把关。学院党委加强对意识形态工作的督办落实,定期进行的督促检查,把意识形态工作内容纳入学院党政班子成员的年度考核,实行意识形态工作问责制,对中央、学校、学院关于意识形态工作的决策部署、指示要求和交办事项不传达贯彻、不安排部署、不有效落实的;对意识形态领域形势分析研判不到位,对敏感事项和重要问题迟报、虚报、瞒报的;对意识形态领域错误言行不斗争、处置不及时不妥当,造成不良社会影响的;对重大突发事件舆论引导不力,影响社会稳定的;未尽到职责、疏于管理,发生导向错误的;对所管理的党员干部和师生公开发表违背党章、党的决定决议和政策的言论放任不管、处置不力,造成严重影响的;对管辖范围内编写的教材、公开发表的课题研究成果和公开发行的出版物、文艺作品等在意识形态方面有严重错误导向的;以及其他未能切实履行工作职责,造成严重后果的,都要追究相关负责人的责任。

3.落实了思想保障机制,实现了思想政治工作及时到位

思想保障机制以习近平新时代中国特色社会主义思想为统领,师德师风建设为重要内容,针对教师主体,通过理论学习中心组、三级联动教师学习,使大家增强"四个意识",坚定"四个自信",做到"两个维护",同时实施关心、关爱工程,采用主动、被动解决实际问题的方式了解、化解教师思想问题。最终,依托"三全育人"水平的提升实现思想保障有力实施。

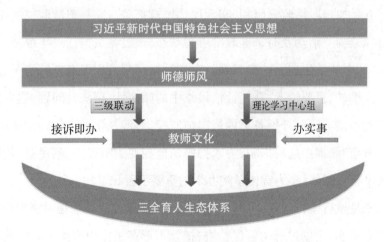

图1-3　思想保障机制

(1)以习近平新时代中国特色社会主义思想学习为统领,提升师生理论水平

一是落实好党委理论学习中心组学习制度。解决好为谁办院、谁来办院、怎么办院的问题。坚持理论学习中心组学习制度,党委委员、党政班子成员、党支部书记、室主任参加学习,每月至少一次。学院制定理论学习中心组学习计划。坚持学院党委委员、党政主要负责同志、党支部书记每学期讲党课和思想政治理论课制度。

二是落实好三级联动教师学习制度。坚持正面教育为主导,建立学校、学院、教研室三级联动学习制度,实施理论武装和思想教育机制。发挥党对教育方向的引领作用,引导全体师生形成社会主义核心价值观、拥护中国特

色社会主义制度、投身于学校和学院的教育教学。

三是落实好师德师风建设制度。学院以师德建设为重点,注重增强教师职业素养和社会责任感。贯彻落实全国、北京市高校思想政治工作会议精神,要求和引导广大教师立德树人,要坚持教书和育人相统一、言传和身教相统一、潜心问道与关注社会相统一、学术自由与学术规范相统一,要以德立身、以德立学、以德施教,营造立德树人氛围,党员带头加强师德修养,做"四有"好老师,健全制度机制,保障师德建设的实效性,把师德作为教师选聘的首要条件,把师德作为教师岗位评聘的重要内容,实施师德"一票否决"制度。在每年9月的师德师风建设月中,集中加强师德师风教育,加强底线意识提醒,督促。增强教师的立德树人自觉性。

学院建有"师德展览馆"。学院党委委员、院长刘慧教授牵头主持北京市师德课题,加强此方面的理论研究和成果产出。

四是落实好师生诉求接诉即办制度。群众利益无小事,在努力推进学院文化建设,树立师生行为准则的同时,对于师生主动向行政部门反映的问题,要给予高度重视。要做到件件有登记、件件有回复,重要事情要向上级领导汇报。并迅速落实整改、落实,对于不能及时给予解决的,要做好耐心解释工作,并将此项工作纳入各行政岗位的考核,力争做到接诉即办。

五是落实我为群众办实事的常态化机制。认真开展"学党史、悟思想、办实事、开新局"主题教育,并将主题教育的落脚点放到"办实事"长效机制上来。办实事是主动发现群众关切的实际问题,主动了解群众关心的事情,尤其是长期被忽视、长期得不到解决,又与群众的切身感受、利益相关,要坚持问题导向,聚焦难点,抓住不放松,主动解决问题。将办实事常态化机制的建立作为群众路线的重要体现。

(2)以课程思政建设为重点,提升第一课堂思政效果

在学校课程思政总体工作部署下,初等教育学院党委发挥政治引领作用,加强顶层设计,全院参与,紧紧抓住教师队伍"主力军"、课程建设"主战

场"、课堂教学"主渠道",将价值塑造、知识传授和能力培养三者有机融合。学院依托4个专业9个方向近500门课程,构建了纵向衔接、横向贯通的"五位一体"思政课程平台,融通思想政治理论课程、通识教育课程、儿童教育课程、专业方向课程、实践与研究课程等五大课程模块,贯穿大一至大四全过程,有效发挥了价值引领作用。

学院加强课程思政育人力度,出台《首都师范大学初等教育学院课程思政工作建设方案》,提出在所有课程大纲中写入课程思政的内容和要求,并与期中课程检查相结合,学院班子成员重视课程思政建设,深入学生班级与教研室一起听课、评课,有力地推进了课程思政建设。学院正在探索打造课程推进机制,形成有效合力。"红色经典"演出,书法课程思政示范课等内容先后在《光明日报》客户端和千龙网报道。

(3)以新媒体平台为重点,提升学生乐见、乐学的亲和力

为了适应时代发展需求,实现新媒体与课程思政的深度融合,进一步引导学生成长成才,学院依托新媒体加强课程思政建设。首先,学院加强思想引领,帮助教师认识到运用新媒体手段开展思想政治教育活动的重要性。明确新媒体手段并非传统课程思政途径的补充辅助,而是与当前学生重要的生活环境——网络空间息息相关,是学生成长的重要舞台。其次,通过线上教学培训,帮助教师学会利用云端聚集的海量信息,结合学生与课程特点挖掘思政元素,丰富教学素材与资源。最终,创建了云端教育新平台,实现了没有边界的教育场域,形成处处生动的成长舞台。

目前,学院建有"用声音邂逅美妙""挚爱初教""志愿者中心""初教院童心艺术团""初教院社团联合会",有着十分广泛的受众面。其中"用声音邂逅美妙"有粉丝3万人。

(4)以"'三全育人'铸师魂"为重点,提升学院整体育人本领水平

学院是教育部"三全育人"试点单位,期间,学院积极探索"三全育人"的内涵与外延,坚持百年师范传统和改革创新,把"三全育人"放在学院全局性

战略性高度,列入学院事业发展规划和人才培养方案中。把握新时代教师教育的新使命,"三全育人"铸师魂,构建新时代育人生态体系,培养"四有"好老师。2021年获得北京市高校"三全育人"工作优秀成果工作案例二等奖。

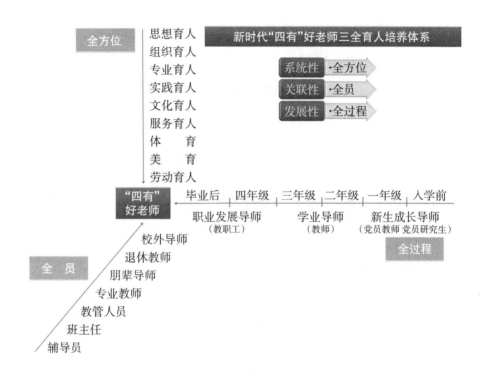

图1-4 新时代"四有"好老师三全育人培养体系

制度赋能,建设了师范特色全员育人队伍。通过改革《教师考核评价系统》、制定协同育人路线图、完善全员育人制度机制等方式,激发全员育人内生动力,充分发挥专职教师、辅导员、班主任、教管人员、朋辈导师、退休教师、校外导师七支队伍育人合力,呈现育人协同性。系统激活,形成了教师教育全程育人机制。学院把握三个重要成长阶段,夯实"全程导师制",形成了"新生成长导师—学业导师—职业导师"引路,持续性、贯穿性、系统性的全过程育人机制,使全程育人呈现层层递进、环环相扣的系统动力。资源整合,完善校内外协同的全方位育人体系。深度整合资源,覆盖课程、科研、实践、文化、网络、心理、管理、服务、资助、组织"十大"育人体系,在提质增效上持续发力,增强学生获得感。

4.落实了组织保障机制,实现了基层组织制度及时到位

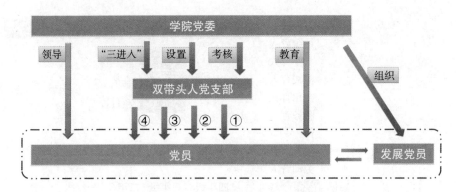

注:①加强教育;②日常管理;③先锋模范作用;④从严治党

图1-5　组织保障机制

(1)加强领导,履行党委对党支部的领导责任

以党支部的"七个有力"为目标,学院认真落实《中国共产党普通高等学校基层组织工作条例》《中国共产党支部工作条例(试行)》。一是建立"两个三进入"制度,即党委委员进入教师支部、进教研室、进课堂,党委委员进入学生党支部、进班级、进宿舍。坚持学院党委委员结合分工联系教师、学生党支部制度,学院党委委员至少每学期听取1次党支部工作汇报,研究解决问题;学院党委每学期对本院党建工作进行部署、对党支部开展学习做出安排,每学期至少研究1次学生党建工作。二是优化党支部设置。按照党的一切工作到支部原则,教师党支部与教学机构设置对应,把管理人员划分为行政管理、教务管理、学生工作三个支部,侧重服务职能。学生党支部按年级、专业纵向、横向设置相结合,专职辅导员同时参加学生支部活动,适时成立临时党支部,把支部建到游学团队、实习学校、外地学员培训班、学生公寓。建立提醒督促机制,所属党支部按期换届,严格按照程序选举党支部委员会和书记、副书记。三是建立健全党支部工作考核评价办法,完善责任清单,细

化责任要求,加强督促检查。完善《初教院党委关于加强党支部建设的意见》,明确党支部的作用和支部书记、支部委员的工作职责,强调党支部集体领导制度、"三会一课"制度、组织生活会制度、党员密切联系群众制度、党员权利保障制度、党员思想汇报制度(按时填写《我的支部生活》手册)、党风廉政建设制度、党员学习制度,规范支部活动,提升组织生活质量。

(2)加强引导,履行党组织对党员的教育、管理、监督职责,使做到"七个有力"

一是实现抗疫教学,开展"学党史、悟思想、办实事,开新局"主题教育,并与"两学一做"学习教育常态化相结合。把思想教育作为首要任务,坚持融入日常、抓在经常,与学院中心工作相结合,强化分类指导。要在"学"上下功夫,强化学习内容针对性,确保学习实效性。要在"做"上保实效,引导党员做到"四个合格"。

二是加强党建工作信息化建设,严格党员日常管理,组织关系管理有序,党费收缴按时规范,党内统计及时准确。党员领导干部按规定参加双重组织生活,印发《我的支部生活》手册。

三是组织师生党员充分发挥先锋模范作用,带头攻坚克难,承担重大改革发展稳定任务,积极做好联系服务群众工作,努力帮助师生解决实际问题。学院党委构建服务载体,广大党员有履行义务的平台、有带头行动的方向、有发挥作用的支点。教学科研平台,身体力行立德树人。广大教师带头教学科研,做到学高身正;管理人员做好服务工作,在服务态度、服务质量、服务时间上有保障;退休教师,互帮互助,老有所为;开展"师生同心同向共成长"项目,教师支部关注学生成长,全体党员与大一新生结对子,做人生导师,实现全员育人,为学生提供精细化服务。社会服务平台,承担社会责任。第一,扎根北京基础教育,推进首都义务教育均衡化,广大党员要身先士卒。全心投入 21 所附小建设,开展推进 120 所教研基地建设,推动 6 所"高校参与北京市中小学教育特色发展项目",关注职后教育和培训。第二,心系老少边穷地区教育,广大党员要当仁不让。保障完成北京教育对口支援工作,每年培训内蒙古、青海、河北、河南和湖北等地学员 1000 人,大学生开展志愿服务每年不少于 1500 人次。

四是健全全面从严治党和党风廉政建设制度,综合运用"四种形态",重点运用"第一种形态",加强对师生党员的教育监督管理,对苗头性、倾向性问题,及时咬耳扯袖、督促改正。对违反党纪的党员,及时报请上级党组织研究批准,按程序作出党纪处分、组织处置。加强顶层设计,构建机制。学院党委高度重视党风廉政工作,做好顶层设计,把党风廉政建设覆盖全体师生。宣传教育,把廉政内化于心。深入开展党性党风、党章党规党纪教育,严明党的政治纪律、组织纪律、廉洁纪律、群众纪律、工作纪律、生活纪律。落实责任外化于行。明确任务落实到人,完善制度阻塞漏洞,民主科学决策,依规办事。

（3）选优配强,履行"双带头人"教师党支部书记职责

选拔一批政治坚定、作风过硬、师生信任的党员担任党支部书记和委员。认真履行"双带头人"教师党支部书记培育责任,做好"双带头人"党支部书记选配、培养、使用等工作,目前,教师 8 个党支部全部是"双带头人"支部。科学与教育党支部是学校"双带头人"培育支部。院党委注重从优秀辅导员、骨干教师、优秀大学生党员中选拔学生党支部书记,选优配强学生党支部书记和支部委员。坚持学院班子成员联系师生党支部制度,建立党支部书记工作考核机制,推进和规范党支部书记抓党建述职评议考核工作。

每年支部书记的集体述职,坚持严格打分,区分档次,意见反馈,成为总结、督促、查找差距的重要环节。

（4）严把标准,履行党组织发展党员职责

学院党委坚持把政治标准放在首位,通过服务激发群众入党的积极性,通过榜样引领增强党的向心力,凝聚力,着力培养提升新党员的战斗力,严格发展程序保持党的生命力。细化年度教师党员发展工作安排,指导教师党支部切实做好在高层次领军人才、青年优秀教师中发展党员工作。学院党委委

员、教师党支部书记常态化联系教师入党积极分子,主动帮助引导他们向党组织靠拢。做好在高校学生中发展党员工作,将"推荐优秀团员作为入党积极分子"作为重要渠道,重视发展少数民族学生入党。

创建两年里,学院共发展学生党员 360 人,教师党员 2 人。

(5)加强保障,履行专职组织员职责

推进组织员队伍建设,配备 2 名专职组织员。加强组织员培养培训,充分发挥他们在基层党建、党员发展、党内监督等方面的专职专责作用。

5.落实了动力保障机制,实现推动改革发展及时到位

动力保障机制,是将人民群众对高质量教育的期盼转变为动力之源。通过持续培训和改革,做到思想、物质的双支撑,实现双轮驱动。同时开展凝心聚力工程,优化整体配置,调动师生积极性,做到劲往一处使。最终提高返防意识做到动力的零消耗。

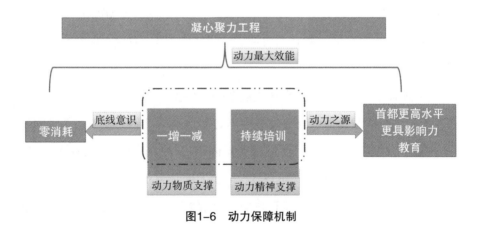

图1-6　动力保障机制

(1)贯彻新发展理念,将需求转变为学院发展动力

进入"十四五"时期,首都教育提出"实现更高水平、更具影响力的教育现代化……"是规划,也是首都人民对教育的期盼。需求是动力产生的基础。作为直接为首都基础教育提供师资的学院,积极贯彻党的教育方针,瞄准首都教育现代化的新要求,以"高质量"为遵循,自觉将人民群众对教育的需求

转变为学院改革发展的动力。学院提出实现三个引领目标：继续引领全国小学教师教育方向、引领北京地区小学教师教育改革与发展趋势、引领小学教育政策制定的走向，解决了动力之源。

2021年9月，学院通过挖掘校友资源，回应人民对高质量教育的期盼创办了"敬修书院"，并实现首届招生，书院以先进教育理念为引领，引入国际优秀师资，打造小学教师教育高地，吸引了高质量生源。2022年创建"伯良书院"，以实现科学家培养要从娃娃抓起的国家战略。

（2）推进系统培训，提供动力保障的思想支撑

校外专家钟秉林、谢维和、王欢，校内专家苏寄婉、方敏、李松林等老师分别为教师做专题思想理论培训。学院利用教师理论学习中心组、全体教师会、支部、教研室开展不同层次的学习，学校下发的每月理论学习文件汇编成为主要学习内容，尤其是将习近平关于教育的重要论述作为核心知识点。学院通过网络、微信、教研研讨、实习见习动员，将业务与思政高度融合，坚持教育者先受教育，使教师在新时期进一步明晰方向，为动力保障提供了思想支撑。

（3）加强顶层设计，提供动力保障的物质支撑

为了更好地激发师生自我发展内驱力，为改革发展提供动力保障的物质支撑，学院加强顶层设计，研究部署具体落实，根据实际情况，提出"一增一减"策略。一是增加教师课时费，由20多元增长到60元；二是减少本科生总体课时，给学生更多自主空间，减少后为162课时。这一策略紧紧围绕学院办学方向、办学目标，是贯彻"高质量"发展的具体落脚点。有效提升了教师教书育人和学生自觉学习的积极性。学院发展的动力保障得到切实支撑。

（4）实施凝心聚力工程，实现动力的最大效能

一是强化"同心同向同行"。加强对党外知识分子的思想引领，抓好民族宗教等工作。第一，高度重视，明确责任，健全制度。坚持统战理论学习，领会统战精神。加强领导健全制度，强化学院党委对统战工作的全面领导，党委

书记是第一责任人,任统战委员。将统战工作纳入党委重要议事日程、纳入党政联席会议事日程、纳入学院党政领导班子考核内容,纳入宣传工作计划。第二,加强思想引领,巩固统一战线的思想政治基础,树立共产主义远大理想和社会主义共同理想,坚定"四个自信"。第三,立足服务,凝聚人心。学院党委通过党群"心连心"制度与党外知识分子结对子,建立了学院班子与统战人士交友制度,保障统战人士参政议政。第四,调动一切积极性,发挥统战对象作用。

二是充分发挥群团组织桥梁纽带作用。坚持以党的建设带动群团组织建设,加强学院工会、教代会工作和共青团工作,加强对学生社团的管理、引导、服务和联系。在党委领导下,完善教职工代表大会(工会)、学生代表大会(团组织、学生会)等组织形式,健全利益表达和协调机制,依法保障教职工和学生参与民主管理和监督,维护师生合法权益。代表大会审议讨论学院重大事项、教执委主任列席党政联席会议等形式,发挥教职工代表大会对决策机构、学术机构、行政机构的监督职能,实现民主决策。

(5)增强底线意识,实现动力保障的零消耗

谋大局,干大事,还要不出事。全方位管理重点事项、重点对象、重要节点、重要阵地,健全完善师生安全稳定教育体系、综合防控体系和应急处置体系。始终坚持预防为主、防治结合的原则,以学院安全、师生思想稳定为目标,建立健全安全工作体制机制。一是高度重视,班子统筹。二是加强教育培训宣传,强意识增能力。三是完善制度健全机制,日常工作有章可循。四是层层签订责任书,落实安全责任到人。

在主题教育中,学院将办实事着眼于服务首都基础教育的"双减"政策落地,300余名师生走进小学,开展课后1小时服务,积极激发了大家干事创业的积极性,拍摄的事迹报道被"学习强国"媒体采用。

（二）成效方面

1.高质量党的建设引领高质量育人育才

一是家国情怀深厚成为学生鲜明的师德底色。在扎实的党建传统和浓郁的师范文化浸润下，家国情怀成为学生的精神基因，尤其是在国家重大政治任务中，展现了学生政治素质过硬、专业能力强、服务热情高的精神面貌。325名学生参加了亚洲文化嘉年华演出；89名学生参与了新中国成立70周年庆祝活动志愿服务；111名学生参加了庆祝中国共产党成立100周年庆祝活动志愿服务及"伟大征程"庆大型情景史诗；近百名学生参加2022北京冬奥服务保障工作。大学生积极参军入伍为国家贡献力量，连续13年从不间断，共40余名大学生入伍。学生用赤诚与担当、微笑和汗水诠释了最生动、最实际的爱国主义教育时代最强音。

二是政治意识增强成为学生思想政治素质的鲜明体现。"理论课堂+情景课堂+网络课堂+实践课堂"有机结合的"四个课堂"党校工作模式，成为学院覆盖全体师生、促进理论学习入脑入心、政治意识有效增强的特色党建品牌，相关工作获得了第六届首都思想政治工作实效奖一等奖，北京市优秀红色"1+1"项目、学校先进二级党校等荣誉。学生对党的认同感强、入党申请人比例高、在优秀青年教师和大学生中发展党员成效好，创建的两年里共发展360名学生党员，2名艺术类青年教师党员。学生在祖国最需要的地方为党和人民的事业做贡献，积极参与抗击疫情，创作抗疫歌曲，投身抗疫志愿服务，学生获得全国抗疫青年志愿服务先进个人、全国大中专学生志愿者暑期"三下乡"社会实践活动优秀团队。

三是毕业生受到基础教育界广泛欢迎，每年组织的小学教育专业校园专场招聘会100余所小学到场招聘学生，学生就业率在96%以上。学生毕业后的师德师风、教育情怀、教师能力受到一线肯定，涌现出一大批优秀的紫禁杯班主任、学科骨干和青年校长，毕业生成长为北京基础教育主力军。

2.高水平学科建设支持高水平教师教育

一是国家一流专业与国家一流课程建设成效显著。学院小学教育专业首批入选"双万计划"国家级一流本科专业建设点,首批入选国家一流本科课程,正在准备迎接师范专业(三级)打样认证工作;创办"敬修书院""伯良书院",是全国首家推进书院制小学教师教育培养书院,旨在高起点培养创新型小学教育人才;形成的儿童取向卓越小学教师培养模式3.0模式,在全国小学教育专业发展中具有示范引领作用。

二是初等教育学学科引领作用明显增强。学院整合多学科优势资源,重点打造以初等教育学学科为龙头的高水平学科建设。抓住大数据、人工智能等新一代信息技术革命带来的机遇,建立了首都师范大学儿童与未来教育创新研究院,形成了"一所一院十中心"科研机构平台格局,创建的两年间,教师主持了16个科研项目,发表52篇高水平学术论文;教师著作获第八届高等学校科学研究优秀成果奖(普及读物奖)。学院连续两届举办小学教师教育国际会议,获得国内外千余名专家学者的积极参与,在国际舞台上发出中国小学教师教育的声音。

三是教师育人潜能得到充分激发,在制度层面落实了教师立德树人的职责对表对标,在文化层面促进了教师立德树人职责入脑入心,在方法层面推动了教师立德树人职责落细落小,在评价激励层面促进了教师立德树人职责有为有位。学院教师100%参与到学生思想政治教育工作中,教师在课程思政、教书育人方面的生动实践和感人故事,多次获得媒体报道。

3.高标准学院效能服务高标准首都发展

一是学院社会服务获得良好声誉。学院服务首都基础教育凸显了"学术性、高品质、专业性"的特色,加强了附小发展共同体建设,对接与服务支持国内21所附小发展,有效提升了各附小发展质量。积极承接与落实北京市教委相关培训工作,创建的两年间高质量完成19项国家级、省级教师教育培训和教育扶贫项目,培训校长、教师累计1053人。高质量完成"高参小"项目,重点扶持 6 所小学美育发展。不断扩大成人学历教育规模,着力提升教育教学质量,两年间培养成人学历教育 4725 人,打造了高品质、有影响力的小学教师教育培训品牌。

二是主动服务"双减"政策落地获得多方好评。2021 年秋季学期是中小学全面落实"双减"的第一个学期,学院党委会决议要把服务"双减"政策作为服务首都"四个中心"建设、为群众办实事的具体举措,发挥专业优势,组织学生在做贡献中长才干。组织本科师范生和教育硕士每周到七一小学、八一学校、首都师范大学实验小学、北京教育学院附属海淀小学等为小学生开展课后一小时辅导,累计开展了党史宣讲、国学、朗诵、音乐、美术、书法等500 余节特色课程。学院持续服务"双减"工作,获得了小学、小学生及小学家长的多方好评,并获得《学习强国》《中国教育新闻网》《北京青年报》等多家媒体报道。

创建的两年里,学院党建中的"中梗阻"问题得到有效破解,学院育人育才水平明显得到提升,从严治党得到全面落实,师生面貌焕然一新,党建标杆院系创建达到应有目的。

三、反思与展望

党的二十大为学院未来发展定下了基调,明确了方向,再次强调了必须把教育事业放在优先发展的战略地位,并对加快建设教育强国、办好人民满意的教育做出了新的部署。

有着百年办学历史的初教院将心怀"国之大者",勇担时代重任,带领师生深入学习贯彻党的二十大精神和习近平新时代中国特色社会主义思想,用新形式新方法贯彻新理念新要求,以更加饱满的精神状态投入学习中,进一步提升人才自主培养质量,为首都率先实现教育现代化贡献力量。

学院将进一步凝练"儿童取向,卓越发展"等理念,以"高质量"为核心,以学校攀登计划为重点，以三级认证为契机，进一步推动学院师资水平提升，激发学生自主发展的动机，引导青年学子做"有理想、敢担当、能吃苦、肯奋斗的新时代好青年"，在北京四个中心建设的火热实践中绽放绚丽之花。作为党建标杆院系，学院将在上级组织领导下，对标对表任务清单，在"五机制，五到位"模式上继续探索，将党建工作与事业发展相融合，坚持从严治党，锐意进取，为中国式教育现代化贡献小学教师培养的新模式。

（执笔人：刘海涛）

学科建设：小学教育专业发展的动力保障

学科建设是我国当前"双一流"建设的中心问题,高校通过学科建设把学科知识、人才、教学、科学研究整合在一起,以达成大学教育在知识创新、人才培养、社会服务、文化传承上的诸种复合性功能。首都师范大学初等教育学院 24 年来通过队伍建设、成果建设、文化建设、平台建设等方面推动初等教育学科建设工作,并取得一定成效。

一、背景与问题

学科建设是专业建设的基础,是保证人才培养质量的基础,任何一种职业成为一门专业的核心是有其赖以存在的学科做基础。因此,积极推进学科建设是高校小学教育专业发展的重要使命。基于社会发展需要而诞生的小学教育本科专业,进入高等教育体系后缺乏相应的学科支撑,而初等教育学学科建设对促进小学教育专业发展、初等教育学院大学化进程以及丰富教育学学科建设等具有重要意义。

1999 年,伴随着小学教师本科化培养,初等教育学学科建设也开始起步。我国小学教育专业进入高校是建立在中师(师专)的基础上,先天缺乏学科基础。相对于高校重视学科建设的倾向而言,高校小学教育专业重视的就是小学教育专业建设、本科生教学工作,而学科建设几乎处于"空场"状态。这种状况近年来发生了变化,伴随着小学教育专业建设的推进,初等教育学学科建设也成为全国高校小学教育专业同人普遍关注的问题。

伴随着对学科建设的关注,高师小学教育专业的学科基础是什么,成为其学科建设首先必须要回答的问题。目前代表性的观点有三种,第一种观点认为小学教育专业属多学科支撑一个专业;第二种观点认为,初等教育学学科则是小学教育专业的支柱性学科;第三种观点认为,小学教育专业是由多种相关学科开放融通、共同支撑的复合结构。那么到底应怎样认识小学教育专业的学科基础呢?我们认为,初等教育学学科是小学教育专业的基础学科、支撑学科。

我国初等教育学学科建设分为初创期(1999—2010 年)和发展期(2011年至今)两个阶段。初创期,初等教育学学科建设具体表现为:①部分师范大学和教育学术团体提出了初等教育学学科体系的初步构想;②初等教育学术团体开始建立并开展学术活动;③涌现了一批关于初等教育学的学术成果,奠定了初等教育学学科建设基础。发展期,以初等教育学硕士学位点的建立为标志和推动力,初等教育学学科建设取得实质性进展表现为:①初等教育学硕士点建立推动学科发展;②学术团体持续开展深入探讨初等教育学学科建设基本理论的学术研讨活动;③初等教育学学术成果进一步丰富。

初等教育学院的建院史,本身就是一部中国初等教育学学科史,为此也成为我国初等教育学学科建设的"领头羊、带头雁",不仅出版了一批标志性的学术成果,而且积极拓宽国际初等教育研究的学术交流渠道,逐步形成了"内外互通、理实相生、专业学科一体化"的建设格局。在"十四五"时期,首都师范大学回顾历史、面向未来,提出力争创建国内一流师范大学的远景方针,并且依托"攀登计划"引领"学科专业一体化建设"的基本思路。初等教育学学科建设也取得了一定的成绩,积累了相应的经验供国内同行参考。

二、举措与成效

根据知识社会学的研究,"学科"的本质是知识与权力结合的产物,学科建设通常基于知识的内在建制以达成制度的外在建制。因此,我们认为学科建设主要可以划分为两方面:一是学科的内在观念建制,包括逻辑范畴和知识体系、学科精神和学科制度、规范;二是学科的外在社会建制,包括具体社会组织,学科的社会分工、管理、内部交流。依此,将初等教育学院初等教育学学科建设具体细化为"四个建设":队伍建设、成果建设、文化建设、平台建设(见图1-7)。其中,队伍建设和成果建设面向初等教育学研究团队的打造,以及代表性成果的不断推出,代表着初等教育学学科的观念建制。而文化建设和平台建设则体现为学校及学院二级组织和相关制度的不断完善,并且通过成立研究中心、组建学会、举办研讨会、编撰学术刊物、与基础教育一线广泛合作等方式完成外在的社会建制。

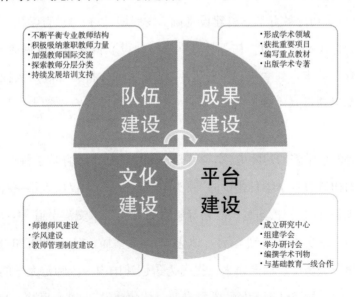

图1-7   首都师范大学初等教育学科的四个建设

（一）队伍建设

学科建设的根本是学科团队建设。师资队伍是初等教育学学科建设的重要人力资源保障，是实现立德树人根本任务、加强小学教育专业建设、保证卓越小学教师培养质量的重要基础，对小学教育专业发展具有重要的支撑作用。

初等教育学院建院 20 多年，打造了一支学科全面、学源多样、数量充足的教师团队。截至 2022 年 8 月，现有专任教师 105 名，专任教师中正高级职称 16 人，副高级职称 49 人，中级职称 40 人；获硕士以上学位教师占 95%。根据学科建设需要和学生发展需要，不断加强专业专任教师队伍建设。以近 5 年学院引进的新教师为例，新任教师性别比例均衡，在国外高校取得学位的新教师占 25%。专任教师的学科背景涉及小学教育相关的教育学、心理学、汉语语言文学、英语语言文学、数学、自然科学、信息技术、美术学、音乐学、舞蹈、书法等诸多领域，理论型、技法型兼备，是一支为小学教育量身打造的教师队伍。

初等教育学院自成立以来，尤其是在学院发展第二个十年以来，伴随着初等教育学二级学科的独立设置，研究团队致力于初等教育学学科的理论探索。同时，积极鼓励全院教师从自身专业背景出发，不断思考初等教育学的学科体系问题。学院先后多次召开研讨活动，与校内外同行共同研讨初等教育学的未来建设，不断增强学院教师对初等教育学科的认同感、使命感，研发一系列的成果，不断推动全国小学教育界的初等教育学学科建设。

初等教育学院注重发挥全院资源，定期聘请国内外专家来院交流讲座，并长期聘请基础教育一线的特级教师担任学院的兼职教师，以课程讲授或系列讲座的形式授课。为营造初等教育学院学术气氛、迎接成立 20 周年，从 2018 年 9 月至 2021 年 7 月，开办了"初教论坛"之"大家讲堂""教育家讲堂""国际视野"系列学术讲座，共举办了 40 余场，先后邀请了顾明远、田正平、谢维和、钟秉林、陈嘉映、魏书生、Murry Print（澳）等大家来院讲学；史家小学校长王欢、清华附小校长窦桂梅、中关村三小原校长刘可钦、人大附小校长郑瑞芳等全国知名校长来初等教育学院做报告。近3年来，兼职教师的数量达到48人，其中来自基础教育一线的兼职教师均为市级学科带头人、特级教师或高级教师，他们深度参与师范生培养工作，承担了本科生和研究生的课程教学工作，担任本科师范生导师，为学生开展系列讲座达到百余人次。在制度方面，学院特别设立了"校外名师讲学计划"，聘请小学特级教师为初等教育学院师范生开设课程，补充了教师力量。

（二）成果建设

经过20多年的探索，初等教育学院对初等教育学的学科问题逐步形成了基本的认识。初等教育学，是以小学教育现象、问题、规律为研究对象，并致力于解决小学教育实践中问题的学科。初等教育学科建设作为教育学科建设的一部分，跟其他教育学二级学科既有相似性，同时又由于初等教育学本身的学段特性显现出其不同于别的学科之独特性。

初等教育学院形成了以"初等教育学"为支撑学科的若干研究领域，如小学儿童研究、小学儿童品德教育研究、小学儿童心理健康与辅导研究、少年儿童组织与教育研究、小学教师研究、小学学科课程与教学研究、小学艺术教育研究、小学校组织管理研究等。

学院先后承担了教育部"小学教师专业标准"的研制项目（2010—2011）、教育部"小学品德与生活（社会）"教师培训课程指导标准研制项目（2015/2022）、教育部"义务教育道德与法治教师培训课程指导标准"研制项目（2022—2023）等国家重要项目。据统计，近5年来初等教育学院教师获批的纵向课题共50项（人文社科20项，自然科学30项），横向课题共28项（人文社科12项，自然科学16项），项目到账总经费1277.18万元。其中，不乏与小学教育教学实践相结合的研究项目，占到总课题数目的30%，体现出学院将学术研究与实践相结合的特色，充分落实了初等教育学院"面向小学、服务小学"的办院使命。

初等教育学院与人民教育出版社、高等教育出版社、教育科学出版社、北京师范大学出版社、首都师范大学出版社、天津人民出版社等联合出版了一大批相关的著作和教材。至今，共出版著作、教材等四百余本，包括"高校小学教育专业卓越教师培养系列教材""新时代小学教师培养系列教材""大学本科小学教育专业系列教材""新时代小学教师教育融媒体丛书""新时代初等教育学丛书"等。其中，刘慧教授主编的《小学生品德发展与道德教育》为教师教育国家级精品资源共享课教材，国家一流本科课程；刘慧教授主编的《小学德育实践》、欧阳中石教授主编的《书写与书法教程》入选"十二五"普通高等教育本科国家级规划教材；夏鹏翔教授主编的《初等教育史》荣获北京市高等学校优秀教材奖。

2019 年，初等教育学院成立 20 周年之际，组织出版一套"新时代初等教育学丛书"，主要有《初等教育学学科建设之路》《初等教育研究》《实习教师社会化研究》《小学数学核心素养新论》《小学公民素养教育比较研究》《小学科学教育研究》等专著，目前正在陆续出版中。这是首都师范大学初等教育学院多年来开展初等教育学研究的部分成果，是学院教师在多年深度参与小学教育研究与实践的基础上完成的"以小学教育为研究对象"的理论研究成果。

学院教师出版了很多颇具影响力的学术著作，对国内外初等教育学前沿研究起到了推动作用。初等教育学院王美芳教授担任国际知名 SSCI 期刊副主编；李敏教授主编的《我的家在中国——节日之旅》2018 年、2019 年两次入选中宣部"丝路书香"项目，2020 年获"第八届高校科研优秀成果奖—普及读物奖"。魏戈副教授的专著《教师实践性知识的生成》荣获国家出版基金资助，全英文专著《重构职前教师的实践性知识：为未来设计学习》(*Reimagining pre-service teachers' practical knowledge: Designing learning for future*)，由国际知名出版社劳特里奇收入"中国视角"丛书，是当前国内初等教育研究走向国际的标志性成果。

初等教育学院相关科研项目、著作、教材的出版，不断厘清了初等教育学的学科边界，尝试探索了初等教育学与其他教育学二级学科的异同，寻找了初等教育学的核心概念和重要命题，并且积极将初等教育学院的研究成果推向国际。这不仅带动和促进了学院科研工作的发展和进步，而且对学院人才培养乃至学院的可持续发展都发挥了重要作用。

（三）文化建设

初等教育学学科建设，坚持马克思主义哲学观的引领，落实党在文化建设方面的根本立场。学院党组织严把政治关，把政治立场和思想政治表现作为初等教育学学科研究的底线要求，定期通过党组会议、支部会议传达党和国家最新的大政方针，并要求学院教师将其贯彻落实到自己的教学、科研工作中。

坚持立德树人根本任务，坚守高校教师的师德师风，是我们开展初等教育学科建设的前提。学院在学科建设方面大力加强学者的学风建设，以及师德师风建设。首先，从首都师范大学层面，学校出台了一系列加强师德师风建设的制度和措施，包括《首都师范大学师德规范（试行）》《首都师范大学关于建立健全师德建设长效机制的实施办法（试行）》《首都师范大学师德"一票否决"实施细则（试行）》等文件。其次，学院出台了《初等教育学院师德规范》文件，并且在学院"教代会"一致表决通过，落实了学校对师德建设的要求。这些制度和措施使得专任教师将"师德师风"放在心上、严于律己，起到了很好的教育和督促作用。

此外，2020年11月，学院顺利完成学术委员会新一届换届工作，进一步完善了学院内部学术治理结构。院学术委员会充分发挥了教师在教学、学术研究和学院管理中的作用，坚持公平、公正、公开的原则，弘扬学术道德，鼓励学术创新,推动学术发展,提高学术质量,促进学院的学科发展。

在学院的学术文化上,学院一直倡导学术自由的理念,对每一位教师,特别是青年博士,学院支持他们坚持原有的研究方向,在时间、经费上支持他们参加各类学术交流活动和高水平的论文发表。此外,学院在制度上鼓励教师创新,大力支持学科交叉生成的研究团队,其中"儿童生命与道德研究中心""传统文化教育研究中心""儿童与未来教育创新研究院"等研究团队的形成就是典型的交叉学科代表。

(四)平台建设

初等教育学学术会议是推动学科建设的重要载体。2007 年 7 月 13 日,初等教育学院召开了首次"初等教育学学科建设学术沙龙",主要从学科概念、学科与专业的关系、学科建设的内容、学科独立的标准、高等教育学学科建设以及既有小学教育学教材的分析等方面进行探讨。2008 年 1 月 18 日,为推动初等教育学科建设,我校组织召开了"初等教育学科建设专家咨询会"(北京)。这次会议最为显著的、喜人的成效是建立独立的初等教育学二级学科的主张获得了专家认可,这在初等教育学学科建设历史上具有里程碑意义,也标志着首都师范大学初等教育学学科建设的正式起步。专家咨询会议围绕初等教育学科建设有三个议题,"初等教育学的研究对象、学科性质、学科体系如何?""从现实的角度来看,初等教育学科建设的切入点、重点、难点是什么?""初等教育学科建设的具体措施有哪些?"会议邀请了顾明远、朱小蔓、谢维和三位著名教育学家、宋永刚副司长(教育部基础教育司)、刘立德社长(人民教育出版社文教分社),时任我校校长刘新成、副校长王万良、教务处长王德胜、教育科学研究院院长孟繁华出席本次会议,校长刘新成担任会议主席。会上,刘慧代表学院汇报了初等教育学科建设的前期情况。之后,与会专家就初等教育学学科建设问题展开讨论,对初等教育学学科建设的必要性进行了论证,对初等教育学学科建设的方向给出了重要指导。

初等教育学院发展进入第二个十年期间，初等教育学学科建设有了质的变化。2009 年伊始，初等教育学院在《首都师范大学学报》（社会科学版）中开辟"初等教育研究"专栏，发表《初等教育学学科建设几点思考》等文章，阐明"初等教育学科建设是小学教育专业建设的支柱，加强初等教育学科建设有助于促进初等教育专业建设、加快初等教育学院的大学化进程、推动初等教育学科成为一门独立学科"。2009 年 12 月 10 日，为推动全国小学教育界的学科建设，初等教育学院主办了"全国首届初等教育学学科建设论坛"，来自 19 家小学教师教育委员会常务理事单位的 29 名专家、学者出席本次论坛。

2011 年 6 月 13 日，经过 5 年的准备，组织申请在教育学一级学科下自主设置初等教育学二级学科硕士学位授权点，组织专家论证会，这在全国是开先河之举，填补了空白，迈出了学科引领高校小学教育专业发展的坚实一步。既有利于完善我国教育学科体系，也有利于促进小学教育专业建设、提升小学教师培养质量。专家评审组由朱小蔓教授、朱旭东教授、袁桂林教授、施晓光教授、陈旭远教授、郭华教授组成，朱小蔓教授担任组长。时任我校王万良副校长、校长助理孟繁华教授、初等教育学院王智秋、刘慧、高宝英、陈惠国、方煜东等参加本次评审会。初等教育学设有四个研究方向：初等教育基本理论研究、生命发展与德育、小学儿童心理发展与辅导、小学教师教育研究。2012 招生首届初等教育学 8 名研究生。

2013 年 3 月 13 日，初等教育学院召开了"初等教育学专业硕士点建设研讨会"，审议初等教育学专业硕士点建设的相关问题，根据学科特点和学生学习循序渐进的过程，增开了多门课程，将选修课确定为导师指导课，明确导师责任，使培养方案定位更加准确，设计合理；分析了初等教育学专业建设工作中的经验和问题，集思广益探索了本专业研究生培养的新思路，并为制定硕士学位授权点建设发展规划提供了决策依据。

2014 年 11 月 29 日，初等教育学院再次举办全国性的"初等教育学科建设与研究生教育论坛"。会议主题是初等教育学科的内涵、领域、特色,"初等教育学科"研究方向内容及方法、成果,初等教育学科建设与小学教育的实践,研究生学历小学教师培养。来自全国 22 所高校的初等教育学院、小学教育专业的领导、教师出席会议。会上,王智秋院长报告了初等教育学院初等教育学学科建设历程回顾、初等教育学学科建设的主要成果、初等教育学研究生培养方案、学科建设对专业建设的价值、儿童生命与道德教育研究中心的支持等五个方面。

2016 年 7 月 16 日,全国初等教育学学术委员会召开第十一届学术年会,主题为"初等教育学学科建设的理论研究与实践"。刘慧教授报告了以习近平总书记 2016 年 5 月 17 日在哲学社会科学工作座谈会上讲话为指导的"构建具有中国特色初等教育学学科的思考",即对初等教育学学科建设首先要解决"为什么人的问题"、必须要明确"以何为导向"、必须要遵循的原则等三个基本问题的思考,这也是对初等教育学院初等教育学学科建设的根本性指导。

在学科建设中,学院积极提供学术交流的平台。在教师的国际交流方面,具有半年以上境外研修经历的教师共计 15 人次,占全院专任教师比例的 14%,访学院校包括美国、澳大利亚、法国、芬兰、日本等国家的知名大学。与此同时,初等教育学院教师与国际顶尖院校保持了长期稳定的合作关系,在科学研究、人才培养方面推进了深度合作。此外,教师的在职进修方面,近 5 年初等教育学院有 10 位教师先后攻读博士学位,教师整体学历层次稳步提高。

为了扩大初等教育学学科建设成果,初等教育学院于 2019 年和 2021 年先后成功举办两届"小学教师教育国际会议"(ICETE),来自美国、英国、芬兰、澳大利亚、韩国等十多个国家的国外知名教育学者参会研讨,对推进我国初等教育学科建设、推广初等教育学研究成果起到重要的作用。

在研究机构建设方面,我校为教育部小学教师教育指导委员会主任单位,秘书长设立于初等教育学院。在中国陶行知研究会的支持下,2014年成立中陶会生命教育专业委员会,我校为理事长单位,秘书处设立于初等教育学院。2020年,我校与教育部学校发展规划建设中心共建"儿童与未来教育创新研究院",挂靠于初等教育学院,在国家层面的信息化政策制定与评估、未来学校的建设方面提供了重要的智力支持。依托研究院,已于2022年底正式推出学术集刊——《未来教育学刊》。这也是国内首部以未来教育命名的学术刊物,也是面向未来教育、面向初等教育学科建设的重要成果。

此外,初等教育学院始终将学科建设与基础教育实践需要紧密结合。学院教师教育课程教师多半数参与了2010—2011年教育部《小学教师专业标准》的研制和解读工作;学院80%的教师都至少有一年小学教育服务经历,并且在日常教学工作中以各种形式扎根一线,掌握小学教育动态。其中学科课程与教学论教师具有指导、分析解决小学教育教学实际问题的能力,有一定的基础教育研究成果。初等教育学院专业教师参与一线小学教育教学实践的经历,成为他们教学改进与科研创新最丰厚的土壤。教育学科具有的实践特性要求教师教育专业教师从实践中寻找问题,并将理论研究的成果转化为一线教育的实用方法。在初教院多年的制度引导下,帮助教师形成了理论与实践的良性互动。例如,在北京多所小学开展的生命教育绘本教学实践,既为师范生的"儿童研究"课程群建设提供了鲜活的案例,又为生命教育研究领域找到了创新点,是专业教师通过实践形成优秀教学、科研成果的代表。

三、反思与展望

(一)深化以育为主、引育结合,建设高水平教师队伍

基于学科发展及人才培养需求,加大"外引"和"内育"力度。积极引进国内外高层次人才,尤其是发展潜力大的青年才俊或有国家级或省部级学术

头衔知名学者。注重提升招聘人才质量,优化师资队伍结构;围绕专业特色、学科特点,明确教师队伍发展定位;为教师搭建学习交流平台,鼓励教师参加国内外各种学术交流活动。着重培育学术团队领军人才,凝练学科方向,打造高水平的学术团队,产出高水平的、有影响力的研究成果;将初等教育学院教师队伍学缘结构优势、数量优势转化为质量优势,建设一支政治立场坚定,学术与教学能力突出的高水平师资队伍。

大力支持青年教师发展。在领军人才带领下,以课题、项目为抓手,以学院非实体科研机构平台为依托,打造精品课程,产出高质量科研成果,举办高水平、有影响力的学术会议,打造强势学术团队。激发青年教师发展的原动力,提升教育与学术业务能力,助力青年教师将自身学科专业与小学教育研究"嫁接",积极探索面向未来的"儿童取向"卓越小学教师培养研究方向、产出高质量的研究成果,促进青年教师的快速成长,使他们发展成为学院发展的中坚力量。

进一步聚资源,构建高水平兼职教师队伍。聘请同行知名专家学者以及基础教育一线特级、优秀校长、教师担任校外导师、兼职教师。

(二)进一步加强理论研究,厘清初等教育学的学科边界

基于 20 多年来我国初等教育学学科建设的经历与经验,未来我们必须坚定初等教育学学科是小学教育专业的学科基础、支柱性学科。唯有建设好初等教育学学科,才能真正办好小学教育专业。在初等教育学学科建设中,要进一步厘清小学教育与小学教育专业、小学教师、小学儿童之间的关系,初等教育学与小学教师教育学、儿童学之间的关系;进一步明晰儿童学是初等教育学的基础理论,初等教育学是小学教育专业立足之本,是小学教师教育的基本理论,是小学教师必须具有的专业理论;进一步明确小学教育专业建设中所需众多学科与初等教育学之间的关系,如教育学、心理学、社会学、哲学、文学、数学、科学、艺术学、管理学等,这些更多的是与小学教学科目相

关的学科，仅是初等教育学学科建设的基础，不能替代初等教育学或与其"平起平坐"，否则就降低了初等教育学学科地位，湮没了初等教育学学科的独特价值，削弱了初等教育学学科建设力度。

(三)突破传统学科建设思路，采取学科专业一体化建设路径

初等教育学学科理论建设还处于起步阶段，在构建初等教育学理论体系方面，目前主要采用经验总结和逻辑演绎的方法，所谓经验总结方法主要体现为在普通教育学框架基础上，结合对小学教育特点的更多经验性认识，提出一些小学教育要素进行论述，还未能形成自己独特的体系结构。所谓逻辑演绎方法主要体现为先从初等教育中找到最基本概念作为逻辑起点，然后从这一概念出发，经由逻辑中介将初等教育的一系列核心概念联结起来，形成一个完整自洽的理论体系。目前这还是极少数学者的探索尝试，尚未形成具有影响力的研究范式。而且在学科建设过程中，"通过逻辑推导建立理论体系，缺乏实践基础，主观性较强，研究结果难以令人信服且落后于教育改革发展的现实"。因此，初等教育学学科建设要突破这两种传统学科建设思路，走与小学教育专业"共建共生"之路。即在小学教育专业建设过程中，不断总结我国百年中师传统，借鉴国际小学教育和小学教师教育理论与实践，积极主动吸收当代儿童研究、小学教育研究成果，逐步形成具有中国特色的初等教育学学科理论体系，并依此指导小学教育专业建设实践，并在此过程中，理论经实践检验，实践在理论指导下行动改进，持续反复，完成初等教育学理论体系建设。

(四)充分认识小学教育特性，构建扎根小学教育实践的初等教育学

初等教育学学科建设应紧紧围绕小学教育，尤其是要基于充分认识与理解小学教育特性之基础上。长期以来，对普通教育学研究"中小学教育"的惯习和学科认同普遍存在，小学教育研究被裹挟在"中小学教育"中一并研

究,小学教育的特殊性并未受到应有的重视,故也难有独立的初等教育学学科建设。随着人本教育的提出、生命教育的倡导,对儿童的关注也越来越多,对小学教育不同于中学教育的认识也越来越明晰,特别是面对社会发展需要,小学教育不断改革及其所带来的变化,对小学教育特殊性的认可与重视程度也越来越高,故初等教育学学科建设的必要性与重要性也更为凸显。未来,初等教育学学科建设,在厘清小学教育特殊性与基础教育、义务教育普遍性之间关系的基础上,扎根现实小学教育实践,认真总结小学教育实践探索经验,不断提升小学教育改革实践的理论成果,构建中国特色的初等教育学学科体系、学术体系、话语体系。

(执笔人:刘慧、魏戈)

儿童取向:卓越小学教师培养模式

小学教师人才培养应是有取向的。取向,是方向性问题,是培养定位问题,从大方向上反映了小学教师人才培养的着力点。首都师范大学初等教育学院反思传统"学科取向"小学教师培养模式,积极探索"儿童取向"卓越小学教师培养模式,并围绕"小学儿童"在课程体系建设、教学形式创新、学术成果研讨、社会公益服务等方面不断深耕,不断引导师范生认识儿童、了解儿童、关爱儿童、懂得儿童,努力培养具有未来教育家潜质的卓越小学教师。

一、背景与问题

儿童是国家的未来,民族的希望。儿童事业始终是党和国家高度重视的事业。2021 年,国务院发布《中国儿童发展纲要(2021—2030)》,其中明确提出"促进儿童健康成长,能够为国家可持续发展提供宝贵资源和不竭动力,是建设社会主义现代化强国、实现中华民族伟大复兴中国梦的必然要求",并从"儿童与健康""儿童与安全""儿童与教育""儿童与福利""儿童与家庭""儿童与环境""儿童与法律保护"七大领域分别提出了我国儿童事业发展的主要目标与措施策略。可见,认识儿童、了解儿童、关爱儿童在我国现代化发展中的重要性。

　　关于儿童的研究,在我国经历了低潮又逐渐受到重视的历程。儿童学研究诞生于19世纪欧美国家的"进步教育运动"与"新教育运动",在其发展过程中,杜威的"儿童中心论"旨在使教育的重心从教师和教材转移到儿童身上,影响深远。国内,早在20世纪20年代就有《儿童学概论》出版,陶行知于40年代提出"解放儿童创造力"的观点;50年代后受凯洛夫教育学影响,我国教育教学理论与实践中"儿童缺失";20世纪末,伴随人学凸显,以人为本的理念渐成为教育共识,对儿童的研究再度兴起,国内有学者专注儿童精神的研究,从精神哲学层面系统探讨儿童观;21世纪初有学者开启教育视角的儿童及儿童需要的研究,注重儿童学自身建设等相关论文和教材陆续问世。这对真正理解6~12岁小学儿童的特性有了奠基性意义。

　　小学教师培养与小学儿童的关系问题,是小学教育专业建设与学科建设必须关键问题。近10年来,小学教师教育研究中对小学儿童与小学教育、小学教师、小学教师培养的研究渐有问世。主要关涉重新认识小学儿童和小学教育、从教育学的视角关注小学儿童的需要、回到儿童生命本身思考小学教育问题等(刘慧,2012);小学儿童与小学教师的研究,让儿童快乐是小学教师的重要职责,"教师即儿童研究者"等(刘慧、王丽华,2017);对小学儿童与小学教师培养的研究,"儿童教育"本位的卓越小学教师培养(刘慧,2017),儿童发展视角解读小学全科教师培养(李彬彬,2017),基于儿童发展的小学教师专业性等(陈威、马云鹏,2013)。另有"与儿童一起成长的卓越小学教师之路"等国际会议召开,研讨教育实践中的儿童研究等主题。

　　从现实的小学教师培养站位看,主要立足学科知识和教学技能的获得,而非认识与理解儿童;在小学教育专业课程设置中,有关学科和学科教学课程很多,而有关儿童课程很少;在小学教育及小学教师教育研究中,关于小学学科教学的研究较多,而对小学儿童及其教育的研究很少。这种现象反映出目前对小学教师职业性质的理解,更多地是学科教学,而非儿童教育。面对未来,在小学教师培养中确定儿童性与学科性的位置,如何理解两者的关系,将关系到小学教师培养质量。

初等教育学院在人才培养模式方面,经过短暂的"大文大理"(1999—2001年)培养阶段,学院进入"综合培养、发展专长、注重研究、全程实践"培养模式(2002—2017年)。面对教育未来发展,反思传统"学科取向"小学教师培养模式的弊端,一直思考"小学儿童在小学教育中究竟处于什么位置"的核心问题,提出要明确本科层次小学教师培养模式的取向问题。小学教育专业二级"打样"认证前后,围绕"认识小学儿童、认识小学教育",学院在小学教育专业人才培养目标、课程体系建设、教学形式创新、学术成果研讨、社会公益服务等方面不断深耕,形成"儿童取向"卓越小学教师培养模式2.0。

二、举措与成效

(一)初等教育学院"儿童取向"卓越小学教师培养模式的探索历程

2018年,初等教育学院正式提出"儿童取向"卓越小学教师培养模式2.0。从2007年初有萌芽,到2018年正式提出,10年间,初等教育学院对该培养模式的探索,走过了萌芽期、初建期、形成期。

1.萌芽期(2007—2012年)

初等教育学院对小学儿童的研究,始于2007年启动初等教育学学科建设之际,初等教育学学科研究对象、逻辑起点等问题关涉小学儿童、小学教师、小学教育及其三者之间的关系。2008年,在初等教育学学科独立论证会上,顾明远指出,以往中师培养重视教师的技能,对于教师文化素养的培养较为忽视。教育学是小学教育学理论的基础,小学教育学的支撑点除了教育学外,还应该有儿童心理学,对6~12岁儿童特点的研究应该成为小学教育学的研究重点。谢维和承认小学教育是一门学科,指出该学科的知识性依托至少有三个:青少年身心发展规律、对学生的研究、养成教育。

2009 年,学院启动 2010 小学教育专业人才培养方案的修订工作,时任院长王智秋提出应开设一门儿童学的课程。然而这是怎样的一门课? 究竟应该开设什么内容? 当时头脑中并没有一个清醒的概念,但开设此课的必要性毋庸置疑,于是决定在方案中增设"儿童专题研究"课程,作为全院选修课。之后学院组织教师团队进行课程建设,经过两年的准备,于 2012 年秋正式开课,同年启动了本课程相应教材的校级教材建设项目立项工作。

2010 年,初等教育学院承担了由顾明远负责的《小学教师专业标准》研制工作。在研究过程中,凸显了有关儿童的内容,在专业信念与师德、专业知识、专业能力三个维度都有涉及。这项工作对初等教育学院教师团队意义重大,全面提升了初等教育学院教师的学术视野、站位与能力,为初等教育学院开展儿童取向的卓越小学教师培养模式探索奠定了基础。

2. 建设期(2013—2017 年)

2013 年,初等教育学院启动小学教育专业课程地图研制项目,全方位思考儿童课程在小学教师培养过程中的地位,以及如何培养小学教师的儿童意识、与儿童打交道的能力等问题。提出小学教师的核心素养是"认识小学儿童、理解小学教育、发展教师自身"三个维度,明确了小学儿童在小学教育专业建设中的重要位置,从理论角度整体架构小学教师教育课程,其中,认识小学儿童的维度,从儿童需要与表达、身体与健康、社会性与道德、认知与学习、安全与权利五个维度展开,完成了相关"儿童课程"的设置,且全方位覆盖小学教育专业课程结构;也将"儿童专题研究"课程内容更为集中于儿童生命的天性、需要、表达、游戏等方面,名称也变为《儿童需要与表达》,并由选修变为必修,体现于《小学教育专业人才培养方案》(2014 版)中。

《儿童需要与表达》教材初稿形成于 2015 年,至 2022 年才出版。其间,我们在不断地探讨、调整,经过几轮的教学实践与理论探讨,以及我们对小学儿童的研究,调整本书的架构、体例的立场、角度与内容,最终聚焦于儿童生命之道的研究,其教材名定为《儿童生命概论》。

2014 年,初等教育学院入选教育部卓越小学教师培养计划单位,如何理解卓越? 成为初等教育学院卓越小学教师培养的关键。从当时的理解来看,主要可归为这样几方面,一是从综合素养的角度,如"综合+专长";二是以学科教学为主,如能教多门学科、全科教师;三是从教育教学水平的角度,如"比优秀还优秀"、未来小学教育家;四是从学历角度,如教育硕士毕业等。但回到现实小学教育对小学教师的需要看,则是能以儿童教育为本位。2017年,发表了《以"儿童教育"为本位的卓越小学教师培养》研究成果,为"儿童取向"卓越小学教师培养模式的形成奠定了理论基础。

3.形成期(2018 年至今)

2018 年,在迎接教育部小学教育专业二级打样认证工作时,遇到的一个关键问题是,如何理解小学教育专业的性质。小学教育专业的性质定位准确,是制定小学教育专业人才培养方案、探索小学教师人才培养模式的前提基础。如果专业性质定位不准,那么人才培养目标、规格及课程设置就难免会发生偏离。在 20 多年的小学教育专业发展中,对其特性的认识还很不清晰,这导致了我们在接受师范专业认证时撰写自评报告的困难。为此,在不断地加深对小学教育专业特性认识的过程中,我提出了首先需要"跳出"三种定式与思维,即"学科性+教育性"的中学教育专业特性、教育学专业性质和"通识性+技能性"的中师特性,而应回到当代小学教育对小学教师的需要来寻找属于它自身的特性。基于前期的初等教育学学科建设成果,小学教育专业实质是小学儿童教育专业,其特性主要体现为儿童性、综合性和养成性。儿童性是指小学教育专业应遵从小学儿童是初等教育学的逻辑起点、促进儿童生命健康成长是小学教师的使命,在人才培养的目标规格、课程设置与培养活动均体现儿童性,培养能研究儿童、理解儿童、读懂儿童的小学教师,并在专家进校会汇报中进行了首次报告。

2018 年,师范专业认证后,初等教育学院深度反思人才培养模式,进一步凝练特色、明确未来发展方向,正式提出"儿童取向"卓越小学教师培养模式 3.0,强调"具有未来教育家潜质卓越小学教师"培养目标和"儿童为本、师德优秀、主兼多能、人机协同、国际视野"的培养规格。至今儿童取向卓越小学教师培养模式获得全院师生的共识,突破了以"学科教学"为本位的思想与思维"限制",破除了对卓越小学教师的思考,厘清了卓越教师与全科教师、高学历教师之间的关系,对当前国家实施卓越小学教师培养计划有着重要的理论贡献。在我国小学教师教育界已形成特色鲜明的"儿童取向"办学理路;借助"课程地图"项目进行顶层设计与驱动,实现了儿童取向的"学科专业一体化"的育人格局;通过制度建设,分阶段、分层次布局与构建小学教师教育"'全域'培育体系"。2021 年,学院"'儿童取向'卓越小学教师全域培养"获得北京市高等教育优秀教学成果奖二等奖。

(二)"儿童取向"的基本观点与教育立场

关于小学儿童、小学教育、小学教师、小学教育专业及其之间的关系是厘清小学教师培养基本取向的基础问题,在初等教育学学科建设中,首先需要明确小学儿童在初等教育学科建设中的重要地位是"逻辑起点",贯穿小学教育始终,必然也贯穿小学教师培养的始终(见图 1–8)。

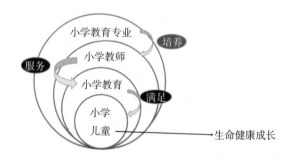

图1–8　小学儿童与小学教育、小学教师、小学教育专业的关系

卓越小学教师的核心并非多学科教学,而是"高素质专业化"。2014 年,教育部《关于实施卓越教师培养计划项目的意见》曾指出:"培养一大批师德高尚、专业基础扎实、教育教学能力和自我发展能力突出的高素质专业化中小学教师。"可见,卓越小学教师之"卓越",既不指向有多精深的学科知识,也不指向能教多少门学科课程,或是教学水平有多优秀,而是直指儿童教育。只有以儿童教育为本位,能为儿童提供适合教育的小学教师,才是符合时代要求的,才是卓越小学教师之"卓越"的核心所在。

小学教育的实质是儿童教育,但现实的小学教育,学科教学成为本位,学科知识学习成为目的,儿童生命却沦为了获得学科知识的工具。当教育回归生命,生命不再成为知识学习的工具,小学儿童必然成为小学教育的主体,促进小学儿童生命健康成长,既是以人为本教育理念在小学教育中的具体体现,也是当代小学教育的本质回归。

伴随对小学教育本质的认识的深入与清晰,儿童取向的小学教师培养定位也越来越坚定。当代小学教育需要的不是以学科教学为本的小学教师,而是能以儿童教育为本位的小学教师。所谓以儿童教育为本位的小学教师,是能突破学科教学本位,"以儿童定教育"的小学教师。即以儿童生命为基点,从儿童的立场出发,围绕儿童生命成长规律、阶段特性、儿童生命需要、生命样态等思考、设计、实施小学教育教学,能为每个个体儿童生命的健康成长提供个性化的、适合的、帮助的小学教师。只有这样的小学教师,才能适应当前小学教育改革、未来小学教育发展的需要。

儿童是小学教育的主体,小学儿童的生命成长、认识世界的方式、生活状态等方面是综合的、整合的,小学教育必然要遵循小学儿童生命成长特性,为其生命健康成长提供有效能量,小学教师必须具有以儿童为本的教育教学能力,这就要求小学教育专业建设凸显生命性、儿童性、综合性,在人才培养模式上明确"儿童取向"。

卓越小学教师培养规格,主要有以下四方面:一是真正认同小学教师是儿童教育者的角色、小学教师的专业性主要体现在儿童教育。卓越小学教师能根据小学儿童的生命发展规律与生命样态,发现儿童的发展潜能,开发整合性课程、实施综合性教学,为儿童生命健康成长提供适合的教育。从《小学教师专业标准》看，"做小学生健康成长的指导者和引路人"，是卓越小学教师专业性的最高体现。二是能真正理解小学教育的意义、小学儿童在小学教育中的地位、小学教师对小学儿童生命健康成长的价值。卓越小学教师能理解以学生生命为本，以促进儿童生命健康成长为目的，为儿童生命健康成长提供有效能量，是小学教育存在的意义所在；能正确理解与处理好儿童教育与学科教学的关系，儿童教育是目的，学科教学是手段，不会颠倒两者的关系，不会陷入学科教学的"桎梏"；能理解儿童是其生命健康成长的主体，教师的职责是为其需要提供有效能量。三是热爱小学儿童。理解儿童、促进儿童生命健康成长是小学教师职责之"魂"。心中有儿童、了解儿童生命发展规律、理解儿童生命成长特性、知晓儿童学习原理、读懂儿童的表达；关注儿童的身体、生命情感、生命感受、生命需要；帮助小学儿童建立自信、保有小学儿童向善的天性、培养小学儿童向善的能力；能"以学定教"，在教学过程中，知道儿童怎么学、知道儿童学习时有何需要、知道教师怎样才能给儿童之学提供适当的帮助等，是卓越小学教师专业品质的突出体现。四是具有多方面的能力。能根据所教小学儿童的生命样态（天赋、兴趣、需要等）的差异，提供不同的课程教学。

（三）儿童取向的课程体系建设

2014 年，学院将"认识小学儿童"确立为小学教师三大核心素养之一，在此基础上从儿童的"天性与表达、身体与健康、社会性与道德、认知与学习、安全与权利"五个方面进行了儿童课程体系建设（如图 1-9 所示）。目前，学院有关儿童课程的开发已全方位覆盖小学教育专业课程结构。（如图 1-10 所示）

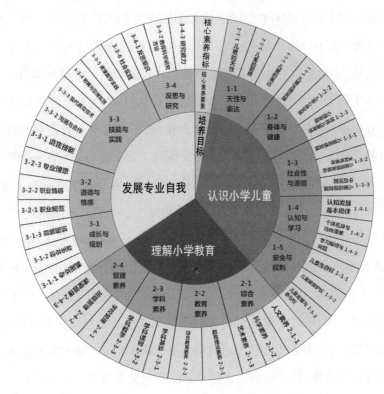

图1-9   小学教师核心素养指标体系中的"认识小学儿童"

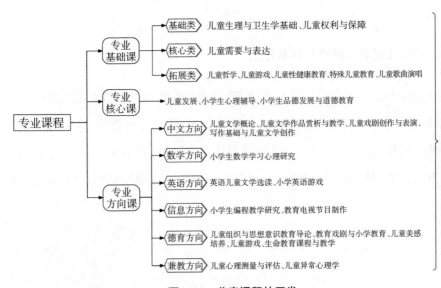

图1-10   儿童课程的开发

在初等教育学院本科生课程体系中，形成了旨在"认识儿童，理解教育"，面向所有学生的"儿童教育课程"板块。该板块课程共计32学分，其中必修26学分，选修6学分。包括儿童研究（12学分，必修）、教育理解（8学分，必修）、专业发展（6学分，必修），以及儿童教育拓展（6学分，选修）四个模块。

1.儿童课程模块

本模块课程具体包含儿童生理与卫生学基础、儿童发展、儿童权利与保障、儿童需要与表达、小学生品德发展与道德教育以及小学生心理辅导，均为专业必修课，并形成了以"儿童需要与表达"为核心的儿童课程模块，旨在从不同方面帮助学生认识小学儿童，建立对小学儿童的全方位理解。

"儿童需要与表达"为初等教育学院本科生三年级第一学期开设的专业基础核心课程。该课程目的在于帮助本科生在教育现场中，走进儿童生活，回到儿童生命本身，认识儿童，理解儿童。课程内容涵盖儿童研究概述、中西方儿童观历史、儿童天性与需要、儿童语言与身体表达、儿童美术表达、儿童音乐表达以及儿童的秘密。最初由刘慧牵头，张志坤、唐斌、李敏、欧群慧、李玉华、刘荣等参与创建课程和教学。目前，这门课由钟晓琳、欧璐莎牵头，与唐斌、欧群慧、魏戈、刘慧等组建授课教师团队。在教学方法上包含生命叙事、合作探究及进行读书汇报，让学生通过小组合作、探究学习、课堂分享的形式走进儿童，做到理论联系实际，学以致用。

图1-11 课程内容　　　　　图1-12 教学计划

2.教育理解模块

本模块课程具体包含初等教育学、教育心理学、小学班级管理、小学教育研究方法以及小学教育研究方法(实训),均为必修课。

3.专业发展模块

本模块课程具体包含教师书法、教师语言、小学教师专业发展、教师职业道德,均为必修课。

4.儿童教育拓展模块

本模块课程具体包含初等教育发展、课程设计与评价、小学跨学科教育、学校组织与管理、小学综合实践活动课程与教学、现代教育技术与应用、未来教育理论与实践、数据分析基础、生命教育,均为选修课。

以上四个模块的课程共同构成"儿童教育课程"板块,满足了本专业培养要求中提到的"儿童为本"。在上述课程体系之外,初等教育学院还积极建设教师培养实践课程体系(如图1-13所示),并通过教育见习及教育实习实践课程,引导学生进入教育现场接触并了解小学儿童,真正将生命性、儿童性、综合性的教育理念贯彻在小学教育专业建设中,并落实在小学教育专业课程体系的建设中。

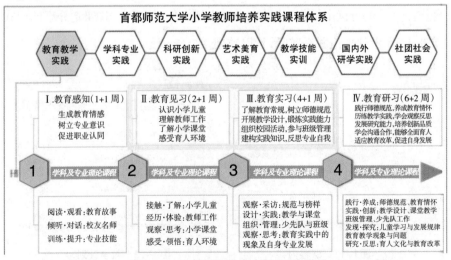

图1-13　实践课程体系中的儿童取向

（四）儿童取向的教学实践探索

首都师范大学初等教育学院不仅将"儿童取向"融入课程开发层面,对儿童取向课程体系建设进行积极探索,还致力于儿童取向的教学实践探索,拓展多方面的教学实践内容、多样态的教学实践形式,通过儿童取向专设课程教学探索、儿童取向的研究探索与论文指导(毕业论文)、实习及见习等,提升本科生的儿童教育实践能力,引导他们在教育实践、教育现场中认识儿童、领悟儿童,做到以儿童为本,全面育人。

图1-14　儿童取向教学实践探索的主要内容

1.本科生儿童教育课程中的教学探索

"儿童需要与表达"是面向本专业三年级本科生的一门专业核心课程,这门课程旨在帮助学生确立正确的儿童观、了解儿童立场、把握儿童视角,初步掌握认识儿童、读懂儿童的知识和能力。为达成兼顾观念与能力提升的课程目标,这门课程展开了系列教学探索,并获批了校级教学改革项目。教学探索的着力点是关注学生多元化的学习方式和实践能力,以课堂学习为基点,以作业形式及成果展现为突破口,积极探索课外学习,打动课堂与课外、理论与实践。

（1）"走近儿童"——"儿童需要与表达"教学展演

为引导本科生真正走进儿童,以儿童的视角来认识儿童、理解儿童。2017年12月7日,举办了一场以"走近儿童"为主题的"儿童需要与表达"教学展演活动,此次活动为2015级小学教育专业7个方向、11个班级、400多名本科生参与自编、自导、自演,由研究生协助的教学文艺演出活动,旨在帮助学生通过表演儿童作品的方式接近儿童、感受儿童的视角、体会儿童的立场，让学生真正走近儿童、理解儿童，为他们能够做到眼中有儿童，心中有儿童，教育现场中服务于儿童奠定了坚实的基础。除了授课教师积极组织参与外，崔杨老师、韩廷斌等研究生参与本课程的教学展演活动。

（2）多种形式共在的教学探索

教学探索至今，该课程已经形成较为稳定的教学模式和实践导向、能力导向的作业清单。在学习要求上，从思考的学习与学习的思考（思考力）、观察与写作（观察力与表达力）、读书与解读（阅读力）三方面锻炼本科生理解儿童、领悟儿童的能力；在教学形式上，该课程采用"合作探究+读书报告"的形式进行授课，在合作探究中，学生可以围绕"儿童行为观察报告""与儿童对话""儿童美术作品分析""儿童音乐学习调查报告"等主题进行小组探究，并形成书面研究报告，对小学儿童的行为细节进行细致的剖析与解读，探讨儿童的需要与表达。

一是儿童行为观察报告。此部分主要通过本科生对小学儿童的细致观察，对其行为表现（如身体的、表情的、言语的等）进行观察记录；并结合所形成的观察记录，在课堂中与其他小组一同分享观察成果，展开小组研讨，分析儿童的需要与表达，主要指向本科生儿童理解力、儿童观察力的养成。

二是与儿童对话。此部分主要通过与认识或熟悉的小学儿童进行一段不少于10分钟的谈话来分析他们的需要与表达。学生需要选定谈话主题，并围绕此主题，通过两人对话的形式，记录谈话主要内容，根据谈话记录分析儿童的视角与内在世界，主要指向本科生儿童理解力、儿童领悟力、儿童沟通力的养成。

三是儿童美术作品分析。此部分主要以小学儿童的美术作品为解读对象，通过分析儿童美术表达的过程探索儿童的需要与表达，主要指向本科生儿童理解力、儿童领悟力、儿童思考力的养成。

四是儿童音乐学习调查报告。此部分主要围绕学习音乐的时间、内容、方式及个人感受等方面,通过与认识或熟悉音乐的小学儿童进行访谈,对儿童的内心活动及外在表达进行解读,分析他们的需要与表达,主要指向本科生儿童理解力、儿童领悟力、儿童沟通力的养成。

2.本科生儿童取向选题的毕业论文

学院鼓励本科生的毕业研究选择"儿童教育"相关主题,进而完成相关毕业论文。为此,初等教育学院导师团队从多角度开发儿童取向相关论文选题,为学生的毕业论文选题提供参照。初步统计,截至目前为本科生论文提供的选题指南中凸显儿童取向的论文选题共有 72 个,其中,主要从儿童生命、儿童组织、儿童权利、儿童观、儿童心理等层面理解儿童的选题为 29 个,从学科层面理解儿童的选题为 43 个。初等教育学院本科生也积极选择儿童取向相关论文选题进行探索,2020—2022 年,先后共有 109 名本科生选择儿童教育相关选题并完成毕业论文,产出大量关于儿童研究的论文成果。

3.本科生教育实习与见习

教育实践是师范专业人才培养过程中的一个重要实践性教学环节,是"儿童取向"卓越小学教师培养模式的有机组成部分。基于儿童为本、全面育人,素养综合、终身发展的创新型小学教育人才培养目标,学院设计了贯穿本科一年级至四年级的全程实践课程体系。其中,教育见习和教育实习环节能够使学生直接进入小学教育现场,与小学儿童近距离接触,帮助学生巩固及运用所学的儿童理论知识。培养学生分析、研究、解决实际儿童问题的能力,从理论高度上升到实践高度,更好地实现理论和实践的结合,为学生日后走向教学实践岗位奠定了良好的基础。

教育见习[2 周(小学)+1 周(见习前后的指导和反思)]:旨在通过接触、了解小学儿童,经历、体验教师工作,观察、记录小学课堂,感受、思考育人环境,使本科生认识小学儿童、理解教师工作、了解小学课堂、感受育人环境。

教育实习[4 周(小学)+1 周(实习前后的指导和反思)]:旨在通过教学设计与课堂教学的实践,班级管理与少先队工作的组织,以及对教师、教育现象的访谈、观察及其对自身专业发展的反思,使本科生能初步开展教学设计,锻炼实践能力;组织校园活动,参与班级管理,并具有在实践基础上对专业自我进行初步反思的能力。

在学院统一的实习安排指导下,本科生需根据个人见习及实习情况填写教育见习(实习)手册,其中对于小学生课堂行为、谈话记录等内容会被详细记录并整理(如表 1-1、1-2 所示),锻炼了学生的儿童理解力、儿童领悟力、儿童观察力,使他们能够切身感受小学儿童在小学教育中的主体地位,增强理解儿童的敏锐感。

表 1-1　小学生课堂行为观察记录

学校		年级班级		性别	
学生行为 特点概述					
学生行为具体描述					
分析与感受					

表 1-2　小学生谈话记录

学校		年级班级		性别	
谈话小结					

(五)"儿童取向"学术成果与学术活动

1.儿童取向学术研究成果

围绕"儿童教育"相关主题,初等教育学院积极开展学术研究,产出了丰富的科研成果。一是学术论文方面,先后有 67 篇与儿童教育相关主题论文发表,其内容涉及儿童生命教育、儿童观认识、不同学科视角下儿童相关主题的研究。二是专著书籍方面,由初等教育学院教师团队编写的《儿童生命概论》《儿童游戏与教育》《儿童文学与小学语文教学》等著作出版发行,另有一部《小学儿童》进入在编环节。

2.儿童生命与道德教育研究中心有关儿童的学术活动

2011年,首都师范大学儿童生命与道德教育研究中心(简称中心)成立。十年来,中心围绕儿童、生命、道德、教育四个关键词开展了一系列学术活动,并聚焦儿童相关主题深入探究。近年来,受到疫情影响,中心仍坚持以"线上线下"双联动的形式开展儿童主题的学术论坛(如表1-3)。

中心围绕儿童研究,跨越空间限制,与国内外知名学者、专家共话"儿童生命发展"。10年间,中心先后邀请国内情感教育理论开创者北京师范大学朱小蔓先生、国家开放大学刘惊铎教授、南京师范大学朱曦教授、天津师范大学金美福教授、澳门城市大学李树英教授等;国际上邀请日本东京学艺大学大竹美登利教授、澳大利亚悉尼大学 Murray Print 教授、德国柏林自由大学 Christoph Wulf 教授、芬兰赫尔辛基大学 Fred Dervin 教授等做学术交流,围绕儿童主题进行学术观点交流。

中心还积极与其他高等院校、科研机构、一线小学及教育单位进行儿童主题研究与对话,例如澳门城市大学、北京教育学院朝阳分院、中国青少年研究中心、中国儿童中心、北京光明小学、中关村三小、北京市二里沟小学、首都师范大学附小、通州小学、首都师范大学朝阳小学、东北师范大学附属小学、上海真爱梦想公益基金会、上海佰特教育、石家庄阅亮船等学校和教育单位的教师代表曾应邀参加中心研讨活动,专家和一线教师现场互动、对话交流,汇聚、分享已有相关探索、经验,共同探讨未来可能的合作与发展,产生了良好的社会效应。站在新的历史起点上,中心将进一步践行儿童为本的信念,为儿童的健康发展贡献学术力量。

表1-3 儿童生命与道德教育研究中心有关儿童研究的学术活动

年份	主题
2012	第一届中心论坛暨首都师范大学儿童生命与道德教育研究中心揭牌仪式
2015	第三届中心论坛——看见儿童:儿童研究专题研究
2015	"重新发现儿童"研讨会《重新发现儿童》新书发布
2016	第四届中心论坛——品德发展与儿童成长
2016	"阅读与儿童生命教育"多领域跨界研讨会
2017	"走近儿童"——2015级《儿童需要与表达》教学展演
2018	第六届中心论坛——关爱儿童
2018	"谁是好孩子"——中西方儿童观的历史与现实
2019	"网游·儿童·道德"儿童论坛
2020	第七届中心论坛——教育现场的儿童研究
2021	"为了儿童"微论坛暨年度新书发布会

(六)儿童主题的师范生活动与社会公益服务

1.学院系列儿童主题的学生活动

为全方位培养师范生"爱心、童心,乐学、乐教"的教育情怀,使他们能够具有正确的儿童观和教育观,了解小学儿童生命成长和身心发展的规律,尊重、理解、保护、平等对待每一位儿童,学院营造了浓厚的儿童取向主题文化,通过朋辈论坛(见表1-4)、经典阅读、致远论坛学术季(见表1-5)、儿童文学绘本微课制作、儿童心理辅导技能实训等活动为师范生理解儿童、走近儿童提供了广阔平台。

表1-4 朋辈论坛——教育经典阅读活动
(为本科生推荐儿童主题相关名著进行阅读)

日期	带读教师	带读书目
2021.12.8	魏戈	《童年的秘密》
2022.3.24	欧群慧	《儿童的秘密》
2022.4.28	欧群慧	《教育的情调》
2022.6.22	钟晓琳	《哲学与幼童》
2022.9.15	刘祎莹	《爱弥儿》
2022.10.6	王雨朦	《儿童的秘密》

学院组织的致远论坛学术季是以"讲座+交流"相结合的形式开展,推动学院教师与大一新生的高质量互动,每周面向青年学生开展一场学术科研讲座。其中包含大咖讲座:教师以"讲座"的形式,将学科前沿理论展示给学生,增进学生对专业的理解和情感,启发科研兴趣;现场交流:以"提问"的形式深度交流,学生通过问卷形式提交关于本次主题想要了解的问题,教师现场解答;讲座结束后鼓励学生针对具体内容进行再提问,教师答疑解惑。通过"需求调研–创设主题–讲座论坛–反思励学"模式,促进师生有深度、有质量的交流,创设师范生浸润式成长环境,为成长为卓越教育人才不懈奋斗。

表1-5 致远论坛中凸显儿童主题的系列讲座

讲座期数	讲座日期	嘉宾	讲座主题
第二场	2021.10.20	欧群慧	一项关于儿童时间概念的生活体验研究
第四场	2021.11.4	刘祎莹	认识童年,研究童年
第五场	2021.11.11	刘荣	基于阅读障碍的研究视角思考教育教学的差异化
第六场	2021.11.18	毛新瑞	教育神经科学在小学课堂中的转化和应用
第八场	2022.4.21	张俊	儿童攻击行为的诊断与干预
第九场	2022.5.12	唐斌	小学跨学科教育的新视野
第十场	2022.5.26	欧璐莎	儿童美感——何为 为何 如何

2.社会公益服务的开展

高等院校具有社会服务的价值与意义,其以学术和知识为纽带,能够促进人才培养、学术研究的综合发展。建院以来,学院一直坚持"面向小学、研究小学、服务小学"的理念,坚持大学与小学协同发展,学术与实践并行成长,与小学及其他社会教育组织、平台联合开展了丰富而多样的公益服务活动。

学院积极与小学联动,开展有关儿童的专题培训。如学院曾与顺义北小营中心小学、杨镇小学联合举办相关公益活动,与小学教师们一起探讨"儿童是什么"、"看见儿童"意味着什么、怎样才能"看见儿童"、"今天如何做教师"、"关注儿童需要,成为优质自己"等学术主题;与首都师范大学朝阳小学开展"发现儿童,读懂儿童,读懂教育"儿童日记课题工作坊活动。

2020年5月,刘慧教授、张志坤副教授参加教育部关工委、中国教育电视台和首都师范大学联合举办的"家校共育,立德树人——2020年家庭教育公开课"(第一期),主题是"家庭生命教育为儿童打好生命底色",收视率达千万人次;2020年12月,刘慧教授参加北京市关工委家庭教育公开课"让孩子爱上学习:小学生学习习惯的养成"主题活动;2021年春节期间,在中国宋庆龄基金会的倡议下,初等教育学院组织多位教师和博士生形成专家团队,积极参与联合国人权理事会的参会准备工作,最终魏戈副教授以视频方式参加了2月22日至3月23日期间的联合国人权理事会第46次会议。魏戈副教授以"Protecting children's right to learn in Covid"(新冠肺炎疫情下儿童学习权的保护)为主题,通过视频方式参加大会讨论,分享了中国政府通过构建基于网络的学习支持系统来保障疫情防控期间儿童学习权益的主张和措施,获得了与会专家及代表的广泛关注,向世界分享了特殊时期学生"停课不停学"的中国经验。

2021年11月,刘慧教授参加中国儿童基金会"春蕾计划"青春期教育项目录制,主题为"女孩需要怎样的关爱"。

2022年7月,刘慧教授参加教育部关工委、中国教育电视台和首都师范大学联合举办的"家校共育,立德树人——2022年家庭教育公开课"(第二期),主题是"读懂儿童表达,构建良性亲子关系",收视率近千万人次。

总体来看,经过多年以来多方面的努力,自2018年"儿童取向"卓越小学教师培养模式正式提出,并在初等教育学院人才培养过程中得以切实推进,这一模式已经基本形成,通过丰富的儿童课程体系建设、多元的教学形式探索、浓厚的儿童文化氛围构建,使学生从理念认识上形成了对小学儿童的正确认识,激发了师范生"爱心、童心,乐学、乐教"的教育情怀,明确了"儿童性"和"学科性"的取向选择。

三、反思与展望

经过实践探索,初等教育学院从培养目标、课程设置、教学实践等方面逐渐明确并坚定了小学教师培养过程中的"儿童取向",认为"儿童取向"卓越小学教师培养模式是可以推进小学教育面向未来发展的,是前瞻性、开创性的,未来还有很长一段路要走。我们对此抱有信心、满怀热情,也深知目前只是完成初步建设,还有待深耕细作。

反思既有经验的不足和探索中遇到的问题,学院将进一步推进"儿童取向"的课程体系建设,进一步优化既有的课程结构,避免课程内容的重叠,提升相关课程质量。同时,在相关课程建设中,学院将大力推进"儿童取向"的教学形式探索,鼓励教师以课改立项的方式有目的、有设计、有论证、有评价地进行教学实验。

通过此次案例梳理和反思,学院发现在教育实习方面,目前在实习要求和实习指导层面的"儿童取向"还有待进一步加强,如何结合学院课程学习,为学生实习研制兼具"儿童性"与"学科性"的进阶操作手册,将是后续学院推进"儿童取向"卓越小学教师培养模式的一个重要的着力点。学院还发现,目前学生活动的"儿童取向"更多地是基于学院建设的氛围影响的自然结果,整体设计不强,导致活动效果多是散点性的,如何与课程关联或与实践关联,形成以点带面的联动效果,还需要进一步的研究和探索。

因此,儿童主题的学术研究、推进相关学术成果,是支持学院"儿童取向"的课程、教学、活动、实践等各方面进一步发展的内生力量,学院将凭借相关研究平台,继续大力推进儿童主题的学术研究工作。

（执笔人：刘慧、钟晓琳）

师德养成：以"仁爱"为核心的师德养成体系构建与实践

一、背景与问题

教育是民族振兴、社会进步的重要基石，是国之大计、党之大计，对提高人民综合素质、促进人的全面发展、增强中华民族创新创造活力、实现中华民族伟大复兴具有决定性意义。[①]教师是教育之本，师德是教师之本。小学教育专业肩负培养未来小学教师使命，人才培养过程中需要持续深化师德师风教育，引导学生树立职业理想，争做"四有好老师"，坚定不移走中国特色社会主义教育发展道路。

近年来，教育部颁布的《小学教师专业标准（试行）》(2012)、《小学教育专业认证标准》(2017)等都高度重视师德，强调培养小学教师"践行师德"的意识与能力。《中小学教师职业道德规范》(2008)明确了当前教师职业的道德范畴和主要内容，《新时代中小学教师职业行为十项准则》(2018)和《中小学教师违反职业道德行为处理办法（2018修订）》等明确规定了教师职业道德底线。这些政策文件明确了职前职后教师发展与师德建设的基本方向、具

---

① 中共中央宣传部：《习近平新时代中国特色社会主义思想学习纲要》，2019年，第159页。

体内容,也为教师教育提出了相应的要求。

首都师范大学初等教育学院基于百年积淀的师范教育优良传统,高度重视学生的师德培养,在明确"为谁培养教师"和"培养什么样的教师"关键问题的基础上,围绕着"如何认识师德""如何践行师德"以及"如何突破教师职前培养的难点"等核心问题,经过不断的探索推进,逐步建立起以"仁爱"为核心的师德养成体系,师德培养走向体系化、关注师德养成的过程性。师德养成体系的建设注重师德实践层面,关注教育职场中的师德实践样态,力图为学生树立"真实的""可见""可感""可行"的"师德形象",便于学生学习、效仿,并在践行师德的过程中不断地体验、反思,最终理解师德、学习师德、探究师德、提升师德。

二、举措与成效

(一)初等教育学院师德养成体系建设历程

自 1999 年建院起,首都师范大学初等教育学院始终关注师范生师德养成,注重教师职业道德发展,根据党和国家的政策要求,不断开展新时代、新时期师德内涵及要素研究。"师德养成体系"是师范生培养体系中的灵魂,是教师教育中的关键问题。师德养成体系的核心是体现养成性的目标体系、体现过程性的课程体系、体现形成性与发展性的评价体系,以及有利于师范生师德养成的校园文化尤其是教师文化建设。回顾发展历程,学院对于师范生师德养成体系的建设与学院发展、时代脚步共同前行,可将其分为萌芽期、探索期、发展期。

学院把贯彻实施《中小学教师职业道德规范》列入师德建设的重要议事日程，积极开设教师职业道德课程(选修课)

2019 年，学院申报课题"师德养成体系研究"。2022 年，在毕业要求中明确提出"践行师德"的标准，开展全方位、多层次的师风师德教育

| 2014 年之前 萌芽期 | 2014—2018 年 探索期 | 2019 年至今 发展期 | 未 来 |

2014 年，学院进一步形成养成性的目标体系，并开始逐步形成一定的课程体系，加入教育实践、教育实习等第二课堂活动。
2017 年，学院将教师职业道德课程由选修课调整为全年级必修课，开设专门的师德课程，整合教育实习、研学和实践在内的课程资源

走向全方位、全方面、全过程的师德养成体系

图1-15 师德养成体系建设历程

1. 萌芽期(2014 年之前)

2007 年学院小学教育专业入选首批国家级特色专业，2008 年《中小学教师职业道德规范》中提到：加强中小学教师职业道德建设，提高教师的师德素养，对于确保党的事业后继有人和社会主义事业兴旺发达，全面建设小康社会，构建社会主义和谐社会，实现中华民族伟大复兴，具有十分重要的意义。2012 年，教育部颁布的《小学教师专业标准》明确规定了合格小学教师的师德要求。至此，学院把贯彻实施《中小学教师职业道德规范》列入师德建设的重要议事日程，积极开设教师职业道德课程(选修课)，帮助师范生明确中小学教师职业道德规范的基本要求，但对于整体课程体系尚不清晰，主要以第一课堂为主，该历程发展为萌芽期。

2. 探索期(2014—2018 年)

2014 年，习近平总书记提出做"有理想信念、有道德情操、有扎实学识、有仁爱之心的"的四有好老师，对教师标准进行新一步明确。同年 8 月，教育部发布《关于实施卓越教师培养计划项目的意见》，为全国高校小学教育专业建设注入了新的动力，其中提到：培养一大批师德高尚、专业基础扎实、教学能力和自我发展能力突出的高素质专业化中小学教师。由此，学院构建了儿童取向的卓越小学教师培养模式，并提出卓越小学教师在具有一般小学

教师品质的基础上,其"卓越"应着重体现在多个方面:其中第一个方面便是养成强烈的责任感、使命感,追求成为教育家的梦想与情怀,这是卓越小学教师最应具有的师德,是卓越小学教师区别于一般教师的最为显著的特点。学院进一步形成养成性的目标体系,并开始逐步形成一定的课程体系,加入教育实践、教育实习等第二课堂活动。

2017年,学院小学教育专业成为首批入选北京市重点建设一流专业,且在2018年学院作为"打样"单位首批通过教育部师范类专业认证(小学教育,二级)。同年11月,教育部发布《中小学教师职业十项行为准则》,明确新时代教师职业规范,针对主要问题、突出问题划定基本底线,明确了加强师德师风建设,是建设政治素质过硬、业务能力精湛、育人水平高超的高素质教师队伍的重要举措,也为教师严格自我约束、规范职业行为、加强自我修养提供基本遵循。2012年《小学教师专业标准(试行)》提出了"师德为先,学生为本,能力为重,终身学习"十六字标准,其中"师德为先"要求小学教师要热爱小学教育事业,具有职业理想,践行社会主义核心价值体系,履行教师职业道德规范,依法执教。关爱小学生,尊重小学生人格,富有爱心、责任心、耐心和细心;为人师表,教书育人,自尊自律,做小学生健康成长的指导者和引路人。

对此,学院围绕原有的课程体系,重新制定课程大纲,将教师职业道德课程由选修课调整为全年级必修课,根据课程目标对师德指标体系的支撑情况,尝试开设专门的师德课程,整合教育实习、研学和实践在内的课程资源,探索师德养成的目标体系,探索师德养成的有效途径。

3. 发展期(2019年至今)

2019年,学院小学教育专业入选首批国家级一流本科专业建设点。在师范生培养过程中的师德养成方面,已初步形成体系,并成功申报2019年北京高等教育"本科教学改革创新项目"师范生师德养成体系建设研究,该课题基于小学教育专业学生特点,从师德养成的目标体系、课程体系、践行体系、教师示范体系及评价体系等五大方面整体构建、整体研究。同时依托该课题,尝试将师范生师德养成融入师范生培养的整体框架中,包括"培养目标""毕业要求及指标点"师德目标的论证与设计,德育课程及学科课程的目标设计与德育渗透,基于师德养成的第二课堂中实践类、活动类课程的整合与规划,以及师德养成形成性评价的设计等。

图1-16　师德养成形成性评价的设计

2022 年,在二级认证的基础上,提出了"师德优秀"的核心素养,要求学生成为具有"爱心、童心,乐学、乐教"的教育情怀,理想信念坚定,家国情怀深厚,为人师表,品德高尚,做儿童健康成长的引路人。借助一流专业建设,学院已基于《认证标准(第三级)》中的指标点,对毕业要求与培养目标的支撑情况又进行了全新的补充和完善,提出培养具有国际视野和未来教育家潜质的创新型小学教育人才。并在毕业要求中明确提出"践行师德"的标准,开展全方位、多层次的师风师德教育,高度重视对学生的政治引领和思想教育,严把师德关,将社会主义核心价值观贯穿师德教育的始终,引导学生做"四有"好老师。

同时,通过一系列课程和社团活动,结合大量案例,使学生充分了解与小学教师有关的各项法律法规、规章制度和职业规范,以提高其依法从教意识。此外,注重加强学生的美育,通过礼仪教育和艺术修养课程,提升其道德情怀和审美品位。

最终,明确师德养成体系的核心为"仁爱",习近平总书记提出"四有"好老师,其中"仁爱之心"是好老师的根基,没有仁爱之心,是不能成为好老师的。《中小学教师职业道德规范》(2008)以"爱"为核心对教师职业道德作出六条规范,爱是为师之魂,是教师教书育人、为人师表的基础,是教师终身学习的重要动力。以爱学生的站位,明确师德养成要遵循学生生命的特点,给予学生生命之爱,促进学生健康成长。

(二)师德养成体系建设的基本认识

如何认识师德?如何认识和突破师德职前培养的难点?首都师范大学初等教育学院在师德养成体系建设过程中有着深入的思考和明确的观点。

1.师德是为师之本

师德是小学教师专业品质的内在要求。教师职业使命是立德树人,没有师德,立德树人的根本任务就不能实现。教师不是教书匠,教师是培养人的人;教师职业不是造物,而是培养人。教师仅有知识和技能是不够的,没有师德,教师的专业知识、专业能力就没有了灵魂。因此,小学教师必须得有德,无德不为师。

师德是教师职业的生命线。在教育职场中,教师的生存与发展状态主要取决于教师是否能处理好教书与育人、教师与学生、个人与角色之间的关系。这三个关系在具体的教育情境中并非都是一致的、和谐的,而是时常处在矛盾与冲突之中。教师如何才能处理好?依据何在?师德恰恰在此彰显其价值与意义。师德是处理好这些关系的准则,即师德是处理好教书与育人关系的"方向盘"、处理好教师与学生关系的"定海神针"、处理好个人与角色关系的"航标灯"。

2. 关爱是师德的灵魂

教师之爱,包含三个层次:爱国、爱岗、爱生。教师作为中国公民,爱国守法是基本要求,同时,教师是为党育人、为国育才,培养爱国守法的人才是教师的使命所在;爱岗敬业是每一职业内在的基本要求,教师职业也不例外。

关爱学生是教师之爱的集中体现、具体落实,是教师工作的特性所在。

教师对学生的爱,应归回生命,基于生命之爱。教师工作的基点是促进儿童生命健康成长,教师要成为儿童生命健康成长的引路人,如何才能达成?这就需要教师理解儿童生命需要,读懂儿童生命表达,在此基础上帮助儿童,提供生命正能量,这样才能促进儿童生命健康成长。

教师对生命的关爱,不仅指向儿童,也包括教师本身。教师只有真正懂得爱自己,才能真正爱学生。不将自己作为一个独立的个体生命之人去爱,也不能真正将学生作为一个独立的个体生命之人去爱。故教师应以生命与生命之关系关爱生命,以生命为本,己立立人,以终为始,陶己育人。

3. 践行是师德的本质属性

"践行性"是新时代师德的本质属性。师德属于实践领域而非认识领域。在教育职场中,师德主要以教师的情感、态度、价值观、德行等方式存在,不仅体现为教师对职业道德的认知与理解,而且体现在教育教学的实践之中。师德不只是德性,更是德行。师德不仅存在于教师的观念之中,更体现在教师的职业实践之中,指导着、决定着教师行动的方向。所以,对每一位教师而言,师德不是"静态"的拥有,而是"动态"的践行。也就是说,师德不是讲出来的,而是做出来的。没有师德的行动,就很难说有师德的存在。

践行师德不仅指向行动,而且指向行动中的体验与反思。对教师而言,师德也不是"知"就能"行"的,而是要在"行"中"知"且"知行合一"。也就是说,师德不仅是"做"出来的,而且还包括践行时的体验与反思。唯有在践行师德的过程中不断地体验、反思,教师才能真正理解师德、学习师德、探究师德、提升师德。

4. 生命性是师德的品性,与教师"如影随形"

生命性是师德的重要品性。师德与教师"如影随形",具有弥散性,时时刻刻存在于教师的教育教学生活之中,无论教师是否意识到。

师德的生命性,体现为师德的生命价值。所谓师德的生命价值,是立足生命立场可见,师德是一种能量,是一种力。这种力,即体现为一种教育力、教学力、行动力,因而浸润于教师职场的方方面面;同时也体现为一种生命力、成长力、创新力,因而滋养教师专业、融通人际关系,使教师的人生具有穿越力,提升教师的生命价值。

师德的生命性,着重体现为师德的"具身性"。师德并非以知识性形态存在于教师的头脑之中,而是离不开教师"自身"。为师之道在于教书育人、为人师表。无论是教书育人、还是为人师表,都具有"具身性",如,亲其师,信其道,以身作则、"身教胜于言教"等。

师德的生命性,体现为体验性。体验是生命存在的方式,师德的生命性也必然体现为体验性,而非认知性……故而教师在教育教学实践中体现师德,体验师德。

师德的生命性,还体现为关系性。生命是关系性存在,道德也是关系性存在。师德,作为教师的职业道德,存在于教师职场的各种关系之中(包括教师与学生、教师与教师、教师与家长、教师与教育、教师与教学)等,尤其是师生关系,故师德不是体现为教师个人品质,而是体现在教师各种关系中,尤其是存在于教师与儿童交往的关系之中。也就是说,师德不是教师的"孤芳自赏",而是现实的、具体关系的处理能力与处理艺术。

师德的生命性,离不开生态性。师德是知识,师德规范有明确的规定;师德是解决问题的能力,体现在具体场域、情境、关系的问题处理之中;师德是实践智慧,具体情境是多样而复杂的,并非仅有原则性就能解决的,需要适时适度的灵活性。而师德的知识性、能力性、智慧性,构成了师德的生态性。

5.师德境界有高低,教师需要不断提升

一个人从事教师职业有三种境界:谋生、喜欢、价值。即基于生存层面的谋生需要,基于情感兴趣层面的喜欢,基于价值层面的追求。师德处于不同境界的教师,对待教育教学、对待儿童和自己的表现样态是不尽相同的,个体的生命样态也是不同的。从事教师职业之人,所处师德境界不同,也标志着其自身专业成长程度的不同。

师德层阶有三,一阶是遵守规范,守住底线。关于师德底线,《新时代中小学教师职业行为十项准则》(2018)作出了明确的规定。二阶是心怀仁爱,自主发展。如面对教育场中的儿童,师德体现为"以儿童为先",尤其是当教师个人利益与儿童利益产生矛盾冲突时,检验师德的首要标准既是教师能否将儿童利益放在个人利益之前,而不是以个人利益为先。师德的儿童立场,强调在教育教学活动中,教师始终能怀揣儿童、心系儿童,为儿童的生命健康成长服务,不是为了个人利益而有意无意伤害着儿童。三阶是归回生命,追求美善,这也是师德最高层阶。习近平强调,教师不能只做传授书本知识的教书匠,而要成为塑造学生品格、品行、品味的"大先生"。教师追求师德的最高层阶,就是要成为"大先生",就是要有生命价值观,有悲天悯人的情怀,追求生命意义,实现生命价值,活出生命精彩。

提升师德境界是教师一生的功课。教师在其从教生涯中,其师德需要不断进阶,提升师德境界。陶养师德,贯彻教师职业生涯全程,不是为其他,而是为学生生命成长,为教师个人幸福。教师在职场中的师德体验与反思,促使教师的师德提升、师生生命成长。

6. 师德教育须在职前进行

师德教育是"难"的。一是难在准教师的师德不是教就能会的,不是学了就能做的,他们在校期间的学习效果是难以检验的,师德体现于教师职场生活之中,只有在未来的教育教学中才能得到检验。二是难在师范生在未来真实的教育现场中,是否按照所教的师德去做,走上教师岗位后如何行动,并不完全取决于他们在大学所学。但这并不意味着职前师德教育不重要、无用,或可以放弃,也不影响师德的职前培养。

师德培养必须在职前进行。处理好师德的职前培养与在职实践的关系,是高校小学教师培养中必须解决的问题。对师范生的师德教育,不仅是师德理论的学习,如师德怎么产生,历史、原则、怎么做等,而是在未来教育职场中如何践行师德。师德教育不是难在说理上，而是难在怎么做上，尤其是在具体教育教学情境中怎么做才是符合师德的。如，师德之"爱"在具体情境中怎么呈现？师德之爱是确定的，但怎样爱是不确定的。如何爱？就要在职前培养中，从知识层面、能力层面，更重要的是在具体情境中实现等方面落实。

对师范生而言，师德教育不仅是使之"知"，而且是要"深知"，使师德进入他们的脑中、心中，形成强烈的、牢固的师德意识及在职场践行师德的能力。故在职前培养中，关键是解决师德之知与行的关系，"跳出"空泛说教、理论阐释、学理分析的模式，"突破"师德教育与一线教师真实生活之间仿佛存在一道鸿沟、令人难以"亲近"的状况，力求将师德"活化"，如以"现象""故事"等形式呈现师德的实践样态，帮助师范大学生通过学习、体验"境遇师德"来认识与理解师德的本质内涵、表现样态、境界层次、修养路径、养成过程等，进而生成师德意识、形成师德能力，提升师德境界。

（三）师德养成的课程建设

学院以国家级小学教育一流专业建设和师范专业（小学教育）三级认证标准的基本要求为基准，配合"师德优秀、儿童为本、素养综合、全面育人、终身发展、国际视野"六个培养要求制定了以"践行师德、学会教学、学会育人、学会发展"四个方面11个维度的毕业要求，在课程体系建设中将必修课作为主干，开展以实践为导向的教学模式探索，并要求每一门课程能对相应培养目标和毕业要求进行知识支撑。专业必修课外，开设其他学科方向类课程，辅助学生师德培养，同时在毕业生论文选题当中，鼓励学生选择与师德研究相关研究课题，将师德养成全方位渗透到学生的课程体系建设中。

表 1-6　毕业要求对培养目标的支撑

	师德优秀	儿童为本	素养综合	全面育人	终身发展	国际视野
师德规范	√	√	√			
教育情怀	√	√	√		√	
知识整合		√		√	√	√
教学能力			√	√		
技术融合			√			√
班级指导	√	√	√	√		
综合育人	√	√		√		√
自主学习			√		√	
国际视野			√		√	√
反思研究			√			
交流合作	√	√	√	√	√	√

表1-7　毕业要求对培养目标的支撑

维度	师德规范	教育情怀	知识整合	教学能力	技术融合	班级指导	综合育人	自主学习	国际视野	反思研究	交流合作
指标点	1-1 1-2 1-3 1-4	2-1 2-2								10-2	
支持度	H	H								M	
对应目标	目标1-3	目标1								目标2、3	

1.直接课程(专设课程)

在课程体系中,必修课为教师职业道德课程,本课程为面向初等教育学院三年级本科生开设的专业基础选修课程,课程内容涉及教师伦理的基本理论基础,如教师伦理范畴、师德崇高性与底线师德、公正、敬业、义务等现实难题,如教师公正的困境与实现、惩罚及其正当实现、尊重学生的多样性与规范统一性等,以及当前学校德育与教师教育发展研究的新成果,如立德树人与师德建设、教师职业幸福感、最美教师的理解等方面。目前该课程已完成2套教材成果以支持课程体系建设。

课程旨在帮助师范生树立正确的师德观念,能积极关注师德现象,具备自觉的师德意识,坚持社会主义核心价值观指导下的自身师德提升,了解师德背后的理论基础;了解当前我国师德建设的背景、前沿问题及挑战,最终提升理论与实践相结合的能力,使学生在真实的教学情境中,有良好教育意愿且具体的教育行为合乎规范,避免良好意愿下的行为失范;能够敏锐感知并处理教育生活中价值冲突的技能与策略等。

教学方法上主要采取专题讲授与小组探究学习、合作分享相结合的教学方式,具体包括专题讲授、案例分析、小组合作、探究学习、课堂分享与互评、推荐阅读等方法,做到理论联系实际,学以致用。

2.间接课程

除专设课程外,开展其他儿童学专业课程、专业方向课程、实践与研究课程等,皆以"践行师德、学会教学、学会育人、学会发展"作为目标导向,以"师德规范"为具体要求,引导学生坚定不移地走中国特色社会主义教育道路,增进对中国特色社会主义的理解和认同,能够践行社会主义核心价值观;贯彻党的教育方针,以立德树人为己任;遵守教育法律法规,具有良好的职业操守、健康的心理素质和高尚的审美情趣;为人师表,立志成为"四有"好老师,做儿童健康成长的引路人。最终有超过100门课程辅助支持师范生师德培养,形成一定规模的课程支撑矩阵。

(四)师德养成的活动支持

在第一课堂之外,学院与一线教师实际资源接轨,为学生开设了大量教育及与师德相关的系列讲座,如教育家大讲堂、初教论坛、师德叙事等,培养学生的教育情怀,理解小学教育工作的意义和特点,认同小学教育工作的专业性。通过一线名师讲解,学院内老师的引导和同学间的榜样案例树立正确的儿童观和教育观,了解小学儿童真实的生命成长和身心发展规律,从而在未来的教育实践中能够真正做到尊重、理解、保护、平等对待每一位儿童。

(五)师德养成的实践支持

习近平曾说:"一个人遇到好老师是人生的幸运,一个学校拥有好老师是学校的光荣,一个民族源源不断涌现出一批又一批好老师则是民族的希望。"一名优秀教师的诞生,离不开丰富的教育实践。要想成为一名优秀的小学教师,不仅在专业道路上要"学而知之",亦应做到"学而时习之"。"学"帮助我们获得知识与见解,"习"促进我们知与行的统一。因此,教育实践是教师教育课程体系的重要组成部分,是教师培养的重要环节。

"学"是基础,"习"是养成。在小学教师的职前培养阶段,师范生应在"学"与"习"中获得浸润式的成长。基于此,为培养适应小学教育教学需要的高素质专业化的"四有"好老师,基于首都师范大学小学教育专业的培养目标与毕业要求,学院设计了贯穿大一到大四年级的全程实践课程体系。在这一全程实践的课程体系中,"教育教学实践"为其最重要的组成部分,以"践行师德规范,养成教育情怀"为实习目标,共计18周,包括下列四个阶段的实习内容:

第一,教育感知。2周(大一年级随机+夏季小学期)。旨在通过对教育故事的阅读、观看,与校友名师的互动、对话,以及从教技能的自省与实训,感受、生成小学教育的职业情感。

第二,教育见习。2周(小学)+1周(见习前后的指导和反思)。旨在通过接触、了解小学儿童,经历、体验教师工作,观察、记录小学课堂,感受、思考育人环境,使师范生认识小学儿童、理解教师工作、了解小学课堂、感受育人环境。

第三,教育实习。4周(小学)+1周(实习前后的指导和反思)。旨在通过教学设计与课堂教学的实践,班级管理与少先队工作的组织,以及对教师、教育现象的访谈、观察及其对自身专业发展的反思,使师范生能够初步了解教育常规、树立师德规范、建构实践知识、发展教育教学能力,并具有在实践基础上对专业自我进行初步反思的能力。

第四,教育研习。6周(小学)+2周(研习前后的指导和反思)。旨在通过研究性的实践,发现、反思教育教学实践中的典型现象与问题,观察、思考学校育人文化与教育改革现状,研究、探索儿童学习与发展规律以及全面育人的理念与方法,使师范生具有相应的教育研究与创新能力,并在这一过程中践行师德规范,养成教育情怀。

上述四个阶段的实践课程衔接紧密、循序渐进,并与不同阶段的专业理论课程相互支撑,知行并进、关联融合。教育教学实践之后,由学生从自身的收获反思、职业规划进行自评和互评,并由指导教师进行评定,保障实习质量,为学生在实习中的自我成长提供方向和指标。

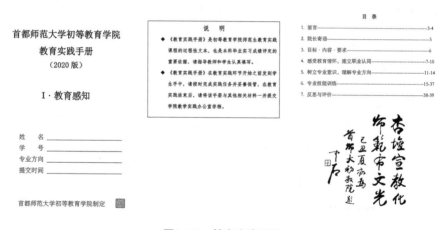

图1-17　教育实践手册

(六)师德养成的人文环境建设

在师德养成体系建设的同时,学院关注教师队伍的师德状况,注重人文环境的建设和支持,以教师作为校园师德模范的引领者,为学生提供可学习的师德榜样,打造良好的校园育人生态环境。在教师节之际,学院在师生间组织开展师德故事分享会,鼓励学生讲述自己身边的师德故事,并对故事内容根据"四有"好老师的标准进行分类,从中形成学生心目中"师德优秀"的教师形象,同时帮助学生反省自身,潜移默化地向卓越小学教师成长。

总体来看,目前师德体系建设已取得诸多成果,学生的师德养成取得相关成效。

1. 取得的相关成效

师范生师德养成体系建设以来,学院已取得一定的成效和成果,具体体现在以下五个方面:

(1)师范生师德养成体系的理论建构:从理论上明确师范生师德的内涵、维度、要素和培养机制,构建系统、规范、操作性强的指标体系和评价体系,为师范生师德有效养成的落地奠定理论基础。

(2)师范生师德养成体系的课程建构:统筹师范专业课程,构建师德课程群,师德课程体系基本形成;构建师德课程评价体系。

(3)师范生师德认知的促进:通过相关理论资料的汇总和学习、问卷与座谈调研及专题研讨等,完成学生践行活动中的师德要素凝练,促进师范生师德认知。

(4)师范生师德践行的落实:优化实践教学内容,改革实践教学方法,构建教育实习、党课、团委第二课堂、研学、社会实践、师范生技能等多层面、模块化学生践行体系工作框架,强化师范生对师德政治性、法律性、道德性的践行体验,促进师范生将师德外化于行动,落实师范生师德修养的践行。

(5)师范生师德养成的示范:建立良好的育人环境,从教师教育者自身做起,打造师德示范的环境和文化,借助大学与中小学合作伙伴关系,形成良好的育人生态。

2. 师德养成体系的具体成果

调研报告:《师范生师德养成的现状调研报告》。

学术成果:完成著作《师德核心素养与师德养成》,公开发表论文《师范生师德养成机制研究》《师范生师德评价体系建构与实践研究》《师范生师德指标体系建构研究》《师范生师德养成中学生践行要素探索》《师范生师德养成中学生践行有效途径初探》《师范生师德养成中学生践行评价机制》《师范生师德养成中学生践行体系实效性研究》《师范生师德核心素养与课程群建构》《师德养成课程评价工具及评价体系研究》。

课程建设:a.制定师德核心素养框架与课程地图;b.完成师德养成课程群建设;c.完成师德养成课程评价工具及评价体系建设。

教材建设:a.学科专业教材 2 本;b.师德实践课程教材 1 本。

教学改革:精品课程 1 门,在线课程 1 门,师德研学课程 1 门。

文化建设:a.师范生师德故事 1 本;b.教师师德示范故事 1 本。

工作手册:《师范生师德养成教育工作手册——以首都师范大学初等教育学院为例》。

三、反思与展望

为进一步完善学院师德养成体系建设,发展为全方位、全方面、全过程的师德养成体系。学院针对目前现有体系成效进行反思检查,寻找体系中的短板和有待完善的方面。2022 年 4 月中下旬,学院对本科毕业生展开追踪调查,以便及时了解在师德养成体系建设下的毕业生在一线小学中的专业发展现状和成长路径,分析其遇到的困难和发展的瓶颈,从而帮助学院评价和反思本科生培养质量,不断明晰培养目标和定位,调整和改进师范生师德养成体系建设。

(一)反思评价已有体系成果

通过对毕业生进行追踪调查,学院考察了在师德养成体系培养下,学生是否能够在就业后严守师德并时刻注意保持得体的教师仪表和行为。在这一方面,毕业生的整体表现非常好,总体得分情况如下图所示,有 350 人的自评分数为满分,可见初等教育学院毕业生在师德规范上表现优异。并且绝大多数毕业生认为自己能时刻注意仪表行为规范，维护良好的教师形象，能够始终严守教师的职业道德。

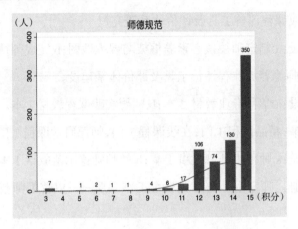

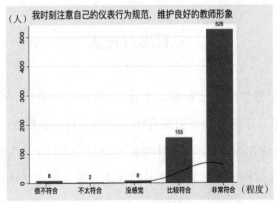

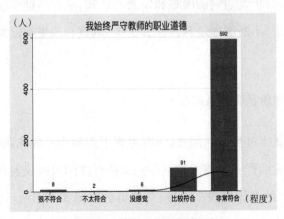

图1-18 毕业生师德规范表现

本次追踪调查采用了混合研究法，综合了质性研究和量化研究的各自优势，以在调查研究的广度和深度上达到良好平衡。围绕师德养成体系的成效研究，同时设计和开展了问卷调查和重点访谈，并在调查和分析过程中将二者的内容相互印证和补充，形成最终的调查结论。

进而，学院又追踪调查了毕业生对本科期间的师德培养的满意度。首先，在教育教学各环节上，毕业生最满意的是实习、见习，有 50.64% 的毕业生选择了这一点。在访谈中，所有受访的毕业生均对实习、见习经历充满了感激，并希望如果能再上一次大学的话，希望能继续加强实习环节。2019 届毕业生、现就职于朝阳区 S 小学的 X 老师回忆道："入职以来我认为初教院培养的老师最大的优势就是'经历了实习'，能够比其他新教师更快更准更稳地去适应教师的角色，无论是带班还是教学。完成从学生到老师的蜕变。"

由此可见，目前学院师德养成体系建设已初有成效，能够有效帮助本科师范生学习优秀师德，在未来职业生涯中严守师德。同时，实习、见习等教育实践活动，极大地帮助学生在教育教学实践中践行师德，在实践中不断考验自身素养，磨炼意志，最终形成以仁爱为核心的教师观、教学观，符合初等教育学院对毕业生师德培养的目标计划。

(二)展望未来体系建设发展

回首过往，学院对于师德养成体系建设已有了一定的成果和成效。目前，初等教育学院毕业生普遍能够很好地满足学院的各项培养目标和毕业要求，整体专业发展态势良好，成长轨迹明显，成绩喜人。同时，从学院不同届毕业生之间的专业表现差异和专业表现提升趋势来看，学院与毕业生都深感培养体系对长远专业发展的重要性，这也进一步要求师德养成体系建设需不断完善与改进。

目前，学院已有的师德养成体系主要围绕职前开展，以校内本科生为主要培养对象，针对本科生的培养过程、培养目标进行构建，融合师德养成的内容。而对于职后的关注目前还较为薄弱,毕业生走入社会后复杂的社会环境对其师德提出了更高要求和时代定位,未来将在毕业生追踪调查的基础上,围绕职后师德养成展开实践与研究,以进一步构建全方位、全方面、全过程的以"仁爱"为核心的师德养成体系建设。

（执笔人：刘慧、钟晓琳）

生命教育:为师范生生命健康成长与职业发展奠基

随着社会的不断进步和人们生活的不断改善,生命安全与健康越来越受到国家的重视,成为生产生活的重要基础。生命需要关爱,生命需要教育。《生命安全与健康教育进中小学课程教材指南》等文件的出台,进一步明确了生命教育的定位,促进了生命教育的研究与实践。首都师范大学初等教育学院一直以来就致力于生命教育的学术研究和实践探索,尤其是对于师范教育与生命教育的连接与融合做了很多卓有成效的努力,例如在本科生培养方案中注入生命教育理念;在课程设计与实施中,开展包括《生命教育》等课程;在兼教方向中设立"生命教育与班主任工作"相关方向;在研究生培养中开设"生命发展与德育"方向和生命教育课程;在社会服务领域,积极开展支持和帮助众多中小学开展生命教育师资培养和教育教学改革项目;通过"儿童生命与道德教育研究中心"开展学术年会,发布生命教育研究成果,扩大生命教育影响范围;通过文章发表和课题研究,提升生命教育学术水平和研究质量等。生命教育既是时代之需,也是未来教育的重要组成,初等教育学院的生命教育研究和实践探索呈现出科学性、系统性、多元性、实效性、发展性等多重特点,具有坚实的基础,并呈现出欣欣向荣的发展态势。

一、背景与问题

生命教育,是每一个人一生的必修课,对于师范生来说,这一课程显得更加重要。这不仅源于师范生自身正处在遇到与思考生命问题的重要阶段,而且还源自他们未来所要从事的教师职业的需要。师范生的生命教育价值与意义主要体现在满足师范生自身对生命教育的需要,帮助他们树立正确的生命价值观,为他们成为一名合格教师,毕业后开展生命教育工作奠定基础。

2012 年,教育部颁发的幼儿园、中小学《教师专业标准》已将生命教育理念贯穿其中,对儿童生命的认识与理解,为儿童提供适合的教育,成为儿童健康成长的引路人,是国家对合格教师的基本要求。2020 年新冠肺炎疫情突发及其在全球的持续肆虐,使"生命至上"成为我国社会"共识",人们更为关注、重视生命教育。2021 年,教育部发布了《生命安全与健康教育进中小学课程教材指南》,提出 5 大领域 30 个核心要点,要求"力求做到生命安全与健康教育进教材、进课堂、进学生头脑",使"课程教材在有效增强学生'生命至上、健康第一'意识等方面的育人功能显著提升,为学生健康成长、终身发展和全民健康素养的提升奠定坚实基础"。2022 年教育部颁布了《义务教育课程方案和课程标准(2022 年版)》,将"生命安全与健康"作为最大主题教育,要求"有机融入课程,增强课程的思想性"。这就更需要教师率先接受生命教育,并能在职场中从事生命教育。那么如何在师范生中开展生命教育,就成为教师教育和生命教育研究的重要课题。

初等教育学院师范生的生命教育之旅开启于 2007 年。从开设"生命教育"课程起步,先后在教育学原理、初等教育学、小学教育专业硕士研究生培养中设置"生命发展与德育"方向,在初等教育学、少年儿童组织与思想意识教育二级学科及小学教育专业硕士培养中开设"生命教育"课程。在初等教育学院本科人才培养方案中设置"生命教育与班主任"兼教方向，开发了四门生命教育必修课，出版了《生命教育导论》《大学生命教育》教材，"生命教育"课程入选中国大学慕课。在教学过程中，不断探索创新教学模式，先后构建了大学生生命教育叙事模式、生命教育主题教学模式、生命教育绘本教学模式、生命教育课业展示模式、生命教育项目式学习模式等，通过学术会议与教师培训，培养了生命教育教师团队。

二、举措与成效

（一）课程—课题—实习：面向全院本科生的生命教育实践探索

1.开发"生命教育"课程

初等教育学院在 2007 年小学教育专业人才培养方案修订时，在课程方案中增设一门"生命教育"选修课（36 学时，2 学分），一直持续至今。在 2017 年之前，每届约有 300 人选课（每届学生总数约 350 人）分为两个班，由刘慧与张志坤两位教师上课；之后，因选修课人数限制，每届也有 100 人左右选修。

在开发"生命教育"课程的同时开启教材建设工作，基于《生命德育论》，以生命之真善美为主线，构建了认识生命之真（包括认识生命、遵循生命）、践行生命之善（包括关爱生命、相信生命、敬畏生命）、创造生命之美（包括享受生命、丰富生命、优质生命）的教材体系；2015 年在人民教育出版社出版《生命教育导论》，并于 2019 年进入"中国大学慕课"平台，至今已开课七期，选修人次近 1.5 万。值得一提的是，2022 年"生命教育"慕课入选教育部在职教师继续教育平台培训课程。

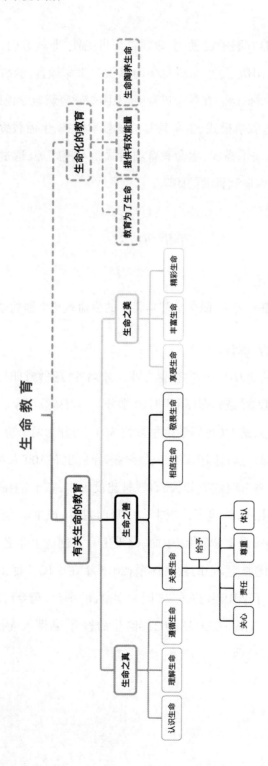

图1-19　生命教育主要内容

2019 年，应南京大学出版社邀请，我们组织编写了《大学生命教育》教材。这本书以生命的本体性和关系性为主线展开论述，引导大学生比较全面、系统地认识与理解生命及其自身生命发展的议题，主要关注了生命之本体性存在的七个方面，包括生命需要、生命情感、生命体验、生命智慧、生命表达、生命价值、生命死亡。由此引导大学生认识与理解，生命需要是生命的动力源、生命情感是生命的"晴雨表"、生命体验是生命的存在方式、生命智慧是生命的"守护神"、生命表达是生命样态的展现、生命价值具有自足型与关系型、生命死亡赋予生命意义。同时，关注了生命之关系性存在的六个方面，包括挑战、适应、生涯、责任、尊重、生态等。由此引导大学生知晓，挑战是生命的存在常态、适应是生命的存在保障、生涯是生命的职场展现、责任是生命的内在使命、尊重是生命的尊严所需、生态是生命的存在之家。

在"生命教育"课堂教学过程中，注重体验，凸显"做中学"，具体而言，在课堂教学中线上线下结合，主要活动有：①生命叙事活动；②生命教育读书报告会、辩论会；③生命教育活动设计及课业展示；④创编生命教育简报活动；⑤创编小学生命教育教材、生命教育绘本；⑥整理生命故事集；⑦在教育实习中完成"生命教育课堂教学""生命教育主题班会"；⑧悦享生命公众号推送。不断探索生命教育教学模式，形成了生命教育叙事教学模式、生命教育主题教学模式等。

2. 以生命教育为选题的科研课题、毕业论文

受生命教育课程影响，有些本科生积极主动开展与生命教育相关的活动，主要表现为三方面，一是每届有多名学生以生命教育议题为毕业论文选题，2007 年至今，有近百名本科生撰写生命教育选题的毕业论文；二是每年有本科生以生命教育为选题，申请校、市和国家级科研课题；三是每年保送研究生中都有 1—3 名学生选读生命教育方向，另有毕业生报考生命教育方向研究生。

生命教育科研课题与毕业论文选题主要有：①有关生命教育的文献研

究、现状研究，通过这类研究，引导师范生了解生命教育的发生、发展；②师范生的生命状况调查研究，如"师范生生命意识的调查研究"；③学科课程教学中的生命教育研究，如小学学科材中生命教育内容分析、小学课堂教学中体现生命教育的状况研究、生命课堂的观察研究；④小学生生命状况考察，如通过观察、叙事等；⑤实践探索类，主要是开发性、开拓性研究，如"大学生创业项目""大学生素质拓展项目"等。

3. 在教育实习中开展生命教育实践活动

自每届选修生命教育课的学生均在教育实习中开展生命教育实践活动。一是教育实习之前，训练学生的生命教育教学设计、活动设计、生命故事写作、问卷设计、调查报告写作等；二是教育实习中，以生命教育理念审视实习学校，撰写分析报告；三是教育实习结束后，回到学校在生命教育课上完成相关的一系列活动。

4. 本科生生命教育实践活动荣获全国"创青春"大学生创业大赛银奖

在本科生中开设生命教育课程，激励了优秀大学生从事生命教育的愿望与热情。2014 年初等教育学院成立了大学生生命教育组织——灵水心田生命教育中心，由本科生吕佳同学总负责，学院生命教育教师指导，30 多名本科生与研究生组成志愿者团队共计 400 余人次。他们利用寒暑假积极走向社会，开展一系列的生命教育实践活动。参加全国"创青春"大学生创业大赛，获银奖。2018 年，由研究生李升牵头成立"爱悦享"大学生生命教育活动组织，利用暑假到偏远农村支教，并在第四届中国教育创新博览会大学生创业项目竞赛中获得奖项。

5. 面对特殊事件，积极开展"关爱生命"工作坊

2016 年 7 月 5 日，针对不久前初等教育学院一名本科生不幸病故，儿童生命与道德教育研究中心举办了"生命，我们携手同行"的生命教育工作坊，整个活动历时三个半小时。通过"倾诉我们对德健的爱""如何面对生命的无常""做一个有力量的人"三个环节，用爱心与专业帮助师生释放心中的悲痛、

恐惧与不安等,学习做一个有力量的人,放飞希望。

6. 小学教育专业德育方向开设生命教育课程

2019 年,初等教育学院率先在小学教育专业中设置"德育方向",其中"多视角的生命解读""生命教育课程与教学"作为德育方向的必修课。

(二)"生命教育与班主任"兼教方向

1.设置"生命教育"兼教方向的目的

"生命教育"兼教方向的设立,主要是基于对生命教育意义与价值及对小学教师培养的意义与价值的认识与理解。班主任工作是小学教育工作的重要组成部分,是促进小学儿童生命健康成长的重要力量。生命教育可以帮助师范生从生命角度理解学生、理解教育、理解教师角色,帮助他们在未来从事班主任工作时,能从生命教育的角度开展工作,为学生生命成长提供所需的正能量。

2016 年 5 月,在修订小学教育专业人才培养方案时增加了"生命教育与班主任"(以下简称"生命教育")兼教方向,并从 2016 级学生开始选修。

2."生命教育"兼教方向的选修要求

按照初等教育学院兼教方向的运行方式,学生在大二年级快结束时,自主选择一个非本主教方向的兼教方向,大三年级开始兼教课程的学习。2018 年秋季学期,迎来了首届 2016 级选修"生命教育"兼教方向的 54 位学生。之后,2017 级有 16 人选修,2018 级有 31 人选修。后两届选修人数的减少,主要是因为进入"生命教育"兼教方向是有"门槛"的,即需先修三门课程:生命教育课程,小学班级管理课程,儿童需要与表达课程,其中,后两门是全院必修课,生命教育课程是全院选修课,因选修课程有人数限制,一些学生未能如愿选上,故不能选修"生命教育"兼教方向。

3."生命教育"兼教方向的课程设置

课程是教师培养的主渠道,兼教方向的课程设置非常重要,在有限的学分、学时中到底设置哪些课程才能基本支撑这一兼教方向？兼教方向课程设置由三部分组成，一是小学教育专业的通识类课程、专业基础类必修课程和专业核心类课程；二是选修此方向的专业基础类的选修课，如"生命教育"课程等；三是本兼教方向的学分必修课，包括基础课和核心课两类。在 2016 年增设该兼教方向时，根据全院兼教方向课程设置原则，设置了四门必修课，包括"多视角的生命解读"（3 学分）和"小学生命教育教师的素养与能力"（2 学分）两门基础课，"班级管理中的生命教育"（1 学分）和"生命教育课程与教学"（4 学分）两门核心课，共计 10 学分。2017 年，根据学校要求进行学分调整，由 10 学分改为 8 学分，这样将"多视角的生命解读"课的 3 学分改为 1 学分，其他不变（具体课程信息见下表）。

表 1-8　"生命教育"课程设置

类别及课程代码		课程名称	课程英文名称	学分	总/周学时	开课学期	开课教师
必修	基础类	3300081 多视角的生命解读	Life Understanding in Multi-perspectives	1	48/3	5	傅添 刘慧 夏鹏翔 唐斌 欧璐莎
		3300082 小学生命教育教师的素养与能力	Accomplishment and Ability of Primary Life Education Teacher	2	32/2	6	张志坤
	核心类	3300083 班级管理中的生命教育	Life Education in Class Management	1	16/1	6	唐延延
		3300085 生命教育课程与教学	Curriculum and Teaching of Life Education	4	64/4	7	刘慧

教师团队成员主要有：

刘慧、张志坤、傅添、夏鹏翔、唐延延、唐斌、欧璐莎、崔嵘、钟晓琳、李敏。

在教学过程中，教师积极探索适合师范生生命教育的有效的教学模式，先后构建了生命教育主题教学模式、生命教育绘本教学模式、生命教育课业展示模式等。

(三)生命教育:硕士研究生培养的一个学科方向和课程

1. 开设"生命教育方向"与"生命教育"课程

2007—2011 年,在我校教育学原理硕士学位点中增设"小学教师专业发展"方向,并在培养方案中设置"生命教育概论"专业选修课,2008 年在此增设"生命发展与德育"方向,至 2011 年,五届共有 14 名学生以生命教育为题撰写毕业论文。2012 年,初等教育学院获批自主设置"初等教育学"二级学科,其中设置了"生命发展与德育"方向,并开设"生命教育概论"课程等。2014 年在少年儿童组织与思想意识教育二级学科研究生培养方案中设置生命教育课程,两个二级学科所有的研究生都选修此课。2021 年起在小学教育专业硕士培养方案中增设"生命教育"课程,在第一学期授课,有 30 人选课,并在教学过程中积极探索适合研究生生命教育的教学模式——生命教育项目学习模式。2022 级有学术型硕士 5 人,专业型硕士 17 人,共 22 名研究生选课。

2.研究生生命教育实践活动

研究生的生命教育实践形式多样。一是参与有关生命教育教材写作工作,如 2007—2012 年,5 位研究生参与以生命教育理念为指导的《小学德育实践》教材写作。二是参与学术会议会务及学术活动,如 2014 年以来,每年生命教育专委会年会都由研究生担任会务志愿者,并有研究生在年会上观摩课、报告研究论文等。三是创办微信公众号并保持运行。2016 年 11 月带领 8 名研究生创办"悦享生命"微信公众号,为生命教育研究者与实践者搭建发表分享生命教育成果的公共平台,内容栏目包括生命教育理论专栏、生命教育实践专栏、生命教育会议报道等,至今已经推送了 293 期。面对 2020 年新冠肺炎疫情突发,生命教育专业的研究生用自己的笔来参与抗疫,在"悦享生命"上发表,受到《生活教育》杂志记者的关注,并集体发表于该杂志。

3.研究生申请生命教育选题的科研课题

有些研究生以生命教育为选题申请科研课题。如校研究生学术创新基金资助项目"教师生命之美研究"(李春光,2016)、校实验室开放基金项目"小学生命教育实施途径研究"(王朝,2015)、校研究生学术创新课题"小学生生命教育素养的叙事研究"(李升,2017),等。

(四)"儿童生命与道德教育研究中心"成立及其活动

1.积极筹备成立"儿童生命与道德教育研究中心"

为更好地推动生命教育,需有专门的研究机构或组织的支持。为此,我们积极筹备了"儿童生命与道德教育研究中心"(简称"儿童研究中心")研究机构,经过两年左右的准备,于2011年12月首都师范大学校长办公会批准成立。儿童研究中心是以"敬畏生命、关爱儿童、体验生活、践行道德"为行动纲领,以研究儿童、生命教育、道德教育为旨趣;以生命教育为重心,以项目为抓手,开展理论研究与实践探索。儿童研究中心主任由刘慧担任,李敏担任秘书长,研究成员由23位高校教师组成,学科涵盖教育学、心理学、人类学、文学、艺术学等10个领域;聘请15位专家成立咨询专家委员会,朱小蔓先生担任咨询专家专委会主任。

2.以学术会议推动学术研究,扩大学术影响

儿童研究中心坚持每年举办一届年会,至今已经举办九届年会;并围绕"儿童研究""道德教育""生命教育"等主题组织多场学术报告。自2014年起,先后协助中国陶行知研究会生命教育专业委员会举办六届年会及生命教育骨干教师培训活动。2014年参加"第三届海峡两岸大学生命教育高峰论坛",发表研究成果"师范生生命教育理论与实践探索"。2021年主办"九月生命关怀月"系列大型公益活动之"儿童需要生死教育"公益主题讲座活动;2021年主办2021生命教育专委会学术年会暨第二届生命教育绘本教学论坛。

表 1-9　儿童生命与道德教育研究中心学术年会表

届	时间	主题	主要内容	备注
一	2012.12.7	中心五年发展规划	中心的定位、研究主题、活动形式	海内外专家学者参会
二	2013.10.29—30	海峡两岸生命教育对话	介绍两岸生命教育情况，交流经验，共促发展	纪洁芳、廖杏娥博士参会
三	2015.1.16	看见儿童——儿童研究专题研讨	"儿童研究的视角""艺术中的儿童""儿童权利与保障""活动中的儿童"	
四	2016.1.16	品德发展与儿童成长	"生命陶养的理论和实践"和"儿童品德发展及其教育"	
五	2017.6.16	小学道德教育研究专题研讨暨首届小学品社方向专硕培养论坛	回顾中心 5 年发展历程，围绕小学德育方向专业硕士培养	
六	2018.11.25	关爱儿童	从不同视角解读儿童、生命教育。呼吁教师在教育实践中认识真实的儿童，关注儿童需要，善待每一个生命个体。	纪洁芳、林绮云参会
七	2020.1.3	教育现场的儿童研究	围绕儿童生命在教育现场的表现样态展开研究	
八	2021.1.23	生命教育——点亮未来教育的幸福之光	线上线下，全国专家学者与一线教师共聚"云端"，共同探讨生命教育的未来。	
九	2021.12.31	为了儿童微论坛暨年度新书发布会	以研究成果发布纪念中心成立十年	

表 1-10　中国陶行知研究会生命教育专业委员会学术年会表

届	时间	地点	年会主题	主要内容
一	2013.12.8	北京	陶行知与生命教育	专委会成立揭牌仪式
二	2014.10.30—11.1	成都	生命教育理论研究与实践探索	内地、港台生命教育发展状况
三	2015.11.20—21	苏州	生命教育与品德课程教学	生命教育学校实践、生命教育教案叙事分享
四	2016.12.11—14	深圳	生命教育与学校美育	生命之美的探索与分享
五	2017.10.26—28	北京	生命教育与情感教育	首期中小学校长生命教育国际论坛
六	2018.10.27—28	阜阳	中华传统文化的生命智慧与生命实践	生命教育与中华传统文化、生命教育与未来教育
七	2019.9.26—27	珲春	新时代生命教育的发展与融合	对新时代生命教育发展趋势与方向的探索
八	2020.11.21	杭州	后疫情时代生命教育新探索	线上＋线下
九	2021.12.26	北京	生命教育与健康教育	2021 中陶会生命教育专委会学术年会暨第二届生命教育绘本教学论坛(线上＋线下)

3.依托生命教育课题，系统开展生命教育研究

2012—2015 年，依托校级教改项目"小学教育专业学生生命教育探索"，对小学教育专业生命教育实践开展全方位系统研究，形成了一系列的理论研究与实践探索成果，主要有：①在生命教育视野下审析、修订小学教育专业人才培养方案；②构建小学教育专业生命教育课程体系；③创编生命教育教材；④积极探索小学教育专业生命教育课程教学模式。

2016 年，儿童研究中心联合中陶会生命教育专业委员会成功申请了田家炳基金会项目——小学生命教育教师研修及校本实践计划，以此走进全国多所小学开展促进小学教师生命叙事培训、生命教育绘本教学培训等。

2017—2019 年，儿童研究中心与大厂幸福学校联合展开了三期为期三年的"生命教育绘本教学"专项研究；并在大厂举办 2018 首届全国生命教育绘本教学学术论坛，顾明远先生、魏书生先生出席大会并报告，来自海内外生命教育专家学者一线教师、学生及其家长千余人参加会议。2019 年，"探索生命教育绘本教学，促进师生生命共生长"项目参展第五届中国教育创新博览会。

（五）生命教育研究成果服务于教师教育

1. 生命教育理念进入国家《小学教师专业标准》

2010—2011 年，初等教育学院接受了国家《小学教师专业标准》研制工作，生命教育是其中的一个指导思想，生命教育的有关内容也写入其中。由此使初等教育学院师生更多地、更深地知晓生命教育。并成为专业核心课《小学教师专业发展》中的重要内容。

2. 创编基于生命教育的小学教师教育教材

自 2007 年起，不断转化生命教育研究成果。2007—2012 年，经过 5 年的研究与实践探索，创编并出版了以生命教育理念为指导的《小学德育实践》教材；该教材于 2013 年获北京市高校精品教材，2014 年入选"十二五"普通高等教育本科国家级规划教材。2014—2016 年组织初等教育学院相关教师和一线小学教师共同完成以生命教育理念为指导的《小学课堂有效教学》（2014）、《小学课堂有效学习评价》（2015）、《小学课堂有效教学研究》（2016）三部小学教师培训教材并出版。

3. 积极开展小学教师的生命教育培训

自 2010 年以来，我们陆续开展了生命教育的校本培训、市区级骨干教师培训、区域学科生命教育研修等项目。2010—2016 年，走进顺义赵全营中心小学开展生命教育校本培训、生命教育优质校建设，全方位探索小学校的生命教育。2011—2013 年，走进北京市海淀区中关村第二小学开展班主任生命教育校本培训活动;2012—2014 年,指导北京市海淀区东北旺小学完成市级生命教育课题、创编出版《保护生命》(上下)教材等;2012—2013 年,承担北京市学科带头人与骨干教师培训项目——小学《品德与社会》名师工作室,以"关爱生命"为主题,19 名市骨干教师完成 272 学时的培训。2020 年,与河南南阳市第十五小学合作开展"生命教育视域下项目学习"项目;2021年,为四川省未成年人心理辅导骨干教师开展题为"青少年生命教育"专题培训;2021 年, 与顺义区教委合作开展第一期 "学科生命教育区域研修"项目;2022 年,与首都师范大学附属育新学校合作开展"课后服务"课程之"生命教育绘本教学"项目,等等。

(六)在报刊杂志上发表生命教育专题论文

2015—2017 年, 每年组织初等教育学院师生撰写一组生命教育论文4—5 篇,并发表在核心期刊上。2015 年,在《当代教育科学》第 8 期头版专栏"理论纵横"刊出团队教师 4 篇有关生命教育的文章;2016 年,在《当代教育科学》第 19 期设专栏刊登"生命教育与学校审美教育"专题论文 5 篇;2017年,在《现代教学》(第 9 期)设"生命教育绘本教学"专栏,刊登团队成员的 5篇论文。其间,共有 15 名师生(其中有 6 位研究生)撰写了 13 篇有关学校生命教育实践、教师生命教育素养、生命之美的教育、生命教育绘本教学探索等内容的论文。

(七)家庭生命教育在电视媒体上传播

随着新冠肺炎疫情的暴发,生命教育更加受到重视,家庭教育中非常需要生命教育。2020 年,应邀参加教育部关心下一代委员会与中国教育电视台联合举办"家庭教育公开课",录制第一讲"生命教育:为家庭教育奠基",播放点击率过千万;2021 年,应北京市关心下一代委员会之邀录制"家长公开课",主题为"让孩子爱上学习:小学生学习习惯的养成";2022 年,参与教育部关心下一代委员会、首都师范大学与中国教育电视台联合录制"家庭教育公开课"第二期"读懂儿童表达，构建良性亲子关系与生命联结"，播放点击率过千万。

三、反思与展望

通过开展一系列的生命教育活动，经过 10 年多的时间，初等教育学院师生对生命教育的认识与态度从"没听说过"到"知道有"再到"很重要"有了深刻变化。这一过程是获得、形成生命教育"共感""共识"的过程，正是生命教育文化建设、形成过程，反过来，也是陶养师生生命教育素养、培育生命教育教师的过程。

（一）明晰师范生的生命教育性质

师范生不仅在于他们是大学生，还在于他们毕业后所要从事的教师职业。正是由于"双重身份"，故而决定了其生命教育性质体现为"生命性"和"师范性"的共在，既有生命教育的性质，也有师范教育的性质。其主要体现：一是师范生的生命教育职前职后"一体化"，将对大学生的生命教育和培养他们走向工作岗位后从事生命教育工作的意识与能力相结合，使他们不仅能接受生命教育，而且还能实施生命教育。二是大学的生命教育过程应体现"示范性"，为师范生成为教师后如何实施生命教育提供示范。三是面对诸多未知的、不确定的，并没有现成答案的小学生命教育，师范生的生命教育充满了探究性，不断开发与创新生命教育实践。四是将普及与深化相结合，分层开展师范生的生命教育，既对全体师范生实施普及性的生命教育，又要在普及的基础上，在部分师范生中开展更为深入的、具体的、翔实的生命教育。

(二)立体构建生命教育课程体系

1.生命教育理念与生命教育课程必须"进入"人才培养方案

人才培养方案是高等院校实施人才培养工作的根本性指导文件,是组织教育教学过程、进行教学改革的主要依据。生命是教育的基点,生命教育是教育的本质,生命教育也应是师范教育的本质所在,由此,生命教育应是制定小学教育专业人才培养方案的指导思想之一。生命教育理念体现于人才培养方案,可确保师范生培养的生命价值取向。课程是学校教育的主渠道,将生命教育理念落实于课程中,是实施生命教育的重要途径。生命教育课程正式"进入"人才培养方案,师范生的生命教育也就有了保障。

2.构建生命教育课程体系

生命教育课程体系是以生命教育理念、对师范生生命教育的理性认识为指导,将课程各个构成要素按照有利于实现师范生生命教育素养之培养目标加以排列组合,贯穿专业基础课程、专业核心课程、教育实践课程中,主要有生命教育课程和体现生命教育的学科课程、生命教育科研课题、毕业论文、教育实习中的生命教育实践活动等。

师范生的生命教育课程体系中各要素的关系:以生命教育类课程为主干,以专业基础和专业核心课程体现生命教育和教育实践类课程中生命教育实践为辅,即一主两辅,既有普及性、辐射性课程,使全体师范生都能接触到生命教育、初步了解生命教育,又有专业性、深化性课程,使部分师范生能走进生命教育,通过专题研究和实践活动来理解生命教育、热爱生命教育,在未来的工作中能自觉开展生命教育。当然,生命教育课程建设不仅包括生命教育课程体系的构建,而且包括生命教育课程教学及生命教育教师队伍的建设。

(三)营造生命教育生态环境

任何一种学校精神的建立、一种气氛的形成,都不是学校某一方面能独立完成的。营造生命教育校园文化,不是某一方面或某几方面的"独行",而是校园中各要素的"联动"之共同推进。尽管生命教育课程体系建设是重心,但也不能缺少校园其他方面的生命教育实践,必须充分利用各种因素开展生命教育,逐步形成具有生命教育价值观、信念、环境和制度的文化特质。

1.以生命教育方向研究生培养与生命教育学术活动,提升生命教育校园文化的质量

研究生教育是高等教育的重要组成部分,关于硕士层次的人才培养,以初等教育学院为例,首先,初等教育学学科专业生命教育方向,通过生命教育类课程、开展生命教育实践活动、开展生命教育科研课题研究、撰写生命教育选题的毕业论文等活动,培养了一批具有一定生命教育素养的硕士层次的小学教师。同时,面向全国的硕士研究生招生与就业,也大大提升了初等教育学院生命教育在全国高校小学教育专业的"知名度"与"影响力"。

其次,依托生命教育组织开展有目的、有计划、有组织持续的、系列的生命教育学术活动,对生命教育校园文化建设非常重要,能够营造出大学校园文化的特性——学术精神与学术气氛。生命教育校园精神与气氛的形成,陶养师生的生命教育素养。

最后,生命教育的理论研究、学术论文的公开发表,对提高师生生命教育的认同度,提升师生生命教育的研究水平,增强师生内心的自豪感、成就感、扩大生命教育的社会影响力都有着积极的作用,这些都有助于生命教育校园文化的形成。

2.以本科生多种生命教育实践活动,营造关爱生命的校园"生命场"

关爱生命是生命教育的核心,营造生命教育校园文化就是营造关爱生命的气氛,形成温暖的"生命场"。如师范生在教育实习中对"弱势"儿童的关

爱、大学生生命教育社团组织走进社会农民工子弟学校关注留守儿童、走进偏远山区的中小学开展生命教育活动，面对突发事件，及时开展生命教育工作坊等活动，充分体现了关爱生命的校园文化精神，又反过来"滋养"了这种校园文化。

3.生命教育理论研究成果服务于小学教师教育，提升师生生命教育素养

生命教育理论研究成果，既来自生命教育实践，又指导生命教育实践。师生通过生命教育教材的创编、以生命教育理念为指导的小学教师教育用书的创编、走进小学开展小学教师生命教育的校本研修、生命教育优质校建设等一系列活动，探索生命教育实践理论、推进小学生命教育实践。在此过程中，既不断地提升师生的生命教育素养，也增强了生命教育校园文化建设。

总之，生命教育校园文化是由全体师生在长期的生命教育实践过程中积淀和创造出来的，是被师生所认同和遵循的生命教育价值观、精神、行为准则、规章制度、行为方式等。生命教育校园文化"浸染""滋养"生活其中的每一个生命，培育师生生命教育素养，优化师生生命样态。

（执笔人：刘慧、张志坤）

美育陶养：为卓越小学教师培养筑基

　　《关于全面加强和改进新时代学校美育工作的意见》提出，各学校要以提高学生审美和人文素养为目标，把美育纳入各级各类学校人才培养全过程，贯穿学校教育各学段。基于此背景，首都师范大学初等教育学院持续建设，搭建"面向人人，三维一体"的美育课程体系，将课程、活动和环境三个重要美育维度融合。本案例从背景、举措与成效、反思与展望方面集中介绍初等教育学院美育课程体系的建设与实施，关注存在的不足之处，思考进一步完善的角度和方式，追求整体水平的优化和提高，支撑和促进小学教育专业建设和人才培养。

　　党的十八大以来，以习近平同志为核心的党中央高度重视学校美育工作，把学校美育工作摆在更加突出位置，推动学校美育实现跨越式发展。首都师范大学初等教育学院认真落实党中央发展美育的各项意见，明确新时代学校美育为什么做、做什么、怎么做，从课程美育、环境美育和活动美育三个维度构建和实施面向人人的美育课程体系，强化学校美育的育人功能，输出全面发展的栋梁之材和能够担当民族复兴大任的卓越小学教师。

一、背景与问题

在教育部发表的《关于全面加强和改进新时代学校美育工作的意见》中提出：美育是审美教育、情操教育、心灵教育，也是丰富想象力和培养创新意识的教育，能提升审美素养、陶冶情操、温润心灵、激发创新创造活力。以习近平总书记关于美育的重要论述作为一个完善的思想体系，以学校美育为核心，学校要从构建完善的美育课程体系、增强校园美育文化氛围、提高教师队伍审美能力和美育水平、建立健全评价机制四个方面入手，确保美育教学质量。小学教育专业学生作为承担国家未来教育发展重任的高知群体，也是培养人才基础工程的重要组成部分，是十分宝贵的人才资源。在这样的背景下，首都师范大学初等教育学院建设面向小学教育专业所有学生的"三维一体"美育课程体系，该课程体系对小学教育专业师范生树立正确的价值观和审美观念，落实立德树人任务具有重要的理论和实践意义。

从理论建设角度来看，未来世界发展需要的不仅是掌握尖端技术的智能型人才，更是理性正义的全面型人才，首都师范大学初等教育学院"面向人人，三维一体"的美育课程体系遵循理论逻辑，贯彻"五育融合"教育理念，开展科学高效的美育课程，发展美育理论和教育理论。

从实践角度来看，小学教师的专业水平以及业务能力直接关系到小学生的课程质量以及发展水平，根据《小学教师专业标准》，拥有开阔的艺术视野、健康的审美观念和较高的审美教育能力是小学教师的基本素养，也是真正落实培养学生全面发展的重要保证。在这方面，师范院校的美育课程建设将起着非常重要的作用。首都师范大学小学教育专业培养目标不仅要求学生具有全面、广泛的知识和技能，还十分关注学生个人的修养，对促进学生的全面发展具有实践意义。

综上，首都师范大学初等教育学院贯彻国家美育政策，落实全面育人和立德树人根本任务,将课程美育、活动美育和环境美育三个维度融合,搭建"面向人人,三维一体"的美育课程体系,旨在加强未来教师队伍的美育素养,提升学生适应新时代发展需求的能力,为其成为一名卓越的小学教师奠定基础。

二、举措与成效

学校教育是对学生进行系统审美教育的关键所在,更是学生最直接、最全面、最有效接受审美教育的重要场所。首都师范大学初等教育学院以小学教师教育培育为特色,具有扎实的美育教育传统,形成了"面向人人,三维一体"的小学教育美育课程体系(如图1-20)。该美育课程体系全面贯彻国务院办公厅《新时代学校美育工作的意见》等美育政策,将美育融入课程、活动和环境,充分发挥课程、活动和环境的美育功能。

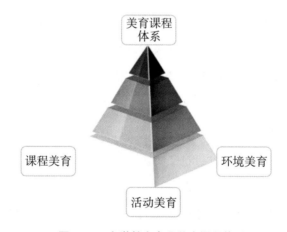

图1-20 小学教育专业美育课程体系

首都师范大学小学教育专业人才培养方案培养目标中明确指出,要培养能够"全面育人",具有"综合素养"的小学教师。同时小学教育专业毕业要求指向培养具有"高尚审美情趣"和"艺术表现力"的新时期卓越小学教师。为实现学生美育素养的培养,首都师范大学初等教育学院开设系统美育课程,尤其是通过有步骤、有计划地开设文学、音乐、书法、美术等艺术鉴赏课程,在学生中普及美学知识,传授审美体验。学院通过组织学生开展多种多样的校园文化活动,为学生搭建丰富的审美实践活动载体,创造情感交流与互动的环境,引导学生养成健康的审美情感,提高审美的创造能力。初教院借助学院特有的传统底蕴、文化和"不忘初心"的人文环境,潜移默化地影响学生养成积极向上、宽容大度的人格特质,促进学生成为一个具有高尚道德情操的人。除此之外,首都师范大学美育中心也为学生美育素养的提升提供支持。下面将从课程美育、活动美育及环境美育三个维度详细介绍学院美育课程体系的建设和实施。

(一)美育课程体系建设与实施——课程美育

首都师范大学小学教育专业课程设置包括思想政治理论教育课程、通识教育课程、儿童研究课程、专业方向课程以及实践与研究课程,围绕专业培养目标,初等教育学院设计了面向全体小学教育专业的美育课程群。课程群包括美育通识课程群和学科方向美育课程群,每个大课程群中都融入了文学、音乐、书法、美术等学科,内含文学和美学的基础理论、艺术理论、文学艺术史和其他相关的文学艺术常识。该课程群可以使学生通过基础理论知识学习,能够了解文学、艺术中的美的原则和各类审美范畴,让学生懂得美的存在形态以及人类审美活动的过程。

1.小学教育专业美育通识课程群

小学教育专业美育通识课程群面向小学教育专业所有学生,具体包括通识教育课程、儿童研究课程以及艺术实践。

表 1-11 小学教育专业美育通识课程群课程表

课程设置	模块	课程名称
通识教育课程	通识选修课程	"艺术修养和审美体验"模块
儿童教育课程	专业发展课程	教师书法 教师语言
	儿童教育拓展课程	美学概论 儿童美感陶养 教育戏剧与小学教育 朗诵艺术 绘画基础 音乐与文化 20 世纪中国影视歌曲赏析 20 世纪中国通俗歌曲发展脉络 零基础学音乐 古筝 1 古筝 2
实践与研究课程	艺术实践	

通识教育课程分设了六个模块,其中特别设置了"艺术修养与审美体验"模块,并要求学生应修读本模块中不少于 2 学分的课程。

儿童研究课程类别中美育课程非常丰富,包括但不限于儿童美感陶养、美学概论、朗诵艺术、绘画基础、教师书法、教育戏剧与小学教育、零基础学音乐、古筝、音乐与文化、儿童文学作品赏析、英语歌曲与表演、摄影基础、动画制作等,这一模块面向小学教育专业所有学生,为学生提供美育课程平台,发展学生美育素养。

面向非艺术类学生的艺术实践要求师范生需要在校期间获得"艺术实践(必修)"2 学分,可以通过参与普及型或进阶型的艺术实践获得本课程学分。学院力求师范生通过参加艺术类社团的学习实践,充分传承和弘扬中华优秀传统文化、革命文化、社会主义先进文化,推动并鼓励文化艺术形式的创造性转化和创新性发展,营造向真、向善、向美、向上的校园文化,培养德智体美劳全面发展的社会主义建设者和接班人。

2.小学教育专业学科方向美育课程群

小学教育专业学科方向美育课程群根据小学教育专业学生学习的具体学科方向，针对不同学科教师所需的学科美育素养，有特色地开展美育课程。具体包括语文、数学、信息技术、德育等主教学科美育课程群和音乐、美术、书法等兼教学科美育课程群，具体课程如表1-12所示。

表1-12　小学专业分方向美育课程表单

课程群类型		课程名称
主教学科专业方向美育课程群		儿童戏剧创作与表演
		影视文学
		唐诗宋词鉴赏
		儿童文学作品赏析与教学
		英语歌曲与表演
		电子制作
		科技模型制作与训练
		动画制作
		教育专业摄影
		教育经典选读
		经典影视作品与道德生活
跨学科兼教美育课程群	小学美术	素描与速写
		简笔画3
		小学美术课程与教学
		色彩
	小学书法	篆书隶书与篆刻实践
		行书草书实践
		楷书实践
	小学音乐	钢琴兼教
		声乐兼教
		舞蹈兼教

语文方向美育课程包括儿童戏剧创作与表演、影视文学、唐诗宋词鉴赏、儿童文学作品赏析与教学。英文方向美育课程英语歌曲与表演等，信息技术方向的电子制作、科技模型制作与训练、动画制作、教育专业摄影等，德育方向的教育经典选读及经典影视作品与道德生活等。

兼教方向课程属于跨学科选修类课程,面向全体学生,每个学生须选择一个非主教方向的课程模块修读。为学生开设跨学科方向美育课程群(兼教学科):小学美术、小学书法、小学音乐。小学美术课程群包括:素描与速写、简笔画3、小学美术课程与教学、色彩;小学书法课程群包括:篆书隶书与篆刻实践、行书草书实践、楷书实践1、楷书实践2;小学音乐包括:钢琴1、钢琴2、声乐1、声乐2、舞蹈1、舞蹈2、小学音乐课程与教学。

小学教育专业美育素养毕业要求指向培养具有"高尚审美情趣"和"艺术表现力"的新时期卓越小学教师。毕业能力指标涵盖师德规范、教育情怀、知识整合、教学能力、技术融合、班级指导、综合育人、自主学习、国际视野、反思研究以及交流合作等11项。

首都师范大学初等教育学院美育课程群在政策指导下,结合学校特点和学生发展的需要,围绕专业培养目标和毕业指标点要求,分别制定各美育课程的学习目标和对应具体毕业指标点(如表1–13、表1–14),力图循序渐进,培养能力全面的卓越教师。

表1–13 小学教育专业美育通识课程群课程目标及毕业指标点

课程名称	课程目标	毕业指标点
教师书法	1.学生通过学习掌握相关的硬笔书法基础知识,以及简单的观察方式与书写方式 2.学生通过对经典范本的临写练习,能够积累一定的书写能力 3.学生通过不断的学习与实践,能够独立自主地进行硬笔书法的创作	师德规范(1–3) 教育情怀(2–2) 知识整合(3–2) 教学能力(4–1) 技术融合(5–2) 班级指导(6–1) 综合育人(7–2) 自主学习(8–1) 国际视野(9–3) 反思研究(10–1) 交流合作(11–2)
教师语言	1.教育师范生热爱祖国语言,认真学习、积极贯彻国家语言文字工作的方针政策,增强语言规范意识	师德规范(1–3;1–4) 教育情怀(2–3;2–4) 班级指导(6–3)

续表

课程名称	课程目标	毕业指标点
	2. 掌握科学的发声方法和发声技能，语音响亮、圆润,语流持续,顺畅 3. 掌握一般口语交际技能，说话清晰、流畅、得体,有一定应变能力,语态自然大方 4. 初步掌握教育、教学口语的基本技能。能够根据不同的教育、教学情境的需要,调控声音的高低强弱,掌握语气、语调、顿连、重音、节奏等口语修辞技巧,口语表达做到科学、严谨、简明、生动,具有启发性和感染力	综合育人(7-2) 自主学习(8-1)
儿童美感陶养	1. 知识目标：初步掌握儿童美感陶养的基本知识、主要理论、研究范畴、发展趋势,特别是要掌握当前儿童美感陶养涉及的主要方面,能够掌握儿童美感陶养的理论知识 2. 专业能力目标:提高对儿童美感陶养的理论认识,形成和掌握从事相关教育工作所必需的基本能力 3. 具体技能目标:掌握儿童美感陶养活动开展的方法,能够拟定相关的方案,并且能够实际开展	知识整合(3-1;3-2) 教学能力(4-3;4-4) 班级指导(6-2) 综合育人(7-1;7-3)
朗诵艺术	1. 教育师范生热爱祖国语言,认真学习、积极贯彻国家语言文字工作的方针政策,增强语言规范意识;强化为师者的基本素养 2. 掌握科学的发声方法和发声技能，语音响亮、圆润,语流持续,顺畅 3. 掌握一般口语交际技能，说话清晰、流畅、得体,有一定应变能力,语态自然大方 4. 初步掌握教育、教学口语的基本技能。能够根据不同的教育、教学情境的需要,调控声音的高低强弱,掌握语气、语调、顿连、重音、节奏等口语修辞技巧,口语表达做到科学、严谨、简明、生动,具有启发性和感染力 5. 对文本进行正确解读分析,根据情感基调配乐和制作 PPT 等背景	教育情怀(2-4) 知识整合(3-1) 教学能力(4-3) 自主学习(8-1) 反思研究(10-2)

续表

课程名称	课程目标	毕业指标点
音乐 与文化	通过"音乐与文化"的学习,学生应能较系统、较全面地把握音乐文化的基本原理、原则,把握音乐文化发展和客观规律,树立正确的创作思想,进而树立起正确的音乐文化观、价值观、人生观和世界观	教育情怀(2-2) 教学能力(4-1) 技术融合(5-2) 综合育人(7-2) 反思研究(10-1)
20世纪中国影视歌曲赏析	通过"20世纪中国影视歌曲赏析"的学习,使学生了解各个历史时期的影视歌曲,实际上是某一时期文化特征在影视作品中的具体反映,所代表的是歌曲化的文化,或者说是音乐艺术化的文化内容	教育情怀(2-2) 教学能力(4-1) 技术融合(5-2) 综合育人(7-2) 反思研究(10-1) 交流合作(11-2
20世纪中国通俗歌曲发展脉络	通过"20世纪中国通俗歌曲的发展脉络"的学习,使学生了解各个历史时期通俗歌曲的文化特征是特定历史时期内容在歌曲中的具体反映,尤其是通俗歌曲唱法的多样性,使得歌曲的表现形式和内容得到了不同年龄阶段听众的喜爱	教育情怀(2-2) 教学能力(4-1) 技术融合(5-2) 综合育人(7-2) 反思研究(10-1) 交流合作(11-2)
古筝	1.知识目标:使学生了解科学、正确的音乐基础知识和音乐美学概念 2.能力目标:学生应该掌握正确的古筝演奏姿势,养成良好的视谱习惯,进一步学习左、右手的演奏技法,熟悉五大地方流派的曲目 3.情感态度目标:使学生能够倾听和分辨自己的演奏,鉴赏和分析他人的演奏,有较好的音乐表现能力,进一步提高传统音乐的素养,期末能演奏中级程度的古筝独奏乐曲及合奏乐曲	教育情怀(2-2) 教学能力(4-1) 技术融合(5-2) 综合育人(7-2) 反思研究(10-1) 交流合作(11-2)

表 1-14　小学教育专业分方向美育课程群课程目标及毕业指标点

课程名称	课程目标	毕业指标点
儿童戏剧创作与表演	1.培养学生对儿童戏剧的兴趣,使学生深刻了解儿童戏剧对儿童发展的多元意义,加强其对儿童戏剧在小学教育中重要性的认识 2.使学生了解儿童戏剧的特征,掌握儿童戏剧的基本理论以及创编和排演的方法 3.重点培养学生欣赏、编创和排演儿童剧的能力,并具备指导小学生排演儿童戏剧的能力	教育情怀(2-2) 知识整合(3-1;3-5) 教学能力(4-1) 交流合作(11-1)
影视文学	1.了解一些有关影视的基本知识和基本理论 2.了解并掌握影视艺术鉴赏的角度和方法 3.观摩一些中外经典影片,理论联系实际,学习撰写电影评论 4.使学生对于优秀影视作品的分析、鉴赏与批评有较为基础和全面的了解和掌握,从而提高分析鉴赏影视作品的能力和艺术审美力	知识整合(3-2) 自主学习(8-1) 反思研究(10-2)
唐诗宋词鉴赏	1.增加学生古诗词阅读量 2.提高学生古典诗词的鉴赏能力 3.拓展学生唐宋历史文化的知识视野	知识整合(3-5) 教学能力(4-3) 技术融合(5-7)
儿童文学作品赏析与教学	1.培养分析和鉴赏儿童文学作品的基本方法;提升学生欣赏、评价儿童文学作品的能力 2.加强学生对儿童文学在小学语文教学中重要性的认识,熟悉、掌握小学语文教材中的儿童文学作品 3.培养学生具备儿童文学的教学能力	知识整合(3-2) 教学能力(4-1) 技术融合(5-2) 自主学习(8-1)
英语歌曲与表演	1.认识到小学英语教学中歌曲歌谣与英语剧的重要地位和作用;尝试将儿歌与戏剧的元素融入小学英语教学实践中 2.学会至少 15 首经典英文儿歌童谣的表演唱;创编 1 首英文儿歌并做课堂教学展示;能够结合小学英语教材,整合多媒体资源,设计将儿歌与教学内容结合的教学活动;能够在小组中合作呈现一场英语剧的表演;初步具备说、唱、编、演的综合设计与教学能力 3.能够从儿童英语学习的特点出发设计歌曲表演融合的教学活动;具有跨学科意识;具有团队合作精神;能够对他人的教学设计和展示做出客观评价	知识整合(3-2) 教学能力(4-1) 综合育人(7-1) 交流合作(11-2)

续表

课程名称	课程目标	毕业指标点
动画制作	1.通过对本课程专业理论的学习和专业软件的操作实践,使学生牢固掌握三维动画制作方面的专业技术 2.能够根据设计主题对动画实现过程进行解剖和分析,具有初步的三维动画设计制作能力 3.能够熟练使用3DMAX软件实现动画的制作与修善	技术融合(5-2) 自主学习(8-2) 反思研究(10-1) 交流合作(11-2)
教育专业摄影	1.了解新闻纪实、专题摄影产生发展的历史文化背景知识 2.掌握新闻纪实、专题摄影、宣传摄影、人像摄影、舞台摄影、静物摄影等相关的基本概念、基本理论和基本评价标准 3.掌握专题摄影表达的形式语言和基本结构规律,正确分析、评价专题摄影作品,提升认知水平和价值判断能力 4.掌握影棚摄影相关理论知识,包括影棚布光的基本原则、规律,影调、光质、色调控制方法,深化对摄影用光的理解 5.初步掌握人像摆姿艺术造型的基本规律,掌握与人像模特沟通技巧,并能灵活应用于摄影实践中 6.熟练运用虚拟影棚软件系统,辅助影棚人像摄影的预习、复习、创新实践方案的设计 7.掌握影棚设备操作技能技巧,独立完成基本布光方案设计、实施;初步形成对光影、色彩的感知能力,对模特典型瞬间的捕捉能力,并能创作具有一定审美值的影棚人像作品 8.能将影棚人像等专业理论知识、技能技巧和所形成的视觉素养,拓展延伸到其他如环境人像、舞台摄影等实践领域中,提高摄影综合实践的能力和质量 9.能合理选择摄影专题,独立完成专题摄影作品拍摄和后期编辑制作 10.通过线上线下混合的教学方法,培养自主学习、发现问题、独立思考、自主探究的习惯。促进课堂教学的深度交流讨论,使问题探究更加深入,富有实效	知识整合(3-1;3-2) 教学能力(4-1) 综合育人(7-3)

续表

课程名称	课程目标	毕业指标点
教育经典选读	1.希望学生能够广泛阅读教育类书籍,提升内在修养,为培养其教师专业的内在素养打下基础 2.加深其对教育事业的认同和担当 3.为学生今后的论文写作与教育实践提供理论指导	师德规范(1-3) 教育情怀(2-2) 知识整合(3-1) 教学能力(4-4) 技术融合(5-1) 班级指导(6-2) 综合育人(7-2) 自主学习(8-3) 国际视野(9-1) 反思研究(10-1) 交流合作(11-2)
素描与速写	1.能够解决基本的素描造型问题,并且可以独立完成写生作业 2.在对造型深入理解的基础上逐步提高表达能力,鼓励学生强化和完善造型能力 3.在建立主动造型意识的同时,注重画面的艺术表现性和作品的完整性,为将来进行美术教育所需提供最大的可能性 4.简练准确的线条归纳概括物象	师德规范(1-4) 教育情怀(2-1) 知识整合(3-1) 技术融合(5-1) 综合育人(7-2) 自主学习(8-1) 反思研究(10-2)
简笔画	1.学生通过对绘画规律的学习,以及绘画实践的练习,能够积累一定的美术素养。通过中国传统绘画的借鉴,转换强化学生的"文化自信" 2.学生通过学校掌握相关的绘画基础知识,以及简单的观察方式与绘画方式。强化造型理念、组织画面能力,简练准确的线条归纳概括物象 3.学生通过不断的学习与实践,能够独立自主地绘制故事性情节作品,简单地表达内心感受	教育情怀(2-1;2-4) 知识整合(3-1;3-3) 教学能力(4-1;4-4) 技术融合(5-1;5-3) 班级指导(6-2) 综合育人(7-1;7-2;7-3) 自主学习(8-1) 国际视野(9-1;9-2) 反思研究(10-1) 交流合作(11-2;11-3)

续表

课程名称	课程目标	毕业指标点
色彩	1.培养学生认识色彩的基本原理 2.培养学生掌握色彩造型的基本方法 3.提高学生的色彩艺术修养	师德规范(1-4) 知识整合(3-1) 自主学习(8-1) 反思研究(10-2) 交流合作(11-2)
篆书隶书与篆刻实践	通过本课程的学习,使学生了解篆书隶书和篆刻基础知识,掌握篆书隶书书写技能以及篆刻的基本技能	学科素养 教学能力 综合育人
行书草书实践	1.知识:行草书的笔法、结构、章法、临摹与创作的技法要领 2.能力:行草书的笔法、结构、章法、临摹与创作的实践能力 3.情感与态度:养成良好书写习惯,热爱行草书艺术,增强文化自信	学科素养 教学能力 综合育人
楷书实践	1.学生在大量的读帖、临帖和书法理论的学习中,提升楷书技能 2.学生学会楷书教学的一般技能,会指导学生在笔法、单字结构、常用章法 3.学生理解楷书的一笔一画,自有清刚雅正之气,激昂顿挫,斐然可观	师德规范 教育情怀 教学能力 综合育人 自主学习
钢琴兼教	1.音阶、琶音练习必要性的认识与掌握 2.节奏与音符时值的学习与掌握,具备较好的节奏视奏水平与稳定性 3.掌握钢琴演奏的基本方法与演奏技巧,能够演奏一定程度的乐曲 4.在钢琴曲目的学习和练习过程中,对钢琴发展与演变过程的基本知识有进一步认知和掌握 5.认知和学习钢琴音乐表演与钢琴音乐审美、钢琴音乐文化中的情感表达,培养良好的审美情趣与审美能力,养成良好的音乐学习习惯 6.通过理论与实践共进的学思结合方式,如复调作品、合奏的练习,拓展学生的音乐思维与协调能力,提高与他人的合作能力 7.认知和学习音乐制作软件的基础操作与功能 8.学习音乐通用的乐理和声知识	师德规范(1-4) 知识整合(3-1;3-2) 教学能力(4-1;4-4) 技术融合(5-1) 综合育人(7-3) 自主学习(8-1) 国际视野(9-2) 交流合作(11-2)

课程名称	课程目标	毕业指标点
声乐兼教	1.本课程要求学生掌握科学的发声方法,使学生掌握音乐教育的基本理论以及和声学、曲式学的基础知识,具备较好的音乐教育素养和较好的分析、理解作品内容、风格的能力 2.根据学生的演唱情况,分析其存在的问题,因人而异、因材施教,制定出相应的教学计划,注重基本功的训练,有步骤地解决所存在的问题,循序渐进,严格规范。针对不同学生的不同程度,安排相应的演唱曲目。在解决发声技巧的同时还要注重对学生自信心的培养。另外通过经常举办音乐会等,给他们创造实践的机会,以使他们把课堂上学到的知识很好地运用到舞台上去 3.学生除了掌握科学的发声方法之外,还应掌握乐理、视唱练耳的基本知识,具备较好的视唱、视奏和听辨能力;使学生掌握基本的指挥技能,具备一定的指导排练合唱能力;使学生掌握音乐教育的基本原理和教学规律,胜任讲授中、高等音乐教育研究和社会文艺团体的独唱、重唱及合唱等工作	教育情怀(2-2) 教学能力(4-1) 技术融合(5-2) 综合育人(7-2) 反思研究(10-1)
舞蹈兼教	1.改善学习者的气质体态,增强其身体表现能力和示范能力 2.掌握课程内教学内容,积累舞蹈素材 3.感受舞蹈的艺术魅力,了解其文化内涵,从而获得艺术素养上的提高 4.通过实践练习加强对自我身体的认知与控制,感受人与艺术相融合的内在生命力	教育情怀(2-1) 教学能力(4-1) 综合育人(7-1)

可以看出,在美育课程群中,各个课程的目标虽具有各种侧重点,但始终围绕随着整体培养目标。另外,每门美育课程的目标均有明确对应的能力指标点,最终指向成为具有未来教育家潜质的创新型小学教育人才。

首都师范大学初等教育学院美育课程有序且有效展开,各美育课程对教学大纲、教学记录、过程性材料以及成绩分析均有认真收集整理。整体来看,学生在音乐、书法、儿童美感等课程均有收获和进步,效果较好,教学有效。

(二)美育课程体系建设与实施——活动美育

美育课程体系的第二维度为活动美育。活动美育是以各种活动为平台开展美育。在活动中学生能够感受现实审美生活,一方面可以使其在感性认识的基础上验证已经学习掌握的美育知识和理论,有利于强化审美理论教育成果。另一方面可以在实践体验中获得新的感受,使个体的审美需要得到满足和提高,促进了学生身心的协调发展。为更好地落实美育课程体系的建设,初等教育学院组织学生开展多种多样的校园文化活动,为学生搭建丰富的审美实践活动载体,创造情感交流与互动的环境,引导学生养成健康的审美情感,提高审美的创造能力。

1.国家重大政治活动中的美育

初等教育学院多次组织学生参与国家重大政治活动,将党史、团史、校史有机融合,强化美育树人工作。充分弘扬以美育人、以美化人,切实提升学生感受美、表现美、鉴赏美、创造美的能力。

2019 年 5 月 15 日,亚洲文明对话大会重要活动之一亚洲文化嘉年华在鸟巢举行,初等教育学院近 300 名学生参与了主席台正下方的群众演员方阵,表演了《我们的亚细亚》《火之激情》《风与花的边界》《亚洲风情》《远方的客人请你留下来》《光耀亚洲》节目。该活动在中央电视台实时播出,引起社会广泛关注。

2019 年 10 月 1 日,初等教育学院的 89 名师生参与了庆祝中华人民共和国成立 70 周年纪念活动,是我校参与项目最多、参与人数最多的院系之一,学生发扬了螺丝钉精神,用良好的精神状态,高标准、高质量地完成了游行演出任务。

图 1-21   初等教育学院亚洲嘉年华群众演员方阵代表学子

2021 年 7 月 1 日,初等教育学院名 111 名学子用靓丽的身影、精彩的表演和优质的服务,积极参与到庆祝中国共产党成立 100 周年大会和庆祝中国共产党成立 100 周年文艺演出任务中,为党的百年华诞献上了青春的祝福。

2022 年 2 月,初等教育学院共 54 名志愿者投身 9 个岗位的志愿服务中,以饱满的精神状态、扎实的工作作风,提供有温度、有特色、有质量的志愿服务,获得海淀团区委与市民们的高度认可,受到中央电视台、海淀青年等众多主流媒体的关注与报道。

2.社团活动中的美育

初等教育学院党政领导高度重视学院学生美育工作,把美育作为学院人才培养的一项重要内容。目前,学院组建了课程美育实践平台、童心艺术团、艺术类社团、爱心志愿者中心为主体的四大美育实践的综合平台。

图 1-22   初等教育学院美育活动

四大平台基本实现了对学院学生美育实践方面的全覆盖,其中"朗诵艺术选修"和"儿童需要与表达"作为专业课程的美育实践平台,学生参与率达到100%。七大类艺术社团共有团员400余人,参与人数占初等教育学院学生的80%,各类社团在每周固定的时间里都会进行社团活动,使成员能够做到周周有活动可参与,多种多样的活动可选择。爱心志愿者中心开展实践活动695次活动,参加人员多近千人,参与率达98%,累计服务时长长达16643服务学时,部分美育社团活动如表所示。

表1-15 美育指导教师(部分)

序号	内容	实践	指导教师	教研室
1	书法艺术	墨池书社	邹方程、周侃	美术教研室
2	朗诵艺术	《朗诵艺术》课程、音韵朗诵社	张凤霞	中文教研室
3	需要与表达	《儿童需要与表达》课程	刘慧、钟晓琳	教育教研室
4	科技	科技社	张端	综理教研室
5	文学	凯风编辑部	张平仁	中文教研室
6	戏剧	戏剧社	王冰、王蕾	中文教研室
7	国学教育	国学社	刘峻杉	教育教研室
8	传统文化、思想教育	明理学社	李宏伟	马克思主义学院
9	外国文化	英格丽社	李杨	英语教研室
10	合唱	艺术团合唱团	杜欣蔚	音乐教研室
11	瑜伽	瑜伽社	包妮娜	音乐教研室
12	舞蹈	艺术团舞蹈部	包妮娜、何碧波	音乐教研室
13	外国文化	小语种社	孟海蓉、白欣	综理教研室 英语教研室
14	化妆	美妆社	包妮娜	音乐教研室
15	民乐	艺术团民乐部	崔杨	音乐教研室

3.艺术季活动中的美育

2021年5月27日,初等教育学院协办首都师范大学第五届"美焕文心"艺术季,"红色记忆"中国经典舞台艺术作品展演是初等教育学院近百名师生共同打造的学院艺术文化名片,将中国共产党建党百年取得的辉煌成就以舞台艺术表演的形式呈现,让广大师生潜移默化接受理想信念的生动教育。

图1-23 "红色记忆"中国经典舞台艺术作品展演

演出同时邀请了首都师范大学实验小学、河北省阜平西下关小学的艺术团参演,线上线下共计 2700 余人次观看演出,展现了学院服务首都基础教育成果及"教育扶贫"中的美育成果。

4."双减"活动中的美育

推进课后服务支撑实现"双减",是中小学校教育服务改革的新发力点。初等教育学院基于现实要求,以回应基础教育实践需求为己任,为学院师范生搭建高质量的教学实践与社会实践平台,全面争取社会资源,与中小学课后服务课程需求深度对接,激发中小学"双减"工作的内生动力。

2014 年以来依托"高支附""高参小"、附校共同体和区域教育合作项目,初等教育学院与美术学院、音乐学院、书法学院、外语学院、教师教育学院等院系师生为中小学提供系列化美育课程指导和教师专题研修,开展中小学校教师的艺术素养和美育能力提升专业培训,为中小学拥有一支"留得住、教得好"的专兼职美育师资、提升教师"双减"服务实施力提供保障。此外,学生利用线上授课形式,与学校教师教育中心共同推进课后服务支持行动("与美同行""山区学校"跨校云课程),为北京、广州、河北、广东等不同省份 1000 余名学生创办内容丰富的"云课堂",大力推动美育教育,得到了小学、学生及家长的一致欢迎和好评。

表1-16 "双减"美育课后服务情况

指导教师数	参与学生数	课程名称	授课次数	班级数量	学生总数
4	20	音乐	6	9	342
3	18	美术	6	9	682
3	14	书法	6	9	328
总计	10	52		18	27	1352

首都师范大学初等教育学院美育课后服务服务学生1300余人，累计获得《中国教育报》《北京青年报》、千龙网、学习强国平台等持续追踪报道23篇，学生的教育情怀、育人能力、教学能力得到了明显的锻炼和提升。

5.支持京津冀协同发展的美育社会实践

为进一步贯彻落实京津冀协同发展国家战略，推动京津冀教育协同发展，首都师范大学初等教育学院多次组织童心艺术团师生到阜平开展美育活动，从多渠道提升阜平小学生的美育素养。初等教育学院与阜平美育共建持续8年，能够与大学生一起学习美育知识、一起美育实践已经成为孩子们最期待的事情。

图1-24 首都师范大学与河北阜平县美育共建汇报演出暨首阜童心艺术团成立仪式

2018年六一儿童节前夕，首阜童心艺术团在我校举办首场演出，阜平师生 30 多名受邀演出,演出结束后参观了我校艺术季高参小书法作品展,并到天安门广场和毛主席纪念堂进行爱国主义教育活动。绝大多数孩子是第一次来到北京,第一次在舞台上演出,活动结束后,孩子们流下了激动的泪水,活动在社会上引起强烈反响,多家新闻媒体进行了报道。

2020 年 6 月至 7 月,初等教育学院与河北省阜平县西下关小学开展了为期一个半月的美育云课堂活动,保障孩子们在新冠肺炎疫情居家期间能够进行美育教育。初等教育学院学生骨干为阜平县西下关小学 3~6 年级 12 个班级近 300 名学生开展线上美育授课。美育云课堂培养了小学生发现美、感受美、创造美的综合能力,以美育人,以美化人。

(三)美育课程体系建设与实施——环境美育

环境美育的价值在于可以在潜移默化中培养学生的审美情趣和提高学生对于环境美德的感受力,优美的校园环境可以直接使学生受到美的感染。整洁、优雅、文明的校园物质文化在学生的培养过程中起到了氛围引导的作用,会大大激发学生的求知欲和向上的生活态度,促进学生、教师的积极进取,提高学生、教师的审美能力。初等教育学院充分发挥环境美育的功能,在学院景观、教学科研条件等方面打造美育环境。

1.校内建筑与景观建设

建筑和装修本身就是一门艺术,其特点在于能够在满足使用要求的基础上,通过其巨大的空间形象,表现出特定时代和民族精神的风貌、思想情感和审美趣味。首都师范大学初等教育学院综合美育价值,在色彩搭配、材料材质选择、展出内容等方面精心设计,在教学楼分层设计展览栏,包括大厅导览牌、教研室及教师介绍、学院发展历史等,学生及教师走在教学楼里,被美的元素包围,受到环境的熏陶,从而提高审美感知力和欣赏力。

图 1-25　初等教育学院环境美育部分展示

2.教学手段和科研条件建设

随着科技的飞速发展,教学手段和科研条件也在不断地产生变革,传统的教学方式和科研方法已对先进生产力迅猛发展时代的教学科研形成了制约和局限,教学手段和科研条件建设在学生的教育培养中尤显其关键作用和主导地位。首都师范大学初等教育学院环境美育除了自然环境美育,还包括物质环境美育。

学院通过校园网、电子图书馆、微格教室等数字化教学环境的建设,为广大教师和学生使用信息技术创造条件。此外,学院还借助横幅、展板、公众号、报纸、杂志、明信片、贺卡、信封等校园文化传播媒介,传播学院精神文化,促进师生交流以及学生之间情感互通。

综上，首都师范大学初等教育学院无论是景观设置，还是教学、科研条件建设，都包含着特定的情感和思想信息。优雅、先进的校园建筑与设施让学生随时随地受到美的感染，对于丰富学生的精神世界、净化心灵、陶冶情操、培养积极乐观的生活态度等具有突出的作用，收获了一定成效。

三、反思与展望

(一)优势和反思

首都师范大学初等教育学院认清美育的目标，围绕学校美育教学，开齐开足上好美育课、构建以学生发展为中心的教学模式、普及面向人人的美育实践活动、推进美育评价改革、促进高校艺术学科创新发展。以美育人非一日之功，尤需脚踏实地、久久为功。目前，学校美育已经实现从城市扩展到乡村，从单一鉴赏转为综合实践，从线下探索到线上共享，从校园走向家庭、社会等一系列巨大转变。对于广大学子来说，在专业美育教师的指导下，参加美育概述、美感陶养等课程，参与大合唱、集体舞、课本剧等实践活动，感受展览牌、走廊、校史馆等装饰，充分激发个体对历史、文化和生命的敬畏，更能进一步追寻人生的价值与境界，全面提升学生感受美、表现美、鉴赏美、创造美的能力。

总体来看，美育仍然存在亟待加强的环节，学院仍需要找准突破口和落脚点，力争在师资培养、课程教学、条件改善、活动探索等方面，提出进一步的改革举措。

(二)改进措施

第一，凸显课程的美育导向。学院要坚持加强美育类课程研究和设置，规划、建设美育类课程群,凸显小学教育专业的美育价值。学院正在加强相关调研和分析,以评价促发展,凸显课程的美育导向。如,丰富美育课程的建设,组织好艺术实践、展示等环节;适当增加美育基础课程的学分,提高毕业生后续专业发展的能力。总之,加强美育导向的课程建设,让美育课程设置为毕业要求达成服务,为学生今后的美育教学与发展服务。

第二,积极探索更加丰富的活动形式。学院要继续探索和建设丰富多彩的文化品牌工作,如大学生艺术节、师范生风采大赛、校园歌手大赛、体育文化节等,惠及每一名学生。坚持《关于全面加强和改进学校美育工作的意见》为指引,组织师范生走进小学,发挥童心艺术团作用,大力推进艺术普及教育和美育工作的展开。

第三,充分利用校园角落。学校要把校园建成一个环境优美的场所,学校应大胆创新,让校园的每一个地方都充分渗透美育文化,如设计广告招贴语,富有生命色彩的鲜花,张贴"活"起来的横幅,图文并茂、生动形象的海报、易拉宝……向学生提示正确、规范的操作,吸引更多学生抬头、驻足、凝视,让学生有美的收获、美的享受,以便其能每一天都在校园里愉快地学习、成长,陶冶情操,为培养卓越小学教师注入新活力。

(执笔人:欧璐莎)

国际视野:小学教育专业发展的提质与升维

教育要面向未来,面向世界。首都师范大学初等教育学院认真落实国家高等教育发展的政策方针,将首都师范大学的"攀登计划"落在实处,全方位构建国际化的发展格局,包括办学理念的国际化、人才素养能力的国际化、书院制国际班、国际化课程设置、教学模式的国际化、高规格国际会议、高质量的国际化学术讲座、多渠道的学生国际研学、教师队伍国际化发展、基于新技术支撑的学院国际化创新发展等领域和方面。在小学教师教育领域及时与国际先进理念对接,借鉴世界不同国家与地区的成功经验,同时借助师生的国际交流和高规格的国际会议,向世界讲述中国教育的故事,开创中国式小学教师教育的新格局。

一、背景与问题

党的二十大报告明确指出,我们应实行更加积极主动的开放战略。加强中外人文交流,以我为主、兼收并蓄。推进国际传播能力建设,讲好中国故事。加快一流大学和一流学科建设。从多个角度论述了中国全面发展,不断开放的战略格局,进一步加强文化、教育的国际交流与合作,办好国际一流大学的信心和决心。《中国教育现代化 2035》进一步提出,我们要提升一流人才培养与创新能力,分类建设一批世界一流高等学校;开创教育对外开放新格局,全面提升国际交流合作水平。从国家发展和教育进步的规划和部署,我们清楚看到,教育国际化的方向和力度。首都师范大学作为双一流建设高校,将"建设国际一流师范大学"作为我们的努力目标,并提出"攀登计划",其中重要的一项就是"大力进行国际化建设"。

初等教育学院积极响应党和国家的号召,认真落实首都师范大学的发展规划,在学院的发展中看重国际化发展,提出"国际视野、本土实际、借鉴历史、面向未来"的办学理念。国际化发展成为学院办学的首要理念。重视国际化发展基于初等教育学院深厚的历史积淀和良好的师范传统,为学院的未来发展指明了方向,拓宽了道路。国际化发展体现出一定的目的性、系统性、可操作性。包括办学理念的国际化、人才素养能力的国际化、课程设置的国际化、教学模式的国际化、资源建设的国际化、科研进步的国际化、交流合作的国际化、社会服务的国际化、学生未来发展的国际化、师资队伍建设的国际化等领域和方面。

二、举措与成效

(一)具有国际视野的办学理念

初等教育学院以小学教师教育为特色,始建于1999年。20多年来,学院坚持"面向小学、研究小学、服务小学",遵从"国际视野、本土实际、借鉴历史、面向未来"的办学理念,在传承百年师范育人经验的基础上,坚持大学与小学在课程、研究、实践领域的协同发展,持续改革与创新。首都师范大学小学教育专业是全国小学教育专业的发展旗帜,不仅有悠久的历史积淀,而且在近20年来也在专业建设的理念和实践中不负众望,敢于担当,不断创新。新时代,我们如何进一步提升专业质量,成为全体初教人思考的重大课题。

放眼世界,探索小学教育和小学教师教育的先进理念和优秀做法,成为我们进步的新的推动力。由此,我们提出以"国际视野"为主要内容的新的办学理念。

(二)培养能够胜任未来教育的国际化卓越小学教师

面向 21 世纪的国际竞争与发展,主要体现在科学技术的力量比较之中,而背后更是人才的竞争。如何才能培养出优秀的人才,归根到底是教育的问题。"百年大计,教育为本,教育大计,教师为本",为了能够培养出可以胜任时代要求和国家需要的优秀教师,成为师范教育的重要历史重任。首都师范大学初等教育学院积极响应和落实国家号召,遵循首都师范大学姓"师"的办学定位,在二级专业认证的基础上,优化升级育人目标,提出:"本专业立足首都基础教育改革与未来教育发展的需要,传承百年师范精神,培养师德优秀、热爱小学教育事业,能以儿童为本、全面育人,素养综合、能够终身发展,具有国际视野和未来教育家潜质的创新型卓越小学教育人才。"最后将人才规格定位为具有国际视野和未来教育家潜质的创新型卓越小学教育人才,这一目标具有几个核心要旨,关键一点就是眼界、格局的问题,只有宽阔的国际视野,深厚的家国情怀方能担当时代赋予的神圣职责。

这种国际视野将在未来具体的工作中落地生根,并具体化为现实中具体的素养与能力,成为具有开放心态和国际视野,积极参与国际间的学习和交流;了解国外基础教育的改革趋势与发展动态,能够对中西方不同国情和文化背景下的教育理念与实践问题进行专业思考;能够尝试借鉴国际先进教育理念和经验进行教学实践与教育研究。

(三)开创书院制国际班打开国际化办学窗口

为了能在办学机制上实现直接快速的国际化发展,2020 年初等教育学院经过认真研究和积极准备,创设"敬修书院",成为国内首家书院制小学教育专业的改革先行者。"敬修书院"实验班为首都师范大学小学教育专业的重要组成部分,传承百年师范精神,面向未来教育发展,培养热爱小学儿童、致力小学教育事业,具有研究品质、国际视野和未来教育家潜质的创新型卓越小学教育人才。毕业生将努力实现国内外学习深造,成为适应未来教育发展的创新型卓越小学教师。2021年,在成功创设"敬修书院"之后,学院进一步思考书院制办学的优势与趋势,并预见性判断"科技教育""小学科学教师"的未来发展和社会需要,决定在已有基础和优势上,创办"伯良书院"科学教育实验班,该实验班为首都师范大学小学教育专业的重要组成部分,传承百年师范精神,面向未来教育发展,培养热爱小学儿童、崇尚科学精神、致力于小学科学教育事业,具有良好科学素养、创新品质、国际视野和未来教育家潜质的创新型卓越小学科学教育人才。

(四)构建多维开放的生成性国际化课程体系

首都师范大学小学教育专业在课程设置上以学生培养目标为导向,以学生素养结构为依据,坚持大学与小学在课程、研究、实践领域的协同发展,持续改革与创新,构建了具有首都特色、国际化视野、儿童取向的小学教师培养体系,课程体系包括"思想政治理论""通识教育""儿童教育""主教学科方向""跨学科兼教方向""实践创新研究"六大课程模块。本专业基于小学教师培养的整体框架,打造特色鲜明的具有小学教育专业特点的课程群。以"研究课程群"强化小学教师的反思研究能力;以"国际化课程群"强化小学教师的国际化素养;以"美育课程群"强化小学教师的审美与艺术修养……借此,小学教育专业近300多门课程层级分明,结构清晰精细,类群丰富,指向明确,聚焦培养师德优秀、儿童为本、素养综合、全面育人、终身发展、国际视野的小学教师教育专业毕业生。

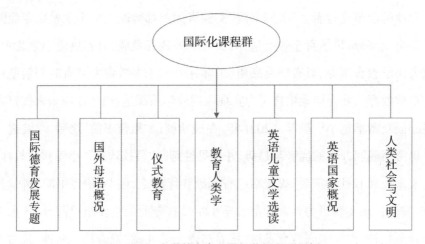

图 1-26　小学教育专业国际化课程群示例

(五)以双语教学模式为先导的教学行动创新

教学是课程得以落地的重要环节，为了更好推进首都师范大学小学教育专业国际化建设，在教学模式创新环节出现了案例研究(case study)、小型研讨课(seminar)、双语教学(bilingual teaching)、海报教学(poster teaching)、戏剧教育(drama education)、小组研讨(group discussion)、项目式学习(PBL)等国际上流行的教学方式与模式，大大丰富了常规课程的教学模式国际化。比如，在"国际德育前沿问题研究"这门课上就采用了案例研究的方式进行教学，同时采用比较教育方法(Comparative education method)拓展学生们的认知和理解。除了以上这些先进的教学方式变革之外，学院还鼓励老师进行双语教学的尝试，比如，"教育人类学"这门通识选修课，本课程的设置具有一定的国际背景，很多发达国家教师教育课程中都会设置人类学相关的课程，以探讨人的本质与人的发展问题。本课程采用欧洲现行《教育人类学》的中文译本教材，同时提供英文教学材料。由于课程的国际化特点，教师会在课程中采用中英双语进行主要概念讲解，如人类学(anthropology)、手势(ges-ture)、模仿(mimesis)、表演(performance)、仪式(ritual)等，根据学生实际条件,在相关内容上,提供英文文献导读、分析、比较学习中文相关案例等方式,控制好双语的比例平衡,有效地开展了双语教学的尝试。

(六)高规格的国际研讨会

小学教育专业在新时期未来发展的走向将会怎样,如何在已有发展的基础上进行更宽视野的拓宽、更深层理念的更新、更有效实践的开展,成为初等教育学院发展的瓶颈,在一定程度上成为我们的压力更是一种紧迫感。在立足本身发展的基础上,我们将目光投向了国际,小学教师教育国际发展的趋势是什么? 前沿是什么? 为此,我们决定发动全体教师力量,努力寻找对接世界小学教师教育先进国家和地区,发掘相关资源,最终成功举办两届小学教师教育国际会议。打开了思维和实践的局面,同时向世界讲述了中国特色的小学教师教育故事与经验。

2019 年 10 月 24 日至 25 日,以"走近·对话·共享——多元取向小学教师教育理论与实践"为主题的 2019 年小学教师教育国际会议在首都师范大学北一区国际文化大厦召开。本次会议由首都师范大学、中国教育国际交流协会教师教育国际交流分会主办,由首都师范大学初等教育学院承办,教育部小学教师培养教学指导委员会提供学术支持。会议有来自中国、澳大利亚、芬兰、法国、匈牙利、冰岛、日本、韩国、瑞士、美国 10 个国家 300 余位专家和学者参加了会议。来自 102 个不同单位(其中包括 78 所大学)的与会者齐聚一堂。会议设有三个主论坛和三个分论坛。三个主论坛分别以国际视野、中国经验、多元共享为主题。2021 年 10 月 21 日至 22 日,以"互通、互鉴、互融——面向未来优质发展"为主题的第二届小学教师教育国际会议在北京隆重召开。本次会议由首都师范大学、中国教育国际交流协会教师教育国际交流分会主办,首都师范大学初等教育学院承办,教育部小学教师培养教学指导委员会提供学术支持。会议采取线上线下相结合的方式举行,有来自中国、日本、韩国、芬兰、瑞士、法国、德国、意大利、匈牙利、美国、澳大利亚共

11个国家的1000余位专家、学者、师生参加。在国内,线上线下来自28个省(区、市)以及台湾和澳门地区的166个单位的与会者齐聚一堂。会议设有四场分论坛,分别就"面向未来的小学教师高质量发展""面向未来的小学教师培养机制创新""面向未来的小学教师与新技术的关系""面向未来的小学课程与教学高质量发展"展开讨论。

(七)高质量国际讲座

通过鼓励动员初等教育学院教师发掘已有外国教育资源,邀请国际知名学者来初等教育学院进行高水平学术讲座、国际学术周等活动,让本科生面对面学习小学教育相关学科领域国际前沿研究、聆听收看各国专家呈现的该国的小学教育教学案例,得到理论与实践的有效结合。讲座中设置的对话与交流,进一步深化了同学们的理解,同时也很好地锻炼了学生的外语实操能力,以及国际理解和跨文化交流能力。近年来,我们先后邀请了德国、法国、芬兰、冰岛、澳大利亚、美国、加拿大、日本、韩国、新加坡等国家的专家学者来初等教育学院讲学。

(八)基于专业成长的学生国际研学

经过十几年的工作准备和良好的国际关系支持,2019年,在专项资金的支持下,初等教育学院经过认真研究,确定了几个国家的研学计划,并通过学业成绩评测、综合素养鉴定、国际路费资助等方式,有主题的组织5个学生团队,近百名学生,分别赴芬兰、日本、英国、新加坡4国开展国际研学,取得了丰硕的学习成果,同学们开拓了国际视野,在小学教育专业上有了真实的国际学习交流,自身的素养和能力有了质的飞跃。

(九)教师队伍国际化发展

1.发挥具有留学背景访学经历教师的优势

近几年来伴随着首都师范大学成为双一流建设单位,提出"建设世界一流师范大学"的奋斗目标,教师队伍的国家化发展提到新的高度。初等教育学院响应学校的要求,在新教师引进上注重海外留学人才的遴选,多位老师都是从国外取得了博士学位,包括日本、韩国、德国、美国、澳大利亚等;除此之外,大力支持老师们3到6个月的国外访学,先后派出老师前往美国、澳大利亚、日本、芬兰、意大利等国,较短时期内提升了学院教师队伍的国际化水平。

2.组织老师进行国际访问交流

2019年,在积累了多年国际交流友好关系基础上,在北京市一流专业建设项目的支持下,我们有针对性地组织和支持老师们出国(境)研讨交流。共6支队伍,26人次,分别前往日本、韩国、匈牙利、芬兰、英国、新加坡等国,以及中国台湾地区研讨交流。教师根据专业背景和研究专长,前往具有小学教育深厚理论积淀和优秀实践经验的国家和地区,展开了包括学术报告、项目研讨等多种形式的交流,开拓了教师国际视野的同时,进一步提升了教师的研究素养和能力,充分体现在今后的教育教学工作和学术科研之中。

3.鼓励支持老师参加国际学术活动

第一,2021年9月,初等教育学院王蕾副教授应邀参加了国际儿童读物联盟(IBBY)第37届世界大会,并做主题演讲"中国儿童文学教育研究谫议",向来自全球的儿童文学、儿童阅读领域同行系统介绍了初教院所开创的儿童文学教育研究的学术新方向以及近10年来取得的丰硕成果与学术影响。

第二,2019年4月5日至9日,初等教育学院派出张志坤、傅添、李敏、欧璐莎一行4人赴加拿大多伦多参加由美国教育研究协会(American Education and Research Association(简称 AERA)主办的世界高规格教育年会,副院长张志坤为小组领队。会议接收 4 位老师的 3 篇论文——From"Intellectual Citizen"to"Participatory Citizen":Comparing the Civic Education Curricula between China and Australia.;Examining the Causal Effect of Education on Tobacco Use in China.;Explanations from Social and Cultural Perspectives:Why is Gifted Education Underdeveloped in China,并安排进行会议交流与展示。

第三,首都师范大学初等教育学院青年教师崔杨于 2015 年 11 月至 12 月应泰国官方邀请分别前往曼谷艺术中心、东方大学、皇家音乐学院举办了个人专场音乐会及中国音乐讲座。泰国司法部副部长、文化部副部长、清迈大学校长、东方大学校长以及阿南教授都给予了热情的接待,双方就中国音乐演奏、创作及人才培养等话题进行了诚挚的交流。

(十)新技术支持下学院国际化未来发展

基于计算机网络、人工智能、云平台等新技术的媒体支持,新时代的国际交流与合作呈现新的态势和模式,尤其是在新冠肺炎疫情的影响下,直接出国或者外国机构人员来华都受到影响, 我们及时采用了新技术进行了卓有成效的尝试和探索。

第一,2020 年 12 月 4 日上午,为落实首都师范大学初等教育学院与日本创价大学一年一度的教学交流项目,首都师范大学、日本创价大学与首都师范大学朝阳小学携手举办了线上"同课异构"国际合作新模式的实践研讨会。首都师范大学初等教育学院张志坤副院长,日本创价大学长岛明纯教授、铃木词雄教授、董芳胜副教授,首都师范大学朝阳小学李福平校长、原北京市朝阳区基础教育研究中心英语教研室沈玲娣老师、日本埼玉县埼玉市立小学根津雅子老师、日本东京三鹰市立第五小学北野明子老师,首都师范大学初等教育学院对外交流办公室杨天主任等中日双方教师参会。

第二,2022 年 1 月 15 日, 首都师范大学孔子学院管理办公室联合初等教育学院协同美国明尼苏达州孔子课堂协调办公室组织开展了"中美故事会"线上交流活动,初等教育学院敬修书院及各专业方向的 20 名师范生在线与来自美国的 20 名学生用中英双语进行了热情友好的跨文化交流与故事分享。

三、反思与展望

小学教育专业国家化发展具有很强的挑战性,在经过十几年的探索和实践之后,我们既有丰厚的收获,也面临很多问题与困难。

(一)收获与反思

1.开拓了小学教育专业发展的广阔天地

经过近些年的不断努力,我们在专业定位、发展目标、人才培养标准、课程体系、教学模式、学术研究等众多领域和方面有了更新迭代的认识,全方位地开阔了我们研究与实践的视野。

2.丰富了小学教师教育的理论与理念

我们进一步了解了小学教师综合素养的重要性,强调了教师反思能力、研究意识的提升,注重教师跨学科教育教学能力,增强教师跨文化应对能力,提升教师国际理解能力等。

3.创新了小学教师教育培养的实践模式与路径

我们认真研究国外小学教师培养的模式,出版了《面向未来培养教师——发展中的芬兰学科教师教育》等著作。为创新我国小学教师教育开辟了新的思路。

4.在国际交往中讲出了中国特色的小学教师教育故事

发现和汇聚了我国小学教师教育的一些优势与成功之处,并借助教师访学、国际交流,尤其是国际会议发出中国声音,向世界介绍小学教育专业建设、小学教师教育的中国经验。

(二)不足与改进

一是国际化发展的目标和方向还需要更加明晰。提出国际化发展最重要的问题是方向和目标的问题。我们需要立足本身,在国际化发展的同时,不断明晰方向,有的放矢。

二是与国际高级学者和研究者更好的合作。随着交流与合作的加深,我们越发需要关心的是,对接专家的研究领域的精确性、代表性,也就是在量的基础上不断提高质量,实质性提升我们教师队伍的国际化水平。

三是资金支持的力度和持续性需要加强。国际化发展需要资金强有力的支持,从外国专家聘请到学生、教师派往国外研学、访学,都面临较高额度的费用。我们要扩大思路开展资金筹措,拓展资金获得的其他途径。

四是开展进一步提升小学教师教育的高水平研究项目。力图在小学教育专业、小学教师教育等领域找到国际前沿课题,对接合适的合作研究的国际团队和结构,进行有效的项目设计和管理,经过较长时间的深入研究,取得具有一定影响力的系列研究成果。

(执笔人:张志坤、刘慧)

面向未来：小学未来教师能力培养探索

面向未来，小学未来教师更应该走在时代发展最前列，储备迎接未来政治、经济、文化对人才能力素养，为未来小学教育高质量发展奠定坚实基础。当前，未来教育和未来教师能力领域和界定都不是非常清晰，首都师范大学初等教育学院依托儿童与未来教育创新研究院，从明确研究引领、确立核心理念、设计能力体系、开设体系课程和构建体系活动五个方面提出了培养未来教师能力的举措，夯实小学未来教师能力培养。初步构建了面向未来教师能力培养方法体系、面向未来教师能力体系和课程体系，并初步形成了未来教师能力培养研究品牌和影响力。

首都师范大学小学教育专业人才培养目标中明确提出"面向未来教育发展"和培养具有"未来教育家潜质""创新型卓越"小学教师。可以看出，"未来教师能力素养"培养，是首都师范大学小学教育专业"创新型卓越"小学教师的最为重要的内涵之一。由于"未来教育"仍然是一个教育前沿中讨论且未有定论的领域，但本着立足首都的国际视野，为了培养面向未来的小学教育人才，开展面向未来教育，培养未来教师，初等教育学院积极布局，申报创办了"儿童与未来教育创新研究院"，通过"研究驱动教学改革"的基本思路，推动小学教育不断拓展和充实"未来教师能力素养"培养，完善小学教育人才培养方案，彰显了首都师范大学小学教育专业"引领性"。

一、背景与问题

（一）时代与社会发展背景

以人工智能、大数据、5G 和 VR/AR 等信息科技革命驱动的社会及经济快速发展，人们的生产生活和学习场景已经发生了重大变化，工业 4.0、数字经济和元宇宙时代的到来，数字化转型和创新已经成为经济向新的生产力水平发展的关键推动力，增设教学内容及变革教育模式以应对第四次工业革命对职业能力提升和生产力发展的要求，已迫在眉睫。然而我国大中小学教育系统主流仍然是传统教学和被动学习形式，致使当前教育系统已经不能满足高质量教育及培养未来公民和劳动力的需要，未来教育形态即将发生深刻变化，未来学校也已呼之欲出。未来学校是指"互联网+"背景下的学校结构性变革，通过相互融通的学习场景、灵活多元的学习方式和富有弹性的学校组织，形成个性化的学习支持体系，能够为学生提供私人定制化的教育[①]；是在新一轮工业革命背景下发生的学校系统性变革，是一种新形态的育人场域，通过新型态育人场域表现，以培养未来人才为核心，人工智能技术与学校教育的深度融合[②]。

教育质量尤其是童年时期的教育质量，对学生以后的学习、生活和工作具有重大影响[③]，为人生学习方式、方法和独立自主的学习能力奠定基础。因此，小学教师面向未来教育的能力培养，对于整体基础教学质量的提升具有重要的现实意义，务必高度重视小学教师面向未来教育发展的能力素养培养。

---

① 曹培杰：《未来学校的兴起、挑战及发展趋势——基于"互联网+"教育的学校结构性变革》，《中国电化教育》，2017 第 7 期。

② 罗生全、王素月：《未来学校的内涵、表现形态及其建设机制》，《中国电化教育》，2020 年第 1 期。

③ Chetty R., Friedman J.N., Hilger N. How Does Your Kindergarten Classroom Affect Your Earnings? Evidence from Project STAR National Bureau of Economic Research, 2010, 126(4).

（二）未来教师能力培养的研究机构

2020年6月，首都师范大学下发《关于成立首都师范大学儿童与未来教育创新研究院的通知》，指出：为集中力量探索引领和服务基础教育改革与发展的新途径，与教育部门和中小学进行有效衔接，以应对未来教育发展，培养面向未来的小学教师，正式成立首都师范大学儿童与未来教育创新研究院。为落实《中国教育现代化2035》，深入推进"未来学校研究与实验计划"，加快推进教育现代化、建设教育强国、办好人民满意的教育，服务儿童教育和未来教育创新，探索数字化、智能化未来学校新形态，2020年12月，教育部学校规划建设发展中心与首都师范大学共建了"儿童与未来教育创新研究院"（以下简称"研究院"）。

研究院设有学术专家指导委员会和工作委员会，原中国教育学会会长顾明远先生等近30名境内外知名专家和校长担任研究院学术指导委员会荣誉主任委员和委员，同时，围绕未来教育教师能力培养等，设计了12个研究室/中心，1个未来教育创新实训基地，建立了4个未来教育实践研究基地，并设计了"首都未来教育论坛"和"未来教育实践研究基地联盟"等品牌，现有10多名专职研究人员，主要围绕"儿童教育创新"和"未来教育创新"两大方向，强化理论研究，构建未来教育理论，引领未来教育发展；深化社会服务，推进基础教育改革，打造实践研究基地；反哺人才培养，明确基础学校需求，服务高校人才培养。

二、举措与成效

（一）小学未来教师能力培养的举措

小学未来教师能力作为一个新领域，学院从研究引领、核心理念、能力体系、课程体系、活动体系五个方面提出了培养未来教师能力的举措,以研究驱动教学,成立专门研究院,提出未来教育核心理念,明确未来教师培养方向,并进一步转化为"未来教师核心素养",设计未来教师能力体系,再通过开设系列课程和构建体系化教科研活动,从而夯实小学未来教师能力培养。

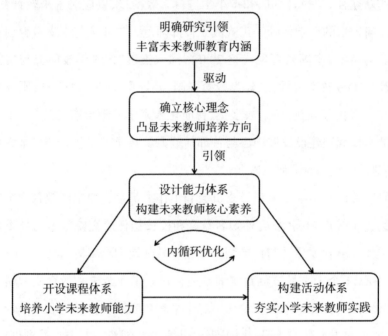

图1-27　小学未来教师培养举措

1. 明确研究引领,丰富未来教师教育内涵

(1)支持"未来教师能力素养"的学术研究

近年来,学院依托研究院围绕未来教育,开展了"未来学校""教育变革""课程与教学改革""一体化德育体系""生命教育""智能教育"等系列研究,为未来教育和未来教师能力培养奠定了坚实的基础。

(2)支持"未来教师能力素养"的学术平台——《未来教育学刊》集刊

为推动未来学校、未来教育等未来教师教学等相关理论与实践成果,初教院依托儿童与未来教育创新研究院,创办了《未来教育学刊》学术集刊,并常设 10 个基本栏目:未来教育哲学研究、未来区域教育规划研究、未来教育理论创新研究、未来儿童素养发展研究、未来教师专业发展研究、未来教育课程教学、未来教育测量评价研究、未来教育技术研究、未来学校建设研究、未来教育治理与教育现代化研究等。目前,已经收齐所有稿件,正在出版创刊号。

研究院以"未来教师能力素养"为一个重要目标,来开展有目的的约稿和征稿,为未来教师能力素养培养方案设计与实践,提供了丰富的专家资源、未来教育教学设计方案与方法、案例来源等。借助集刊稿件,我们已经在人才培养方案中的未来教育核心课程——"未来教育理论与实践""新媒体时代多元读写素养"进行了适当优化修订;同时,用于为实验实训室建设。另外,相关专家被邀请参加"未来教育理论与实践"MOOC(慕课)主讲等。如李静在《未来学校空间设计理念、方法与案例》中提出核心观点:"未来学校的空间设计包含全程策划、微环境创建、非正式学习空间、学术居住区、跨学科整合、自然教育六个理念,对应提出适应未来学习模式的六种设计方法。"目前,该空间设计方法的六个理念,都已经成为"未来教育理论与实践"课程的主要内容。

(3)支持"未来教师能力素养"的交流平台——首都未来教育论坛

为推动未来教育研究和未来教师能力培养,研究院以初教院为依托,创办了"首都未来教育论坛",目前成为首都师范大学面向基础教育领域的三大品牌论坛。在组织全国专家学者研讨的同时,也为我校师范生提供了未来教育的学术交流与素养培养。

第一,首届首都未来教育论坛。2020 年 12 月,首届论坛主题聚焦于"面向高质量教育体系,憧憬儿童与未来教育"。时任孟繁华校长指出:创新研究院的管理模式,服务基础教学改革的方式;通过推进儿童教育研究,进而促进未来教育创新,并借助教改实践转化为新时代教育新常态;凸显研究院优势,服务于"建设高质量教育体系"的战略规划。教育部学校规划建设发展中心邬国强副主任表示要从实践中吸取研究的力量,把握研究的方向。顾明远先生在寄语时提出了培养创新型人才、百年未有之大变局、面向数字化时代等三个挑战等。

第二,第二届首都未来教育论坛。2021年12月,第二届首都未来教育论坛如期举办,在研究未来教育的同时提出我们自己的认知,进而推进实践,在实践中不断地构建未来教育。未来教育刚刚起步,需要构建出具有中国特色、中国风格和中国智慧的未来教育体系。要强化改革创新,完整、准确、全面贯彻新发展理念,调整优化教育结构,改革创新育人方式。未来学校要加强绿色发展,树立绿色理念,建设绿色学校。要贯彻落实国家教育政策和首都教育发展战略,立足新发展阶段,落实新发展理念,构建新发展格局,以面向未来教育范式变革为内容,努力建成立德树人的未来教育。

2. 确立核心理念,凸显未来教师培养方向

(1)坚持基于儿童教育的未来教育研究

研究院有关未来教育研究主要围绕"儿童教育创新"和"未来教育创新"两大方向,以"面向未来的教育,首先要立足当下的教育;通过推进儿童教育创新的研究,进而促进未来教育创新;并借助教育教学改革实践,转化为新时代教育新常态"为基本理念①,指导研究院开展未来教育研究。未来教育研究是应对"互联网+"未来人工智能社会快速变化发展的重要举措,未来教育唯一不变的就是"变革",未来教育教学改革是常态,"未来教育"的研究需要转化成为当下的"常态教育"。

(2)明确未来教育是对现代教育范式的六个超越

当今世界正在经历百年未有之大变局,超越现代教育哲学本质和实践范式是世界教育变革的本质特征。②在寻求未来教育路径之际,首先要明确未来

---

① 未来教育是对现代教育的超越。现代教育的理论起点是《大教学论》,强调泛智教育"把一切的知识教给一切的人",从而形成了班级授课、分科教学、依据教材、现代学制、现代学校和现代教师六个方面,即为"现代教育"。

② 杨志成:《百年未有之大变局下的世界教育变革与中国教育机遇》,《理论动态》,2021年第5期。

教育不是时间概念、未来教育不是目标概念、未来教育不是技术概念；秉持未来教育是超越现代的范式变革，是基于本体的哲学超越；进而对未来教育进行理论分析提出未来教育的六大超越：超越班级授课走向未来课堂、超越分科教学走向未来课程、超越依据教材走向未来资源、超越现代学制走向未来学制、超越现代学校走向未来学校、超越现代教师走向未来教师。[①]明确"六个超越"，为应对互联网、人工智能、知识爆炸等一系列信息技术革命挑战，深入推进教育变革，构建高质量教育体系，努力构建引领世界教育变革的中国方案，提供核心理念。

（3）强调基于现代信息技术支撑未来教育人才培养

《义务教育课程方案》（2022年版）指出："当今世界科技进步日新月异，网络新媒体迅速普及，人们生活、学习、工作方式不断改变，儿童青少年成长环境深刻变化，人才培养面临新挑战。"为了推动教育系统变革，培养能够适应社会时代演替和生产力发展所需要的技能，世界经济论坛（World Economic Forum）2020年发布《未来学校：为第四次工业革命定义新的教育模式》的报告（以下简称《报告》），提出了"教育4.0"的全球框架，并从学习内容和学习方式等八个关键特征定义了高质量学习。推进未来教师人才培养[②]：一是，要把握第四次工业革命和教育4.0的内在联系，达成对教育4.0的共识；二是，加快技术应用的迭代更新，利用新技术构建全新、动态的未来学校形态。加强基于信息技术促进未来学校生态构建，推动未来教育人才培养，是一个最为重要的途径和内容。

3.设计能力体系，构建未来教师核心素养

（1）构建"未来教师能力素养"的体系研究

近年来，研究院从未来教育理念设计、空间设计、文化设计、课程设计、

---

① 杨志成：《未来教育的六个超越》，首都第二届未来教育论坛，2021年。

② 王永固、许家奇、丁继红：《教育4.0全球框架：未来学校教育与模式转变——世界经济论坛〈未来学校：为第四次工业革命定义新的教育模式〉之报告解读》，《远程教育杂志》，2020年第3期。

教学设计、教师专业成长和学生素养培养七大领域开展了研究,在"第二届首都未来教育论坛"上发布了《未来学校体系建设项目菜单》并在初等教育学院及中小学教育改革实践中逐步推进并落实这些项目。在此基础上,研究院进一步研究提出了"未来教师能力素养"基本框架,主要包括四个维度:未来教育理论(未来教育知识)、未来学校设计、未来课程设计和未来学习设计。每个维度又分为二级指标,具体如图所示。

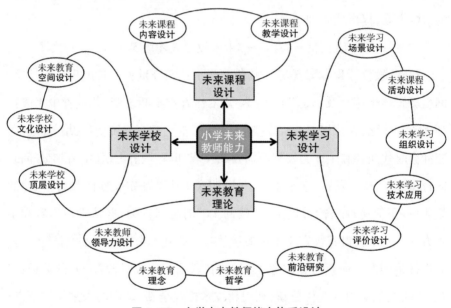

图 1-28　小学未来教师能力体系设计

(2)未来教育教师培养的基础课程内容设计

首都师范大学小学教育专业人才培养目标中明确提出"面向未来教育发展"和培养具有"未来教育家潜质""创新型卓越"小学教师。学院在人才培养方案中,通过四个维度的课程体系设计,来实现这两个"未来":一是,核心知识储备;二是,核心能力培养;三是,教育策略训练;四是,学习方式培养。

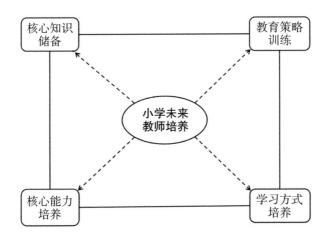

图1-29 小学未来教师培养基础课程体系四大维度设计

从上述四个维度,结合 WEF(世界经济论坛)的《未来学校:为第四次工业革命定义新的教育模式》报告,可对首都师范大学小学教育专业人才培养方案中课程体系进行优化设计和补缺补弱,构建面向未来小学教师的课程体系。其中每个维度又分为三个模块:

核心知识储备上,包括五育并举、儿童教育、科技教育等;

核心能力培养上,包括信息科技与信息技术能力、脑科学与创新创造能力、国学文化与全球公民能力;

教育策略训练上,包括掌握智慧教育策略、生命教育策略和跨学科教育策略;

学习方式培养上,包括基于问题和协作的学习、个性化和自定进度的学习、终身学习和学生自驱动的学习。

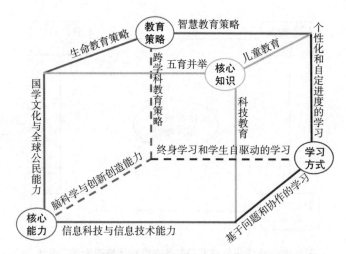

图1-30 小学教育专业面向"未来教育"的基础课程模块设计

4. 开设体系课程,培养小学未来教师能力

(1)未来教育教师培养的基础课程体系设计

在以上小学教育专业面向"未来教育"的基础课程模块设计上,初等教育学院构建了"面向未来教育"的基础课程体系,具体如下表所示。

表1-17 "面向未来教育"的基础课程体系

模块	维度	课程名称	课程号
未来教育核心课程	核心通识课程	新媒体时代多元读写素养	3300566
	核心主干课程	未来教育理论与实践	3300586
核心能力	信息科技与信息技术能力	现代教育技术与应用	3300575
		数学软件	3300274
		教育机器人活动设计	3300486
	脑科学与创新创造能力	儿童异常心理学	3300028
		儿童心理测量与评估	3300073
		创意画	3301743
	国学文化与全球公民能力	国学经典教育实践	3300185
		教育经典选读	3300836

续表

模块	维度	课程名称	课程号
		初等教育国际视野	3300096
		人类社会与文明	3300833
核心知识	儿童教育	儿童哲学	3300811
		儿童需要与表达	3300065
		儿童发展	3300092
	科技教育	科学技术史	3300458
		生活中的科学	3300480
		科技制作活动	3300459
	五育并举(部分)	情感性德育	3300837
		教育戏剧与小学教育	3300098
		朗诵艺术	3300138
		儿童美感陶养	3300696
		音乐与文化	3300939
		人工智能	3300587
学习方式	基于问题和协作的学习	小学教育研究方法	3300005
		语言与交流	3300338
		情感沟通与调节	3300858
	个性化和自定进度的学习	个别差异与教育	3300048
		数据分析基础	3300587
	终身学习和学生自驱动的学习	(在线教育与)数字化学习	3300583
		教育文献阅读与写作	3300095
		小学教师专业发展	3300087
教育方式	生命教育	多视角的生命解读	3300086
		小学生命教育教师素养与能力	3300082
		生命教育课程与教学	3300085
	智慧教育	在线教育(与数字化学习)	3300583
		信息技术:应用和影响	3300569

续表

模块	维度	课程名称	课程号
		信息化教学资源设计与制作	3300576
	跨学科教育	小学跨学科教育	3300063
		研学旅行课程设计与实施	3300852
		小学综合实践活动课程与教学	3300477
		小学语文教材中的植物	3301102

（2）未来教育教师培养的核心课程体系设计

在以上小学未来教育教师培养的基础课程体系的基础上，初等教育学院开设了两门主要聚焦"未来教育"的课程。

①未来教师教学能力素养："未来教育理论与实践"（课程号：3300586）

"未来教育理论与实践"课程，主要目标是：第一，了解未来教育的研究与发展历史，把握未来教育历史沿革；第二，理解儿童教育，并能够认识儿童、理解儿童、激发儿童；第三，掌握未来班级、课堂、课程、资源、学制和未来学校等形态，夯实未来教育基本理论及教育发展趋势；第四，应用未来教育基本理论，分析未来学校建设、课程设计和课堂教学等常见教育教学实践；第五，分析、评价和创新未来学校、课堂和未来教育形态；第六，把握未来教育技术基本特征及其发展趋势。进而保障能够达成"未来小学教师能力素养"基本要求。

表1-18   "未来教育理论与实践"教学大纲（初版）

周次	教学内容	学习要点	课堂讨论、实（验）践等其他教学环节说明
1	未来教育发展历史沿革	● 未来社会时代特征 ● 未来教育发展流派分析 ● 国际著名未来教育研究机构 ● 未来教育发展重要阶段	
2	未来教育哲学分析	● 未来教育哲学分析视角 ● 未来教育从理论到实践	从哲学视角分析未来教育本质及其发展趋势

续表

周次	教学内容	学习要点	课堂讨论、实(验)践等其他教学环节说明
3	未来教育理论探讨	●未来教育理论分析	用儿童教育理论来分析未来教育本质及其发展趋势
4		●儿童教育理论研究	
5	未来学校规划与建设	●未来学校规划设计	用未来教育理论原理等规划或改建一所学校实践操作
6		●未来学校文化建设 ●未来学校制度创新	
7	未来学习空间规划设计	●学校整体空间 ●教室空间 ●非正式学习空间	未来学习空间设计实践
8		●学术居住区 ●生态自然空间融合	
9	未来学校组织与管理变革	●未来学校班级组织 ●未来学校管理变革	未来学校组织建设
10	未来学校儿童与发展	●未来儿童社会文化背景 ●未来网络文化行为	未来学生行为分析
11		●未来儿童社会行为分析 ●未来儿童"进化"阶段	
12	未来教育教师与发展	●未来教师角色分工 ●未来教师能力素养 ●未来教师教学特点	未来教师人机协同工作
13	未来教育课程与教学	●未来教育课程设计 ●未来教育教学设计	未来课程与教学设计
14	未来教学测量与评价	●未来教学测量基本理论 ●未来教学评价维度	未来教学测评
15	未来教育技术	●人工智能与虚拟现实技术 ●元宇宙社会 ●未来社会伦理道德 ●未来教育技术支撑学习	未来教育技术基本应用
16	考试	考试等	

②未来教师多元读写素养:"新媒体时代多元读写素养"(课程号:3300566)

"新媒体时代多元读写素养"是首都师范大学2018年10门精品通识培育课之一。本门课程建设的目标是为面向新媒体时代下未来教师基本读写素养与时俱进发展而开设。具体来说原因有:一是,传统文字读写能力的衰退与电子媒介下的读写失范。二是,多元读写能力培养的必要性与素质教育的与时俱进。在当前电子媒介环境下,信息和知识的传播突破了传统教室里的"文字+纸张"的"读写"形态,人们如何正确地掌握这些数字化的媒体工具写作和应用,评判性地解读与评价这些媒体信息和新闻事件背后的真实意图、价值观念和意识形态,跨文化的交流与互动文化思想,我们把这些电子媒介环境下的意识和能力称之为"多元读写能力/多元识读能力"(multiliteracy),以示与传统的"文本读写能力"(literacy)相区别。新媒体时代多元读写素养培养体系构建,经过近几年的"多元读写能力"的教育实践,我们逐渐创建了如表所示的培养体系。

表1-19　"新媒体时代多元读写素养"教学大纲

周次	章节题目	内容	课时	课堂讨论、实(验)践等其他教学环节题目
1	新媒体时代及人的"进化"及	● 时代发展 ● 人的进化 ● 网络生态 ● 自媒体概念与特征	2	开通微博 开通微信公众号
2	云读写与云同步环境构建	● 云同步办公环境构建(浏览器) ● 云同步编辑与协同(WPS\Word) ● 云同步原理	2	同步浏览器 使用wps或坚果云
3	案例:云读写与碎片化知识管理	● 云笔记OneNote功能 ● 云笔记应用操作	2	使用云笔记收藏 手机微信内容
4	基于Web2.0的多元读写	● Web2.0应用的基本理论 ● Web2.0技术 ● 常见自媒体社交 ● 亚文化社交	2	体验和分享亚文化论坛

周次	章节题目	内容	课时	课堂讨论、实践(验)等其他教学环节题目
		● 软文 ● 自媒体创作规范		
5	结构化文本设计与制作	● 传统读写与数字化阅读困境 ● 思维导图与概念图设计 ● 思维导图与概念图应用	2	思维导图应用
6	非连续文本设计与制作	● 雷达图 ● 甘特图 ● 鱼骨图	2	鱼骨图应用
7	手机摄影与网络图像设计与制作	● 手机摄影 ● 二维码、动态二维码 ● GIF 等表情包制作 ● PPT 拍照 App：office lens	2	手机摄影图片
8	微视频制作与影视文化设计	● 微视频工具 ● 微视频设计 ● 微视频编辑 ● 影视艺术的解构 ● 蒙太奇与节奏	2	具有蒙太奇和节奏的微视频
9	在线动画制作	● 在线动画制作	2	在线动画制作
10	基于在线教学平台的多元读写	● 在线学习平台有什么功能？ ● 在线学习者应该具备什么技能？ ● 在线教师应该具备什么技能？ ● 在线教师的特质有哪些？	2	在线教师的特质有哪些？
	网红教师和教师主播怎样炼成	● 直播平台种类有哪些？ ● 有哪些功能可以支持教学？ ● 网红具备什么特征？ ● 如何在抖音中做一个网红教师？	2	如何成为一个网红教师，并在抖音上讲一次课
11	影视图像符号学解读与媒介分析	● 媒体理论分析 ● 符号学分析	2	"穿着比基尼戴京剧头盔"唱京剧的内涵
12	网络文化识读与跨文化表达	● 网络文化价值观演化 ● 影视文化价值观解析	2	用网络文化分析当下学生特征

续表

周次	章节题目	内容	课时	课堂讨论、实践(验)等其他教学环节题目
12	网络文化识读与跨文化表达	● 文化相对论与世界公民意识 ● 中国文化元素和思想精髓 ● 中西方文化跨文化交流与传播 ● 新媒体时代下的跨文化交流策略	2	解读好莱坞的中国题材电影 跨文化素养如何培养
13	网络游戏的解构	● 常见网络游戏 ● 网络游戏解密 ● 青少年网络游戏的价值 ● 网络沉迷预防及其应对 ● 教育网络游戏	2	某游戏解构
14	新闻热点事件、网络危机应对及舆论引导	● 新闻媒体热点事件特点 ● 新闻热点事件与网络舆情 ● 新闻热点事件与网络舆情传播规律 ● 新闻热点事件与网络舆情现实表现 ● 热点事件网络舆情差异化应对 ● 热点事件网络舆情处理机制 ● 网络意见领袖与舆论引导	2	如何引导校园舆论
15	信息道德规范与网络安全	● 信息道德规范解读 ● 网络知识版权规范 ● 非法网站与信息来源识别 ● 信息与隐私安全 ● 信息法律与犯罪	2	如何正确引用别人版权内容 如何保护个人隐私
16	面向未来新综合性素养	● 信息素养、媒介素养、视觉素养和跨文化	2	素养相统一的新综合素养

5. 构建体系活动,夯实小学未来教师实践

(1)发挥全国未来教育研究者力量,开展未来教师教育系列讲座活动

研究院结合初等教育学院本科生未来教师能力培养,创办了"首都未来教育论坛",针对初等教育学院本科生和其他群体,每年一届,聚焦"未来教育"邀请境内外专家分享经验,第一届主题是——面向高质量教育体系,憧憬儿童与未来教育;第二届主题——从概念走向实践,为初等教育学院未来教师能力培养引入了全国资源。在首都未来教育论坛上,研究院的专职研究

人员,围绕"未来教师能力培养",开展了系列讲座,包括:刘慧教授的"未来学校:生命教育理念",朱永海教授的"未来学校:整体设计",魏戈副教授的"未来教育:伦理准则",欧璐莎副教授的"未来教育:儿童美感陶养路径",李云文副教授的《未来教育:科技教育创新路径》,刘海涛副教授的"扎根中国,面向世界,为未来教育培养'大先生'",等等。

（2）挖掘本校未来教育教学者力量,设计未来教师教育系列实验项目

为推动"未来教师能力"培养,学院逐步开展校内外实践基地建设,包括:未来教育教室、校内未来教育实训室和校外实践研究基地建设等方面。以未来教育哲学和未来教育理论为指导,以人工智能和大数据技术等为支撑,以未来学校顶层设计的十大理念为依据,以 OECD(经济合作与发展组织)《2020 年未来学校教育图景》提供的"未来学校案例"为参照,以"未来课堂""未来教学案例建设""未来教学实训项目体系设计"为中心,采用"互联网+"和"5G+"开放建设思路,链接国内外"未来学校"示范校和高质量"未来教育资源供给方"(含教育企业等),以及"未来教育家"名师和"未来教育专家",培养未来教育理念,陶冶未来教育领导力,培养未来教学设计能力,促进未来教学实施能力,构建未来教育实训体系,如图所示。

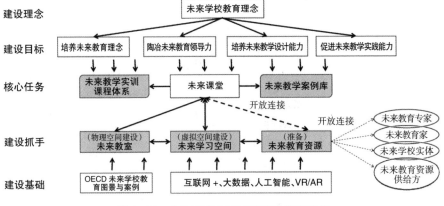

图 1-31　未来教育主要实践实验环境建设

通过鼓励和挖掘初教院教师面向未来的研究与实践，于 2021 年设计并发布了"未来学校体系设计服务菜单"，提炼了首批 13 个未来教育项目，及后续增设的 5 个项目，多数已经应用于小学未来教育实践教学改革中，如表所示，获得了较好的效果，这些实践经验反哺到初等教育学院小学教育人才培养中，包括修订教学计划，修订教学大纲，增设师范生课程，优化教学实践等。

表 1-20　"未来学校体系设计服务菜单"（第一批及新增项目）

序号	类型	项目名称	应用学校	备注
1	未来教育整体设计	整体设计	首都师范大学未来实验学校	
2	未来教育理念设计	学科生命教育理念培训项目	首都师范大学未来实验学校荆门军马场学校	反哺首都师范大学小学教育教学，开设"未来教育理论与实践"课程，并设计有"生命教育"单元内容
3	未来学校空间设计	未来学校五大空间设计项目	荆门军马场学校	反哺首都师范大学小学教育教学，开设"未来教育理论与实践"课程，并设计有"空间设计"和"文化设计"两个单元内容
4	未来学校文化设计	未来学校文化建设项目	荆门军马场学校	
5	未来学校课程设计	生命教育绘本教学校本课程实施项目	首都师范大学附属育新学校	反哺首都师范大学小学教育教学，开设"未来教育理论与实践""生命教育"课程
6		儿童友好视角下叙事课程实施项目	——	
7		儿童财经素养课程体系设计与实施项目	——	
8		科技教育一体化设计项目	绵阳科技城春蕾学校	新增

续表

序号	类型	项目名称	应用学校	备注
9		全息教育与全息课堂	首都师范大学未来实验学校	新增
10		走向深度学习的项目式学习实施项目	首都师范大学附属实验小学	反哺到实验室建设(已设计方案)中,以及"未来教育理论与实践""现代教育技术""在线教学与自主学习"等课程中
11	未来学校教学设计	"双减"背景下混合教学助力课堂教学与作业设计质量提升项目	佛山联和吴汉小学、佛山光明小学	获教育部"智慧教育示范区"优秀研究成果案例奖反哺首都师范大学小学教育教学,开设"未来教育理论与实践"课程,并设计有"混合教学"单元内容
12		基于国家智慧教育公共服务平台混合式课程的项目化学习设计	首都师范大学附属实验小学	反哺到实验室建设(已设计方案)中,以及"未来教育理论与实践""现代教育技术"等课程中
13		课后服务课程体系提质增效计划实施项目	海淀区、房山区、西城区等近百所学校	
14	未来教师专业成长	教师专业成长领读项目	首都师范大学附属新育学校小学部	
15		教师科研能力提升项目	首都师范大学附属育新学校小学部	
16	未来学生素养培养	生命教育视域下小学儿童健康行为及生活方式养成教育项目	北京市十一中集团定安里小学	反哺到"未来教育理论与实践""生命教育"等课程中

续表

序号	类型	项目名称	应用学校	备注
17		生命教育视域下的小学规则养成教育项目	首都师范大学附属顺义小学	
18		新媒体时代多元读写素养项目	荆门军马场学校	首都师范大学小学教育教学计划中课程，用于实践检验

（3）激发一线未来教育实践者力量，建设未来教师教育实践研究基地

为加强未来学校和未来教育等研究和一线实践经验探索，整合以初等教育学院为主体的首都师范大学及校外专家等资源，扎根中国、放眼世界、面向未来，初教院开展基于新理念、新模式、新技术的前沿探索研究与实验合作，共同推动新时代基础教育和学校形态变革，未来学校形态变革探索基地，集中力量探索引领和服务基础教育改革与发展，深入开展和中小学一线进行有效对接，拓展合作空间，反哺我校和初等教育学院教师教育人才培养工作。2021 年 12 月，研究院在第二届首都未来教育论坛，确立了"从概念到实践"的主题，并以"大小协同"为工作指导思想，对首都师范大学未来实验学校、首都师范大学附属育新学校、首都师范大学实验小学、北京第十一中学等学校授予了"首都师范大学儿童与未来教育创新研究院实践研究基地"。

截至 2022 年 9 月，未来教育实践研究基地已经逐步开展了未来教育实践研究，并将研究成果和实践经验反馈给研究院研究人员，将会在下一年小学教育人才培养方案修订中体现出来。

表 1-21　未来教育实践研究基地自选和菜单中选取的未来教育改革项目

序号	未来教育研究示范基地	试点项目	负责人	职务	来源	反哺到师范生培养课程体系
1	首都师范大学未来实验学校	未来学校全方位改革创建项目	张洪松	执行校长	菜单项目	反哺到实验室建设(已设计方案)中,以及"未来教育理论与实践""现代教育技术""在线教学与自主学习""生命教育"等课程中
2	首都师范大学附属育新学校(小学部)	未来学校小学阶段课程体系建设与应用项目	付胜利	副校长	自选项目	
3	首都师范大学育新未来学校	未来学校教育数字化转型实践项目	陈国荣	校长		
3	首都师范大学实验小学	未来教育"角落课程"设计项目	马福兴	校长	自选项目	
3	首都师范大学实验小学	基于深度学习的项目化学习设计项目(智慧教育升级版)	王韬	副校长	菜单项目	
4	北京十一中集团(定安里小学部)	生命课堂融入学校德育工作应用项目	赵霞	校长	菜单项目	

在未来教师培养中,研究院安排了未来教育实践研究基地学校的校长,如首都师范大学未来实验学校张洪松和育新学校陈国荣校长等,分别围绕"未来学校先行实践"专题作了题为"未来学校:全息育人实践"和"未来学校:科技赋能实践"专题发言,分享了未来实验学校建设历程和未来教育实践改革路径等,为初等教育学院本科生做了最为生动的未来教育实践诠释。

(4)多方力量汇聚,支持小学未来教师教育教学改革

借助全国未来教育研究者、校内未来教育教学者和一线未来教育实践者的力量,多方汇聚到首都师范大学小学教育专业人才培养中,通过专家讲座、一线校长讲座,以及在一线实践中探索的实践项目,经过实践修正后,再反哺到高校中,融入日常的课程教育教学中,从而培养面向未来教师能力。

（二）小学未来教师能力培养的成效

1. 初步构建了面向未来教师能力培养方法体系

在未来教育改革实践中，面对"未来教育"的不确定性，初教院逐步探索了有效的未来教师能力培养体系：以研究机构为人才培养抓手，以《未来教育学刊》集刊为学术平台，以"首都未来教育论坛"为交流平台，以研究驱动教学改革为基本方法，以核心理念为牵引，以基础课程体系为保障，以核心课程为重点，以活动与实践体系为突破口，初步构建了一套面向未来教师能力培养的方法体系。

2. 初步较为体系化地开展了未来教师能力体系研究与一线未来教育实践

在未来教师能力素养培养方面，初教院坚持"研究驱动、实践检验"的人才培养逻辑，通过学术研究、交流等多种平台，开展了系列研究；并强调在实践一线探索未来教育及未来教师能力体系，设计了实践研究基地，开展未来教育项目，通过未来实验学校校长讲座，和未来教育项目迁移到本科生人才培养中，从而实现未来教师能力素养培养。

3. 初步构建了面向未来教师能力体系和课程体系

通过国内外相关报告和文献研究，集聚校内外专家和一线教师等智慧，构建了未来教师能力体系，同时，初步培养了本科生面向未来的教育教学理念，构建了系列基础课程体系，并且重点开发了面向未来教育的核心课程。近年来，初等教育学院学生在面向未来的教师能力素养方面有明显提升，获得了较为丰硕的成果，不完全统计学生获得成果如表所示。

表 1-22　小学教育师范生面向未来教育的学习成果

序号	获奖时间	活动主办单位	获奖名称	获奖级别	获奖人	指导老师
1	2022	教育部"智慧教育示范区"创建秘书处	"双减"背景下混合教学助力课堂教学与作业设计质量提升项目	优秀研究成果案例奖	徐莹莹	朱永海
2	2022	工业和信息化部人才交流中心、蓝桥杯大赛组委会	第十三届蓝桥杯全国软件和信息技术专业人才大赛北京赛区	单片机设计与开发大学组二等奖	张宇森	律原
3	2022	中国科学技术协会	"桃蹊"学业辅导工作室	学风涵养工作室	刘婧媛	
4	2021	中国人工智能学会、中国教育机器人大赛组委会	第十届中国教育机器人大赛	二等奖	崔婧、杨洁谊、周欣月	律原、张妍
5	2019	中央电教馆	全国教育教学信息化交流展示活动	三等奖	龚雨秋	朱永海
6	2019	全球华人探究学习创新应用大会	《西游记》主题探究活动设计	一等奖	朱莎、马飘、王哲、常欢	李云文、朱永海
7	2019	中国高等学会高等师范教育研究会小学培养工作委员会	《认识厘米》微课、《圆的认识》微课、《探索规律》微课	一等奖	朱莎、常欢、钟晓静	朱永海、程小红
8	2019	西南大学	国际 STEM 教育学术研讨会	最佳论文	杨先通、宋欣、侯兰、高爽	王强

4.初步形成了未来教师能力培养研究品牌和影响力

目前,初等教育学院依托研究院初步形成了未来教育实验研究基地和实践研究联盟(近十所加盟校和基地校)、首都未来教育论坛(和首都基础教育论坛、首都学前教育论坛等共同形成首都师范大学面向首都和全国基础教育的品牌会议,近年来会议规模人数都在 1 万以上)、《未来教育学刊》集刊等;发布"未来学校实验项目体系设计"等。

三、反思与展望

学院在小学未来教师能力培养方面取得了一定的成绩，但是也存在一些问题，需要在初等教育学院今后人才培养中，进一步优化和提升，主要包括以下四点：

(一)进一步加强面向未来的实验实训环境建设

目前，学院已经成功申报了"未来教育校内实训基地"建设项目，也提交了"全息教室""未来学校设计实验室"等项目，相关工作正在向前推进。还需要进一步加大力度推进未来教育平台与"智能+教学"的力度，重点聚焦"智能+"教学环境建设。

(二)进一步在人才培养方案中完善未来教师培养课程体系建设

目前，未来教师能力培养课程体系还不够全面系统，深度和未来指向性仍需要加强，核心主干课程需要加强建设。面向未来教师的信息技术能力模块、人工智能助力双师协同教学等方面仍需要加强。

(三)进一步由研究层面推进到学生能力转化层面

在未来教师实验实践环境和课程体系优化基础上，进一步将课程设计转化为学生能力体系，并开展丰富的未来教师面向未来教育的设计活动，积极增强由未来教师教育研究转化为学生掌握的未来教师能力。

(四)进一步加强面向未来教育研究力度

进一步夯实面向未来教育发展的未来教育家潜质的小学教育人才培

养,奠定坚实的基础。重点从以下两个方向进一步思考:一是儿童与未来教育教师培养理论体系研究,二是未来教育教师创新能力体系研究(含儿童教育)。

(执笔人:朱永海、刘慧)

书院制：卓越小学教师培养的新模式探索

在 2021 年国家"十四五"规划的开局之年，首都师范大学认真学习贯彻党的教育方针，把握新发展阶段，贯彻新发展理念，以高质量人才培养为突破，依托初等教育学院，积极挖掘院史中的优秀育人资源，建立敬修书院。2022 年，为贯彻落实《全民科学素质行动规划纲要(2021—2035 年)》和教育部《关于加强小学科学教师培养的通知》精神，首都师范大学在"小学教育专业"原"科学方向"的基础上，设置"伯良书院"(科学教育实验班)，开始探索体现中国本土特色的书院制小学科学教师培养新模式。书院制卓越小学教师培养，开启了中国新时代小学教师培养的新思考、新实践、新征程，是新时代基于中国传统文化、体现中国本土特色的小学教师培养的具有开创意义的新探索。新的时代背景下，书院师生立宏志、举新措、展新颜，已经取得初步成果。

一、背景与问题

我院领导班子于 2020 年启动了小学教育专业"书院制"人才培养探索。2020 年 4 月 27 日党政联席会上，讨论卓越小学教师培养问题，商议要建立小学教育专业方向实验班；10 月 12 日党政联席会上，商议建立"孙敬修先生文院"等,计划将通州校区建设成通州书院,并列入学院"十四五发展规划"中。2021 年 3 月 29 日党政联席会上,讨论了"敬修实验班"理念、目标、招生与培养原则等基本问题,并将"敬修实验班"更名为"敬修书院";5 月 10 日党政联席会上,讨论书院的文化品牌设计启动,包括题字、院徽、班主任导师团队人选,相关材料整理等;5 月 17 日党政联席会上,讨论敬修书院的教学方案,决定班子成员带队外出调研学习,并向李小娟副校长汇报敬修书院的建设情况;6 月 6 日由刘慧院长带队,孙建龙副院长、刘婧媛副书记、中文教研室张平仁主任、教育教研室魏戈副教授等一行去华东师范大学、复旦大学考察书院制;6 月 21 日党政联席会上,明确了书院的性质、书院和学院的关系,明确实体和虚体建设思路和措施,并制定了书院建设方案;邀请孟繁华校长担任书院院长、院党委书记刘海涛担任书院执行院长,清华大学原副校长谢维和教授担任书院教授指导委员会主任、院长刘慧教授担任副主任等。

2021 年 9 月 4 日敬修书院成立暨揭牌仪式圆满举办。首届 40 名学生,均为北京生源,免费师范生。"敬修"二字的命名,取自学校校友、著名教育家孙敬修先生的名字,同时也是优秀中国传统文化的体现。"伯良书院"以"京兆女子师范学校"(首都师范大学初等教育学院前身)创办者尚伯良先生命名。敬修书院、伯良书院相继成立,是我校在新时代落实"十四五"规划,实施"攀登计划"再上新台阶的重要举措,是学校探索书院制人才培养模式,提升人才培养质量的积极探索;回应国家"高素质专业化创新型教师队伍"的要求;回应人民群众对高质量教育的迫切需求和期盼;同时回应信息时代中国小学教师教育的样态和走向。

(一)新时代的新形势与新需求,对人才培养质量提出更高要求,促进人才培养模式的优化升级

在新发展阶段,国家战略需要、社会发展需要、人民群众也需要高等教育以更高质量培养一流人才。书院制小学教师培养的探索是对国家"高素质专业化创新型教师队伍"的要求的回应,更是中国本土卓越小学教师培养模式的新探索。

(二)新时代党和国家在政策上的指引,为人才培养模式改革创新指明方向

2017 年 9 月,中央办公厅和国务院办公厅联合印发了《关于深化教育体制机制改革的意见》提出要"探索建立书院制、住宿学院制等有利于师生开展交流研究的学习生活平台"。在教育部办公厅发布的《关于 2021 年度基础学科拔尖学生培养基地建设工作的通知》中提出:深入探索书院制、导师制、学分制"三制"交叉融通的创新育人模式。探索中西贯通的现代书院制,注重"浸润""熏陶""养成""感染""培育"。

(三)首都师范大学实施"攀登计划",为学院人才培养改革提供大力支持

学校进入了一个全新的发展时期,以习近平新时代中国特色社会主义思想为指导,深入贯彻落实中央和北京市委、市政府决策部署,聚焦高水平研究型大学的办学定位,深化学校未来发展战略布局,设计实施"攀登计划"。计划中开辟"育人特区",落实立德树人根本任务,持续优化专业设置,推进书院制改革,建设一流创新人才培养体系,完善卓越教师教育人才培养模式,进一步提高公费师范生人才培养质量。

(四)纵观古今中外,探索现代书院制人才培养模式,是解决教育问题的有效途径

中国古代书院、西方书院制各有优势,如何创造性地融合中国古代书院教育精髓与西方大学住宿书院制度特色,为新时代卓越小学教师的培养服务,通过书院制探索中国本土特色、彰显中国传统的教师文化、突破固有的课程体系而建设能够培养出"大先生"的开放性育人环境和课程土壤,我们唯有在书院制小学教师培养的实践中反复论证、行动探索，寻求问题的解决之道。

二、举措与成效

坦然面对新时代带来的新背景，积极应对新问题给出的新挑战，我们不忘初心、科学规划、迅速行动，拿出了切实可行的新举措，也取得了立竿见影的新成效。

(一)理念先行，谋划书院制人才培养改革顶层设计，吸引优质生源

目标引领方向，有了目标，才有方向和动力。书院制人才培养模式探索，首先在培养目标上明确了更高的定位。传承百年师范精神，面向未来教育发展，书院的培养目标是培养热爱小学儿童、致力小学教育事业，具有研究品质、国际视野和未来教育家潜质的创新型卓越小学教育人才。与过去相比，书院人才培养树立了更高远的目标。不再以培养合格小学教育人才为目标，而以培养"未来教育家"为目标。书院的学生应以教育研究为志趣，以成为未来教育家为理想。4年后的去向主要为国内外学习深造和适应未来教育发展的创新型卓越小学教师。

把深入贯彻新发展理念作为指导原则，切实解决影响高质量发展的突出问题，真正把新发展理念转化为教育工作的机制、方法和行动，协同发力，不断探索发展路径，拓展教育发展新境界，努力办好人民满意的教育。在"创新、协调、绿色、开放、共享"的新发展理念指导下，产生了书院制的新理念、新模式，即全方位浸润式书院育人文化，课堂教学、全域实践、学术养成深度融合，社会、大学、小学各类学习资源联动共建、共享，强化自主学习、个性发展、国际化素养与学术品质。实行四年一贯制培养，全程导师制，实行退出和递补机制。

书院从组织架构、育人机制、课程体系、育人文化等方面，落实建院之初的顶层设计，并凝练了"敬业传道而行为世范，修身养正而立己达人"的书院精神。引导学生追求更高的精神境界、拥有卓越的创新与想象能力、锻造不屈的意志品质、养成良好的行为习惯、构建和谐的人际关系，即拥有一个健康、优秀的人格，努力培养基础教育界的"大先生"。

自书院制招生以来，截至 2022 年 9 月，本科生招生在全北京排名提升了1807 名，显著提升了本科生生源质量。

（二）资源汇聚，建立较为完备的组织架构、育人机制，增强教育合力

《教育部高等教育司 2020 年工作要点》中指出"要支持和引导高校开展'三制'（书院制、学分制、导师制）拔尖人才培养模式改革，完善交流研讨机制和政策协同机制"。大家掌舵，教授引领，院校两级共建，校内外资源整合，书院通过建立较为完备的组织架构和育人机制，切实完善了交流研讨机制和政策协同机制。在高效管理、学术引领、人才培养等不同方面，充分发挥各自力量，并形成合力，为人才培养构建了更广阔的平台。

书院行政组织共 6 人，由校党委书记担任书院院长，院党委书记担任书院执行院长。行政组织保障了书院的高效运转。教授指导委员会 15 人，由教育家、科学家、专业领域内的知名教授、知名校长组成，可谓大家掌舵、教授引领。以其先进的思想、深厚的学术素养、丰富的实践经验、独特的人格魅力，引领书院师生共同发展、引领书院制人才培养进行大胆的改革创新。教授指导委员会为书院建设发展指明了方向、把握了重点。

书院实验班的人才培养工作由导师组设计、管理。每个书院每届导师组约 10 人组成，成员以教授为主，大一至大四年级全程实行导师制，导师与学生采取双向选择制。书院要求导师在指导学生按照培养规划修完规定课程的同时，应指导学生主持或参与至少一项校级以上大学生科研项目，积极引导学生参与书院科研立项、各类大学生学科竞赛和各种高水平的学术活动；

每学期期末对学生发展情况进行集中交流、研讨；每月应与所指导学生进行不少于1次的沟通、交流。在实际工作中，导师与学生的沟通交流频次远远高于书院的基本要求，导师对学生思想、学习、生活及个人生涯发展等全方位起到引领和指导作用。

书院定期召开导师见面会、教授指导委员会会议，促进工作研讨和交流。会上教授们纷纷展开热烈发言和讨论，为书院发展献计献策。

（三）特色凸显，课程设置与实施为学生发展充实养料，提升综合素养

与其他传统方式培养的学生不同，敬修书院的学子刚入大学的第一年不分专业方向，大一学习阶段以"通识教育+导师专业引领"课程为主。大二学习阶段开始自主确定专业方向，根据个人兴趣与发展志向，在小学教育专业6个专业方向中选择其一，进入"儿童教育+专业方向"课程领域的学习，按专业培养的基本要求选择相关课程模块进行修读。伯良书院，大一阶段同样以"通识教育+导师专业引领"课程为主，大二阶段重点学习"儿童教育+科学与技术"课程，大三阶段重点加强科学探究与创新、跨学科与国际化课程的学习，大四阶段重点强化实践性与研究性课程的学习。

在完成"小学教育专业"人才培养的共性要求基础上，设置书院课程，突出"书院"在培养理念、目标、途径等方面的特性。如敬修书院课程以"专业引领与儿童教育经典研读""学术英语与国际初等教育""敬修讲坛与小学教育前沿""研学交流与教育实践反思""项目研究与学术论文写作"等内容为主，以项目式学习、探究性学习、学术活动、实践研究等为主要形式，为高素质、专业化、创新型、国际化卓越小学教师的成长打下了坚实的基础。书院成立以来，已经开展11期敬修讲坛，邀请到知名专家与学生面对面，开展了高质量的学术讲座，和别开生面的交流互动。书院还提供面向社会的敬修书院视频号高质量学术讲座13讲。

表 1-23　敬修讲坛讲座情况

时间	主讲人	"敬修讲坛"主题
2021 年 9 月 27 日	李文林	永恒的经典欧几里得与(几何)原本
2021 年 10 月 14 日	谢维和	小学教育是一门科学
2021 年 11 月 22 日	阎伟红	理解美国 STEM/STEAM 教育
2022 年 5 月 5 日	徐勇	传统文化教育与大学生素养养成
2022 年 5 月 12 日	Yrjo Engestrom	教育研究中的文化——历史活动理论与变革实验室
2022 年 6 月 9 日	谢莹莹	歌德的浮士德——世界文学中经典之经典
2022 年 9 月 29 日	叶宝生	科学核心素养培养
2022 年 10 月 13 日	梅剑华	儿童哲学的三个层次
2023 年 2 月 23 日	王海燕	做卓越教师:在服务学习中历练
2023 年 5 月 18 日	盖笑松	师范生的心理学素养
2023 年 6 月 1 日	谢维和	后疫情时代的知识创新

在课程实施中,潜移默化,强调儿童情怀与教师人格的养成性;课程选择,保持开放性和选择空间,突出跨学科,鼓励个性发展;学习方式,倡导项目式、研究性、实践性,培植学术志趣,发展创新能力、沟通与协作能力;学习过程,强调"视野·见识·品位",突破教室和围墙,学生要走出去,专家要请进来,国内国外、大学小学、社会资源、全域培养,开放办学;大家引领,大志向,大视野,大追求;学术与实践导师双协同,精进专业,教育创新。

(四)熏陶浸润,书院育人文化助力学生成长,养成卓越品格

《教育部高等教育司 2019 年工作要点》中指出"深入探索书院制模式,强化使命驱动,注重大师引领,创新学习方式,注重环境浸润熏陶,促进拔尖学生脱颖而出"。书院通过德智体美劳"五育并举",锻造书院特色文化,构建具有百年师范底蕴的"三全育人"生态体系,传承师范精神,坚定教育使命,培植儿童情怀,弘扬教师文化。通过孙敬修大师剧、教育家讲堂、服务国家重大发展需求的社会实践、教育扶贫支教活动、丰富多彩的社团活动与文体活动打造体验式、浸润式育人平台,全面提升师范生综合素质,养成卓越品格。

书院设有"第一班主任",由院校两级领导干部担任,"专业班主任",由专业教师担任,"朋辈班主任",由硕士研究生担任。多层面全方位地促进班集体建设和集体凝聚力。"第一班主任"驻班更驻心。2022 年 4 月 2 日,首届敬修书院实验班全体师生在"第一班主任"杨志成副校长的带领下,在敬修书院(初等教育学院院史馆)举办"在教育高地守望理想"情境主题班会。杨志成携手师范生,在凝聚了百年小学教育发展史的教育情境中带领学生理解教育本质,小切口撬动人生大理想。班会以"教育理想"为主线,分为"见字如面""破冰相识""生涯领航""云上叮嘱""时光信箱"五个环节。"第一班主任"为书院思政教育增加了导航系统与动力引擎,杨志成带领敬修学子从历史走向未来,从概念走向实践,为未来教育家的终身发展奠基。

书院定期组织总结汇报会。在"成立一周年学生成长汇报会"中通过"扬帆起航""恩师陪伴""学术熏陶""同窗砥砺"四部分,回顾、展示了学子们一年精彩、充实的生活。同学们从不同方面做汇报,分别展现红心向党的思想政治素质,展现班级浓厚的学风,展现了导师制和敬修讲坛等高质量学术平台,展现了"我乐意去做"的精神面貌等。家长代表高度赞扬了书院提供的优质教育资源,从孩子身上明显看到了学术进步与能力提升。书院教授指导委员会的教授代表们既肯定并夸赞了学生展现的积极向上的精神风貌,更肯定敬修书院一年的建设和实践是成功的,证明了书院以正确的方式做了正确的事情。

(五)精心培育,"导师制""个性化"培养呈现全方位育人效果

"导师制"是书院制人才培养的关键组成部分,是书院制的精髓所在,导师的言传身教和潜移默化的熏陶,必将对学生产生积极的影响。我们注重名师引领、学术导师、实践导师协同,在课程学习、教育研究、生涯规划等方面对学生给予全方位指导。刚上大一就拥有自己的"导师",直接享受研究生待遇。这是学子眼中书院最"暖"的特色,也是人才培养最鲜活的效果。新生入学后,导师与学子们通过双向选择成功组建导师组,导师在学生思想、学习与生活等方面起到引领和指导作用。在学习与学术研究方面,各导师组构建了本硕、本硕博学习共同体,并定期开展导师组读书会,使学子们有机会倾听导师与研究生学长们的研究成果与学习心得,也能在读书会上做读书报告,分享自己的学习成果。在生活方面,导师们更是用心教导与关怀学生。导师对学生的辅导和影响是全方位的,带着温度的生命对生命的影响。解决了师生关系问题、教书与育人分离的问题。在高年级阶段,小学一线的"实践导师"还将深入指导学生的教育实习实践,参与学生培养。

"个性化"发展是未来社会对人才培养的新要求,为经济社会发展提供高素质的人才保障。"导师制"实现了因材施教的个性化培养,在导师的引领下,解决学生生涯发展缺乏主动性的问题。书院学子的个性不是各色,而是能够主动为自己负责,主动规划自己的学业和生涯,并享受整个学习过程,因此被学子体验为"甜"的效果。导师的选择,结合自己的专业意向和老师的专业研究方向,与导师进行双向选择,最终更多地尊重学生意愿,为同学们个性化分配导师。"选方向"实现了自主选择的个性化,敬修书院学生在大一阶段不进行专业方向选择,通过大一一学年通识课的学习,结合上课的感受以及对兴趣、特长等探索,加之"导师制"的专业引领,通过和导师的交流与研习,树立较为明确的专业意识,最后选出适合自己的专业方向。这就使得敬修学子更具自主发展的意识和能力,更加积极主动地学习、参与各种活动,每一个积极的个体又形成相互之间的感染力和影响力,营造了整体积极向上的氛围。

(六)强基拓新,"国际化""学术化"培养呈现"渐入佳境"效果

国际化,不是一下子被"国际化",而是日积月累,令学子逐渐拥有了国际化的视野与能力,是一个"渐入佳境"的过程。大学英语和英语口语作为两

门必修课,保证了每周基本的英语学习时间。聘请外教进行全英的教学,让学生拥有更好的英语语言环境,提高英语交际能力。组织书院全体学生参加小学教师教育国际会议,了解教育前沿国际问题。邀请国外专家学者进行学术讲座,拓宽教育研究国际视角。为未来走出国门,开拓广阔视野,出国学习奠定基础。解决学生国际视野狭隘、国际交往能力有限的问题。书院鼓励学生赴国内外著名大学进行交换访学、升学深造,并将为此积极创造条件。书院也将与国内外知名小学深度对接,为学生提供调查研究和实践教学基地。深化国际合作,拓展国际视野,通过课程、研学等方式,提升国际小学教育理解能力与素养。

书院的学术氛围是"浓"的,不仅有导师在学术上的引导,还有同学之间的共同学习和研讨,硕士博士的带动,互相促进,还有书院专属科研基金。为促进书院学子养成学术志趣、培养学术品质、提升学术研究能力,书院特面向书院学生设立"书院大学生科研基金项目"。该项目每年度发布一次。师生本着"科学性""专业性""创新性""实践性""可行性"原则,选择具有本专业科学研究价值、具有创见、可应用于教育教学实践的研究课题。申请课题学生覆盖面超过90%,呈现出更高的科研积极性。另外,专门设置的敬修讲坛,是书院搭建的高水平学术讲座平台,着重人文经典的介绍和学科前沿问题的阐述,营造学术化氛围,进一步拓宽学生视野和知识面,同时也增加了同学们与各领域学术专家进一步交流探讨的机会。还有"没有铃声的课堂、没有围墙的大学"书院视频号,也适时发布较为精彩的学术讲座视频。在学习过程中,同学们在关注讲座本身的内容层面的同时,也关注专家们的教育思路及教学方式,深刻理解教育前沿问题,积累创新研究思路,提高实践、创新能力,向成为"具有国际视野和未来教育家潜质的创新型小学教育人才"的目标一步步迈进。解决了本科生学术兴趣不浓、学术水平较低的问题。

（七）健身铸志，书院体育教育为学生终身发展奠基，促进身心健康

习近平总书记指出："我们要坚持以增强人民体质、提高全民族身体素质和生活质量为目标，高度重视并充分发挥体育在促进人的全面发展中的重要作用。"体育蕴含着丰富而深刻的人文价值，对大学生的健康成长意义深远。书院高度重视体育教育，发挥体育教育在人才培养中的特殊作用。书院院长在写给新生的信中提出"跑十公里，读百本书"的倡议，促进学生增强体质和磨炼意志。在 2022 年夏季，学院组织的 10 公里跑步活动中，敬修书院 40 名学子参赛 36 人，跑完 10 公里全程 33 人。书院学子李嘉兴同学获得冠军，他还代表学校参加北京市首都高等学校第 13 届秋季学生田径运动会，获得 4×100 米比赛第四名的好成绩。伯良书院成立后，首届"书院杯"篮球赛在学校良乡校区举办，以"迎'篮'而上，书院共筑强国梦"为主题，锻炼了同学们公平竞争、团结协作、勇争一流的精神，营造了书院健康向上、顽强拼搏的班风，增进了"敬修书院"与"伯良书院"新生的交流和友谊。截至 2023 年秋季，已举办四届 10 公里跑步活动，两届"书院杯"篮球赛。

三、反思与展望

书院制承载着教育的理想和改革的期望，通过两年多的运转，我们看到各项举措落实带来的成效，也看到美中不足，我们将在以下方面完善书院建设。

（一）强化使命驱动的价值引领，多措并举促进培养目标落实

让"培养教育家""成为教育家"的目标成为师生共同的使命追求；让书院制小学教师培养给我们师范文化以滋养，强化中华传统尊师文化和教师培养的养成性、儿童性、综合性；从专注培养"具备某种专业知识、技能的人"走向探索培养"育人之人"的人，强化全面发展、个性发展、终身发展；人才培养从侧重"学科课程"支撑走向探索"学科课程+以研促学+全域实践"支撑，强化小学教师培养的实践性、研究性、发展性；打破固有的、较为封闭的专业学科课程体系，突出开放性，加强国际化、跨学校、跨专业、跨学科课程，建设书本外、教室外的项目式、实践性、研究性课程，利用好首都独有的各类学习与研究资源，优化课程土壤、课程体系，促进自主学习与发展，最终实现培养目标。

（二）创新个性化培养机制，促进学生自我管理的能动性发挥

为唤醒学生自我管理、自觉成长、自主发展的内在动力，书院制管理要进一步凸显"学生中心"的地位，不仅在课程设置、导师引领上实现"个性化"培养，还要在学生管理上促进"个性化"。传统学生管理模式令学生的主体性被遮蔽，书院制必须促进学生管理工作进行改革，成立学生自我管理的组织，将学生从被管理者转变为管理者。在工作开展、资金运转、学生干部任用等问题上，书院制建设必须充分尊重学生的自主性，增强学生参与书院事务管理的意愿，扩大其权限，提高其自治程度，增强其自我管理的本领。完善学生参与管理与自我管理的相关制度，明确管理职责与范围等。创建具有书院特色的学生组织，支持学生自主开展各类活动。

（三）汲取古今中外书院经验，继续探索现代书院培养模式创新

中国古代书院，是教育教学活动的机构、学术研究与传播场所、人格养成的文化组织。它的优势是教育教学与学术研究紧密相连，道德与学问并进，师生关系融洽，注重发展个性，强调平等论学，躬亲实践等。西方书院制，以住宿区为基本育人单位，集生活和学习为一体，旨在实现全人教育之理念。意在突破专业本身，超越职业与功利，强调博雅、见识、品位，培养具有跨学科素养与整合思维的人才，并期望以此解决人的全面发展与专业培养之间的平衡问题。近年来，其他大学也在书院制人才培养上，进行了不同模式的探索。

我们将扩大对外交流学习,汲取成功经验,注重对古今中外书院精神的传承与创造性转化,不断探索书院制人才培养新模式。

我们期待在各级领导的指导和各兄弟院校的帮助下,一边实践一边总结,将书院打造为师生学习、文化、生活共同体,为师范生终身发展与幸福生活奠定基础,形成新时代书院制卓越小学教师培养的新理念与做法,输出高质量卓越小学教师,同时为我国小学教师教育带来理论与实践创新。

（执笔人:陈源）

第二部分

课程与教学

打造德育"金课"：助力小学教师
德育素养的培养与提升

一、背景与问题

立德树人，是教育的根本任务。小学阶段是人生的关键阶段之一，是品德发展与行为习惯养成的关键时期，一个人所受的小学教育会奠基其一生。2010 年，中共中央、国务院印发《国家中长期教育改革与发展规划纲要（2010—2020）》，明确"把育人为本作为教育工作的根本要求"，将"坚持德育为先。立德树人，把社会主义核心价值体系融入国民教育全过程""把德育渗透于教育教学的各个环节，贯穿于学校教育、家庭教育和社会教育的各个方面"作为首要战略主题。2012 年，党的十八大明确提出"把立德树人作为教育的根本任务"。2019 年 3 月 18 日，习近平在学校思想政治理论课教师座谈会上的讲话指出，青少年阶段是人生的"拔节孕穗期"，最需要精细引导和栽培。可见，立德树人是教师的使命。

德育素养，是新时代凸显的小学教师核心素养之一。培养小学教师的德育意识与能力是高师小学教育专业不可推卸的责任。2012 年，教育部颁布《小学教师专业标准（试行）》，明确提出了小学教师要"树立育人为本、德育为先的理念，将小学生的知识学习、能力发展与品德养成相结合，重视小学生全面发展"(第十条);"了解关于小学生生存、发展和保护的有关法律法规及政策规定"(第二十条);"掌握小学生品行养成的特点和规律"(第三十条)。这三条基本要求分别从教育教学的态度与行为、小学生发展知识、教育教学知识三方面对小学教师的德育素养提出要求。可以说,缺乏德育素养的小学教师不能完成教育教学工作,不能成为合格的小学教师。而教师实施德育工作就离不开其自身的德育素养,德育素养是每位教师必备的核心素养之一。小学教师是小学儿童的教育者,若担负起小学儿童教育的责任,有关儿童品德发展及其教育的知识与能力是不可或缺的,小学教师的德育意识与能力并非自然获得,而是需要学习与训练的。那么,如何培养小学教师的德育素养? 这是小学教育专业必须应对的问题。

课程是人才培养的主渠道,小学教师德育意识与能力的培养离不开课程。德育是专业,小学教师的德育专业素养需要培育,需要课程支撑。2006 年我到学院工作后发现了两个问题,一是小学教育专业人才培养方案中没有德育类课程,这不仅是初等教育学院的情况,全国小教界几乎都是如此;二是缺乏针对小学教育学专业学生的德育教材,既有的《德育原理》类教材并不适合小学教师,因为小学教师并不是学习了德育原理就能做好德育工作,而是需要一个"桥梁",故亟须开发适合小学教师教育的德育课程与教材。

初等教育学院拥有一支强大的德育学专业团队,参与多项国家小学德育政策制定工作,从课程标准的修订到教师培训课程指导标准的研制,研发了多门小学教育专业德育课程,开发了多部教材,每年承担多个地市级小学德育培训项目,举办小学德育专业建设学术年会等,在业内具有广泛的影响。

二、举措与成效

要培养合格的小学教师,提升小学教师的德育素养,必须增加德育课程,而开发适合小学教育专业的德育课程与教材则是第一步。

(一)初等教育学院德育课程建设历程

初等教育学院德育课程建设经历了 2007—2013 年"初创期"和 2014 年至今的发展期。经过 16 年的发展,取得了一定成绩。在初创期,初等教育学院在 2007 年人才培养方案中增设了"小学德育实践"课程,并积极开发教材,于 2012 年出版。

在发展期,初等教育学院相继在本科生和研究生人才培养方案中设置培养方向、开发一系列小学德育类课程。在 2014 年人才培养方案中将"小学生品德发展与道德教育""小学班级管理""教师职业道德" 等课程设置为专业核心课,且一比一配套,即包括两个学分的理论课和两个学分的实践课。设置了 "小学德育与少先队工作""国学经典教育""生命教育与班主任工作"等兼教方向,各有 10 个学分 4—5 门的必修课(2017 年学分压缩,减至 8 学分)。开设的课程有"德育原理""少先队活动的组织与指导""儿童组织与思想意识导论""道德与法治教学设计""儒家经典选读""道家经典选读""蒙学选与文化常识""国学经典教育""多视角的生命解读""生命教育课程与教学""小学生命教育教师素养与能力""班级管理中的生命教育" 等。2019 年"小学生品德发展与道德教育"在大学 MOOC(慕课)平台开设。

在研究生层次,初等教育学设有"生命发展与德育"方向、少年儿童组织与思想意识专业、小学教育专业硕士德育方向,开设了德育基本理论课程、师德实践课程,主要有"小学生品德发展与养成""德育原理""生命教育""小学道德与法治课程与教学"等。

(二)研发《小学德育实践》课程与教材,入选"十二五"普通高等教育本科国家级规划教材

在小学教师职前培养中,课程是主渠道,小学教师德育素养的培育也离不开课程教学,故高师小学教育专业必须开设德育课程。初等教育学院于

2006 年在课程方案调整中增设了《小学德育实践》课程,并着手创编《小学德育实践》教材。那么,应开设怎样的德育课程? 小学教育专业虽然在学科归属上属于教育学,但并不同于教育学专业。它是以培养小学教师为目标的专业教育,因而不等同于教育学专业,这样在课程设置上就不能照搬《德育原理》。基于对德育理论的研究与理解,以及德育实践的考察与探索,我们认为高师小学教育专业的德育课程重点不是单纯的德育理论学习,而是帮助未来的小学教师了解与掌握如何开展小学德育工作的小学德育实践。以往一提到小学德育实践,人们想到的更多是《品德与生活》《品德与社会》课、班队活动等。而这只是小学德育实践的两种形式,并非是德育实践的全部。事实表明,只靠德育课或班队活动,学校德育并不如人意。那么小学德育实践包括哪些呢? 该怎么做呢? 德育并不是"空"的,它需要有一定的载体使之得以实现。盘点一下学校德育载体主要有环境、关系、课堂、课程、活动、管理、人员等。德育载体建设是小学德育实践的主要"抓手"。从一定意义上讲,建设好德育载体,就能实现德育的功能。

正是基于这样的认识,组织研究生和教师力图创编一本为小学教师如何开展德育工作而写的教材,即能帮助每一位小学老师解决在教育教学过程中怎样做德育的问题。教材编写力图打破"学"的框架,进入小学教师该如何操作的层面,将德育原理与小学德育实践相结合,以小学德育载体为主线,将德育目标、内容、方法结合在一起,将小学德育理论与小学德育实践有机结合为一体,以综合形式呈现小学德育实践样态,为小学教师的德育实践服务。全书共有九章,第一章为总体介绍德育基本理论,主要包括德育的概念、本质、功能、模式、评价等,小学德育的目标、内容、载体等;第二章至第九章为小学德育实践内容,主要介绍小学德育的八大载体建设:环境德育、关系德育、课堂德育、学科德育、德育课程、活动德育、管理德育、教师德育等。经过五年的理论与实践,于 2012 年在高等教育出版社出版。2013 年荣获北京市高等教育精品教材,2014 年入选"十二五"普通高等教育本科国家级规划教材。

2021 年启动修订工作,依据《中小学德育工作指南》(2017)等文件精神,将基本理论部分拓展为三章,新增了"协同德育"和"生态德育",这样小学德育载体由 8 个变为 10 个,将于 2023 年出版。

(三)12年精心打造"小学生品德发展与道德教育"课程,荣获首批"国家一流本科课程"

"小学生品德发展与道德教育"课程,是 2011 年我国颁布的《教师教育课程标准(试行)》小学教师教育课程中的一个建议模块,是初等教育学院小学教师培养的专业核心课,是初等教育学院德育研究团队经过 12 年的建设,精心打造的面向所有小学教育专业学生的德育课程。每年通过 spoc 课程形式服务于校内学生。2019 年 10 月 25 日在大学 MOOC 平台开设第一期,之后,每年两轮在中国大学 MOOC(慕课)平台面向全社会开放。2020 年荣获首批"国家一流本科生课程"(线上线下混合)。

2011 年 10 月教育部召开"全国教师教育课程改革工作会议",实施"教师教育国家精品课程建设计划",构建丰富多彩、高质量的教师教育国家精品课程资源库。2012 年 11 月 19 日教育部办公厅发布了"关于开展教师教育国家级精品资源共享课建设工作的通知",2013 年,教育部组织开展教师教育国家精品资源共享课立项建设,全国共有 230 所高校共申报 1140 门,经过省级筛选推荐 564 门,通过网络专家评审后留有 325 门,最后专家会议评审,只有 200 门立项,立项率为 17.5%。我们申请的"小学生品德发展与道德教育"课程通过教育部教师教育精品资源共享课程建设项目,是 200 门立项建设课程中唯一的一项新课程。

我们组建了最强的研发团队,在全国东西南北中范围选点进行调研,经过三年的建设,于 2015 年项目通过审核。在此过程中,完成了课程与教材的开发工作,主要编写人员有刘慧、李敏、张志坤、张俊、邹萍、钟晓琳、刘峻杉、刘惊铎、李英源,其中教授 2 人、副教授 4 人、讲师 3 人、助教 4 人、特级教师 1 人、小学教师 4 人、博士 9 人、硕士生 4 人。刘慧、李敏等著《小学生品德发展与道德教育》教材在高等教育出版社出版。该教材在全国各师范院校获得良好声誉,目前已发行 3 万余册。

小学教师认识与理解小学生品德发展的内涵、规律、特点、支持性条件,掌握基于小学儿童品德发展规律与特点的道德教育理论与方法,是他们开展小学德育工作的基础与前提。本教材围绕"品德发展"和"道德教育"两个核心词展开,以"小学生品德发展"和"道德教育"为逻辑起点,以两者的关系,即"小学生品德发展"是"道德教育"的依据,"道德教育"是促进"小学生品德发展"的力量,从理论和实践两个维度组织教材内容。理论维度主要探讨品德发展与道德教育的理论基础,小学生品德发展一般规律与特点、小学基本内容及小学生品德发展评价等。实践是深度挖掘关系德育、课程德育、活动德育、环境德育等四大载体八个方面所蕴含的道德教育功能,着重阐释它们对小学生品德发展的影响机制,以及一些具体的操作。

值得一提的是,在这本教材中,我们在认真研究古今中外多国所倡导的道德价值观基础上,提出了小学道德教育的主要内容应把握三个层次,一是永恒的根基性美德,包括爱和智慧;二是传统的经典性美德,包括诚信、勤俭和自律;三是时代凸显的美德与价值观,包括责任、尊重、规则、公正、宽容和合作。

(四)研发全国首个《小学道德与法治课程与教学》教材,在全国小学教育界产生广泛影响

习近平强调,办好思想政治理论课的关键是教师,关键在发挥教师的积极性、主动性、创造性,给学生心灵埋下真善美的种子,引导学生扣好人生第一粒扣子。这是思政课教师应承担的使命,若要完成这样光荣的使命,必须有高素质的教师队伍。但目前小学德育教师队伍状况不容乐观, 缺乏专职的、受过专业训练的教师队伍,在"道德与法治"课教学中,对一些基本的道德规范内涵的理解都难以到位。2019年5月,初等教育学院率先在全国小学教育专业下设置德育方向,着力于培养在德育方面具有高素质、专业化的小学教师。

小学德育方向人才培养的一个重要目标就是能胜任小学道德与法治课程教学工作。教育部办公厅发布的《关于2016年中小学教学用书有关事项的通知》明确提出,为贯彻落实党的十八届四中全会关于在中小学设立法治知识课程的要求,从2016年起,将义务教育小学和初中起始年级"品德与生活""思想品德"教材名称统一更改为"道德与法治";新的统编版《道德与法治》教材于2016年9月1日开始使用。小学教育专业培养的小学教师,德育方向教师,小学教师道德与法治课程教学能力离不开课程。小学德育课程教学有其特殊性,对小学教师而言,并非不经过专门训练,就能自然而然胜任,必须接受专门训练,理解该课程理念、课程核心、课程基础、课程追求,掌握课程教学原则、方法、评价等。

2019年2月,刘慧应邀参加由西南大学宋乃庆主编的"小学教师(全科教师)专业系列教材"的编写工作,并提出主编一部《小学道德与法治课程与教学》教材,被纳入第二批出版计划。经过2年的努力,于2021年出版,这是全国第一部《小学道德与法治课程与教学》的教材,本教材编写紧紧围绕《小学道德与法治》教材与教学展开,包括两大部分,一是理论部分,主要是认识小学德育、理解小学道德与法治课程、理解小学道德与法治教材;二是实践部分涵盖当时道德与法治教材所关涉的七大主题的教学。在写作上汇聚一线优秀教师的教学实践实例,凸显操作性;写作风格与呈现形式贴近教学现象,由问题引发理论论述,由"教育叙事""观点阐发"统领,非常适合小学道德与法治课教师使用。

本教材的编写得益于高校教师与小学道德与法治课程教师结合的创编团队。主编由刘慧教授担任,副主编由一位教研员和一位小学德育特级教师担任。其中,曹增坤是通州区教师研修中心道德与法治研修员(正高级教师,北京市特级教师;统编版《道德与法治》教材编写成员,统编教材优秀培训专家)带领一支优秀团队,郭志滨是北京市东城区史家教育集团教学副校长(正高级职称,北京市特级教师,主持《中华优秀传统文化博悟课程的开发与实施》项目获教育部教学成果一等奖)带领一支优秀团队。

同时,我们启动了第二部《小学道德与法治课程与教学》编写工作,与上一部教材形成"姊妹篇"。本教材创编团队主要由初等教育学院教师组成,由刘慧教授、钟晓琳副教授主编,由傅添博士、徐爱杰副教授、曹增坤教研员、郭志滨副校长等参与编写。本教材主要内容有三编,一是小学德育课程的认识与理解,包括中国小学德育课程的历史追溯、新时代的中国小学德育课程、小学德育课程的国际视野;二是"道德与法治"课程基础,包括道德与法治的核心指向、道德与法治的文化根脉、道德与法治的当代趋向;三是"道德与法治"的教学实践,包括教学设计、教学内容、教学实施和教学评价。目前该教材由高等教育出版社出版中。

(五)《我的家在中国——节日之旅》德育画本,荣获第八届高等学校科学研究成果奖

2011年,李敏教授参与国情教育的教育部重大攻关项目并出版德育画本读物《我的家在中国——节日之旅》(8本),该读物荣获第八届高等学校科学研究成果奖(人文社科·普及读物奖),外翻为法文、英文、老挝文等多个国家语言。《我的家在中国——节日之旅》以中国七大传统节日——春节、元宵节、清明节、中秋节、七夕节、重阳节、端午节、国庆节这八个主题进行开发。希望通过8册读物培育儿童的家庭伦理、社会伦理、历史伦理、自然伦理和国民精神,在认识重要节日的过程中孕育家国情怀,增进同根同心的国民认同之情。

（六）以教育部《义务教育道德与法治教师培训课程指导标准》研制项目，全面系统研究小学道德与法治教师培训

2013 年《教育部关于深化中小学教师培训模式改革 全面提升培训质量的指导意见》发布，初等教育学院积极组织申报小学德育课教师培训课程标准研制项目。2015 年 2 月，教育部发布了《关于组织实施中小学幼儿园教师培训课程标准研制工作的通知》，初等教育学院获批"义务教育小学《品德与生活（品德与社会）》学科教师培训课程标准"研制项目，由刘慧担任项目主持人，朱小蔓、刘惊铎、吕立杰、张茂聪、李敏担任协同主持人，组建了来自北京、东北、山东三个地区教育领域专业人士研制团队，核心成员共计 17 人。

由于义务教育课程标准的变化，项目研究历时很长。我们通过大规模的问卷调查、访谈，调查一线教师在教授"品德与生活（品德与社会）"课程时的教学知识和行为现象，包括对课程标准的理解，对课程相关知识内容和教学技能的掌握和运用情况，以及自己反思的在教学中的不足和需要进一步学习的内容，从而为教师培训课程标准的研制提供现实依据。在此基础上，三支团队分工合作，开展小学道德与法治教师教学"能力体系""培训目标""能力诊断""培训课程" 四大板块的研制工作，在原规定的时间内完成任务。2022 年 4 月，完成了依据《义务教育道德与法治课程标准（2022 年版）》，基于当前学科教师实际教学水平现状、发展需求和课程实施对教师的具体要求进行编制的"小学道德与法治"教师培训课程指导标准的研制工作。

2022 年 10 月，教育部教师工作司根据《教育部关于深化中小学教师培训模式改革 全面提升培训质量的指导意见》（教师〔2013〕6 号）、《关于组织实施中小学幼儿园教师培训课程标准研制工作的通知》（教师司函〔2015〕3号）和《中小学幼儿园教师培训课程标准研制工作规程》（教师司函〔2015〕4号）的要求，为进一步推动教师培训综合改革，发挥精准教师培训作用，促进义务教育课程改革和教师专业发展，经研究，委托首都师范大学刘慧教授牵头,在原有工作基础上继续承担《义务教育道德与法治教师培训课程指导标准》的研制任务。具体要求为:根据义务教育课程方案和义务教育道德与法治课程标准(2022年版),吸纳原有研制成果,统筹小学和初中进行重新研制。这是对我们的高度信任,我们必须全力以赴,完成好此项任务。

(七)初等教育学院德育学团队在开展小学道德与法治骨干教师培训中不断"精进"

初等教育学院的小学德育教师培训工作起步于2007年的"送培进疆"项目,之后陆续在北京城区分别开展小学德育副校长、主任、班主任、品德课教师的培训班。在此过程中,将我们从德育理论研究引向了关注教师的德育实践、关注教师德育能力和小学德育理论研究,锻炼了初等教育学院的德育学团队。

1.教育部"送培进疆"教师培训项目,拉开了初等教育学院德育学团队的培训帷幕

2007年,初等教育学院承担了教育部"送培进疆"——新疆维吾尔自治区小学"品德与生活(社会)"课程培训项目。这是我们第一次承担这样的任务,开启了初等教育学院研究小学德育课程教学与教师培训之路。我们研究了"品德与生活(社会)"课程的发展状况,结合新疆任课教师的情况,制定了一份培训方案,组建了由三位高校教师(赵亚夫、刘慧、徐爱杰)、两位北京市教研员、两位新疆一线小学教师组成的培训队伍。在培训中,以问题带动学员思考,搭建多个平台促进学员相互交流,用"学习手册"及时记录学员的学习过程,精心挑选学习资料促进学员后续学习。培训效果显示,本培训方案系统完整,结构合理,尤其是教学一线专家与教师的参与,更提升了培训的效果。

2.北京市学科带头人和骨干教师培训项目,全面提升了初等教育学院德育学团队的专业水平

2012年,北京市学科带头人和学科骨干教师培训,初等教育学院负责小学品德与生活(社会)教师的培训。全市有二分之一的小学品德与生活(社会)课骨干和学科带头人参加了这个培训班,共有19名学员,历时一年,272学时,开展主题为"小学品德课堂教学中的关爱生命研究"的培训。其中四个课题研究小组的研究选题分别为:研究"品社"课程教材中"关爱生命"的内容、教学情境中关爱生命、生命叙事素材及关爱生命的德育活动。这次培训活动,不仅帮助学员接受并认同了生命教育理念,深化了对《品德与社会》课的理解,激活了学员的主体性、创新力,同时也大大淬炼了初等教育学院德育学团队,不仅人员由最初的2人增至5人,而且全面开展小学德育课程与教学研究,使德育理论研究与小学德育实践相结合,为初等教育学院德育学团队成为国内小学德育学研究的一流团队奠定了基础。

3. 北京市小学道德与法治教师培训项目,充分展现了初等教育学院德育学团队的培训水平

2020年,北京市教委委托初等教育学院开展了北京市小学道德与法治教师培训项目。在该年度初等教育学院面向北京市各区县开展了为期一年主题为"德育专业化发展背景下的小学道德与法治教师教学能力培训项目",该项目适应了国家对学校思政教师专业水平的新要求、新形态,努力对接北京市道德与法治学科教师专业化的特点和需求。在常态化疫情防控的情况下,项目通过线上课程、五大工作坊、专题活动、研讨交流、实践应用五类方式实施培训。项目远远超过预期150人培训计划,最后选取了北京市10余所小学的230名道德与法治骨干教师参与培训学习。2021年1月,该培训项目圆满完成计划,并顺利进行了项目终期报告与考核。此次北京市培训项目对于初等教育学院德育学团队联结理论研究与实践探索、校内与校外德育力量方面,都有极大的助力——一方面将团队有关道德与法治课程与教

学的理论成果与经验分享与传播出去，同时联动了广泛的一线优秀教师队伍，共同研讨和细化课程与教学议题，产生了对于学科教学、团队建设等方面的多重影响。

参与培训方式

图2-1　主要培训方式

三、反思与展望

（一）以推动小学德育学学科建设促进德育学团队建设

无论是德育人才的培养、德育课程的开发与实施，还是德育理论的研究，德育学团队都是关键。目前初等教育学院已形成了一支优秀的德育团队，主要成员有11人，其中教授2人、副教授6人、讲师3人，涵盖德育与少先队、学校管理、教育法学等研究方向，在《教育研究》《教育学报》等期刊发表德育主题研究论文110余篇，承担教育部《义务教育道德与法治教师培训课程指导标准》研制项目、国家社科基金重点项目子课题"社会变革时期小学生道德价值观教育研究"、国家哲学社会科学重大攻关项目子课题"香港国民教育研究（之文化节日研究）等十余项国家级、省部级课题。但还需要进一步加强德育学教师团队建设,从数量到质量,通过德育课题研究、德育学术会议、小学德育专业建设等促进小学德育学学科建设,进而促进德育学团队建设。

（二）进一步完善德育课程体系建设,深化国家一流本科课程建设

目前,初等教育学院德育课程体系由三个层次专业课程构成,一是面向全体本科生的德育课程,包括必修和选修,即"小学生品德发展与道德教育""班主任工作""教师职业道德"三门必修 6 学分及"生命教育"选修 2 学分;二是"生命教育与班主任""德育与少先队""国学经典教育"三个德育兼教方向课程群,12 门必修课共 24 学分;三是面向学术型与专业型硕士研究生的德育课程,包括"生命教育""德育原理""小学生品德发展与养成""小学道德与法治课程与教学"等课程。尽管如此,还有很大改进与提升空间。

首先,要进一步改善国家一流本科课程,修订教材,进一步探索本课程线上线下结合的教学模式,充分发挥本课程的引领带动作用,尤其是在虚拟教研室平台上。其次,深度分析各课程之间的关系,以学生德育素养发展为中心,以支撑毕业要求达成为目标,系统构建德育课程群。最后,探索小学教育专业"本硕贯通"培养的德育课程群建设。

（三）研究道德与法治课程与教学,进一步提升小学道德与法治教师教育质量

在小学道德与法治课程建设方面,我们已经完成了两部教材,一部已经出版,而且在市场上的销量很好;另一部正在印制中。在教师队伍建设方面,形成了由大学教师与教研员、一线优秀教师三方组成的团队,结构合理、理论与实践打通,有利于学生培养。但小学道德与法治课程教学的案例库缺失,新的《道德与法治课程标准》的研究还很有限,对小学道德与法治课堂的研究也很有限,未来需要进一步加大这方面的建设力度,借助教育部《义务教育道德与法治教师培训课程指导标准》研究制定项目,深度探索小学道德与法治课程与教学之理论与实践、小学道德与法治教师教育模式,提升培养质量,同时进一步提升初等教育学院德育学团队整体水平,作为国家队"头部"项目,发挥更大作用。

（执笔人：刘慧、李敏、钟晓琳）

课程思政：落实立德树人的根本任务

首都师范大学小学教育专业为落实立德树人根本任务，不断加强课程思政建设，紧紧抓住教师队伍"主力军"、课程建设"主战场"、课堂教学"主渠道"，深化师德师风教育，引导学生树立职业理想、争做"四有好老师"、坚定不移走中国特色社会主义教育发展道路。小学教育专业依托儿童取向卓越小学教师培养模式3.0，加强顶层设计，构建了"五位一体"课程思政体系，深入挖掘课程思政元素，融入教育教学全过程，实现课程思政落实落地。通过不断拓宽育人渠道、彰显育人特色、助推相关课题研究、加强教师指导等，有效实现了价值塑造、知识传授、能力培养的和谐统一。

一、背景与问题

教育是民族振兴、社会进步的重要基石，是国之大计、党之大计，对提高人民综合素质、促进人的全面发展、增强中华民族创新创造活力、实现中华民族伟大复兴具有决定性意义。立德树人的成效是检验高校一切工作的根本标准，培养什么人、怎样培养人、为谁培养人作为教育的根本问题。

习近平总书记在2016年12月召开的全国高校思想政治工作会议上指出："高校立身之本在于立德树人。要用好课堂教学这个主渠道……使各类课程与思想政治理论课同向同行……"随后,国家陆续颁布一系列课程思政相关重要文件,如《关于深化新时代学校思想政治理论课改革创新的若干意见》(2019)、《高等学校课程思政建设指导纲要》(2020)等,要求全面推进思政课程建设,发挥好每门课程的育人作用,提高高校人才培养质量。首都师范大学高度重视课程思政建设,先后发布《中共首都师范大学委员会关于推进学校课程思政建设的实施意见》(2020)、《首都师范大学本科课程思政建设工作方案》(2021),制定《首都师范大学本科课程思政建设实施方案》等重要文件。

首都师范大学初等教育学院肩负培养未来小学教师使命。教师是立教之本,兴教之源。卓越小学教师是专业化的儿童生命健康成长的"引路人",帮助小学儿童"扣好人生第一粒扣子"是卓越小学教师的责任与使命。卓越小学教师培养过程中需要明确如何落实立德树人根本任务,深化师德师风教育,引导学生树立职业理想,争做"四有好老师",坚定不移走中国特色社会主义教育发展道路。

为回应上述问题,首都师范大学小学教育专业基于百年师范传统、廿载办学理念,以 2018 年进行的师范专业认证、三全育人试点建设为契机,依据课程思政工作总体部署,不断加强课程思政建设。依托儿童取向卓越小学教师培养模式 3.0,将课程思政建设作为全面提高人才培养质量的重要任务,出台了具有学院特色的《首都师范大学初等教育学院课程思政工作建设方案》(2021)。加强顶层设计,不断完善课程思政教学体系和内容体系,构建纵向衔接、横向贯通的"五位一体"思政课程平台;充分谋划,拓宽育人渠道,使思想引领、价值塑造和知识传授有机融合。全力推进,紧紧抓住教师队伍"主力军"、课程建设"主战场"、课堂教学"主渠道",引导每位教师结合课程特点,深入挖掘每门课程思政元素,形成育人合力。

二、举措与成效

(一)加强顶层设计

1.构建"五位一体"课程思政体系

首都师范大学小学教育专业构建了纵向衔接、横向贯通的"五位一体"思政课程平台,融通思想政治理论课程、通识教育课程、儿童教育课程、专业方向课程、实践与研究课程五大课程板块,贯穿大一至大四阶段的全过程,引导每位教师结合课程特点,拓宽育人渠道,深入挖掘每门课程思政元素,形成育人合力,有效发挥了价值引领作用。

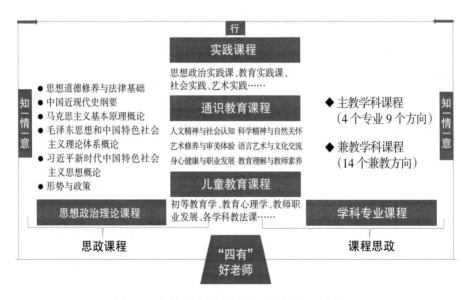

图2-2 初等教育学院"五位一体"课程思政体系

目前初等教育学院共开设小学教育(中文、数学、英语、信息、科学、德育)、音乐学(初等教育,师范)、美术学(初等教育,师范)、书法学(初等教育,师范)共计4个专业9个方向,同时开设小学音乐、小学美术、小学书法、生命教育、综合实践活动、小学生心理辅导、小学教育研究、国学经典教育等14个兼教方向。现有课程近500门,涵盖教育学、心理学、哲学、中国语言文学、外国语言文学、数学、化学、物理、生物、地理、计算机、音乐学、美术学等多个学科,为开展课程思政提供了坚实基础,使全面化、多样化、个性化的课程思政实践成为可能。为了尽可能地使近500门课程形成合力,学院科学构建课程思政教学体系,全面推进课程思政建设,实践重点包括:发挥思想政治理论课程的引领作用;重视通识教育课程的陶冶作用;加强儿童教育课程深化作用;挖掘专业方向课程浸润作用;重视实践与研究课程的践行作用等。

2.深入挖掘课程思政元素

初等教育学院带领全体教师根据不同学科专业的特色和优势,深入研究各专业育人目标,深度挖掘提炼专业知识体系中所蕴含的思想价值和精神内涵,科学合理地针对专业课程拓展广度、挖掘深度和提升温度,增加课程的知识性、人文性,提升课程的引领性、时代性和开放性。推动课程思政有机融入各门课程,实现深度全覆盖。

以初等教育学院开设的课程为例,小学教育专业中的教育学类专业课程涉及儿童教育课程、各专业方向课程等多个课程模块,是小学教育专业覆盖面最广的课程,蕴含着大量的思政元素。教育学类课程在教学中旨在彰显培育"四有好老师"的人才培养目标,加强师德师风教育,引导学生树立高尚的职业理想。

文学、历史学、哲学类课程主要集中在儿童教育课程模块中的选修课程、小学教育(中文)、小学教育(英语)两个方向的专业方向课程中。这些课程在教学中侧重帮助学生掌握马克思主义世界观和方法论,使学生能够从历史与现实、理论与实践等维度深刻理解社会主义核心价值观,自觉地弘扬中华优秀传统文化、先进文化,使学生具备广阔的国际视野和深刻的家国情怀,培养学生在世界舞台传播中国声音、弘扬中华文化、讲好中国故事的能力。

理学、工学类专业课程主要集中在儿童教育课程中的选修课程,小学教育(数学)、小学教育(科学)、小学教育(信息)三个方向的专业课程中。该类课程侧重科学精神的培养,注重科学思维方法的训练和科学伦理的教育,帮助学生养成追求真理的责任感与使命感。在教学过程中注重结合学生特点,恰当融合情感元素,如凸显科学家具备的高尚品格及爱国主义情怀等。

艺术学类专业课程主要集中在儿童教育课程中的选修课程、小学音乐、小学美术、小学书法兼教课程,以及音乐学(初等教育,师范)、美术学(初等教育,师范)、书法学(初等教育,师范)三个专业的专业课程中。课程实施过程中注重凸显美育要素,坚持以美育人、以美化人,彰显中华美育精神,引导学生自觉传承和弘扬中华优秀传统文化,全面提高学生的审美素养和人文素养,同时引导学生树立正确的艺术观和创作观。

总体而言,首都师范大学小学教育专业的课程思政工作以培育"四有好老师"为核心引领,构建了"五位一体"课程思政体系,引导教师结合课程特点深挖思政元素,将课程思政融入全过程,并不断拓宽课程思政渠道,有效落实了立德树人根本任务,实现了价值塑造、知识传授、能力培养的和谐统一。

(二)融入教学全过程

1.强调课程思政落实落地

首都师范大学小学教育专业定期组织教师重新修订课程大纲、考试大纲,将课程思政融入课程目标、教学目标、考核目标,推动课程思政落实落地。同时,学院也聘任了院级督导小组,由院领导班子及院督导组成员每学期不定时进行听评课,其中课程思政开展情况为必须反馈环节。课程思政不仅是教学大纲的必备内容、教学督导的必查内容,而且成为教师焕发课程价值引领活力和吸引力的有效工具。

如"儿童发展"课程教学大纲中的课程目标中明确提出培养学生热爱小学儿童、热爱小学教育事业的专业思想,树立科学的儿童观,为将来从事小学教育教学工作打下良好的基础。"学校组织与管理"课程的听课记录表中关于课程思政开展情况的描述如下：①思政目标：帮助学生更好地理解学校立德育人的高尚使命与本质功能，理解校长在营造学校的育人环境、构建风清气朗、团结协作的良好学校氛围和风气上所承担的关键责任，以及可行的管理手段。②举措：将思政教育的理念和方法贯穿教学目标和教学内容之中，如引导学生从立德树人的目标出发，去思考学校组织和企事业单位的本质区别，尤其是学校所具有的政治功能，以及如何利用思政理念，在学校领导班子和教师团队之间构建起和谐向上的关系。

2.推动课程思政案例库建设

为发挥好每门课程的育人作用，专业积极推动课程思政案例库建设。当前，小学教育（中文）方向作为试点，根据人才培养目标、毕业要求、教学目标、考核目标，基于课程特色、学生特点、深入挖掘每门课程所蕴含的思政元素，目前已建设完成300个课程思政案例。

该案例库的主要目标包括：①把理想信念、文化自信、奉献社会、教育情怀、国际视野等思想政治教育核心元素纳入中文方向所开设的语言文学课程体系中去，巧妙地进行价值引领与知识传授的融通。②从政治认同和国家意识、品德修养和人格养成、学术志向和综合育人、专业伦理四个层面对学生进行价值引领。③把思想政治教育渗透到专业课程中，运用马克思主义的立场、观点和方法引导本专业学生正确分析问题。案例库建设过程中注重挖掘爱国主义教育元素；文化自信元素；中国优秀传统文化、革命文化、社会主义先进文化等元素；人生价值教育元素；为国家富强、民族兴盛而不断探索与奋斗的精神等元素；审美情趣和人文情怀元素；职业认同感元素；合作精神等元素。

（三）彰显育人特色

小学教育专业以立德树人为导向，全面推进课程思政教育教学改革，探索知识传授、能力培养与价值引领同频共振，创新课程思政教育模式，形成了教师重育人,育人重课程,课程重特色的良好局面。下文分别以 2020 年春季学期深挖新冠肺炎疫情防控育人元素的生命教育课程,2021 年春季学期一节融入保密教育的书法课程为例进行说明。

在新冠肺炎疫情特殊时期,初等教育学院积极加强在线课程建设,深挖疫情防控过程中的育人元素,推进课程思政建设。刘慧教授以"生命教育"课程为试点,创新在线课程授课形式、师生互动方式、课程考核方式,推进"问、学、思、议、行"五位一体课程思政模式,拓展专业课程的广度、深度和温度,激发学生生命活力。"生命教育"课程是中国大学 MOOC(慕课)平台上线的一门教育类课程,由刘慧教授、张志坤副教授共同主讲。本次面向学院 97 名师范生的在线课程,由教师发起生命之"问",并通过"慕课+直播课"的方式,变教为"学";通过以生命为主题的小组在线创作活动,激发学生基于疫情现状对生命与道德深层关系的"思"考;大学生命教育课堂辩论赛,使学生在思辨中砥砺家国情怀;组织学生在"悦享生命"儿童生命教育公众平台创作并推出 8 期"大学生面对疫情的思与行"专题推送,引导学生通过思辨、绘画、朗诵、原创音乐等方式,表达疫情期间的所感、所惑、所思,引导学生对生命进行一次彻底的认识、甄别与行动。两位课程主讲教师还做客教育部关工委和中国教育电视台共同主办的《家校共育立德树人——家庭教育公开课》,发挥课程辐射作用,指导家庭加强生命安全教育,积极应对"疫情综合征",教会青少年尊重生命、尊重他人。

初等教育学院邹方程副教授通过课程思政的方式,挖掘中国书法文化中的保密教育元素,带领学生通过保密教育碑文临摹、习作的方式,发挥课堂教学主渠道作用,让国家安全教育焕发生机活力,促进大学生总体国家安全观入脑入心。

这节精心策划的"大思政书法课"贯穿了新学期前三节的线上线下教学,包含了"学文、习字、示范、明理、点评"五个环节,邹方程副教授布置学生在历史长河中从古文、碑帖中寻找保密教育相关的作品"学文";利用在线学习阶段指导学生在家多次书写训练"习字";赵宏教授、邹方程、马龙副教授书写保密教育书法作品为学生"示范";新学期首节线下课,学校保卫处副处长田今朝来到课堂讲解保密教育的重要性使同学们"明理";邹方程副教授分别针对楷书、篆书、隶书等不同作品进行分析、点评,讲授中不但引经据典,还特别与同学们讲述了欧阳中石先生"作字行文、文以载道、以书焕采、切时如需"的教育理念和教学故事。这节书法课共创作教师及学生保密教育书法作品 21 幅,并以"作品展览及交流"的形式结束了课程。学生在分享创作感受时谈道:"历史长河渊源流淌,留下了许多与保密教育相关的碑文篆刻。这些让我感到作为新时代的未来书法教师,更应该增强安全素养,把总体国家安全观教育、把我们对祖国的爱融入一横一竖、一撇一捺的小学书法教学中,为小学生扣好人生第一粒扣子。"

总体而言,学院围绕小学教育专业培养目标,落实师范类认证标准,坚持学生中心、产出导向、持续改进。根据不同学科专业的特色和优势,结合时代特点,深度挖掘提炼专业知识体系中所蕴含的思想价值和精神内涵,科学合理针对专业课程拓展广度、挖掘深度和提升温度,增加课程知识性、人文性,提升引领性、时代性和开放性。不断增进学生的课程学习体验、提升学习效果。

(四)拓宽育人渠道

伴随着信息化进程的推进,数字革命对于人类生活的影响日益深入。互联网时代改变了传统的教育模式,慕课、微课、直播课等新型授课方式不断出现,泛在学习成为可能。为了适应时代发展需求,实现新媒体与课程思政的深度融合,进一步引导学生成长成才,首都师范大学小学教育专业依托新媒体加强课程思政建设,旨在打破时空限制、丰富育人资源、促进师生交流、服务社会公众。

小学教育专业以思想引领为着力点,帮助教师认识到运用新媒体手段开展思想政治教育活动的重要性。引导教师明确新媒体手段并非传统课程思政途径的补充辅助，而是与当前学生重要的生活环境——网络空间息息相关，对于促进学生全面发展具有重要作用；组织线上教学培训，帮助教师学会利用云端聚集的海量信息，结合学生与课程特点挖掘思政元素，丰富教学素材与资源；通过新媒体运用，帮助师生突破传统教学在时间和空间上的束缚，不断创新教学形式与教学反馈方式，提升育人成效；基于新媒体传播的便捷性特点，引导教师在聚焦小学教师培养的同时，将立德树人的思考和成果与同行交流分享并辐射至社会大众，拓宽社会服务渠道。

例如，"教师语言"课程主讲教师张凤霞副教授创办了"用声音邂逅美妙"新媒体公众号，发挥专业优势，将朗读之美寓于喜马拉雅平台，以免费公益电台的形式，创新育人方式，聚焦教师教育，辐射社会公众，将课程思政引入"云端"，目前已开设红色经典、教育教学、传统文化、文学名著、诗意生活等多个朗读栏目。截至 2022 年 7 月，坚持了 2830 天，总播放量 317.57 万，总订阅数 3.75 万，粉丝量 3.3 万。该新媒体公众号彰显了新媒体育人的功能与特色，充分发挥了价值引领作用。

（五）助推课题研究

小学教育专业积极推动教师开展课程思政相关课题研究。其中"教师职业道德""教育心理学"等课程为首都师范大学的校级课程思政示范课程。下文以"教育心理学"课程为例阐述该课程思政建设总体设计情况。

挖掘思想政治教育资源：教学团队多年来坚持采用案例教学法，近年来借助学习心理视频分析案例库建设，主要从家国情怀、道德修养两方面优化课程思政内容供给，引导师范生在选择案例时思考家国大事和自身专业发展的关系，树立专业发展的正确方向，引导学生立志成为"四有"好老师，做儿童健康成长的引路人。

完善课程内容：教育心理学是心理学领域的经典学科，在按照教育部规定要求完成教师教育课程基本模块内容的前提下，我们还从学习科学前沿引入、国家关注儿童身心健康政策的心理学视角解读、教师积极心理品质评估与促进等方面完善课程内容,实现专业知识增进与育人的有效结合。

改进教学方法:课程从2010年开始进行在线教学辅助教学改革,先后依托BB学堂、师星学堂和学习通、企业微信等学校信息中心提供平台开展在线学与教,已经形成一整套可操作、成熟完善的课程资源、教学、学习与评价一体化的综合性在线课程平台。

探索创新课程思政建设新路径:考虑小学教育专业特点,强化在小学阶段如何切实提高师范生"育人第一"的教育价值观,通过课程教学示范以及所有任课教师自身示范,引导和培育未来小学教师尊重儿童学习科学规律,科学育人,以促进儿童发展作为教育教学工作的出发点和归宿。通过深入梳理专业课教学内容,结合课程特点、思维方法和价值理念,深入挖掘课程思政元素,有机融入课程教学,达到润物无声的育人效果。

又如在"大中小携手,构建思政一体化育人模式课题"中,在构建大思政的全局视野下,初教院与首都师范大学实验小学合作推进思政一体化育人模式。一方面,发挥高校优势,为实验小学提供科研引领,资源支持,平台搭建;另一方面,小学为大学的理论研究以及师范生的培养提供实践基地,最终探索出较为成熟的思政一体化培养模式。

(六)注重教师交流

小学教育专业注重开展课程思政交流活动。通过教师们的交流研讨,深入挖掘深层次、多样化的思政元素,积极摸索实践,实现专业教育与思想政治教育有机融合,做到相互渗透与融通,达到"润物细无声"的效果,在教育教学实践中将立德树人这一根本任务真正落实到位。

1.开展课程思政教学交流活动

例如,2021年4月26日至5月7日开展了"专业课程与思政元素有机融合"教学观摩与专题研讨活动,聚焦如何形成协同效应、怎样将专业课程与思政元素有机融合、小学教师培养过程中其独特的课程思政育人特色在哪里等问题,9门博士课程示范打样,学院领导、教指委成员、相关任课教师听课评课。通过课程思政教学展示平台,促进了教师间的交流学习,提升了课程思政教学实效。

9门本科课程内容设计用心、教学形式丰富,将思政元素有机融入了各自不同领域的专业知识中。傅添博士的"学校组织与管理"课堂,对不同历史时期的学校文化建设进行了回顾,并组织学生对新发展阶段学校文化的建设进行深入讨论。钟晓琳博士的"教师职业道德"课堂,将《新时代中小学教师职业行为十项准则》等国家政策文本融入课程内容,关注师范生底线伦理意识的培养。魏戈博士的"课程设计与评价"课堂,从社会主义核心价值观的视角切入,探讨学校课程设计的基本价值追求问题,强调了课程内容设计在坚持社会主义办学方向上的不可动摇性。唐斌博士的"小学美术课程与教学"课堂,以卢沟桥为案例,引导学生挖掘历史、文化内涵,将美术造型与革命传统文化相结合。欧璐莎博士的"儿童歌曲创作"课堂,以不同时期的儿童歌曲代表作为历史脉络,组织学生探讨时代发展背景下的儿童歌曲从革命性到发展性的转变。律原博士在"单片机原理与应用"课堂中将"1921—2021"中国共产党百年历程相关内容融入单片机控制的点阵滚动显示等学习任务。罗涛博士的"汉字学与识字教学"课堂,史料丰富,文化感染力强,注重引导学生树立文化自信。熊艳艳博士的"小学英语教师口语"课堂紧密联系教学实践,引导学生体会、理解新时期小学英语教师的职业特性与担当。苏萌萌博士的"教育心理学"课程则通过呈现学习方法的历史演变及对构建学习型社会的倡议,引导学生树立正确的学习观。

2.组织课程思政讲座

小学教育专业紧紧抓住教师队伍"主力军",以讲座等多种形式加强对任课教师的指导,推动教师课程思政教学能力的提升。

例如2022年5月26日,邀请北京联合大学宣传部常务副部长孔军为教师作了题为"课程思政的认识、实践与思考"的线上讲座,开启了一场有关课程思政教学与教育的精彩对话。讲座围绕"课程思政是什么""课程思政怎么看""课程思政怎么办"三个方面对课程思政的认识、实践与思考进行了系统深入的讲述。从课程思政缘起——"全国高校思想政治工作会"、发展——"北京大学师生座谈会"、成形——"全国教育大会"、画龙点睛——"学校思政课教师座谈会"的发展脉络和会议精神入手,提出课程思政建设的主体、目的、方法,阐述课程思政与三全育人的关系,思想政治工作体系与人才培养体系之间的关系。并结合党中央、国家教材委员会、教育部、教指委对于课程思政建设的工作部署,探讨课程思政建设方向要走向专业思政、学科思政等。

在教师发展方面。引领教师进一步强化育人意识,找准育人角度,提升育人能力,确保课程思政建设落地落实、见功见效。分学科专业领域开展经常性的典型经验交流、现场教学观摩、教师教学培训等活动。充分发挥基层教学组织作用。帮助教师加深对课程思政核心目标的理解,学以致用,切实实现将课程思政融入专业课,以达到润物细无声的效果。

总体而言,初等教育学院的课程思政工作以培育"四有好老师"为核心引领,构建了"五位一体"课程思政体系,引导教师结合课程特点深挖思政元素,将课程思政融入全过程,并不断拓宽课程思政渠道,有效落实了立德树人根本任务,实现了价值塑造、知识传授、能力培养的和谐统一。

三、反思与展望

课程思政作为思想政治教育领域改革的新方向,相关理论研究与实践探索需要进一步加强。小学教育专业应反思现有课程思政成果,基于人才培养特色,彰显时代性、前沿性,进一步优化育人成效。

首先,明确课程思政建设质量标准及评价标准。由于小学教育专业不同学科类课程间差异较大,需要教师深入探讨影响课程思政课程质量的各类因素。并从课程特色、教师主体因素、课程教学过程以及学生学习效果等维度出发，探索课程思政教学的质量标准，构建合理完善的质量评价标准，为课程思政教学改革提供框架依据。

其次，建设课程思政网络教育教学平台。伴随着信息化社会的推进，数字革命对于人类生活的影响日益深入。在线教学不仅是教育媒介的革命，更蕴含着独特的基于网络世界的价值引领作用。例如，以传统教育方式接受网络伦理教育时，容易产生割裂感，致使难以达到预期的效果。而借助在线教学这一与网络生活处于同一维度的教学媒介，易于贴近学生的心灵，实现育人目标。因此，需要努力建设集资源、教学、实践于一体的课程思政网络教育教学平台，深入推进在线课程与课程思政的深度融合，提高网络教育教学资源质量，充分利用网络平台相关统计数据，推动立德树人落实落地。

再次，加强课程思政教学团队建设。在目前党支部、教研室为单位开展课程思政教研的基础上，以小学教育专业课程群建设为引领，构建围绕课程群的课程思政教研团队，教学团队在年龄、职称、经验、影响力等方面形成合理梯度，通过组织教研活动，带动团队教师增强育人使命，提高育人成效。

最后，推动课程思政的实践层面改革。在第一课堂增加思政实践教学内容，让学生在实践中感受到所学有用，充分发挥第二课堂的实践育人优势，引导学生深入社会实践、关注现实问题，培育学生良好的教师职业素养，丰富网络课堂思政资源，注重学生与教师、学生与学生之间的互动学习。打造线上、线下、校内、校外一体化的思政育人实践体系。

（执笔人：于帆）

构建跨学科课程群：着力培养小学教育专业师范生跨学科素养

小学教师需要具备跨学科素养，首都师范大学初等教育学院始终坚持"综合培养、主兼多能"的人才培养理念，持续探索小学教育师范生跨学科素养的内涵、结构与培养路径。小学教师的跨学科素养是联结小学儿童、小学教师与未来生活的高阶素养，包含小学教师的跨学科基本理念、跨学科基础知识、跨学科基本能力、跨学科核心品格四个主要维度。在具体培养路径上，首都师范大学初等教育学院明确专业培养目标和毕业要求中跨学科素养的指向和内涵；优化课程体系，丰富多学科交叉板块；建设以"小学跨学科教育"为核心的高支撑跨学科素养课程群；以实践和研学提升跨学科素养培育的实效性，为未来创新型卓越小学教师赋能。目前，构建了高支撑小学教育专业师范生跨学科素养培育的课程群，形成了一些大小联动、教研一体、国内外联合的课程教师团队，促进了小学教育专业师范生跨学科素养培育的理论研究，培养了具备较好跨学科教学和学科融合的知识基底的创新型小学教师，以卓越的师范教育服务首都基础教育。未来需要进一步结合义务教育的新动向优化课程构建和教学实践。

一、背景与问题

小学教育是人生发展之基,卓越的小学教师是儿童终生成长的引路人。如果说小学教育面向儿童的全面发展,那么小学教师就需要具备跨越学科边界的综合素养,我们将其称为"跨学科素养"。

近年来,教育部从国家层面对小学教师跨学科素养的培育做出了明确指示。2014 年 5 月,《卓越教师培养计划》指出,师范院校应"重点探索小学全科教师培养模式,培养一批能够胜任小学多学科教育教学需要的卓越小学教师"。2018 年 9 月,《卓越教师培养计划 2.0》进一步强调应"培养素养全面、专长发展的卓越小学教师,重点探索借鉴国际小学全科教师培养经验"。2021 年 5 月,《小学教育专业师范生职业能力标准(试行)》再次指出,小学教育专业师范生应"掌握主教学科的基本知识、基本原理和基本技能,了解兼教学科的基本知识、基本原理和基本技能,并具有一定的综合运用学科知识的能力"。

首都师范大学初等教育学院作为国家首批卓越小学教师培养单位,始终坚持"综合培养、主兼多能"的人才培养理念,持续探索小学教育师范生跨学科素养的内涵、结构与培养路径。我们认为,小学教师的跨学科素养是联结小学儿童、小学教师与未来生活的高阶素养,具体指小学教师所拥有的促进不同学科互动、合作、融合、整合,从而解决真实生活中复杂的问题并创新已有知识的、相对稳定的专业特质,包含小学教师的跨学科基本理念、跨学科基础知识、跨学科基本能力、与跨学科核心品格四个主要维度。它能够帮助小学儿童适应社会发展与生活挑战,充分体现了小学教育的儿童性、综合性与养成性。

基于此,我们进一步勾勒了小学教师跨学科素养的结构。我们认为,小学教师跨学科素养是指小学教师整合学科内容或设计跨学科问题进行教育教学的基本理念、基础知识、基本能力和核心品格。其中,基本理念指的是立德树人、以儿童为本的课程协同育人理念,包括领会党和国家的教育方针、掌握儿童发展的一般规律、认同协同育人的主流理念;基础知识指的是主教学科与多学科知识的融会贯通,体现为主修一门学科专业,外加兼教一门及以上的学科专业,并实现不同学科知识之间的横向流动;基本能力指的是跨学科课程与综合性课程设计、实施与评价的能力,这些能力不是线性的、碎片化的,而是整合、系统化的、基于真实教学情境和教学问题随机应变的能力;核心品格指的是坚持不懈、批判反思、终身学习的品质,跨学科素养比单一学科教学要求更高,不仅需要教师具有广博的知识和精湛的能力,还需要具备面对现实挑战不断创新的品格,真正让教师成为课程与教学的开发者而不是被动的实施者。

卓越小学教师跨学科素养如何培养? 在跨学科素养结构框架下,我们从六大课程板块对上述四个核心要素进行支撑(如表 2-1 所示),先后建设了300 余门课程,加强实践课程的全面升级,致力于培养能以儿童为本、全面育人、终身发展,具有未来教育家潜质的创新型小学教育人才。

表 2-1　课程模块对小学教师跨学科素养的支撑程度

	思想政治理论课程	通识教育课程	儿童教育课程	专业方向课程	跨专业方向课程	实践与研究课程
跨学科基本理念		H	H			
跨学科基础知识					H	
跨学科基本能力				H		
跨学科核心品格	H					H

注:H 表明课程模块对小学教师跨学科素养要素具有高支撑度

二、举措与成效

着力于小学教育师范生跨学科素养的培育，首都师范大学初等教育学院在专业建设和人才培养探索中，采取了一系列得力的举措。聚焦跨学科素养要素，丰富多学科课程交叉板块，建设拓展型跨学科课程群，优化课程支撑，以实践和研学提升跨学科素养培育的实效性，凸显和落实师范生跨学科素养。具体而言，改革举措主要包括如下四个方面。

（一）明确专业培养目标和毕业要求中跨学科素养的指向和内涵

首都师范大学小学教育专业本科人才培养方案，在培养目标中明确了跨学科素养的指向，集中体现在核心素养之"素养综合"。"素养综合"表现为"具备综合育人的良好素质，学科专业素养扎实，具有跨学科知识结构，'主兼多能'，并能通过'知识整合'与'技术融合'促进教育教学工作。"紧密对接于此，我们将其转化为相应的明确、可执行和测量的毕业要求及其指标点，切合小学教育师范生跨学科素养的内涵，这些毕业要求及其指标点主要涉及：第一，"知识整合"下的"3-1 具有广博的人文、科学与艺术素养，形成综合性的知识结构"；第二，"知识整合"下的"3-3 初步掌握兼教学科的基本知识、基本原理和学科体系"；第三，"知识整合"下的"3-5 具有跨学科教育理念与知识整合能力，理解学科之间的联系，以及社会实践、生活实践之于儿童学习与成长的意义"；第四，"教学能力"下的"4-4 具有较强的教学资源开发和课程整合能力，能够进行跨学科、综合性的学习活动设计、组织、实施与评价"；第五，"技术融合"下的"5-3 具有基本的数字教育资源开发以及信息化学习环境的建设与应用能力"；第六，"综合育人"下的"7-1 理解小学生身心发展和养成教育规律，具有促进儿童全面健康发展的意识和德、智、体、美、劳综合育人素养"；第七，"反思研究"下的"10-2 具有一定的问题意识和创新意识，能够运用国内外先进教育理念和批判性思维从不同角度分析真情境中的教育教学现象，并能发现、提炼并尝试解决教育教学实践中的问题"。

上述毕业要求及其指标点，涵盖知识、能力、情感、态度、价值观等一系列要素，聚焦于小学教育师范生跨学科素养。跨学科素养的明确指向和具体内涵，旨在引领小学教育专业致力于培养具有跨学科素养的创新型卓越小学教师。具有跨学科素养的创新型卓越小学教师，既要造就具有跨学科素养的自己，又要培养具有跨学科素养的小学儿童。因此，首都师范大学初等教育学院培养具有跨学科素养的创新型卓越小学教师的目标和具体要求，精准对接首都"四个中心"建设和经济社会高质量发展对基础教育人才培养的需求，以及基础教育改革的前沿。

（二）优化课程体系，丰富多学科交叉板块

小学教育专业课程是小学教育专业实施人才培养的主要载体。"综合培养、主兼多能"的人才培养理念下，首都师范大学初等教育学院就师范生跨学科素养培育，不断优化课程体系，超越单一学科局限，设置跨专业方向课程，丰富多学科交叉板块。

在主教学科模块之外，设置包含跨专业方向课程的多学科交叉板块，旨在支撑师范生跨学科基础知识的获得，保证师范生具备跨学科多学科能力。即在主教学科方向有"扎实学识"的基础上，能掌握兼教学科的基本知识、基本原理和学科体系，具备兼教学科的基本教学能力。这是师范生引导小学儿童进行跨学科和综合性学习，其自身应具备的学科知识基础和教学基础。

我们的课程体系中多学科交叉板块的前身是兼教方向课程系列。兼教方向的设立，在首都师范大学初等教育学院由来已久。2010年6月刊登在《文汇报》的《全科教师，我们能不能学？》一文，引发社会的广泛热议。首都师范大学初等教育学院组织多次会议进行研讨，从现实需求和未来发展趋势思考综合型、分科型和全科型小学教师培养的合理存在与具体选择。由此开

启了突破本科层次单一学科小学教师培养的话题以及在中国的实践。

首都师范大学初等教育学院根据首都基础教育发展状况确定了"综合培养、主兼多能"的培养路径。我们认为，小学教师培养要体现综合性。针对如何解决综合性培养的问题，我们在有限学时内，基于原有主教学科方向上，提出了兼教方向的设置，以赋予师范生多一项技能。较之主修和辅修的设置，主教加兼教的方案更为切实。同时，我们给予师范生兼教方向更多的选择权，师范生可以在主教方向之外根据自己的兴趣和水平自主选择兼教方向。我们发现有些方向在小学教育实践中有迫切的现实需求，而主教方向没能覆盖到。对此，我们设置了相应的兼教方向，如小学生心理咨询和少先队活动等。

在小学教育专业本科人才培养方案（2010 版）中设置 13 个兼教方向，分别是小学语文、小学数学、小学英语、小学科学、小学电教、小学思想品德、少先队活动、小学音乐、小学舞蹈、小学美术、小学书法和小学生心理咨询等。小学教育专业本科人才培养方案（2014 版）对兼教方向进行了调整，保留了原有的小学语文、小学数学、小学英语、小学科学、小学音乐、小学美术、小学书法和小学生心理咨询等方向；小学思想品德方向更名为小学德育，小学电教方向更名为小学教育技术；此外，增加了综合实践活动和传统文化教育方向，也删除了小学舞蹈等方向。小学教育专业本科人才培养方案（2016 版）增设生命教育兼教方向。小学教育专业本科人才培养方案（2020 版）再增设小学教育研究兼教方向。

目前，我们的课程体系多学科交叉模块中，提供了中文、数学、英语、科学、信息、小学德育与少先队教育、音乐、美术、书法、国学教育、小学心理咨询、生命教育与班主任工作、小学教育研究、小学综合实践活动 14 个方向跨专业方向课程模块，模块分配有 8 个学分。师范生可以在主教学科之外，自主选择 14 个模块之一，作为跨学科专业方向修读（如图 2-3 和图 2-4）。

多年来，支撑小学教育师范生跨学科素养的课程体系在更新迭代中不断优化,跨专业方向课程模块设置不但紧扣和强化小学教育专业的特征,而且关注基础教育改革的趋势。多学科交叉模块保持了稳定性与适应性的平衡,具有丰富的当代内涵,切合了社会和时代对小学教育师范生融通不同学科能力的需求。

图 2-3 "小学教育专业"课程体系 1

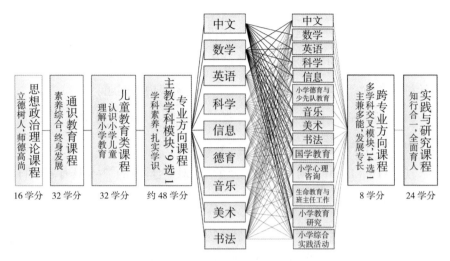

图2-4 "小学教育专业"课程体系2

(三)建设以"小学跨学科教育"为核心的高支撑跨学科素养课程群

没有跨专业方向课程,将导致跨学科基础知识的先天不足,素养养成只能是无米之炊。高支撑跨学科素养课程群的建构,将解决跨学科基本理念、基本能力以及核心品格的有效养成问题。该课程群的建设既源于对兼教课程设置与实践的反思,更有基于《小学教师专业标准》研制的理论探究和理念践行的初心。我们注意到兼教课程教学中跨学科意识不够凸显,而我们的人才培养要适应小学综合性教学的要求。首都师范大学小学教育专业的高支撑跨学科素养课程群建构也就应运而生,我们在全国率先设置了跨学科类课程。

1."小学跨学科教育"是高支撑跨学科素养的课程群的核心课程

"小学跨学科教育"课程从2014年就进入了首都师范大学小学教育专业人才培养方案。经过多年的建设,该课程作为儿童教育课程板块中的拓展型课程,已经成为高支撑跨学科素养课程群的核心课程。目前,课程设定的教学目标如下:

(1)了解小学跨学科教育的基础知识和基本理论,形成小学跨学科教育的意识。

（2）初步具备小学跨学科合作教学设计、实施和评价的能力。

（3）具有一定的问题意识，能够运用批判性思维、创造性思维分析小学跨学科教育中的现象，发现、提炼并尝试解决实践中的问题。

（4）尊重、理解、保护、平等对待每一位儿童及其跨学科学习，以儿童发展作为小学跨学科教育工作的出发点和归宿。

其中目标（1）和（2）对上文所提及的"知识整合"下的"3-5 具有跨学科教育理念与知识整合能力，理解学科之间的联系，以及社会实践、生活实践之于儿童学习与成长的意义"、"教学能力"下的"4-4 具有较强的教学资源开发和课程整合能力，能够进行跨学科、综合性的学习活动设计、组织、实施与评价"形成高支撑，以促进师范生跨学科基本能力，并涵养其跨学科基本理念。

该课程的教学内容主要包括小学跨学科教育的基本概念、课程设计模型与常见课程、小学跨学科教育评价方法、小学跨学科的教学模式以及小学跨学科教育实践策略等。课程内容体现了对理论最新动态的关注，以及跟踪对接基础教育课程改革的前沿，体现了对国际视野和本土先行实践经验的囊括。

在课程的实施上，第一，以虚拟教研室的形式组成了大小联动、教研一体、国内外联合的教师团队，团队成员包括来自中国首都师范大学和英国剑桥大学的教师，来自北京十一学校分校的教师，北京市私立汇佳学校的教师以及北京海淀教师进修学校教研员。第二，重视理论学习与实训相结合。课程强调学以致用、融会贯通，重视引发学生关注小学跨学科教育的新动向和新成果。第三，线上线下教学有机融合，以项目—任务教学驱动促进学生自主学习。第四，恰当运用案例教学，给学生提供可供参照的来自本土一线以及国外的优秀跨学科教学范例。第五，注重实践活动，充分利用教学实习，促使学生对小学跨学科教育基于理论认知，有进一步的感性体验、模拟实操和反思升华，提升学生小学跨学科教育课程设计与教学设计、实施和评价的基本技能。

小学教育师范生对该课程给予积极反馈。学生不仅有明确课程协同育人意识，还具有小学综合课程设计和跨学科主题学习设计的理论理解和实践经验，能根据具体单元设计跨学科学习档案袋，对小学儿童的跨学科学习进行评价。

2020 年初，教师团队曾在"小学跨学科教育"课程结课后对学生进行了问卷调查，学生普遍认为该课程打开了新视野，应该从入学就开始培养有跨学科力的小学教师，类似的课程已作为长期课程贯穿学生 4 年的学习生活。

2.从不同的课程模块拓展出高支撑跨学科素养的课程群

小学教育师范生跨学科素养的培育，即使有跨专业方向课程群作为跨越学科边界的基础，"小学跨学科教育"一门课程也无法形成有效的支撑，需要多门课程协同形成合力。基于此，首都师范大学小学教育专业从不同的课程模块拓展出高支撑跨学科素养的课程群（如图 2-5 和图 2-6）。在现有的六大课程板块中，跨专业方向课程群主要是高度支撑跨学科素养要素之基础知识的获得，归属于其他模块的系列课程，在课程目标和内容上对接指向跨学科素养的毕业要求及其指标点，从跨学科素养的基本理念、基本能力和核心品格等要素，支撑小学教育师范生养成跨学科素养。

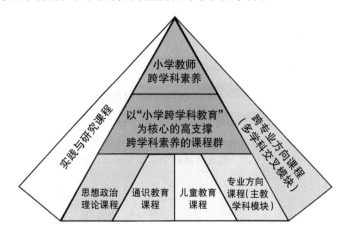

图2-5　高度支撑跨学科素养的课程群与课程模块的关系图

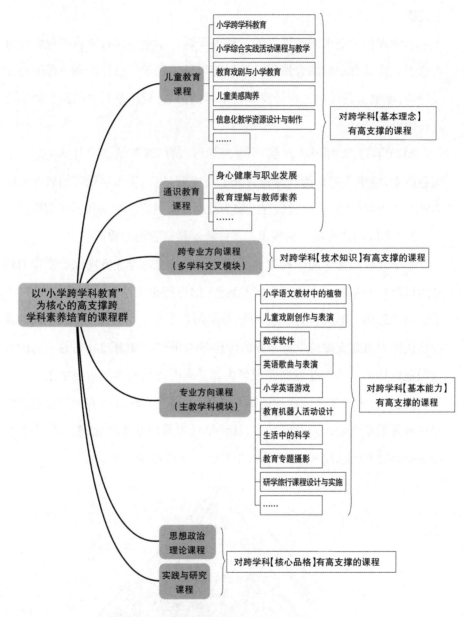

图 2-6　高度支撑跨学科素养的课程群

对跨学科基本理念有高支撑的课程多来自通识教育课程模块和儿童教育课程模块。如通识选修课程 "身心健康与职业发展""教育理解与教师素养"系列,儿童教育课程拓展类课程"小学综合实践活动课程与教学""教育戏剧与小学教育""儿童美感陶养""信息化教学资源设计与制作"等,以及作为儿童教育课程拓展类课程的"小学跨学科教育",都有助于小学教育专业师范生树立"立德树人、以儿童为本的课程协同育人理念",促进其价值体认与践行。

对跨学科基本能力有高支撑的课程多来自专业方向课程板块。如专业方向课程模块中的方向拓展类课程,"小学语文教材中的植物""儿童戏剧创作与表演""数学软件""英语歌曲与表演""小学英语游戏""教育机器人活动设计""生活中的科学""教育专题摄影""研学旅行课程设计与实施"等,都属于跨学科课程,能帮助小学教育专业师范生融通不同学科,加强知识综合运用和问题解决,有效支撑其跨学科、综合性课程设计、实施与评价的综合能力的实现。

对跨学科核心品格有高支撑的课程多来自思想政治理论课程模块和实践与研究课程板块。思想政治理论课程模块的各门课程以及实践与研究课程模块课程高度支撑小学教育专业师范生养成坚持不懈、批判反思、终身学习的品质,形成跨学科核心品格。

(四)以实践和研学提升跨学科素养培育的实效性,为未来创新型卓越小学教师赋能

小学教育专业师范生作为未来教师,既是实践者,也是创造者,还是创新的实践者。首都师范大学初等教育学院在全方位升级的实践体系中,要求指导教师协调安排好实习生的跨学科听课活动,鼓励实习生进行兼教学科、跨学科的课堂教学实践。基于"多学科交叉板块"的跨学科方向课程以及系列的高支撑跨学科素养课程学习,学生在跨学科基本理念、基础知识、基本能力以及核心品格四个核心要素上有较为整体的发展, 特别是原理和知识层面为跨学科教学实践打下了较好的基础。明确的跨学科意识、不同学科的融会贯通,使得学生在教育实践中打破学科的藩篱,融合和整合不同学科知

识,学会从不同学科的视角拓展自身以及小学儿童对事物的理解,理解儿童的发展,引导儿童进行跨学科的学习,发展小学儿童核心素养。在实践过程中,学生印证跨学科教育原理,发现和探究跨学科学习中的现象与问题,通过实践创新获得跨学科、综合性课程设计、实施与评价的经验方法,通过研究反思显化跨学科教学的实践性知识,并磨炼跨学科的核心品质。内化于心,外化于行,提升了小学教育专业师范生跨学科素养培养的实效性,利于未来小学创新课程引领者的培育,为未来创新型卓越小学教师赋能。

研学,作为主动获取知识、应用知识、解决问题的高实践性教育教学活动,突出"做中学",也是一种有效的跨学科融合学习模式,对于提升小学教育专业师范生跨学科素养培育有独到的贡献。从 2019 年开始,首都师范大学初等教育学院坚持开展研学活动(如表 2-2 所示)。参加研学的学生在真实情境、真切体验、思想火花碰撞中开阔了视野、增长见识、丰富阅历,利于学生综合性的知识结构的形成、知识整合能力的提升,进而深切感受理解学科之间的联系,以及社会实践、生活实践对儿童学习与成长的意义,还利于提升学生的教育资源开发和课程整合能力。

表 2-2 首都师范大学初等教育学院本科生研学活动

时间	研学主题	基本内容
2019	重走西北联大路	"五四运动"发源地——历史与文化;汉中——文化、环境与生物;西安——历史、文学、书法与西北联大精神等
2019	深圳:创新与城市发展	改革开放的历史、创新带来城市变化、现代企业环境与制度
2021	城市、海洋与湿地	天津滨海城市发展与城市大脑;南大港湿地、植物及鸟类;海洋与环境
2021	陶瓷、运河、园林与城市变迁	宜兴紫砂工艺;运河文化与城市;苏州的城市变迁与园林艺术
……	……	……

经过多年的辛勤耕耘,首都师范大学初等教育学院在小学教育专业师

范生跨学科素养培育的理论研究和实践探索上,取得了显著成效。

第一,以跨学科素养的核心要素为目标,构建了高支撑小学教育专业师范生跨学科素养培育的课程群。高支撑跨学科素养的课程群结构合理、层次清晰、彼此关联、相互配合,且深度呼应,构建了基于模块拓展新课程机制,生成了一批对接基础教育改革跨学科素养培育前沿需求的新课程。

第二,在高支撑跨学科素养的新课程建设中,形成了一些大小联动、教研一体、国内外联合的课程教师团队,组成了虚拟教研室,提升了教师教育者团队的教学和科研能力。

第三,促进了小学教育专业师范生跨学科素养培育的理论研究。聚焦小学教师跨学科核心素养内涵、结构和培养路径,初步构建了切合首都教育发展的小学教育专业跨学科素养培养的实践模型。

第四,培养了一届又一届跨学科基本理念明晰、具备较好跨学科教学和学科融合的知识基底的创新型小学教师,以卓越的师范教育服务首都基础教育。一方面是整体小学教育专业师范生的跨学科素养得到肯定,另一方面,优秀小学教育专业师范生的跨学科素养在各种活动中得到凸显。例如,首都师范大学初等教育学院参赛团队,在 2020 年"真爱梦想杯"第五届全国校本课程设计大赛中,荣获了二等奖。团队遵循"以学生为中心"的指导思想,注重对小学儿童核心素养及综合能力的培养,结合中文、数学、科学、美术等多个学科进行设计,创设出适宜小学高段的跨学科校本单元课程"垃圾分类"。2019—2022 年本专业学生在大学生创新创业计划项目中获得国家级、市级以上立项 20 余项。

三、反思与展望

尽管初等教育学院在小学教育专业师范生跨学科素养培育的理论与实践探索,布局早,成果显著,但小学教师跨学科素养的培育是一项系统工程,尤其是在新时代，更需要校内校外、线上线下、理论实践的多通路协同。基于首都师范大学初等教育学院的育人实践探索，我们反思现有工作并提出如下优化建议。

第一，在课程结构上，进一步优化专业课程板块和跨学科课程群的建设。一方面，丰富跨学科课程的供给，明确每一门课程目标对师范生跨学科素养的支撑度；另一方面，对现有课程进行整合，鼓励不同学科专业教师合作开设跨学科课程。

第二，在课程内容上，体现时代性、前沿性，以基础教育一线的鲜活案例与真实需求为出发点，不断迭代专业课程的内容。例如，在"双减"背景下，基础教育改革坚持创新导向，强化课程综合性和实践性，推动育人方式变革，着力发展学生核心素养的导向，应成为提升师范生跨学科素养的典型案例。

第三，在教学方法上，突破传统的讲授式，采用项目式学习的方法落实学生中心、产出导向的教学变革。例如，2022年4月教育部修订了新的《义务教育课程标准》，小学阶段强调了学科实践的重要性，这就要求小学教育师范生掌握项目式学习的方法，从项目提出、项目分析、项目设计、项目执行、项目评价的全流程，以项目驱动的方式综合培养自身的跨学科素养。

第四，在研究实践上，进一步推进实践、研学、实习、实训的课程化。虽然我们开设了丰富的实践与研究课程，但是相关内容与理论课程的关联度不高，研究实践的课程化、体系化有待完善，特别是实践活动与理论学习之间的相互影响有待进一步的评估。

（执笔人：唐斌、魏戈、刘慧）

"学-研"结合：促进小学德育人才高质量培养

在高校专业的实践探索中，小学德育方向建设和输出了一种"学-研"结合的小学德育人才培养模式。这既是一种高校办学的实践探索，又是一种以"学-研"的方式建设德育专业的研究进程。该模式既重视常规的师范专业德育方向的人才培养，以课程建设、人才培育、教师队伍建设夯实"学"之土壤，又特别注重小学德育研究与实践，将科学研究反哺人才培养作为研究的价值之一与重要出口，尤为注重课题、项目、教材等研究性资源的累积与应用，形成"研"之动力，由此逐渐构成了"学-研"紧密结合的循环系统。

一、背景与问题

不可否认，德育发展至今，已成为一个独立的学科领域。其研究成果日趋丰硕，形成了自己的研究范式和众多理论流派，已有一些高校设有德育方向的硕士点和博士点。德育学不同于思想政治教育，也不同于伦理学，但与两者关系紧密；同时，德育学与教育学、心理学等学科发展也一直是相互依傍、相互借力的关系。从实际情况来看，德育领域已形成相对成熟的科目群，如德育原理、德育社会学、德育心理学、德育与家庭教育、德育与班级管理等。借助科研机构与高校力量的研究动力，目前已极大地推进了德育理论的繁荣与发展,如生活德育、情感德育、欣赏型德育、生命德育等。

这些理论成果如何转化到德育实践中去,一方面要依靠一线教师的职后学习与培训;另一方面,急需创设和发展职前相关专业,以传播、吸收这些新理论,为未来的德育工作提供优良的教师队伍,也为当前已有的教师培训提供专业理论指引。"立世德为首,立德育为先。"德育工作一直以来都是学校教育工作中的重要组成部分。落实立德树人,做好学校德育工作的关键在教师。教育部于 2012 年颁布了中小学幼儿园教师专业标准(试行),又于 2014 年展开中小学幼儿园教师培训课程标准研制工作。这一系列指向教育发展和教师队伍建设的重要政策文本和工作,加强了教育发展对"教师德育专业化""德育课程建设"等方面工作的关注和投入。它昭示着一个重要的发展趋势——我国的教育理论、政策与实践均在逐步明晰相对于教学专业化专注于学科与教学,德育专业化旨在关心每一名教师的育德意识和育德能力,即各项德育工作背后所需要的知识基础和能力基础,顺应专业化发展的方向。

在强调"立德树人"以及德育教师专业化的大背景下,首都师范大学顺应国家教育发展方向、响应习近平总书记号召,始终重视德育工作建设,在师范生教育、教师队伍建设、国家课题研究等方面积极推进落实立德树人和教师专业化培养,以培育优秀的研究型专业教师为导向。早在 2007 年,首都师范大学已开始承接多项北京市各区县小学德育教师对口培训项目。到 2009 年,学院已领先全国将一门小学德育课程设置为全院必修课,2012 年学院增设小学德育兼教方向,同时,学院每年都承担多个地市级小学德育培训项目。自 2015 年起,首都师范大学开始招收第一届小学德育方向专业硕士生,从 2019 年起,面向北京市生源,新增本科层次小学教育(德育师范)专业方向,均由首都师范大学初等教育学院接收培养,为北京市小学教育培养从事德育工作的专业教师。

首都师范大学初等教育学院自成立以来始终立足北京、放眼全国、面向世界,希望通过小学教育(德育师范)专业方向培养能够立足北京市基础教育改革与发展的需要,传承百年师范精神,面向未来,培养师德优秀、理想信念坚定,能以儿童为本、全面育人,素养综合、能够终身发展,具有研究和钻研意识,具备卓越小学教师和未来教育家潜质的小学德育人才。开设小学德育的本科方向,无论对于德育理论还是德育实践,都具有重大的历史意义与现实价值。这既是一种高校办学的实践探索,更是一种以"学—研"的方式建设德育专业的研究进程。"学-研"结合的人才培养模式既重视常规的师范专业德育方向的人才培养,以课程建设、人才培育、教师队伍建设夯实"学"之土壤,同时特别注重小学德育研究与实践,将科学研究反哺人才培养作为研究的价值之一与重要出口,尤为注重课题、项目、教材等研究性资源的累积与应用,形成"研"之动力,由此逐渐构成了"学—研"紧密结合的循环系统。这种模式将为国家培养出一批又一批专业扎实、能力综合的小学德育工作者。

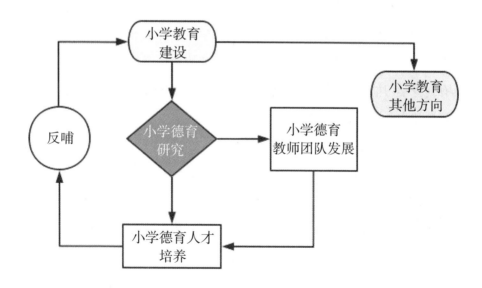

图2-7 "学-研"结合的小学德育人才培养模式

二、举措和成效

(一)探索德育类人才培养路径

1.明确德育方向人才培养目标

在德育专业和德育学科建设过程中逐渐明确人才培养的目标。具体体现在师德规范、教育情怀、学科素养、教学能力、班级指导、综合育人、学会反思、沟通合作八个方面。通过 4 年学习,师范生能够践行社会主义核心价值观、依法执教,立志成为有"四有"好老师;热爱小学教育事业,积极了解、热爱和尊重学生,具有"爱心、童心、乐教、乐学"的教育情怀;具备小学德育相关的知识与能力基础,掌握多种育人的途径和方法,能够独立组织小学德育活动。理解小学德育原理,掌握德育基本方法,具备班级管理和活动组织能力;具有小学德育教师的基本技能,熟悉教学对象与教学内容,能熟练完成德育教学、少先队活动等常规德育工作;了解德育理论与实践的前沿问题,具有终身学习能力,学会分析和解决德育工作中的问题;具有良好的团队合作精神和沟通协调能力;等等。

2.联手各附小和基地学校共同探讨德育人才培养思路

小学德育方向的毕业生,未来将主要求职于小学"道德与法治"课程任课教师,以及少先队大队辅导员岗位。为此,一方面我们对区域范围内小学德育岗位的人才需求进行调研,另一方面,我们积极联合各区教育部门,在体制上梳理小学德育教师的现实供需关系,为该方向毕业生就业创造良好条件。

2018 年,学院与史家小学签订了德育方向学生定点实习基地计划。五年来,初等教育学院的德育导师团队与史家小学的道德与法治教师团队联手,送走了一届又一届理论与实践能力兼备的毕业生。开设小学德育专业的本科方向,无论对于德育理论还是德育实践,都具有重大的历史意义与现实价值。这既是一种高校办学的实践探索,又是一种以"学—研"的方式建设德育理论的研究进程,它将为国家培养出一批又一批专业扎实、能力综合的小学德育工作者。

2019 年第一届德育方向的本科生转眼已经度过了 4 年的大学生活,他们活泼进取,团结友爱,积极参与各类小学教育实践和项目研究。其中,以德育班学生为主要创作团队的《大学生写给小学生的画本故事》德育画本创作工作已出版了第一本画本故事《心愿书店》(天津人民出版社,2021 年),第二本画本故事《翻过那座山》将于 2023 年底出版。

(二)将德育类课程建设为核心抓手

1.德育类课程建设回应了宏观小学教育发展的需要

2011 年,教育部颁布的《小学教师专业标准(试行)》中明确提出了小学教师要"树立育人为本、德育为先的理念,将小学生的知识学习、能力发展与品德养成相结合,重视小学生全面发展"。同年,教育部颁发的《教师教育课程标准(试行)》中,将"小学生品德发展与道德教育"课程作为小学教师教育课程中的一个建议模块。2012 年,党的十八大明确提出"把立德树人作为教育的根本任务"。这从根本上凸显了学生品德发展与道德教育课程的社会价值。同年,教育部组织开展教师教育国家精品资源共享课立项建设,经过层层筛选。2013 年度,"小学生品德发展与道德教育"课程为 200 门立项建设课程中唯一的一项新课程,刘慧教授为项目主持人。2015 年课程通过项目审核。2019 年 10 月 25 日,"小学生品德发展与道德教育"这门课程在大学MOOC(慕课)平台开设第一期面向全社会的慕课教学。2020 年底,该门课程获批国家一流本科生课程。

小学生品德发展与道德教育在初等教育学院的课程方案中,一直以来都是一门必修课,该课程前身为"小学德育实践",后因教师教育课程标准颁布后,发展为"小学生品德发展与道德教育"。这门课程面向初等教育学院所有本科生开设,为通识必修课程。该门课程除了是本科必修的课程外,也是小学品德与少先队兼教方向的必修课程,同时也是 2019 年新开设小学教育(德育师范)本科方向的基础专业课程。

2.德育类课程建设夯实了本科生"立德树人"人才培养的基石

对标人才培养目标,初等教育学院为本科生人才培养研制了较为完备的课程方案(包括面向所有本科生的德育类课程和德育方向的专业课程)。基于已有师范教育,以及近年来教师职后培训经验的积累,我们认为,小学德育专业方向课程应涉及几大类:

一是专业方向基础类课程。这部分课程会提供专业德育师资所需的多个学科支撑,为小学德育工作者打下坚实的理论基础。课程将涉及伦理学基础、政治学概论、法学概论、德育原理等小学德育的基础理论科目。

二是专业方向核心类课程。这部分课程需要细致考虑如何实现德育理论与德育实践的对接,在德育理论的"实践化"和德育实践的"课堂化"方面下足功夫。课程将聚焦小学德育专业的核心课程,包括道德与法治课程标准与教材分析、教学设计,儿童组织与思想意识教育理论与实践、研学旅行课程等。

三是实践教学类课程。这部分课程主要指向师范生教育教学实践能力的锻炼和提升,包括经过达到一定量的道德与法治课堂教学实践、少先队活动(课)实践、教育教学实习、科研指导课程等。

此外,初等教育学院还为小学德育方向的师范生开设读书课程,以及形式多样的素养类课程,包括舞蹈、钢琴、书法、科学、家庭教育等课程。

(三)着力发展德育教师导师队伍

小学阶段的德育工作涵盖多个方面,包括道德与法治课程教学、少先队组织建设与活动(课)开展、班级管理、主题性德育活动、校园文化建设、心理疏导、家校沟通合作等。这些德育工作具有很强的专业性,因此一支具备专业知识和能力的德育教师队伍是迫切需要的。

承担培养小学德育教师的高校师资应该在专业上是多元的,自身具备较好的理论研究素养与实践应用能力,以实现"素养全面、专长发展"的人才培养目标。在学历上也应有较高的要求,应建设具有博士学位的高校师资队伍。基于对德育理论与德育实践的双向考虑,高校师资的专业背景需要涉及伦理学、政治学、社会学、德育学等相关专业或方向,以胜任德育理论研究与传播的需要以及小学德育实践的工作需要。近年来,初等教育学院推动小学德育专业建设,已经形成一支强有力的专业团队,能够胜任小学教育(德育师范)专业方向本科生培养的日常教育教学工作。这支专业教师团队共计11人,其中教授2人、副教授6人,讲师3人,涵盖德育与少先队、学校管理、教育法学等研究方向,具有半年以上海外留学、访学背景的教师6人,包括美国、日本、德国、澳大利亚等地;其中4人分别师承我国德育领域的教育大家朱小蔓教授、檀传宝教授。

(四)活跃的科研活动亦是人才培养的沃土

首都师范大学初等教育学院拥有儿童生命与道德教育研究中心,多个教研中心和多功能教室、智慧教室、学术报告厅等。首都师范大学17所附属小学以及近200所教育实习基地学校可作为人才培养的教育见习、实习基地。

在小学德育领域,首都师范大学初等教育学院具有优良的科研基础和办学基础,承担了多个国家级课题与项目。如,"十三五"教师教育国家精品课程《小学生品德发展与道德教育》的建设与开发;国家品德与生活、品德与社会教师培训标准研制项目等,多门小学德育课程参与首都师范大学在线课程项目建设。

小学德育团队近十年陆续出版《生命德育论》《陶养生命智慧》《小学品

德发展与道德教育》《师爱的向度——小学教师伦理研究》等德育领域专著，创作出版《我的家在中国——节日之旅》（八册）德育画本。在《教育研究》《教育学报》《全球教育展望》《课程教材教法》《中国教育学刊》等期刊发表德育主题研究论文110余篇。小学德育方向的学术交流工作主要依托儿童生命与道德教育研究中心来组织相关的交流与合作。儿童生命与道德教育研究中心成立于2011年12月，共有成员23名，成立12年来，邀请来院讲学的讲座活动30余场，开展生命教育与德育类研究项目10余项。

表2-3 小学德育团队科研项目

项目名称	负责人
【2007】国家社科基金重点项目子课题"社会变革时期小学生道德价值观教育研究"	刘慧
【2011】国家哲学社会科学重大攻关项目子课题"香港国民教育研究（之文化节日研究）"	李敏
【2012】教育部人文社科青年基金项目"游戏与德育——校园游戏的育人价值审视"	李敏
【2014】全国教育科学规划项目教育部重点课题"娱乐文化对6~15岁儿童道德品质的影响与对策研究"	张志坤
【2015】国家品德与生活、品德与社会教师培训标准研制项目	刘慧
【2015】北京市优秀人才培养自主青年骨干个人项目"北京市小学教师情感表达与师生关系建构"	钟晓林
【2016】香港田家炳基金会项目资助"小学生命教育教师研修及校本实践计划"	刘慧
【2016】国家精品课程《小学生品德发展与道德教育》建设	刘慧
【2016】教育部人文社科青年基金项目"小学健康教育的实施效用和影响因素分析"	傅添
【2017】国家社科基金一般项目"中国传统核心价值观与当代德育的共鸣融合"	刘峻杉
【2017】全国少先队研究重大课题"少年儿童夏（冬）令营活动设计与管理"	张志坤
【2017】国家社会科学基金教育学一般课题之子课题"分学段教师伦理学研究（之小学教师伦理学研究）"	李敏
【2018】北京市教委"双百行动计划"项目"首都地区小学教师师德师风的现状与提升"	张志坤

续表

项目名称	负责人
【2019】全国教育科学规划项目教育部重点课题"小学《道德与法治》教师的专业素养与培育机制研究"	钟晓琳
【2019】教育部人文社科规划基金项目"小学教师德育素养的结构要素与培育机制研究"	李敏
【2020】北京市教委重点项目"小学生网络游戏的道德风险点研究"	李敏
【2022】教育部义务教育道德与法治教师培训课程指导标准	刘慧

经过多年的扎实耕耘,首都师范大学初等教育学院在小学教育(德育师范)专业方向师范生培育的理论研究和实践探索,取得了显著成效。

第一,构建了专业化培养小学教育(德育)专业师范生的课程架构。专业方向基础类课程、专业方向核心类课程和实践教学类课程结构合理、层次清晰、彼此关联、相互配合,且深度呼应。基于小学德育教师队伍的现状,考虑学校德育工作的具体内容,生成了一批为一线德育教师实现自身的专业化发展提供引领和借鉴的新课程。

第二,形成了一些大小联动、教研一体、国内外联合的课程教师团队,组成了儿童生命与道德教育研究中心和教研中心,提升了教师教育者团队的教学和科研能力。

第三,促进了针对小学德育专业学生德育素养培育的理论研究。聚焦小学教师德育素养的内涵、结构和培养路径,并初步构建了切合教育发展的小学教师德育素养培养的实践模型。

第四,培养了一批又一批专业扎实、能力综合的小学德育工作者,以卓越的小学德育服务首都基础教育。

三、反思和展望

"学—研"结合的小学德育人才培养是一项系统工程,需要校内校外、线上线下、理论实践的多通路协同。基于首都师范大学初等教育学院的育人实践探索，我们反思现有工作并提出如下优化建议。

第一，在课程结构上，进一步优化专业课程模块和德育课程群的建设。一方面，丰富德育相关学科课程的供给，明确每一门课程目标对小学德育人才的支撑度；另一方面，对现有课程进行适当整合和调整，继续鼓励与德育相关的不同学科专业如伦理学、法学、社会学等，相互合作、共同沟通开展课程建设。

第二，在专业及研究主题建设上，一方面要继续体现时代性、前沿性，以基础教育一线的鲜活案例与真实需求为出发点，不断迭代专业课程的内容；另一方面，需对现有课程、项目、活动进行进一步优化和完善，鼓励学生以个人或小组形式独立开展课题调研，同时明晰培养目标和评价标准，以高标准、高要求培养"学—研"结合的小学德育人才。德育方向的学生在科研、课题、支教活动中表现突出，第一届德育本科生在学期间就有科研论文发表。

第三，在研究实践上，需进一步推进实践、研学、实习、实训的课程化。对于小学德育方向的学生，要将其未来步入一线岗位的需求和必备技能作为开展实践活动的重要目标。除此之外，研究实践的课程化、体系化有待完善，特别是实践活动与理论学习之间的相互影响有待进一步的评估。

（执笔人：李敏、刘慧）

一体贯通：新时代少先队辅导员专业化培养理念与实践

"立德树人"是新时代教育工作的根本任务和光荣使命。少先队教育也迎来了新的机遇与挑战。首都师范大学初等教育学院积极响应党和国家的号召，自2010年承担共青团中央全国少工委关于少先队辅导员专业培养和少先队学科建设的调研任务后，努力推进少先队学科创立工作，并于2012年经过论证，在教育学一级学科下设立少年儿童组织与思想意识教育二级学科，为少先队学科建设和少先队教育专业化发展打开了新的局面，开辟了新的历史阶段。十二年的"少先队教育"兼教方向的教育教学，为学院少先队教育学科建设和人才培养的理念和实践提供了坚实的基础和丰富的经验。随着少先队相关学科的发展和研究生的培养，形成了本科+硕士研究生一体贯通培养模式，从教育理念、课程设置、实践实习、科学研究等方面做到了系统化设计与实施。学院积极承担和开拓少先队辅导员职后培训和专业服务，为北京市乃至全国的少先队骨干辅导员提供优质培训课程和研究能力提升的研修项目，最终实现了少先队教育专业化"反哺、激活、超越"的新发展态势。

一、背景与问题

少先队教育的主要使命是聚焦于少年儿童进行政治启蒙和价值观塑造,面对这一重大教育任务,党中央、教育部等颁布了一系列政策文件,提出要求和希望。首都师范大学初等教育学院作为小学教师培养的摇篮,同时也肩负着为小学教师夯实少先队教育素养与能力的新的光荣任务。

(一)政策背景

中国少年先锋队(简称"少先队")是中国少年儿童的群团组织,是少年儿童学习中国特色社会主义和共产主义的学校,是建设社会主义和共产主义的预备队。一段时期以来,党和国家为了进一步加强少先队组织的建设和少先队教育的质量,相关单位与机构先后出台发布了一系列促进少先队教育的政策与文件。《少先队改革方案》(中青联发〔2017〕3号),共青团中央、教育部、全国少工委先后印发了《中国少年先锋队组织工作条例(试行)》(中青联发〔2018〕1号),《关于深入贯彻落实党建带团建、队建 加强少先队工作体制机制建设的意见》(中青联发〔2019〕13号)等。2021年中共中央出台了《关于全面加强新时代少先队工作的意见》,对新时代少先队组织的改革与创新提出了明确的要求和部署。《中共中央 国务院关于深化教育教学改革全面提高义务教育质量的意见》指出,要突出政治启蒙和价值观塑造,充分发挥共青团、少先队组织育人作用。《小学教师专业标准(试行)》中第14、28、39、44条分别从情感态度、知识、能力各方面提出了能够从事少先队教育是小学教师的专业要求。

(二)学院工作背景

首都师范大学初等教育学院作为全国小学教育研究、卓越小学教师培养的领军单位。早在 1999 年建院之初,初等教育学院就继承和发扬了通州师范学校和北京第三师范学校的优良师范传统,注重小学教师班队管理能力的培养和少先队工作研究。2010 年,共青团中央少年部领导到首都师范大学初等教育学院就少先队辅导员培养和少先队工作进行调研,委托初等教育学院进行"关于少先队教育专业化"的项目研究。初等教育学院时任院长王智秋、副院长高宝英和刘慧带领学院教师们开展了为期两年的项目研究,为少先队学科建设打下了坚实的基础。

二、举措与成效

初等教育学院具有一定的预见性,在国家全面提出少先队教育专业化之前,就采用课程渗透、少先队兼教方向、实习实训等方式开展了少先队辅导员培养工作。在完成了少先队相关学科创建之后,初等教育学院少先队教育研究与人才培养上升新的台阶,在少先队教育理论研究、人才培养模式、少先队辅导员职后培训等方面进行了系统性、创新性的设计规划与实践探索。

(一)少先队教育学科创建

2010 年,共青团中央少年部领导到我院就少先队辅导员培养和少先队工作进行调研,并委托我院开展"关于少先队教育专业化"的项目研究,时任院长王智秋、副院长高宝英领下任务,委托时任教学副院长刘慧教授负责,并与张志坤等教师一起开展了为期两年的项目研究,做了大量调查研究、方案撰写、组织会议等论证工作。经过两年的艰苦努力,完成了少先队学科建设论证准备,为少先队学科建设打下了坚实的基础。

2012 年 10 月 15 日,我院时任院长王智秋教授代表学校组织召开了"少年儿童组织与思想意识教育"二级学科设置及本科专业论证工作,邀请顾明远、周建设、檀传宝、刘儒德、王新清、程方平、施晓光、冯秀军等专家出席,刘慧教授作为学科负责人作了申请报告,得到与会专家的高度认可,由此开启了我国少先队学科建设和少先队学术研究的新里程。经过充分的课程设计、招生宣传、师资架构、资源匹配等准备工作后,于 2014 年开始招收此学科的学术型硕士。此后,依据学科建设引领人才培养的工作理念,不断推进学科基本理论、相关理念、教材研发、平台建设、师资团队、基地建设等工作。不仅如此,紧接着,学院还开展了少先队活动专业教室建设、少先队礼仪实践研究等。

(二)少先队辅导员兼教方向

1.少先队兼教方向概况

初等教育学院本科生人才培养注重"素养综合":学生具备综合育人的良好素质,学科专业素养扎实,具有跨学科知识结构,"主兼多能",并能通过"知识整合"与"技术融合"促进教育教学工作。在"主兼多能"素养结构的设计下,小学教育专业学生除了选择一个主教方向之外,还需要选择一个兼教方向。根据 2020 版人才培养方案,兼教方向课程属于跨学科选修类课程,面向全体学生,每个学生须选择一个非主教方向的课程模块修读。该类课程共有 14 个模块,每个模块 8 学分。少先队教育方向作为其中的一个兼教方向运行了十几年时间,不断迭代进阶。兼教方向最初名称为"少先队活动"(2009—2017年),随着少先队教育作为专属教育形式的提出和加强,德育专业化发展以及少先队教育与德育关系的不断融通,该方向于 2017 年调整为"小学德育与少先队教育"。实现了少先队教育与小学德育人才一体化融通式培养。本兼教方向面向初等教育学院全体本科生,根据意愿申请,少先队教育一直受到学院本科生的热情关注,由于授课教室和实验器材等限制,每年都有招生名额限制。

2.少先队兼教课程

伴随着少先队学科建设和学术研究的不断加强,以及少先队实际工作的具体变化和创新,本兼教方向的课程也呈现出动态变化、持续进阶的特点。

表 2-4　小学德育与少先队教育兼教方向课程设置（2017 年）

类别及课程代码		课程名称	课程英文名称	学分	总/周学时	开课学期	开课单位
基础课	3300074	小学德育理论与实践	Theories and Practices of？Moral Education in Primary School	2	32/2	5	初教院
	3300075	儿童组织与思想意识教育导论	Introduction to Children's？Organization and Ideology Education	2	32/2	5	初教院
	3300076	小学生品德课程与教学	Moral Curriculum and Teaching in Primary School	2	32/2	6	初教院
核心类	3300077	小学品德课优质课品评	Comments on Moral Curriculum in Primary School	1	16/1	7	初教院
	3300078	少先队活动课的设计与实施	Design and Implement of Young Pioneers' Activity Curriculum	1	16/1	7	初教院
	3300025	少先队活动的组织与指导	Organization and Instruction of Young Pioneers' Activities	2	32/2	6	初教院

表 2-5　小学德育与少先队教育兼教方向课程设置（2021 年）

兼教	课程代码	课程名称	课程英文名称	总/周学时	学分	开课学期	开课单位
小学德育与少先队教育	3300832	德育原理	Theory of moral education	32/2	2	3-1	初教院
	3300025	少先队活动的组织与指导	Organization and Instruction of Young Pioneers' Activities	32	2	3-2	初教院
	3300075	儿童组织与思想意识教育导论	Introduction to Children's Organization and Ideology Education	32	2	4-1	初教院
	3300849	道德与法治教学设计	Teaching Design of Morality and Rule of Law	32	2	4-1	初教院

3.少先队兼教特色

（1）理论与实践相结合

少先队教育既要了解少先队工作的相关政策文件，包括领导人讲话精神，又要熟悉儿童教育的相关理论，同时，少先队教育具有明显的"活动性"，也就是很强的时间特点，所以兼教方向的课程设计和教学实施要充分体现理论与实践相结合的特点，我们从十几年课程变化的趋势可以明显看出这个特点。力图通过课程和教育教学活动，有效增强师范生关注理论与实践相结合的意识，同时通过学习活动、实训实习等一线教育现场的实践锻炼，加强未来辅导员少先队教育实践能力。

（2）少先队教育与德育相融通

少先队教育和德育在经历了相互包含、彼此交错的发展历程之后，进入了各自专业化建设阶段。在理论建设方面，德育依托教育学、伦理学、心理学等学科积累，并生发了较为系统的原理和分支理论。在实践中，德育在包括学校教育、家庭教育、社会教育中占有重要位置。而少先队工作具有光辉的历史，并积累了大量的卓有成效的经验。两者在实践领域都有着极为丰富的积淀，这正是建立两者实践性统一关系的逻辑起点。少先队教育与德育的共谋共建。依据这样的认识与思考，本兼教方向最终兼顾小学德育与少先队教育作为小学教师"立德树人"教育使命的核心专业素养，最终实现相辅相成，互促共进。

（三）少先队本科+研究生一体化培养

1.本科生兼教方向学生成长为小学一线辅导员中坚力量

自 2009 年开始初等教育学院实行兼教培养方式，"少先队活动"作为其中一个领域就建立并逐渐成熟壮大起来。截至 2023 年共有 10 届学生已经毕业，由于受到场地、资源等条件，每年少先队教育领域兼教招生在 60 人左右，共培养学生 800 多名。从数据来看，少先队兼教方向发展稳健，培养的学生成绩优秀。很多学生毕业后都是从事少先队中队辅导员工作,广泛分布在北京市各个小学的一线,其中不少学生几年后都成了学校的大队辅导员,进一步体现了当时在校学习的积累和专业素养,获得了广泛好评和良好社会声誉。

2.少先队学科研究生成为各级别教育单位骨干

自2014年首都师范大学初等教育学院开始招收第一届少年儿童组织与思想意识教育学科方向研究生,学术型硕士,学制3年,至2023年已经8年,每年两至三位学生,共17位,其中毕业10位学生,在读7位学生。毕业学生,有7位同学进入小学,成为中队一级辅导员;1位同学进入高校,作为大学生团委辅导员;2位同学进入其他相关儿童教育机构。

3.本科—硕士研究生一体化进阶培养模式

伴随着初等教育学院"主兼多能"人才培养的理念和模式,以及少先队教育相关兼教方向的有序扎实进行,为初等教育学院少先队教育的理念研究和实践探索创造了较为坚实的条件。2014年少先队相关学科硕士研究生的招生,进一步提升了少先队教育研究和人才培养的高度和质量。为初等教育学院实施少先队教育领域本科—硕士研究生一体化培养创造了机会,经过近十年的探索,初等教育学院一些少先队兼教方向的学生通过免试保送、报名考试等方式完成了本科+硕士研究生的学习和发展。同时也形成了课程一体化、师资一体化、资源一体化、评价一体化等研究和实践格局。

(四)全要素职前职后一体化辅导员专业发展

1.构建"政策+理论+实践+研究"全要素辅导员专业成长模式

自2014年起,初等教育学院少先队教育研究团队负责了第二期、第三期北京市少先队辅导员高级人才导师制培训项目,历时5年,共培养60名卓越少先队大队辅导员。近几年还多次与北京市团市委(市少工委)合作组织实施北京市新任大队辅导员培训,提出了少先队辅导员素养能力模型、创设了模块化课程体系、构建了辅导员专业成长"政策+理论+实践+研究"新的培养模式、组建了一支高水平培训师资队伍、形成了具有示范特色的少先队辅导员培养特色品牌,形成服务北京市乃至全国少先队教育的旗帜力量。

2.职前职后全链条专业发展路径

面对少先队辅导员专业发展的断裂局面,初等教育学院努力探索"职前职后全链条专业发展路径"。本院学生在大学二年级各专业方向都必须参加的必修课"小学班级管理"设有专章研习少先队教育的基本理念与实践,预先性落实了2021年《中共中央关于全面加强新时代少先队工作的意见》中提出的"将少先队工作纳入小学教育等师范类本专科专业必修课内容"。在此基础上"小学德育与少先队教育"兼教方向进一步加强了少先队教育的理论与实践,而且在本科阶段的教育见习、实习、研习三个实践阶段也要求每位同学进行"班级管理和少先队教育"实践内容。每一届本科毕业生都有很多同学选择少先队教育领域的题目进行研究,尤其是少先队教育兼教的学生,这在一定程度上进一步提升了他们学习的效果和质量,并为以后从事少先队工作做了过渡与链接。毕业后在学院组织的各类少先队主题培训中,经常能看到初等教育学院毕业学生的身影、在各种少先队课题项目研究中,进一步支持和助力初等教育学院毕业生的研究发展,实现了少先队教育师资职前职后全链条专业发展。

(五)少先队协同育人

少先队教育具有一定的政治导向性,学科专业的建设、学生的发展都要紧跟党和国家的最新要求。我们积极关注理论学习,积极争取协调少先队领导部门的指导与支持。重大活动邀请团中央、全国少工委领导来学院进行指导,如学科论证会议、专业建设研讨会等;寻求开展合作研究,如张志坤老师申请的全国少工委2017年度少先队研究重大课题"少年儿童夏(冬)令营活动设计与管理"邀请了时任北京市总辅导员杨海松老师参加,研究获得了丰硕的成果和良好的影响；本科生、研究生毕业论文答辩会议邀请少先队资深专家、少先队工作学会研究人员、优秀少先队教研员参加，丰富了评委组成，提升了答辩会的学术和专业质量。这一系列规划与实施，大大加强了初等教育学院少先队教育研究和学生专业培养的社会化特征，形成了少先队专业协同育人的良好局面。

（六）少先队教育研究

近几年来，随着少先队学科建设、少先队专业发展和人才培养，初等教育学院师生聚焦少先队教育与工作的重点和前沿问题，开展了一系列研究，包括学术文章的发表、项目课题的研究、书籍教材的出版等。

首都师范大学李宏伟老师主编教材《少年儿童组织与思想意识教育概论》，该教材在一定程度上填补了少先队学科建设和专业发展的空白，起到了一定的引领作用。

初等教育学院自 2014 年开始招收"少年儿童组织与思想意识教育"三年制学术型硕士研究生，由于学术硕士名额有限，每年该学科方向 2-3 名硕士研究生，经过个人努力和导师的认真指导，最终顺利完成学习，所完成的学位论文紧密围绕学科专业，聚焦少先队教育前沿问题，为少先队学科建设和研究实践做出了一定的贡献。

表 2-6　少年儿童组织与思想意识教育硕士学位论文情况

序号	毕业年份	学生姓名	毕业论文题目
1	2017	赵培培	少先队宣传教育阵地建设研究
2	2017	刘佳	少先队活动课程建设研究
3	2018	张晓	少年儿童夏（冬）令营活动研究
4	2018	郑玲	少先队理想教育研究——以北京市 G 小学为例
5	2019	崔露涵	中国少年先锋队集体主义教育研究——以北京市 W 小学为例

序号	毕业年份	学生姓名	毕业论文题目
6	2019	王雯雯	艺术符号论视角下少先队员爱国主义情感的培育研究——基于北京市 S 中学"朗诵艺术"的田野调查
7	2020	侯捷菲	少先队辅导员专业素养研究
8	2020	张雪	瑞典童军户外教育活动研究
9	2021	张平洋	少先队员组织认同的影响因素研究
10	2021	左晓慧	少先队组织属性及少先队员组织归属感研究
11	2022	郭钰颖	少先队员爱国主义情感培育目标体系研究——以少年队活动课程为载体
12	2022	樊园	新时代少先队员身份认同研究——基于人类学仪式活动的视角
13	2023	张倩	少先队活动课程教学实施的现状与优化研究——以成都市 S 小学为例
14	2023	梁晨	少先队辅导员实践性知识生成路径研究

三、反思与展望

首都师范大学初等教育学院在少先队教育研究和少先队辅导员人才培养上进行了前瞻性的研究,摸索出了一些卓有成效的做法,获得了初步的思考与经验。

(一)经验与反思

1.少先队教育理论研究为实践探索打下基础

初等教育学院在儿童品德发展、儿童思想意识教育发展等方面进行了系统研究,进而提出少先队教育的理念与理论,为少先队教育实践、少先队辅导员培养提供理论基础。

2.实践模式创新为少先队辅导员人才培养开拓途径

学院以小学教育国家一流专业为基础,以"少先队教育"兼教方向作为提升,创建"基础+提升"模式;构建本科阶段少先队辅导员初级人才到研究生高级人才的"本科+硕士"一体化模式;构建出师范生培养的职前教育,到在职辅导员专业加强的"职前职后"进阶模式。

3.教育实践基地丰富学生参与少先队活动机会与专业能力落地

学院创建"少先队教育实训室",在硬件设施上,购置了少先队鼓乐队的相关器材、教材、少先队礼仪用具,为少先队教育创造了重要硬件条件。

4.以成果意识推动学科和专业进阶提质

学院鼓励教师进行少先队教育课题申报、学术论文发表;注重该学科硕士研究生的毕业论文撰写和在学期间过程性研究成果发布。

(二)不足与改进

1.继续推进初等教育学院少先队教育专业化发展

初等教育学院少先队教育专业化处在起步阶段,目前还面临包括少先队教育理论研究不够深入、少先队教育领域课程体系不够健全、师资力量不够强大等问题。

2.少先队学科建设与高质量研究成果发布

初等教育学院少先队教育领域的教师无论是在课题研究还是论文撰写都投入了大量精力,产生了一系列成果,从目前课题层级,没有在教育部人文社科、全国教育科学规划等层级申请成功;文章发表也多见于一般期刊。这是时刻引起我们思考和重视的问题,"破冰"之旅任重道远。

3.人才培养的数量与专业对接精度

据初步调研,一定数量毕业生还不能马上进入少先队工作岗位,反映出人才培养的目标性还不是很精准。需要我们不断宣传,有效发挥少先队学科方向人才的专业优势,提升毕业生从事少先队工作的机会为少先队事业做出更大的贡献。

(执笔人:张志坤、刘慧)

国学经典教育：提升师范生的传统文化教育素养

伴随着复兴中华优秀传统文化的大潮，以及传统文化进校园和进课程的推进，传统文化或国学在教育学领域内的研究和师资需求也逐渐被社会所关注。该领域内专业知识和专业人才的储备不足已经成为人们的共识，并亟待通过相应的招生和培养制度调整来加以解决，师范教育在其中应该承担起自身的责任。本文介绍了初等教育学院国学经典教育的课程设置方案及培养目标，尤其是在向三级认证迈进的过程中，我们更加强调的"文本理解""个体体验""社会洞察"三者紧密联系，从而让学生获得"真实而深刻的内在体验"以及能够"由自我实证拓展到对教育问题的再认识"，以及"用传统文化的学习方式来学习古代经典"，强化德育渗透、积极转化创新、拓展实践服务等理念，展示了一项国学经典兼教方向教学效果的调查反馈。此外，通过案例介绍了本科科研项目、毕业论文和学生社团等如何可以成为师范生学习传统文化的重要辅助途径。相关课程实践和反思，强调了当代中华经典教育需要通过核心知识的筛选，保证知识品质和提升课程承载力，在学科开放与融合中确立自己的学术价值，完成自己的教育使命。

一、背景与问题

复兴优秀传统文化,已经成为中华民族伟大复兴的一个重要组成部分,也是当前教育工作的一个重要时代背景。当前,中华文化复兴之势如火如荼,教育领域内的传统文化进校园和学习中华经典,也是大势所趋,很多中小学都已经自发地开展了传统文化教育。教育部 2014 年 3 月发布的《完善中华优秀传统文化教育指导纲要》中提出:"对中华优秀传统文化教育重要性的认识有待进一步提高……课程和教材体系有待完善,教师队伍整体素质有待提升……"中共中央办公厅、国务院办公厅 2017 年 1 月印发《关于实施中华优秀传统文化传承发展工程的意见》明确提出要把中华优秀传统文化全方位融入教育各环节,贯穿教育各领域,推动高校开设中华优秀传统文化必修课。

弘扬中华传统文化,需要从娃娃抓起,需要从建设一支合格的传统文化教育的师资力量出发。近些年来,中小学国学教育形成国家课程融入国学和校本课程单设国学并行的局面;教学方法方面,突破了以往一些"诵读"的简单化做法,开始向理解运用、综合创新等深度发展;在教材建设方面,很多校本教材突破了以往的"读本"定位,编写了教材要素更为齐备的综合化教材。北京市目前的 1000 多所小学需要数千名了解、爱好传统文化教育并且能够胜任传统文化教育的教师力量,但是这方面的人才培养与现有和未来需求存在巨大的缺口。以上这些变化为小学国学教育师资培养提出了新的要求。

而当前师范院校中的国学教育方向的教师培养,与中小学开展国学教育几乎是同步的,或者是滞后的,甚至很多师范院校,至今仍然没有相关专业和方向的培养。作为教师培养主力的师范院校,还不足以输出足够多和足够好的国学教育人才。这使得异军突起的中小学传统文化教育和国学教育虽然形势喜人,但是尤论是师资人才配备的合理性,教师的知识结构与能力的胜任性,还是课程设置与开发的充分性等,都存在很大的不足。虽然中小学国学教师不一定非要来自师范院校或教师教育专业,但是教师教育在人才培养方向上覆盖国学教育,却是解决当前和未来国学教育师资匮乏的重要保障。

开设国学教育或者国学经典教育方向,对于师范院校来说也不是一件轻而易举的事情。除了大学里教师教育的传统文化教育方向的师资并不充足之外,作为知识形态的国学课程进入教师教育领域,与其他学科和课程之间如何合作与区分,育人标准与课程目标、课程内容如何确定,教育时间是否充分,教育效果是否达到预期等,都存在大量值得研究的问题。

二、举措与成效

(一)课程体系

从 2012 年起,有感于传统文化教育兴起而相关小学师资严重匮乏的现状,初等教育学院的中文方向、教育学方向的几位老师,联合起来,开设了一些与传统文化和中华经典密切相关的课程,如国学基础、国学经典教育原理等。这种探索是初步的,却给师生带来了更大的信心和动力。在首都师范大学 2014 版人才培养方案中,学院决定增设"国学经典教育"兼教方向,包括四门课,并支持相关教师开设更多的传统文化教育类的选修课程,从而构成修学时间跨度更大、体系更为完整的国学经典课程群。在 2018 版人才培养方案中,我们学院继续延续了国学经典教育兼教方向和相关课程群(表 2-7)。

该课程群由三个层次构成:

元典选读——儒家经典选读、道家经典选读、蒙学选读与文化常识。

教育哲学——中国传统教育哲学。

课程与教学论——国学经典教育实践。

表 2-7 首都师范大学初等教育学院 2018 人才培养方案中的国学经典课程群

课程名称	年级和学期	课程性质	培养目的	授课教师
中国文化经典选读	大一上下学期	德育班专业基础课	希望带学生步入早期中国文化的思想世界,唤醒学生文化自觉的意识,涵养其文化底蕴	刘峻杉
中国传统教育哲学	大二上学期	专业基础选修课	从教育哲学层面来理解中国文化及其教育运用	刘峻杉
儒家经典选读	大三上学期	兼教必修课	精读儒学代表著作	张平仁
道家经典选读	大三上学期	兼教必修课	精读道家代表著作	刘峻杉
蒙学选读与文化常识	大三下学期	兼教必修课	精读蒙学代表著作,掌握中华传统文化常识	张平仁
国学经典教育实践	大三下学期	兼教必修课	进行国学课程设计,形成教学实践能力	刘峻杉

"中国文化经典选读"的目标是以中国文化经典为核心载体,以经典研读为主要教学手段,希望带学生步入早期中国文化的思想世界,唤醒学生文化自觉的意识,涵养其文化底蕴,加深其对教育事业的认同和担当。

"中国传统教育哲学"以拓展学生对中国教育的传统哲学基础的思考为主,主要内容涉及中国传统教育哲学的发展历程及其主要特点,天道观、人性论、历史观与社会发展观,道德观与德育论,智慧观与教学论,生命观与人的成长,审美观与美育,治理观与管理等主题。

"儒家经典选读"旨在较深入地选读儒家主要经典原文,较全面地了解儒家思想及社会文化背景,把握中国文化的基本原理。让学生能历史地、辩证地看待儒家思想,认识其当代价值,在了解的基础上能够传承。让学生在选读过程中提高古文阅读能力,了解相关的文化常识,能够开展小学儒家经典教育。本课程内容以"四书"为主,还包括《孝经》选读、《周易》简介、《尚书》选读、《礼记》选读等。

"道家经典选读"以培养学生对道家思想的了解为目标,通过对道家经典的选读选讲,引导学生对道家文化和思想进行批判继承,为学生能吸收传统文化并在当代教育教学中应用和创新打下基础。本课程讲读基于《老子》和《庄子》,主要挖掘这些经典中的道德教育、智慧教育、生命教育、治理哲学等相关内容。

"蒙学选读与文化常识"旨在让学生较深入地选读蒙学经典原文,较全面地了解蒙学所承载的思想及社会文化背景,把握蒙学作品的表现形式。了解蒙学教育及蒙学作品的发展历史,正确评估其历史地位和作用,能够开展小学蒙学教育;较为系统地了解古代文化常识,以便更好地理解文化经典,加深对中国文化特性的认识。本课程蒙学部分包括《三字经》《百家姓》《弟子规》《千字文》《声律启蒙》《增广贤文》《朱子家训》等,古代文化常识部分包括姓氏、称谓、天文、宫室、五行、历法、节日、职官、科举、典籍等。

"国学经典教育实践"的课程目标是,让学生在了解儒道思想、蒙学经典与文化常识之后,进一步通过课程设计和教学实践走向应用。本课程包含了国学经典教育的基本问题、基本原则、培养目标、课程开发、课例分析、课程实践、课程评价等相关内容。通过本课程的学习,学生将初步具备在小学开设国学课的能力。

以上课程均重视元典阅读。国学经典有一定难度,当前很多大中小学生通过"戏说""速读"等简便、不严谨的方式学习国学知识,在当代网络资讯海量化、碎片化影响下更是如此。比较完整地阅读国学元典,深入文本内部,直接与古人对话,是避免国学学习浅表化的基本途径。本方向课程坚持细读儒家、道家、蒙学等方面元典,避免"概论式"空讲,使学生通过原始资料掌握国学要义。课程还经常引入古注、古论,使学生了解古人的解读思路及观念,培养严谨、扎实的学风。

（二）教学特色和持续改进

1."文本理解""个体体验""社会洞察"三者紧密联系

我们发现在国学经典教育的课程中,教师、学生、教学内容三要素之间的关系发生了重构。经典本身作为教学内容,但其所产生的作用要高于一般的课程中的教学内容,而在教与学中位于核心位置;教师成为引路人,帮助学生进入经典所创设的意蕴和境界中;师生共同面对经典,感悟学习。这种学习方式既有别于一般的以教师为中心的讲授式课堂,也有别于一般的以学生为中心的问题研究或小组合作式课堂,是一种独具特色的教学过程。

"诵—讲—悟"是我们所采用的教学环节和方法。"诵"是学生为主的学习,是积累和储蓄;"讲"是教师为主的学习,是激发和点拨;"悟"是师生共同向圣人学习、感悟大道的过程,是关键和核心。讲的内容包括三个方面:传统文化的重要基础知识,在经典文本的寓言故事和思想体系中诠释传统文化思想。讲的难点在于,学生往往对于传统经典尤其是道家思想缺乏必要的基础,从其他学科的学习突然切换到中国哲学和中华经典中来,对于思维模式转换要求很高,如果教师不能准确把握学生的思维特点和能力水平,讲解得足够清晰连贯,那么学生们很容易学无所得,而只是感觉玄之又玄。因此,充分考虑到10多年中小学教育对学生们思维训练的结果,尽量低起点地接入古代经典思想,引入哲学思维,是保证这门课达到预期目标的重要条件。

经历了师范专业二级认证之后,在向三级认证迈进的过程中,我们更加强调"真实而深刻的内在体验"以及"由自我实证拓展到对教育问题的再认识"。例如,在"道家经典选读"中,在师生对经典文本的阅读和讨论基础之上,教师会引导学生进行与文本思想相关和相近的个体经历和微妙体验的回忆和分享,然后将文本思想和个体体验共同带到对现实教育问题的再思考之中,于是学生往往会发现一种新奇而有趣的视角,来深刻理解很多当下教育问题的深层本质和一种基于传统教育哲学的可能改进之路。同时,原有的"诵—讲—悟"的模式在一定程度上也转变为"读—论—悟—诵"。这样的努力把"文本理解""个体体验""社会洞察"三者更为紧密地联系在一起,避免了以往学生有时会觉得古典文本离我们太远而思想又与现实改进关联不大的局面。这项改进对于提升学生的学习兴趣,深化他们的思考,激活他们的自我关注和改进现实的意愿,都有比较明显的效果。

2. 用传统文化的学习方式来学习古代经典

以"道家经典选读"这门课为例,我们概括了以《老子》为代表的先秦道家经典教育的一些关键问题,其目标方向为"尊道贵德,以德悟道",基本原则为"执中守一,把握根本,明心见性,返璞归真",关键机制为"不言之教,精神营养,清心净意,慧智双运",特色方法为"经典诵读,开悟本性;静坐冥思,反躬自省;技艺载道,美善相谐"。

道家教育的形式如"心斋""坐忘""守一""观妙"等,贵在清心静意、自我发现和感知,这一点与现代课堂教学的讲授法差异很大,但是和近30年西方心理学领域兴起的冥想正念和冥想教育学有非常接近的地方。在现代心理学研究中,冥想是通过身体、情绪和注意调节训练,建立一种特殊的注意机制,最终影响个体的心理过程的一系列练习,有提高个体幸福感和情绪平衡等作用。冥想教育 Contemplative education(CE)被定义为"培养学生的意识的特殊方式,有益于意识动机和学习管理的特殊方式,有益于在生活中更普遍的自由和卓越的一套练习"。有研究者认为"冥想教育学用极大拓展了传统学术途径的方式来挑战和支持学生。这种教育的创新方式为学生提供了洞察力,以及能帮他们带来属于他们自己的连接心与脑的天才式的方法"。

这些手段和追求与道家教育不谋而合,道家传统的内观诵读法既是一种诵读,也是冥想的一种,强调通过身心的松静自然的调节,将注意力逐步收聚为内向观察和自我发现,是坐忘、守一、观眇等理念的具体实践方式。我们会在课程的一些节次前10分钟到20分钟的时间带领学生进行冥想放松和道家式内观诵读。经过几个学期的实验和反馈,学生们大多可以接受这种古朴的学习方法,同时很多学生反映这样诵读给他们带来了放松、自在,感到精力更充沛,学习劲头更足。

学术分科带来的后果之一是,现代哲学走上了一条以思辨为主的道路,而涉及心灵体验和探索的内容,则归入心理学,当然还有其他内容也纷纷被归入相应的学科。各个学科之间壁垒很大,常常处于一种老死不相往来的状态。但是对道家思想的感悟不仅需要讲解和思辨,也需要自身的实践,于是就只能同时兼顾哲学和心理学的方法进行新时代的道家教育尝试。

除此之外,我们还借鉴古代教育内容,将对联训练作为一些课程的经常性作业,由易到难进行较为系统的训练,使学生初步掌握这一极富汉语文本特色的文体,并将其运用到以后的小学教学指导中。

3.强化德育渗透

国学不仅是知识之学,也是义理之学。重视德行培养、精神熏陶,本就是国学经典的基本特点,也是国学教育的根基所在。在教学过程中,重视依据课程内容,提炼德育内涵,对学生进行相应的德行修养教育,具体包括天下意识与家国情怀、社会担当与关爱意识、个体修养与精神提升等方面。具体做法有:一是学理化,讲清楚相关德育内涵的源头、社会基础、文化心理等,分析其普适性、恒久性的内在原因;二是具象化,结合历史事件及人物典故,使经典中德育内涵的历史表现及深厚传统鲜活起来;三是当代化,结合社会热点事件及大学生、小学生德育方面的突出问题,如缺乏坚定信念、缺乏仁爱精神、缺乏耐挫意志、缺乏大局观和集体意识、过度自私和功利、缺乏充盈的精神气质等,引导学生将经典中的德育精神运用到当下个体生活中,提升学生的道德水平。

4.积极转化创新

古代核心的、优秀的文化思想具有很强的超越性(春秋战国时的文化思想尤其如此),其更多的是提供一种原则性思想精神,而非直接用于当时或当前,加之古今社会思潮及条件的巨大变迁,很多思想和做法已不能完全适用于当下。其适用性、合理性与非适用性、合理性也往往共生交织,故审辨其当代价值、努力转化创新,便是保持国学当代生命力、促进深度学习的必要前提和途径。具体做法有:一是引导学生辨析文化价值的恒久内核,某种文化观念的内涵一般有原初与衍生、上位与下位的区别,提炼其原初的、上位的层面,分析其内涵在后世的发展演化及变与不变,培养深入分析的思维习惯;二是确立当代合理性的评判依据和标准,突破古代崇德贱力、重义轻利的评价标准,引导学生从观念的普适性、道德的功利论、美德的道义论等角度去评价国学的当代价值;三是思考探索在当代怎么做,将古代的精神理念化为符合当代价值观和社会条件的做法,并进行延伸创新,使其可接受、可应用、可评判,尤其是能应用到大学生和小学生的日常学习生活中,切实实现创造性转化、创新性发展。转化创新涉及的国学内容非常广泛,是教学中的经常性内容,也能很好地培养学生的综合性、创造性思维能力。

5.拓展实践服务

国学教育本身面向实践,本方向课程重视国学知识的一线实践运用,重视对教育实践的认识、反思、提升,并在此过程中服务一线教学需要。目前在"双减"背景下,中小学普遍开展了课后一小时服务,国学教育是重要的内容板块。通过国学社的组织联系等,一些本方面学生积极参与小学课后1小时服务,将"国学经典教育实践"课程的理念和方法运用到教育实践中,不仅满足了小学教育的需求,而且使学生加深了对国学及国学教育的理解,激发了问题思考与课题研究。另外, 还在实习期间布置学生了解小学国学教育现状,写作调研报告,培养学生将理论运用到实践的意识和能力。

(三)教学效果的调查反馈

在国学经典兼教方向第一届学生一年学习结束的时候, 我们对选修的同学进行了问卷调查,发放 29 份问卷,回收了 29 份。相关调查结果如下。

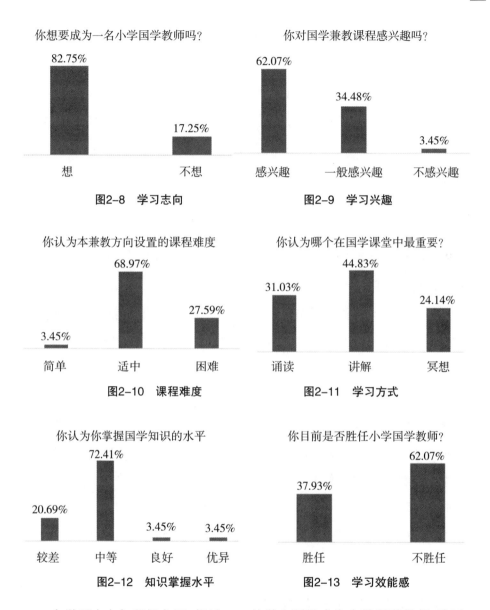

图2-8 学习志向

图2-9 学习兴趣

图2-10 课程难度

图2-11 学习方式

图2-12 知识掌握水平

图2-13 学习效能感

在学习志向与兴趣方面,超过80%的学生更想成为小学国学教师,接近97%学生认为自己对开设的国学经典兼教方向的课程感兴趣或比较感兴趣。

在课程学习方面,有67%的学生认为难度适中,有近28%的学生认为课程困难。31%学生认为诵读在国学课堂上最重要,45%的学生认为讲解对于国学课堂最重要,24%的同学认为冥想最重要。

在知识掌握水平和学习效能感方面,80%的学生认为自己掌握国学知识的水平为中等以上,20%的学生认为自己掌握较差,33%的学生认为自己胜任小学国学教师,近67%的学生认为自己目前还不能胜任这一角色。这项结果说明对于准教师的传统文化素养培训而言，即便是一个学年的四门课程的培养,可能还是存在时间过短和赋能不足的情况,需要在教学中不断继续探索和深化。

在主观回答方面,对于"你觉得四门国学兼教课程中的哪些知识内容对你最有帮助？"这个问题,有学生反映"我认为经过一年的四门国学兼教最对我有帮助的是对国学课程全新理解,不再拘泥于传统国学的讲授"。"国学课程开发及蒙学课上都对如何在小学教学有一定的帮助，且在实习过程中进入了小学试讲,对于国学课如何开展有了进一步的认识。""诵读时合理调动学生各方面感官,将想象和生活共鸣融入所学知识,古代文学的基础知识扎实的功底十分重要。"

此外,对于"你认为国学兼教课程有什么需要改进的地方吗？"这个问题,有学生反映最好有专门的教材,多一些方法论,讲授一些在小学如何讲解国学课程的方法，最好能有机会进入小学亲自尝试,"我认为可以增加课堂微格教学,锻炼同学们的实战能力"。"兼教课程的课时有些少,应再增加一些课时","教学内容可以适当降低难度，课程还可以不只讲国学经典,礼仪之类的可以多讲讲","应当注重基础知识讲授的同时进行拓展,要以经典为中心"。

(四)本科科研项目和论文发表

本科生的科研项目和毕业论文也是我们将师范生培养和中华经典教育结合起来的重要平台。近几年来我们指导的本科生科研项目和毕业论文40多项,多聚焦于小学生的国学经典教育领域。有多篇本科生论文发表在中文期刊上(表2-8)。

表2-8　近年来本科生论文发表情况

论文题目	作者	期刊名称	出版信息
道家经典诵读与冥想结合的小学国学课程研究	张梦蕾、刘峻杉	课程·教材·教法	2018(4):52-58
小学生经典诵读的兴趣发展——《老子》教学的行动研究	刘甜淇、刘峻杉	教育科学研究	2018(06):74-80
论唐彪注重理解的蒙学教法	高静雅、张平仁	大学教育	2017(11):93-97
国学经典教育课程化探讨——以《老子》为例	陈晨、刘峻杉	中小学德育	2017(10):23-28
小学低年段道家经典教育校本课程开发实践研究	王思威、刘峻杉	中小学德育	2016(12):8-10

(五)学生社团

为了更好地营造传统文化教育的氛围,以多种形式调动学生学习传统文化并探索教学实践的兴趣,2013年我们帮助本科生建立了"国学教育学社"。该社团的文化与特色为:教师与学生紧密耦合共建,以社员成长为根本目标,以传统文化学习与教育作为基本手段,教学相长,重视研究能力,争取校内资源与校外资源共享双赢,重视组织机构的改进。该社团的主要活动有组成社员晨读经典,组织社员参加小学国学校本课程开发与实践等。该社团2015年获得了首都师范大学学生社团年度评比的第一名(一共130多个社团)。

三、反思与展望

(一)课程设置思路

传统文化教育的教师教育课程可以有几种思路。第一种思路是在现有的课程体系之中,在相关课程之内融入中国传统文化教育的视角,例如,在

"教育哲学"的课程内容中添加"中国传统教育哲学",在"课程与教学论"中添加"中国传统课程与教学",在"教育心理学"中添加"中国传统教育心理学"等。这样做的好处在于,充分利用了已有课程体系的分科化和系统化,既融入了中国传统文化的内容与视角,又能暂时解决初期发展过程中存在的体系不完善问题。缺点在于将中国传统文化分割性地塞入西方学科逻辑体系中,难免有削足适履的嫌疑,破坏了中国传统文化所强调的整体性,无法与西学对应的部分容易被忽视,甚至被淡忘了。

第二种思路是一种中学为主、兼顾西学的思路,即让传统文化教育独立成课,并且充分展现本土化逻辑,这样将有助于真正了解中国传统文化。例如,开设"经典研读""儒释道文化导论""儒释道文化教育原理"等课程。这样做的好处在于延续了中国传统文化的特色和自身的思维方式,适合深入发展。

第三种思路是在前两者的基础上,超越中西文化的分野,重新整合知识体系,构建新时代的中国视角下的课程体系,使之能够完整且立体地包罗中西文化精华,使课程可以有序、优化地展开。这是一种理想境界,需要一定时间的积累和更多学贯中西的人才的成长,才可能真正实现。

首都师范大学初等教育学院目前的国学相关课程设置思路以第二种为主,同时以第一种为辅助,尝试构建一种借助西方学科体系的中国文化教育体系。

(二)知识的品质与课程承载力

虽然开设了国学经典教育相关课程,但是整体而言,小学教育专业的本科生能用于学习传统文化尤其是国学经典的课时还是很有限的。在少则一个学年,多则两个学年里,通过四到六门课程的培养,让学生能够达到毕业后可以在小学进行国学经典课程的开发和授课,这个培养任务其实是很有挑战性的。所以,在培养过程中,我们必须通过关注知识品质和提升课程承载力的方式,来保证培养质量。所谓知识品质,是指教学过程中的相关知识在整个人类文明图谱和知识地图中都会有其相应位置,及其所能带来的思维启发和精神陶冶的效应,如果地位关键,属于核心知识,而且相应的教学启发催化作用显著,那么这类知识品质就高,教学效果就更好。课程承载力是指一门课程所能开阔学生视野、促进思维发展、提高学业成就的能力,课程承载力高的课程会让学生感受到收获很大,成长明显,而课程承载力低的课程,会让学生失落彷徨,甚至丧失学习兴趣。

在国学经典教育的相关课程中,虽然学习材料非常丰富,但是作为教师,我们也不断在思考和探寻课程中的关键知识及其最优传授方式,从而不断提升课程承载力。由于国学经典教育属于典型的人文教育,知识的特征往往是开放性、抽象性为主的软知识,而且相关课程在国内也是起步不久,还很难说形成了比较稳固的公共知识,因此,找寻关键知识对于国学经典教育其实是个既特别重要又比较难以把握的关键点。

(三)学科开放与融合

国学经典教育已经在中国教育系统里中断了近一个世纪,道家经典教育中断的时间甚至更长。如今我们要跨越历史长河,重新接续和创新国学经典教育模式,就需要面临诸多挑战。探索国学经典教育的文化与历史根源、哲学、心理和生命基础,归纳和总结中国根文化教育的特质,需要相关研究和教学向历史学、人类学、哲学、心理学和医学敞开和借鉴。即便是在教育学内部,国学经典教育也需要向教育哲学、教育心理学、课程和教学论、德育原理、教育社会学、教育人类学等学科敞开,充分吸收和融合,从而构建起能与当代知识体系相对话的国学经典教育的知识体系,而不是一个封闭、深奥、无人知的一套知识体系。

优秀的中国式经典教育,需要沟通现代教育的理论基础,把握当代学校教育的使命与环境特征,然后总结当代经典教育的目的与内容,解决经典教育传统教学法的继承与现代教学法的结合等问题。这条路任重而道远,但是对于中国文化的复兴而言意义重大,需要在积淀中走向深入。

（执笔：刘峻杉、张平仁）

儿童文学教育：提升小学语文教师培养质量

小学语文儿童文学教学的应用型人才培养模式是首都师范大学初等教育学院开创的全新本科人才培养途径。该培养模式立足小学语文儿童文学教学应用研究在小学教育专业上的系统性、实用性、针对性，力求学生能充分运用所学的专业知识解决未来教育现场的诸多儿童文学教学问题。本文将从首都师范大学儿童文学教育应用型人才培养模式的背景与问题、措施与成效、反思与展望三个模块梳理基本情况。

在背景与问题板块，我们看到初等教育学院为顺应时代发展对于人才教育的需求以及国家教育发展的大方向，开设了系列儿童文学教学课程，以期实现为首都基础教育培养优秀小学语文儿童文学教学人才的目标。

在措施与成效模块，初等教育学院建设了一体化的课程体系，并搭建了目标清晰、以学生为本的儿童文学人才培养实施方案。此外，建设雄厚的师资队伍，开展丰富的科研活动。经过多年发展，初等教育学院拥有了成熟的儿童文学教学领域人才培养模式，构建了专业化的课程架构，形成了教研一体的教师团队，为教育一线输送了多批优秀的人才。

在反思与展望模块，为了紧跟时代的步伐，初等教育学院儿童文学团队在课程结构、教学方法、人才培养、学术交流四个方面不断反思，以期满足学生发展和国家需求，更好地服务于首都基础教育。

一、背景与问题

文学教育历来是语文教育的重要组成部分。在基础教育中，由于学习者的发展特点，儿童文学在文学教育中占据着特殊位置，对小学阶段的学习者尤为重要。目前在新一轮的语文课程改革中，儿童文学已引起了教育界的充分重视，在课程设计、教师培训、课程资源开发等方面都出现了一些令人鼓舞的现象。

《义务教育语文课程标准（2011 年版）》与《义务教育语文课程标准（2022 年版）》在课程目标、课程内容、学业质量及课程实施等方面，均多次强调儿童文学的重要性。在语文新版课标中各学段学习要求，第一学段提到图画书、优秀的儿歌集、自己喜欢的童话书等，第二、三学段提到阅读儿童文学名著、科普、科幻的优秀作品等，并且在附录中推荐了众多国内外优秀的儿童文学作品。这充分说明小学语文课文的儿童文学化已成为一种必然趋势，同时也为小学语文教学的广度与深度带来新挑战，向小学语文教师的教学质量提出更高标准的要求。

《全民阅读"十三五"时期发展规划》指出少儿阅读是全民阅读的基础。必须将保障和促进少年儿童阅读作为全民阅读工作的重点，从小培育阅读兴趣、阅读习惯、阅读能力，少年儿童是培养阅读兴趣、形成阅读习惯、锻炼阅读能力的重要发展时期，而儿童阅读的主体资源就是儿童文学。

面对国家教育政策与重要文件对儿童文学阅读与教学的要求，初等教育学院从建院之初就非常重视儿童文学教学人才的培养。1999 年初等教育学院建立时，便开设了"儿童文学概论"作为小学教育中文方向本科生专业必修课程，在学科专业课程中具有重要地位及意义。而后，学院先后开设了多门与儿童文学相关的必修与选修课程，包含"写作基础与儿童文学创作""儿童影视剧研究""儿童文学经典作品赏析""儿童戏剧创作与表演""儿童文学作品赏析与教学"等。

初等教育学院为本科生开设多样化的儿童文学课程，一方面能加强本科生的儿童文学阅读积累，使学生系统熟悉和把握中外儿童文学的优秀作品，深入体会儿童文学重要作家作品的艺术特征和审美风格，提升本科生阅读、欣赏、评价、教学儿童文学作品及儿童文学现象的能力；另一方面，强调儿童文学与基础教育的关联，特别是与小学语文教学的密切联系。因而不仅要求本科生了解和学会评价语文教材中出现的儿童文学作品，还要使本科生具备教授儿童文学作品和指导小学生阅读儿童文学的能力，真正成为基础教育系统下小学语文儿童文学教学师资的有力后备军。

二、举措与成效

（一）举措

1.将儿童文学教学系列课程建设为核心抓手

（1）儿童文学教学系列课程建设顺应了国家基础教育发展的需要

儿童文学的重要性在统编版小学语文教材和《义务教育语文课程标准》中都有所体现。首先，儿童文学作品已被大量选入统编版教材中，如课文《大象的耳朵》《雪地里的小画家》等，"快乐读书吧"《骑鹅旅行记》《爱丽丝梦游奇境》等。其次，《义务教育语文课程标准（2011 年版）》和《义务教育语文课程标准（2022 年版）》对于各学段要求与附录"课内外读物的建议"也推荐了大量的中外儿童文学作品。《义务教育语文课程标准（2022 年版）》在文学阅读与创意表达学习任务群和整本书阅读学习任务群要求"阅读图画书、儿歌、童话、儿童文学名著"，这些都属于儿童文学的范畴。

2012 年 11 月，党的十八大报告提出"开展全民阅读活动"。2014 年以来，"倡导全民阅读"连续 9 年写入国务院政府工作报告。《中华人民共和国国民经济和社会发展第十三个五年规划纲要》要求"推动全民阅读",并将全民阅读工程列为"十三五"时期文化重大工程之一,将全民阅读提升到国家战略高度。2016年《全民阅读"十三五"时期发展规划》提出"坚持少儿优先,保障重点"的基本原则,"大力促进少年儿童阅读"的重点任务。儿童文学是专为少年儿童创作的文学作品,是少年儿童喜闻乐见的文学表达形式,是少年儿童阅读的重要资源。首都师范大学初等教育学院充分认识到了儿童文学在基础教育、在小学语文中的重要地位,顺应国家基础教育发展的需要,积极建设成体系的儿童文学教学课程。

(2)儿童文学教学系列课程建设学科针对性强

初等教育学院为本科生人才培养研制了针对小学教育专业较为完备的儿童文学教学课程方案,专门开设了儿童文学概论、写作基础与儿童文学创作等儿童文学教育系列课程。

儿童文学概论是面向小学教育专业中文方向本科生开设的学科专业必修课,课程内容包括儿童文学基本理论、各种儿童文学文体的特征、儿童文学与小学语文教育研究等,旨在增强小学教师必备的儿童文学知识素养,提升学生欣赏、评价儿童文学作品的能力以及指导学生儿童文学阅读的能力。

写作基础与儿童文学创作是面向小学教育专业中文方向本科生开设的学科专业必修课,课程内容包括基础写作的理论与技巧、进一步学习、研究文学创作,重点是儿童文学创作。本课程要求学生能掌握常用儿童文学文体知识,能够根据需要按照常用儿童文学文体进行写作;能够根据作品主题有效组织剪裁材料;具有布局谋篇,有效安排文章结构的能力;语言表达准确、鲜明、生动,能够运用多种修辞手法增强表达效果。

儿童文学作品赏析与教学是面向小学教育专业中文方向本科生开设的学科专业选修课。采取专题讲授与学生研讨相结合的教学方式,加强学生的儿童文学阅读积累,使学生系统熟悉和把握中外儿童文学的优秀作品,深入体会儿童文学作家作品的艺术特征和审美风格。学生不仅要了解和学会评价小学语文教材中出现的儿童文学作品,还要具备教授儿童文学作品的能力。

儿童影视剧研究和儿童戏剧创作与表演是面向小学教育专业中文方向本科生开设的学科专业选修课,重在提高学生分析鉴赏儿童影视剧作品的能力和培养学生编演儿童剧的能力,为其未来指导小学生的儿童影视剧欣赏和编演儿童剧奠定基础。

(3)以新教材的开发作为突破儿童文学教学系列课程建设的重点

当前小学教育的方方面面都在进行不同程度的发展与变化,作为培养小教专业的本科教育必须跟上时代变化的步伐,与时俱进,进行课程迭代建设。而选择从教材的深入研究出发,不失为一条探索课程发展的可行之道,因为任何一门课要发展变化,首先就要从课程教学材料出发进行研究。首都师范大学初等教育学院的儿童文学团队致力于儿童文学教材的深入研究与开发,并以此作为突破儿童文学系列课程建设的重点,先后主导编写了《儿童文学与小学语文教学》《小学图画书主题教学与赏读》《小学绘本教学概论》《儿童文学教程》等高校教材。

《儿童文学与小学语文教学》于 2015 年由人民教育出版社出版,是高校小学教育专业卓越教师培养系列教材之一,以教育部《小学教师专业标准》和《教师教育课程标准》为指导,以语文课程教学改革为依据,是国内首部连接儿童文学与语文教育的高校教材。全书内容分上、下两编,上编主要从学科宏观理论角度介绍儿童文学的理论知识,下编主要介绍在小学语文教育中最常涉及的六大儿童文学文体的理论与教学应用。

《小学图画书主题教学与赏读》于 2017 年由复旦大学出版社出版,是国内第一部初等教育专业图画书(绘本)教学应用型研究的高校教材,同时也是教育部人文社会科学项目的研究成果。全书内容分为十章,每一个大主题构成一个章节,共介绍 100 本代表性主题图画书。教材填补了当前基础教育发展中图画书教学的高校教材空白,是一本专业、全面,兼具学术性与实践性的特色教材。

《小学绘本教学概论》将于2023年底由北京师范大学出版社出版,以《教育部关于大力推进教师教育课程改革的意见》《教师教育课程标准（试行)》《小学教师专业标准(试行)》为编写依据,以《师范类专业认证标准》中对小学教育专业课程设置以及人才培养的要求为指导，是国内首部高校小学教育专业方向的绘本教学课程教材。从该教材出发,儿童绘本教学课程将有助于在师范院校全面推进。

《儿童文学概论》是高等教育出版社2023年重点规划的本科教材,是全国各师范院校儿童文学专业研究者及教学经验丰富的一线教师精心撰著的儿童文学教材。全书分上、中、下三编。上编阐述儿童文学基本理论。中编介绍儿童文学文体知识，每章后附经典作品导读。下编是儿童文学的教学应用,包括儿童文学创编、整本书阅读指导、统编版教材中主要儿童文学文体的教学方法和教学案例分析。

2.搭建儿童文学教学学科体系

(1)儿童文学教学人才培养目标明晰

首都师范大学初等教育学院开设的各门儿童文学教学相关课程均有明确的课程目标指导,以期开展全方面、系统化的人才培养工作。

儿童文学概论课程注重理论性和实践性相结合，旨在培养学生对儿童文学的兴趣,加强其对儿童文学在小学教育中重要性的认识;使学生了解中外儿童文学的发展历史和现状,掌握儿童文学的基本理论和儿童文学的体裁特征;培养分析和鉴赏儿童文学作品的基本方法,让学生具备一定的儿童文学的鉴赏、批评和编创能力,促进学生指导小学生的儿童文学阅读能力的形成。

写作基础与儿童文学创作课程按照小学教师的现代化培养目标的要求,增强小学教师必备的写作知识和能力,尤其是跟小学语文教学密切相关的儿童文学创作的理论与能力。课程培养学生对写作,尤其是儿童文学创作的兴趣,使其认识到写作对于小学语文教学的重要性。使学生重点了解在小学语文教学中运用较多的几种重要文体的体裁特征与创作理论，重点培养学生进行基础写作,尤其是儿童文学创作的基本技巧,让学生具备一定的创作能力。

儿童文学作品赏析与教学课程旨在使学生掌握分析和鉴赏儿童文学作品的基本方法,提升学生欣赏、评价儿童文学作品的能力。加强学生对儿童文学在小学语文教学中重要性的认识,熟悉、掌握小学语文教材中的儿童文学作品,使学生具备儿童文学的教学能力。

儿童影视剧研究课程采取讲授、讨论、讲座与学生的实践活动的方式,培养学生对儿童戏剧的兴趣,使学生深刻了解儿童戏剧对儿童发展的多元意义,加强其对儿童戏剧在小学教育中重要性的认识;使学生了解儿童电影的特征,掌握儿童电影的鉴赏方法,提升学生欣赏儿童电影的能力;使学生掌握儿童戏剧的基本理论,培养学生具备欣赏、编创和排演儿童剧的能力及指导小学生排演儿童戏剧的能力。

儿童戏剧创作与表演课程重在培养学生对儿童戏剧的兴趣,使学生深刻了解儿童戏剧对儿童发展的多元意义,加强其对儿童戏剧在小学教育中重要性的认识;使学生了解儿童戏剧的特征,掌握儿童戏剧的基本理论及创编和排演的方法。重点培养学生欣赏、编创和排演儿童剧的能力,并具备指导小学生排演儿童戏剧的能力。

(2)教学方法"以学生为本"不断改革

首都师范大学初等教育学院开设的各门儿童文学教学相关课程均遵循以学生为本的基本观念,将学生作为教学活动的出发点。基于这一基本观念,各门儿童文学相关课程采用了灵活多样的教学方法和考核评价方式。

教学主要运用教师讲授、学生研讨、实践、自学相结合的教学方式,通过基础理论学习、佳作赏析、创作实践、"作品分析+讲授""小组探究+汇报""个人研究+汇报"等途径开展教学。为保证新冠肺炎疫情之下的教学质量不受影响,学院积极进行了线上教学。充分利用线上学习平台保证师生互动交流,保留的直播回放和录播课程也让学生得以及时、随时地学习和总结。突破时空限制,实现优质资源最大化利用。

儿童文学教学相关课程采用了多样的课程考核评价方式以帮助教师了解学习效果。考核评价包括:过程性评价和期末评价。其中过程性评价包含考勤、随堂提问、平时作业、期中作业、小组合作或个人展示等多种形式。书面作业主要将课上学习内容进行理解运用,如儿童文学作品赏析、教案设计、剧本创编等任务,以考查学生的知识运用能力。汇报性展示是以课堂展示的形式汇报个人或小组的构思和创作成果,如儿童剧表演、绘本创作展示等形式,以考查学生的学习效果和表现力。期末评价采用闭卷考试、论文或汇报性展示等方式,根据不同课程的特点采用相应的评价方式,旨在能够及时准确地掌握学生的学习情况以调整教学方式。

(3)学生科研成果创新性强,毕业论文专业性强

在科学、系统地培养之下,首都师范大学初等教育学院的学生围绕儿童文学教学研究方向展开了诸多专项研究,本科生科研立项与毕业论文的儿童文学教学专业性强。

表 2-9　儿童文学教学研究毕业论文例举

论文名称	学生姓名	年级专业
《部编本小语教材三年级童话题材阅读策略研究》	郝欣	2017 级小学教育(中文方向)
《部编版小学语文教材一年级儿童诗歌阅读策略研究》	李婷	2017 级小学教育(中文方向)
《一年级图画书阅读策略研究》	安南	2017 级小学教育(中文方向)
《部编版小学语文教材二年级童话阅读策略研究》	张嘉澍	2017 级小学教育(中文方向)
《低年级跨学科绘本阅读教学研究》	高宇晴	2018 级小学教育(中文方向)
《连环画阅读与低年级语文教学》	董家耀	2018 级小学教育(中文方向)
《小学高年级哲学绘本教学研究》	杨珺	2018 级小学教育(中文方向)
《儿童历史故事研究与中年级语文教学》	韩婉婷	2018 级小学教育(中文方向)
《历史类儿童故事研究与小学高年级语文教学》	刘潇	2018 级小学教育(中文方向)
《低年级功能性童话作品与拼音教学——以〈拼音王国历险记〉为例》	顾家晴	2018 级小学教育(中文方向)

3.逐步扩大儿童文学教学师资队伍

随着小学语文教学的改革及全面实施,可以看到儿童文学在小学语文教学中占据着重要地位,儿童文学教学工作也得到了国家层面及广大教育工作者的高度重视。首都师范大学儿童文学教学工作以儿童文学教学研究为核心,在儿童文学与小学语文教学、儿童文学阅读教育、儿童绘本教学等方面深耕,通过对儿童文学下属分支的细致研讨,在教学实践中逐步落实儿童文学的智育、德育、美育等在小学语文教育中的应用。

近年来,初等教育学院加强儿童文学教育教学的建设与推进,已发展成为集专业性、学术性、实践性于一体的实力团队,不仅高质量完成学院本科人才培育工作,也与多所小学形成共建关系,为学生的儿童文学教学提供见习、实习、调研等多元学习机会。本院儿童文学团队教师共5名,其中2名为儿童文学课程专任教师,3名为儿童文学科研工作参与教师,其中硕士学历4名,博士学历1名,教授职称1名。

4.丰富的科研活动助力儿童文学教学不断发展

(1)儿童文学教学方向的学术资源和环境

2012年6月由文化部中国儿童文学研究会与首都师范大学共同发起创办,以初等教育学院儿童文学教育研究团队为研究主体力量的首都师范大学儿童文学教育研究基地成立,这是我国高校首个儿童文学教育专业研究学术中心。基地围绕儿童文学与阅读教育、儿童文学与小学语文教育、儿童绘本教育等方面进行深入研究,对中国儿童文学教育研究的发展发挥了重要作用。

图2-14 研究基地成立仪式

(2)团队研究内容和成果

随着时代快速发展和语文教育不断变革,首都师范大学初等教育学院已形成5人为核心力量的儿童文学教学研究团队,开展课程、课题、教材、教师培训、论文等多方面的团队合作研究,并组织全国兄弟院校开展儿童文学教育研究合作,共同编写儿童文学教学研究相应教材、读本,通过多方面交流,有效推动首都师范大学儿童文学教育研究水平不断提高,使儿童文学成为初等教育学院的特色品牌之一。

①代表性研究成果

首都师范大学初等教育学院儿童文学教育教学研究属于国内前沿水平,具有学术创新性,学科带头人主持教育部人文社科规划基金项目"分级阅读与儿童文学教育研究",并研制出国内首个中文分级阅读学术标准。同时,由中宣部批准立项、归于全国出版物发行标准化技术委员会的"儿童分级阅读指导行标""儿童阅读能力评估"两个重要项目均由首都师范大学儿童文学研究团队学科带头人主持研制与起草。国家社科基金项目"中国大百科全书第三版编纂"中子课题项目"阅读教育"与"阅读活动"由初教院儿童文学教师牵头负责。

②独立主持项目

表 2-10　主持项目

项目级别	项目名称
国家社科基金	儿童图画书研究
教育部人文社科规划基金	新世纪中国儿童文学与儿童阅读研究
教育部人文社科青年基金	分级阅读与儿童文学教育研究
北京市教委	全民阅读时代下的绘本分级理论与实践研究
首都师范大学校级	经典儿童文学与小学生作文指导策略研究
首都师范大学校级	中国原创儿童文学与儿童阅读读本研究
首都师范大学校级	名校精品校本语文课程研究
首都师范大学校级	儿童文学素养与教师教育研究

③获奖情况

表 2-11　获奖情况

获奖时间	获奖名称
2013 年	全国儿童文学教育论文奖一等奖
2013 年	第三届全国小学教育专业学生儿童诗画创作比赛优秀指导教师奖
2014 年	2014 年全国儿童文学原创大赛优秀指导教师奖
2015 年	第五届全国小学教育专业大学生诗画创作比赛优秀指导教师奖
2015 年	冰心儿童图书奖
2016 年	高等教育优秀成果奖三等奖
2016 年	第六届全国小学教育专业大学生诗文配画（书法）比赛优秀指导教师奖
2016 年	中国童书博览会年度好书榜优秀作品奖
2016 年	绘本单项奖一等奖
2016 年	冰心儿童文学新作奖一等奖
2017 年	2017 年全国小学教师教育年会大学生儿童诗文绘画比赛优秀指导教师奖
2019 年	指导《最后一个小橘子》荣获第八届全国儿童文学教育年会绘本创作比赛一等奖
2019 年	指导《哼！你们骗我》荣获第八届全国儿童文学教育年会绘本创作比赛一等奖
2020 年	2020 中国出版协会儿童阅读好书榜奖

（3）论文

首都师范大学儿童文学教育研究团队近年来陆续发表权威核心期刊论文6篇，CSSCI核心期刊论文9篇。学术专著3部，独著原创儿童文学作品49部，主编儿童阅读教育读物近百部，主编儿童文学高校教材7部。

（4）学术交流

首都师范大学儿童文学教育研究基地自成立以来，团结、协作国内外的儿童文学教育力量和相关机构，举办多次全国性、国际性儿童文学教育学术会议，其中一年一度的全国儿童文学教育年会已成为国内儿童文学教育领域最重要的学术活动，对儿童文学教育的交流与发展起到了引领作用。

①2010年首届全国儿童文学与语文教学学术研讨会

2010年10月27日至31日，"首届全国儿童文学与语文教学学术研讨会"暨第一届全国儿童文学教育年会在首都师范大学国际文化大厦顺利召开，大会以"新世纪儿童文学与语文教学现状和发展趋势"为主题，来自全国各地的儿童文学与语文教学一线的科研人员进行了热烈地研讨，并集中展示了相关成果。基于儿童文学在基础教育中占据着非常重要而特殊的位置，首届全国儿童文学教育年会的成功召开对儿童文学教育研究发展具有里程碑的意义，推动了同行专家、学者与老师的互动交流，极大地促进了儿童文学研究与语文教学的进一步繁荣。

②2013年第二届全国儿童文学教育研讨会

2013年第二届全国儿童文学教育研讨会由湖南第一师范学院承办，由首都师范大学儿童文学教育研究基地、首都师范大学初等教育学院主办。大会邀请了专家学者作专题报告，并由来自高校、小学、幼儿园的一线教师开展儿童文学教学观摩课，充分体现出儿童文学教育研讨会兼具学术性与实践性的鲜明特色。大会展现了中国当前儿童文学研究的一流水平，体现了儿童文学研究的现状和特色，助力每位参会代表在不同领域、从不同角度推动儿童文学教育教学事业的不断发展。

③2013 年全国儿童文学教育年会首届理事会

2013 年 3 月 15 日至 17 日,由首都师范大学儿童文学教育研究基地、首都师大初等教育学院联合主办,海南琼州学院教育科学学院承办的"2013 年全国儿童文学教育年会首届理事会"在三亚顺利召开。大会内容丰富,气氛热烈,为学科教育教学研究搭建了交流合作平台,引起广大参会师生强烈共鸣,有效推动了国内高师院校小教专业的交流与发展。

④2014 年第二届全国儿童文学教育年会理事会

2014 年 6 月 12 日至 13 日,第二届全国儿童文学教育年会理事会在杭州师范大学顺利召开。来自各师范院校的理事单位代表就儿童文学教育研究进行了充分的讨论。

⑤2015 年全国儿童文学教育年会

2015 年 10 月 14 日至 17 日,第三届全国儿童文学教育年会于吉林省吉林市北华大学举办。本次大会主题为重新"发现儿童"的儿童文学教育,包含优秀传统文化与儿童文学教育、21 世纪儿童文学教育观、儿童文学作家与作品研究等议题。

⑥2016 年全国儿童文学教育年会

2016 年 6 月 23 日至 25 日,第四届全国儿童文学教育年会由呼伦贝尔学院承办,会议主题围绕"不同文体的儿童文学教学研究"展开。通过学习"儿童阅读重在落实""儿童阅读与儿童文学""童话理论与教学应用研究"等专题报告,广大学者教师积极参与专题研讨,总结了儿童文学教育发展的经验,进一步助力儿童文学教育研究的持续发展。

⑦2017 年全国儿童文学教育年会

2017 年 11 月 9 日至 10 日,第五届全国儿童文学教育研讨会在广西河池学院召开,会议主题为"全民阅读时代下的儿童文学阅读研究"。此次大会包含"儿童文学的十个关键词"专题报告、"全民阅读时代下如何有效构建校本阅读课程"专题报告等,突出了儿童文学教育研讨大会的探索性与创新性,落实推动全民阅读与儿童文学阅读共同发展。

⑧2018年全国儿童文学教育年会

2018年10月16日至17日,第六届全国儿童文学教育年会在山东临沂大学举办。本届会议主题为"新时代中国儿童文学教育研究新型态",特邀全国师范院校儿童文学教育领域数十位专家进行儿童文学与阅读教育、儿童文学与语文教育、儿童文学与戏剧教育等不同主题的多场圆桌论坛。此次大会兼具时代性与发展性,打破传统儿童文学教育研究形态,为新时代儿童文学教育发展注入了新的动力。

⑨2019年全国儿童文学教育年会

2019年11月20日至24日,第七届全国儿童文学教育年会在杭州师范大学仓前校区召开。本次年会由首都师范大学初等教育学院主办,杭州师范大学教育学院承办,杭州育海外国语学校、杭州未来科技城海曙小学协办。围绕"绘本阅读与教学"这一主题,从事与儿童文学相关研究、教学、推广、创作的大中小学幼儿园专家学者、一线教师及其他关注儿童文学教育的工作者齐聚一堂,共同探讨绘本阅读与教学。

(二)成效

经过多年的砥砺耕耘,首都师范大学初等教育学院在小学教育(中文方向)师范生儿童文学教学领域的培养有了显著的成果,在对师范生儿童文学教学方面的培养上不仅注重提升学生的理论素养,还注重提升学生的科研能力和教学能力,为首都培养了大量优秀的小学语文教师人才。

第一,在课程建设方面,构建了专业化培养小学教育(中文)专业师范生儿童文学教学的课程架构,课程通过开设写作基础与儿童文学创作、儿童文学经典作品赏析与教学、儿童影视剧研究、儿童戏剧创作与表演教学大纲等课程为本科生在儿童文学方面的培养形成了一套完整、系统的课程结构,并且课程之间彼此关联,相互呼应,有效地提升学生在儿童文学教学领域的综合素养和能力。

第二，在团队建设方面，形成了教研一体的儿童文学教学课程教师团队，提升了团队的教学和科研能力。此外，以核心团队为主体构建的专业学术研究平台儿童文学教育研究基地，为增进中国儿童文学研究与教育、儿童文学家园阅读推广、国际学术交流与合作和促进新世纪中国儿童文学教育教学事业繁荣发展贡献力量。

第三，在人才培养方面，培养出了一批又一批有着夯实儿童文学教学基础的小学语文骨干教师。这些教师成为儿童文学教学师资的有力后备军，以其扎实的儿童文学教学能力和较高的儿童文学教学理论素养服务着首都基础教育。

第四，在科研方面，承担了国家儿童文学教育教学研究的重要课题，在相关权威核心期刊上发表了具有一定学术影响力的学术论文，出版了一系列具有创新研究水平的教材、读物，科研成果丰富。

第五，在学术交流方面，积极组织开展学术活动，举办了八届全国儿童文学教育年会，大会每年一次，2020 年以来因为疫情关系年会暂停线下研讨。但年会的平台继续以各种形式为全国各地师范院校积极开展相关研讨、合作提供支持。

三、反思与展望

小学语文儿童文学教学是新时代下具有现代性、应用性特点的多元教育教学研究方向，因此，在理论探究和育人实践上需构建一套更为完整的培养体系。基于首都师范大学小学教育中文特色研究方向，我们反思现有工作并提出如下优化思路。

第一，在课程结构上，基于时代发展，优化儿童文学教学课程体系。一方面，丰富课程内容设置，在原有课程结构的基础上，开发更为多元化、全面化的儿童文学教学课程。依据时代要求,注重培养学生儿童文学教学、创作能力,培养学生的文学素养,为未来小学语文教学工作打下良好基础。另一方面,不断优化教材内容,增强教材的针对性和实践性,凸显对学生各项能力的培养。

第二,在教学方法上,力求突破原有教学模式,增强课堂的互动性、探究性。基于儿童文学概论、写作基础与儿童文学创作等课程,采用深度专题式学习、合作学习、理论与实践相结合等教学方式,旨在使学生通过合作探究的学习方式,有效提升儿童文学教学素养。

第三,在人才培养上,需注重培养学生在实际课堂教授儿童文学的能力,加强理论与实践的结合,为学生提供更广泛的实践平台。在理论基础方面,进一步探索儿童文学与小学语文课堂的融合,注重课堂教学方法、教学策略的探究。在实践方面,为学生提供更为广泛的实践平台。

第四,在学术交流上,既要兼具国际科研视野,又要多用本土儿童文学进行教学运用研究。基于新时代语文教育发展特点和儿童成长需求,培养兼具国际视野和中国特色的儿童文学教学人才,积极探索前沿性、现代性的研究课题,促进学术交流。鼓励推广弘扬中华优秀传统文化、革命文化,能够体现我国核心价值观念的儿童文学作品,立足儿童文学教学实践,做好中国儿童文学教学。

(执笔人:王蕾)

培根铸魂：构建高质量小学教育专业的数学课程体系

　　课程是专业特色与人才培养的重要体现，在人才培养中具有培根铸魂、启智增慧的重要价值。数学课程是小学教育专业课程的重要组成部分，对专业发展具有基础性和保障性作用。首都师范大学小学教育专业从数学的文化修养属性、基础学科属性和任教学科属性入手，建构了数学课程体系，并不断持续优化，突出文化性、时代性和教育性等特征，发挥数学课程的育人功能，突出培根铸魂的育人功能，凸显学科基础的价值属性，为专业发展与人才培养奠定坚实基础。

　　在高等教育中，课程是学科专业基本特色的体现，是实现专业人才培养目标的重要基础。我国高等师范院校的小学教育专业自成立以来，不断建构和优化课程体系。习近平总书记多次指出，课程教材要发挥培根铸魂、启智增慧的作用。数学作为基础学科，始终在小学教育专业课程占有较大比重，也是专业人才培养目标的重要体现。首都师范大学小学教育专业自1999年成立以来，高度重视数学课程对未来小学教师涵养教育情怀、夯实学科教学基础、提升综合素养的重要作用。始终坚持不断优化数学课程，建构高质量数学课程体系，对专业发展与人才培养起到了积极的促进作用，为兄弟院校构建课程体系提供了可以借鉴的宝贵经验。

一、背景与问题

小学教育专业自 1998 年成立以来,就将培养高质量专业化创新型小学教师作为自己的专业使命。数学既是小学的重要学科,又是大学的基础课程,在小学教育专业课程与人才培养中一直处于重要地位。初等教育学院的小学教育专业自成立以来,始终高度重视构建高质量的数学课程体系,积累了比较丰富的课程体系构建经验,为专业发展和人才培养发挥了重要作用。

(一)综合培养,学有专长

世纪之交,对百年中等师范的人才培养质量进行审思发现,中等师范学历的小学教师具有深厚的教育情怀和扎实的教学技能等多种优势,但也存在诸如文化科学知识相对薄弱等诸多不足。基于培养高质量小学教师的现实需要,高等师范院校开始设立小学教育专业,将小学教师培养纳入本科层次的高等师范教育之中。小学教育专业成立初期,便将培养具有扎实、丰富的文化科学知识,具有较为扎实、系统的学科专业基本理论、基础知识和基本技能,具有系统的小学教育理论知识作为小学教育专业的重要任务之一。

初等教育学院的小学教育专业正基于此,培养德智体美劳全面发展,学有专长,具备小学教育专业知识,胜任小学教育、教学工作,具有现代教育理念并能从事教育科研的小学教育工作者。并于 2000 年制订和实施《首都师范大学初等教育学院本科教学计划》,2001 年制订和实施《首都师范大学初等教育学院本科课程方案》,2003 年制订和实施《首都师范大学初等教育学院本科培养方案和指导性教学计划》,2006 年修订和实施《首都师范大学初等教育学院本科培养方案和指导性教学计划》。

根据 2006 年的培养方案,小学教育专业课程分为通识课程、教师教育类公共课程和学科课程三类。在公共课程的"科学与技术"模块中设置数学文化、数学思想简史、数学欣赏、数学游戏等课程。在学科课程的"学科教师教育类课程"模块中设置小学数学课程与教学论、小学数学教学案例研究等课程,在"学科平台课程"中设置数论初步、微积分初步、概率统计初步等课程。小学教育专业数学方向在学科课程的"学科教师教育类课程"模块中设置小学数学课程与教学论、小学数学教学案例研究等课程。在"学科专业课程"中设置数学分析、高等代数、空间解析几何、概率统计、初等数论、数学的观念思想方法、多元函数微分学等课程。

(二)能力为重,主兼多能

21 世纪初,为了全面提升国民素质,我们迫切需要建设一支高素质专业化的教师队伍。高素质专业化的教师不仅需要具备丰富的科学文化知识,还需要具备优良的师德和较高的教育教学水平。《国家中长期教育改革和发展规划纲要(2010—2020 年)》指出,要"加强师德建设"和"提高教师业务水平"。《教师教育课程标准(试行)》提出"育人为本""实践取向"和"终身学习"的基本理念;《小学教师专业标准(试行)》提出"师德为先""学生为本""能力为重"和"终身学习"的基本理念。小学教育专业顺应时代发展,培养具有爱岗敬业、关爱儿童,具有较为宽阔的人文科学、社会科学和自然科学等方面的知识素养,形成综合性的知识结构,精深 1—2 门主要学科领域,掌握教与学的知识,能科学进行 1—2 门课程的教育教学专业化教师。

初等教育学院的小学教育专业正基于此,培养热爱小学教育事业;认识小学儿童,能以儿童为本;理解小学教育,能以师德为先;发展专业自我,教书育人、终身学习,胜任小学教师职业潜质的人才。并于 2010 年基于课程群的思想制定和实施《首都师范大学初等教育学院本科培养方案和指导性教学计划》,2014 年基于课程地图的思想修订和实施《首都师范大学初等教育学院本科培养方案》。

根据 2014 年的方案,小学教育专业课程分为通识课程、专业课程和实践教学课程三类。在通识课程中设置"数学文化"和"数学游戏"等课程,在专业课程的拓展类中设置"文科高等数学""艺术中的数学"等课程。小学教育专业数学方向的专业方向课程分为学科基础、学科课程和学科教学三类。学科基础类课程包括数学分析、高等代数等课程。学科课程包括初等数论、数学简史、小学数学课程标准与教材分析等课程。学科教学包括小学数学研究、小学数学教学设计与实施、小学数学教学案例研究、小学数学教学技能和小学生数学学习心理研究等课程。

(三)儿童为本,追求卓越

随着中国特色社会主义进入新时代,教育的基础性、先导性、全局性地位和作用更加凸显,迫切需要高素质专业化创新型教师。《中国教育现代化2035》提出,"培养高素质教师队伍,健全以师范院校为主体、高水平非师范院校参与、优质中小学(幼儿园)为实践基地的开放、协同、联动的中国特色教师教育体系",随后启动的"师范专业认证"便是具体举措之一。高素质专业化创新型的小学教师应该师德优秀、素养综合、儿童为本、全面育人、终身发展,不断进取,追求卓越。

初等教育学院的小学教育专业立足首都基础教育改革与发展需要、传承百年师范精神,面向未来培养师德优秀、理想信念坚定、以儿童为本进行全面育人、素养综合能够终身发展、具有以卓越小学教师和未来教育家潜质的小学教育人才。并于2018年基于教师素养思想修订和实施《首都师范大学初等教育学院本科培养方案》,2019年进行小学教育专业二级认证后,每年都对本科人才培养方案进行持续修订和优化。

根据2020年修订的方案,小学教育专业课程分为思想政治理论课程、通识教育课程、儿童教育课程、专业方向课程(主教)、专业方向课程(兼教与跨学科)和实践与研究课程六类。在通识教育拓展课程中开设数学智慧、数学游戏等课程,在儿童教育拓展课程中开设数学基础(文科)和数学基础(理科)等课程。同时将小学教育数学方向的主教学科课程分为学科基础、学科课程与教学、学科方向拓展三个模块,在 2014 年方案的基础上进行优化。例如,将数理统计、小学数学教学设计与实施、计算方法、数学程序设计等课程替换为基础统计学、小学数学课程与教学论、多元微积分、常微分方程和文献阅读与论文写作等课程。

二、举措与成效

经过二十余年的探索发展,小学教育本科专业从无到有、由弱到强,在继承办学传统的基础上,瞄准国家的现实需求,根据自身办学优势,建立了富有特色的课程体系。首都师范大学初等教育学院的小学教育专业正是在传承百年师范育人经验的基础上,坚持大学与小学在课程、研究、实践领域的协同发展,形成了"综合培养、发展专长、全程实践、注重研究"的小学教师培养模式。同时在思想政治理论、通识教育、儿童教育、主教学科方向、跨学科兼教方向和实践创新研究的六模块专业课程体系的基础上,构建了作为文化修养、基础学科、任教学科和教育能力的小学教育专业四维度数学课程体系。

(一)作为文化修养的数学课程

数学既是运算和推理的工具,又是表达和交流的语言。数学承载着思想和文化,是人类文明的重要组成部分。人类各种族文明造就出不同的思维文化,也创造出不同特征的数学。例如,古代东方数学偏向具体形象方式的归纳推理,而西方数学则倾向抽象方式的演绎思考,其共同特征是追求理性、理性精确和探索精神。培根说,历史使人贤明,道德使人稳重,数学使人高尚。因此作为现代社会有文化、有教养的公民,都应该学习数学,既要学习和掌握数学的学科知识,又要学习数学特有的思想方法,更要培养数学特有的思考问题的方式。

　　初等教育学院的小学教育专业认为，作为未来的小学教师和高素质公民，应当接受数学文化的熏陶，提升自身的文化修养。因此在儿童教育课程模块中开设"数学基础"，包括极限与连续、一元函数微分学和一元函数积分学等内容。其目的是让学生了解数学在近现代社会中经典的运用案例，学习数学解决问题的典型思维方式，领悟数学的思想方法，提升学生的数学修养，也为后续的学习打下扎实的数学基础。在课程教学大纲的指引下，编写出版了《数学的观念、思想和方法》《小学数学课程文化性导论》等教材，提升了人才培养的质量。

（二）作为基础学科的数学课程

　　达·芬奇说："数学是一切科学的基础。"数学已经渗透和运用到社会生活的各个方面。2019 年 7 月 22 日，科技部、教育部、中国科学院、自然科学基金委在《关于加强数学科学研究工作方案》中指出，"数学是自然科学的基础，也是重大技术创新发展的基础。数学实力往往影响着国家实力，几乎所有的重大发现都与数学的发展与进步相关，数学已成为航空航天、国防安全、生物医药、信息、能源、海洋、人工智能、先进制造等领域不可或缺的重要支撑"。爱因斯坦说，数学之所以比一切其他科学受到尊重，一个理由是它的命题是绝对可靠和无可争辩的，而其他的科学经常处于被新发现的事实推翻的危险。另一个理由就是数学使得自然科学实现定理化，给予自然科学某种程度的可靠性。因此很多学科都将数学作为基础和工具，开展精确化的研究，并按照数学公理化思想构建自身的学科体系。

　　初等教育学院的小学教育专业开设了科学方向和信息方向。科学和信息技术中会大量运用数学，因此在小学教育科学方向和信息方向中开设"高等数学"，作为其方向的基础课程，由微积分和线性代数两个部分构成。前者包括极限与连续、一元函数微分学和一元函数积分学，后者包括矩阵与行列式和线性方程组。其目的是作为物理学、生物学、信息学的计算工具与技术，彰显数学的工具性价值。在课程教学大纲的指引下,编写出版了《概率论》《高等数学基础》等教材,有利地推进了课程的实施。

(三)作为任教学科的数学课程

米斯拉说,"数学是人类的思考中最高的成就"。数学在形成人的理性思维、科学精神和促进智力发展过程中发挥着越来越重要的作用,数学素养是现代社会每个公民都应当具备的基本素养。克莱因说,"音乐能激发或抚慰情怀,绘画使人赏心悦目,诗歌能动人心弦,哲学使人获得智慧,科学可改善物质生活,但数学能给予以上的一切"。因此,数学成为古今中外基础教育中的一门公共必修课,承载着落实立德树人的根本任务,承载着培养高素质受教育者的重要功能。

首都师范大学初等教育学院的小学教育专业根据现实需要(即大量小学教师需要在小学从事数学教育教学工作),开设数学教育方向,学生毕业后在小学主教数学学科。在主教学科中开设丰富的数学课程,由"学科基础"和"学科课程"两类构成(具体课程见表2-12)。前一类是将数学视为一门科学,展示近现代数学主要分支的发展脉络和核心内容;后一类是将数学视为小学的一门具体学科,揭示小学数学的数学背景和拓展延伸。在课程教学大纲的指引下,编写出版了《解析几何》《小学数学基础理论》《小学数学研究》《问题解决与数学实践》《为教师的微积分》等教材,促进了课程方案的实施,提升了人才培养的质量,进一步彰显了专业基础课程的特色。

表2-12　作为任教学科的数学课程的基本结构

类别	模块	具体课程
学科基础	分析	数学分析1、数学分析2、多元微积分、常微分方程
	代数	高等代数1、高等代数2、代数结构
	几何	空间解析几何、摄影几何、非欧几何、组合数学、拓扑学
	运用	概率基础、基础统计学、数学运用、数理逻辑、数学实验、数学软件
学科课程	数学史	数学简史、文献阅读与论文写作
	课程内容	小学数学研究、小学数学竞赛指导

（四）作为育人能力的数学课程

2019 年 6 月 23 日，中共中央、国务院在《关于深化教育教学改革全面提高义务教育质量的意见》中明确指出，"教师要尽可能的突出学生主体地位，注重保护学生好奇心、想象力、求知欲，激发学习兴趣，提高学习能力"。数学教育应适应现代社会和科学技术的发展，为学生创设真实的情境，提出合适的问题，培养学生综合运用数学和其他学科的知识与方法解决问题的能力，提高学生的批判思维和创造能力。因此，数学课程也可以培养师范生的教书育人能力，有助于充分发挥教师主导作用，深入理解学科特点、知识结构、思想方法，科学把握学生认知规律与思维特点，认真上好每一堂课，着力培养认知能力，促进思维发展，激发创新意识。

初等教育学院的小学教育专业高度重视未来教师教育教学能力的培养，在主教学科中开设丰富的数学教育课程。这些课程包括小学数学课程标准与教材分析、小学数学课程与教学论、小学数学教学案例分析、小学数学教学技能和小学生数学学习心理研究。此类课程以小学数学学科教学为载体，覆盖设计、实施、评价和研究四个阶段，贯穿小学教育教学的全过程，重在培养未来教师的教育情怀和育人能力。在课程教学大纲的指引下，我们先后编写出版了《小学数学教学基础》《小学数学教学案例分析》《小学数学这样教》《小学数学课程与教学论》《小学数学课程理解与教材分析》等教材，有利地推进了数学教育类课程的发展，提升了人才培养质量，彰显了专业特色。

三、反思与展望

课程是实现教育目的、培养全面发展人才的保证，是学校教学活动的中介。小学教育专业的数学课程对于培养未来小学教师的文化素养、科学精神和育人能力具有非常重要的作用。根据现实课程育人效果和基础教育改革趋势,前瞻性地对课程进行持续优化,将非常有助于专业的自身发展与人才培养质量的持续提升。首都师范大学小学教育专业正基于此,聚焦师范生的教育教学素养,在追求卓越的过程中,不断探索和优化数学课程,推动专业发展与人才培养。

(一)人文性与科学性的进一步融合

数学是研究数量关系与空间形式的科学,具有高度的抽象性、逻辑的严谨性、运用的广泛性和结论的确定性等明显的特征。从结果来看,数学常常表现为抽象的符号、复杂的计算和解不出的难题,它冰冷的外表常常让人望而生畏。而我们的目标是培养未来的高素质专业化创新型教师,就需要传承数学作为人类文明的基因,挖掘数学在人类文化中的先进的价值观及其行为规范。要注重数学解决问题的思考过程,重视数学对于学生成长、激发创造力与生命力和熏陶思想感情的重要作用,实现对人的重视与关爱。

小学教育专业的数学课程,应该不同于数学的专业课程,前者培养小学教师,后者培养数学家。因此我们需要在不出现科学性错误、不违背学科逻辑的前提下,尽可能简化复杂的证明和技巧性的计算。同时选择数学发展史上典型的案例,尤其是数学解决人类社会中具体问题的大事件,在生动的过程中让学生理解数学的文化功能和思维特点。例如,整合数学分析、多元微积分和常微分方程等课程,精简其中复杂定理的证明和技巧性变形,增加其在现代自然科学、社会科学中的运用案例,展示数学应用的广阔性和发展的多元性。这样,数学才能成为一种看不见的文化,成为未来教师的文化基因,融入未来教师的职业素养中。

(二)时代性与基础性的进一步融合

数学分析、高等代数和解析几何被称为高等数学的三大基础,主要是17、18 世纪数学的研究成果。现行教材基本成型于 20 世纪 80 年代,基本采用了 20 世纪初期构建的框架,具有基础学科的明显特点。首先,逻辑体系严密,基本概念阐述明确,并进行了详细注解,基本命题环环相扣,并进行了详细证明。其次,注重数学技巧,重视微分、积分、行列式、矩阵、代数式、方程式等数值计算和符号变形的技巧。而我们的目标是培养未来的小学教师,这些内容难度大、枯燥乏味,占用了大量课时,却效果欠佳。

小学教育专业的数学课程,要考虑到未来教师的职业需要,关注信息技术对数学研究与教学的影响,优化数学课程。首先,随着现代信息技术(尤其是计算技术、作图软件)的快速发展,很多过去耗费大量人力物力进行的计算、作图等,都可以轻松完成,因此我们需要淡化微分、积分、行列式、矩阵、代数式、方程式等数值计算和符号变形的数学技巧。其次,由于我们培养的是小学教师而不是现代数学的研究者,没有必要把高等数学中的每个概念、每个结论都学习一遍,只要学习核心概念和重要命题,让学生理解每个数学分支的研究内容和研究方法即可。最后,我们要加强数学运用,用大量生动的案例揭示数学在当今世界各个行业的运用,让学生理解数学对人类社会的巨大推动作用,感悟数学的巨大价值。这样,数学课程才能紧跟时代步伐,融入未来教师充满活力的教育风貌和个人风采中。

(三)教育性与专业性的进一步融合

谈到数学,我们常常把它作为一个非常鲜明的专业,需要学习很多有一定深度的数学知识,不是所有人都能轻易入手和从事的职业。因此,我们强调,从事数学工作的人必须思维严谨、善于计算和推理,同时打好扎实的基础、掌握灵活的技能技巧,并静下心来进行思考和研究。而我们要培养的是未来的小学教师,他们的工作之一是承担小学数学的教学工作。因此,更多的任务是育人,强调用数学来育人,数学是一种育人载体,这就需要彰显数学的教育性。

　　小学教育专业的数学课程，需要在教育性与专业性的进一步融合中，彰显数学课程的小学教育专业特性。首先，注重中学数学课程与大学衔接，对中学已经学习过的内容要精简，平稳过渡到大学数学。例如，由于中学已经学习了导数、向量、概率统计的基础内容，因而学科基础中的分析、几何、运用类课程要大量精简这部分内容。其次，注重从高观点下审视小学数学，也就是从高等数学的观点来看小学数学，揭示小学数学背后隐藏的原理、方法和思想。例如，"数学分析"要从微积分的角度看待圆的周长和面积公式之间的关系，"高等代数"要从代数结构的观点看小数和分数的乘法运算。最后，注重研究小学生数学学习的特点，关注儿童的生命成长，注重从儿童学、心理学的角度进行分析。例如，"小学生数学学习心理研究""小学数学教学案例研究"等课程，要注重分析小学生学习数学出现的困难和错误，并从中寻找对教学的启示。这样，数学课程才会进一步体现小学教育的专业特性和教育属性，才能更好地融入未来教师的教育素养中，成为育人的重要组成部分。

（执笔人：曾小平）

凸显学科教学知识：小学教育专业英语课程体系构建

随着小学英语课程在全国范围内普遍开设，小学英语教师教育受到广泛关注。本案例聚焦首都师范大学小学教育专业英语方向学科教学课程体系的构建。为了增强本专业学生的竞争优势，专业课程体系突显学科教学知识，将英语学科本体知识与初等教育的理论和实践有机融合，在小学英语教学设计与实施等核心课程的基础上，形成了英语歌曲与表演、小学英语教师口语、英语儿童文学选读等特色课程，以及小学英语游戏、小学英语教学案例研究等校外名师课程。任课教师近些年不断调整教学大纲，改进课程实施方案，以适应当前小学英语教学的实践。对毕业生的问卷调查和访谈结果显示这些课程在促进学生专业发展上有较高的认可度。

一、背景与问题

首都师范大学初等教育学院英语教研室自 2001 年以来招收小学教育英语方向的本科生，为首都基础教育培养了大量优秀的英语师资。近年来，英语方向学生的就业受到了越来越激烈的挑战，主要来自外语学院英语专业毕业生和回国留学生的竞争。这些学生的英语学科能力，包括听说读写的基本技能相对扎实，但小学教育英语方向学生的优势在于她们更了解小学英语教育,了解小学生学习语言的特点,懂得采取适合小学生的英语教学方法,熟练地掌握小学英语教学技能。这就是教师知识结构的核心概念,即学科教学知识(Pedagogical Content Knowledge,简称 PCK),这也是英语教师专业化发展的关键。因此,优化小学英语师资培养的关键是将学科教学知识融入英语学科知识课程体系中,使其区别于对一般外语人才的培养。

本案例主要聚焦近些年来小学教育专业英语方向本科培养方案中教师教育课程体系的建设与改革,即凸显英语学科教学知识,发展小学教育英语方向本科特色课程体系,以突出本方向学生区别于英语专业学生的优势,增强学生就业的竞争力。

美国学者 Shulman(1987)将学科教学知识定义为“用专业学科知识与教育学知识的综合去理解特定主题的教学是如何组织、呈现以适应学生不同的兴趣和能力”。英语学科教学知识就是教师通过有效教学帮助学生建构语言知识、发展语言能力的知识。英语学科教学知识是英语教学的核心知识和技能,而它又是一项英语教师教育课程中明显缺失的内容(周燕,2005)。邹为诚(2009)指出,使英语教师成为“专业人员”的知识特点就在学科教学知识。英语教师与其他学科教师之间的本质区别是英语教师首先自己要对教学工具,即英语语言掌握得十分牢固,然后再通过这种工具去教授内容,而内容与工具是一体的,都是语言。此外,由于英语社会文化环境的缺失,英语教师仅仅会说英语,不足以将学科语言转化为可教的自然语言。教师要专门学习如何引发并识别学生语言发展的机会,在课堂上创设尽量真实的语言学习环境和有效的语言学习任务,通过适当的教学方法,促进学习者的语言发展。这正是英语学科教学知识的体现。

学科教学知识打破了学科知识和教学知识长期相互割裂的状态,将学术性与师范性有机融合,对教师教育课程的设置,尤其是小学教师教育课程的改革,有重要启示。在初等教育教师职前培养阶段,课程设置应该突显学科教学知识,培养学生学科教学融合的能力。

二、举措与成效

二十多年来，学院本科生人才培养目标随着国家和北京市教育政策的变化和人才培养的需求不断调整为"儿童取向卓越小学教师培养模式3.0"。小学教育英语方向学生的培养目标也指向培养能以儿童为本、熟悉小学英语课程标准和教学理论，能根据儿童外语学习的特征和规律分析教材、制定教学方法和评价策略、具有国际视野的创新型卓越小学英语教育人才。

（一）小学教育英语课程体系

小学教育英语方向课程经过二十年的不断整合和优化，目前总共30门课，58个学分，占总学分的37%。分为三个模块，其中学科基础64%，学科课程与教学15%，学科方向拓展21%（见图2-15）。

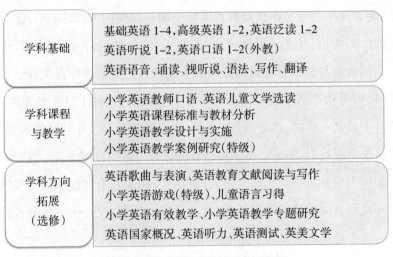

学科基础	基础英语1-4，高级英语1-2，英语泛读1-2 英语听说1-2，英语口语1-2（外教） 英语语音、诵读、视听说、语法、写作、翻译
学科课程 与教学	小学英语教师口语、英语儿童文学选读 小学英语课程标准与教材分析 小学英语教学设计与实施 小学英语教学案例研究（特级）
学科方向 拓展 （选修）	英语歌曲与表演、英语教育文献阅读与写作 小学英语游戏（特级）、儿童语言习得 小学英语有效教学、小学英语教学专题研究 英语国家概况、英语听力、英语测试、英美文学

图2-15 小学教育英语方向课程模块

学科基础课程和部分学科教学课程是很多小学教育英语方向共有的课程，但其中有些课程是首都师范大学初等教育学院小学教育英语方向的特色课程。尤其是2013年在学院承担的"创制核心素养体系与课程地图，建构基于儿童教育本位的卓越小学教师培养模式"的项目推动下,英语方向在保证扎实学生英语基本功的前提下, 逐步在课程中将英语本体知识与教学知识相结合,凸显学科教学知识,丰富了学科教学课程的种类,加大了学科教学课程的比例,形成了小学英语学科基础、学科课程与学科教学三大课程群(见图 2-16)。

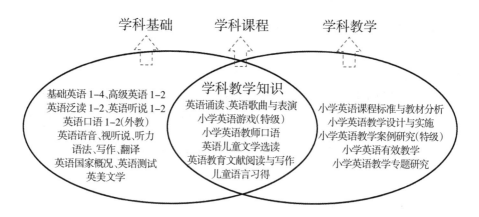

图 2-16　小学教育英语方向课程群

　　每个课程群中既有必修也有选修。"学科基础"保证英语语言基本功,"学科教学"是小学教育英语的核心课程,也是每个方向共有的,"学科课程"这一群体中的 7 门课,是首都师范大学初等教育学院小学教育英语方向的特色课程,也是最凸显小学英语教师学科教学知识的课程。

(二)小学教育英语核心课程

　　从 2014 年开始,传统的英语课程与教学论拆分成三门课程,分别是小学英语课程标准与教材分析、小学英语教学设计与实施和小学英语有效教学。这三门课程是英语学科教学知识的集中体现。小学英语课程标准与教材分析带领学生梳理小学英语课程标准的发展历程,熟悉最新的《义务教育英语课程标准》,分析现行的不同版本小学英语教材。小学英语教学设计与实施旨在使学生理解儿童语言学习的特点,理解英语课程的性质、英语教育的目标和标准,使学生能够根据不同教学对象设计合理的教学计划并实施。小学英语有效教学在教育心理学理论、第二语言习得理论及在小学英语课程标准的指导下,探讨小学英语课堂教学的有效性,包括教学内容的有效选择与处理、课堂教学活动设计的有效性,教学组织的有效性及教学评价的有效性等。

(三)小学教育英语特色课程

这也是本案例重点介绍的一部分课程,包括英语诵读、英语歌曲与表演、小学英语教师口语、英语儿童文学选读、英语教育文献阅读与写作、儿童语言习得等一系列体现学科教学知识的特色课程。下面以其中三门课程为例,从教学目标、教学内容和教学评价与实施等方面,具体说明每门课程的构建和发展过程。

1.英语歌曲与表演

歌曲歌谣和教育戏剧的运用在小学英语教学中愈发普遍。本门课程是在大二上学期开设的专业方向选修课,最初由学院音乐方向的教师承担,主要教授学生演唱英文歌曲。近些年英语教研室的教师逐渐在该课程中整合了教学法和教育戏剧,根据小学生的认知特点和《义务教育英语课程标准》的要求,培养英语师范生将英文歌曲和英语戏剧表演运用到课堂教学的技能,从而丰富了课程内容,从跨学科整合的角度,帮助学生形成学科教学知识。本课程是一门实践性较强的专业教学技能训练课程。基本内容是通过介绍有助于小学英语教学的英文儿童歌曲、歌谣的编演和教学设计,以及课本剧、舞台剧的编演,培养学生使用英语歌曲、歌谣和戏剧辅助课堂教学、课堂管理和课堂评价的技能。本课程采取讲、听、说、唱、编、演等多种方式,鼓励学生积极参与,使学生具备小学英语教学的综合能力。

(1)教学目标

①学生认识到小学英语教学中歌曲歌谣与英语剧的重要地位和作用;

尝试将儿歌与戏剧的元素融入小学英语教学实践中。

②学生学会至少 15 首经典英文儿歌童谣的表演唱;能够结合小学英语教材,整合多媒体资源,创编 1 首英文儿歌,并设计将儿歌与教学内容结合的教学活动,进行课堂教学展示;能够通过小组合作呈现一场英语戏剧的表演;初步具备说、唱、编、演的综合设计与教学能力。

③学生能够从儿童英语学习的特点出发设计歌曲表演融合的教学活动;具有跨学科意识;具有团队合作精神;能够对他人的教学设计和展示做出客观评价。

（2）教学内容

本课程是一门实践性较强的专业教学技能训练课程。基本内容是通过介绍有助于小学英语教学的英文儿童歌曲、歌谣的编演和教学设计,以及课本剧、舞台剧的编演,培养学生使用英语歌曲、歌谣和戏剧辅助课堂教学、课堂管理和课堂评价的技能。采取讲、听、说、唱、编、演等多种方式,鼓励学生积极参与,使学生具备小学英语教学的综合能力。

（3）教学评价

本课程以形成性评价为主,包括常见英文儿歌的表演唱、英语儿歌的创编与展示、英语剧的编排与表演等。其评价标准明晰;评价主体多元,包括生生互评、小组互评、师生共评;评价形式多元,包括口头评价、打分和笔头反馈等。

（4）教学实施与调整过程

图 2-17 展示了本课程经历的初始阶段、改革阶段和优化阶段的发展过程。

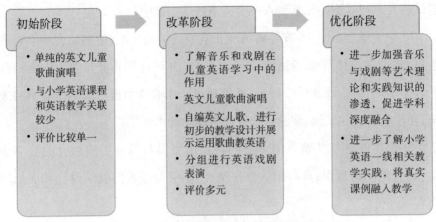

图 2-17　"英语歌曲与表演"课程发展阶段

　　在最初实施过程中,由于资源有限,课堂上给学生呈现的音视频不够丰富,学生的展示也比较单一。随着教师走访更多的一线小学英语课堂,查阅更多英语母语儿童比较流行的歌曲和其他视频资源,不断更新课程内容,完善课件,与一线教学实践更加贴近。同时,随着课程的推进,教师将以前学生的优秀作品作为朋辈激励,给新选课的学生播放,鼓励学生多样的选材和积极的创作,并给予学生更多正面和详尽的反馈,逐渐涌现出了更多优秀的学生作品。

　　(5)课程实施效果与反思

　　学生从这门课程开始,具有了角色转变的意识,从大学生逐渐转变为小学英语准教师的身份,开始探索儿童学习外语的特征,并据此设计适合儿童的教学活动,将已有的英语知识与教学方法相结合,形成英语学科教学知识。该课程给予学生充分的展示机会,无论是个人的歌曲教学设计展示还是小组的英语剧表演,能够充分调动学生的积极性,激发学生的创作力和想象力。在生生评价环节,学生根据明确的评价标准对他人的创作和表演进行点评,提升了学生的批判性思维能力。伴随着几轮课程大纲的修订,本课程期末从学生端收到了更多正面的反馈和评价,有学生评论"这节课不是以往英语教学的固有模式,增加了许多老师与学生的互动,让学生从老师那里得到针对性的建议""教学方式多样,学生参与感强"等。

此外,由于课程在大二上学期开设,学生对于教学设计、实施与评价等还没有形成系统的概念,教师口语也有待强化,因此学生的歌曲教学设计展示部分存在的问题比较多,需要进一步优化。此外,由于教师本身学科受限,对于音乐学和戏剧的理论部分缺乏更系统的了解,学科融合有待于进一步深化。

2.小学英语教师口语

本课程是在一年级学习英语口语和诵读的基础上,整合英语口语和小学英语教学的双重目标而开设的课程,旨在有效融合英语口语技能和小学英语教学技能。本课程帮助小学教育专业英语方向本科师范生学习和理解小学英语教师课堂话语的本质及特点,学习在中国英语教学环境下如何使用教学语言与小学生进行得体而有效的课堂交流。一方面进一步矫正师范生不正确的英语语音、语调,熟悉课堂交际过程中的常用术语;另一方面掌握一般的英语课堂交际技能,使其能用流利、自然的目标语实施各种课堂教学的策略,有效地组织好小学英语课堂教学。

(1)教学目标

①通过本课程的学习,学生应熟练掌握小学英语课堂教学各个环节教师常用的课堂用语的多种表达方式,达到准确、规范、流利的标准;学生在熟练掌握相关课堂用语表达方式的基础上,初步了解小学英语课程的性质、课标的相关要求及小学生的心理特点,熟知教师课堂话语的功能与特点。

②通过本课程的学习,学生应获得在小学英语课堂的不同环节恰当使用相应的英语课堂话语来组织教学的能力,以及用恰当的英语口语与小学生进行交流的能力。

(2)教学内容

本课程是一门综合英语口语能力和小学英语教学知识的技能课。课程伊始学生通过在线课程对自己的语音、语调等口语基础进行自测自查和巩固性练习,为英语教师口语的训练打好基础。然后从问候语、导入环节的教师口语、组织活动的教师口语、课堂管理的教师口语、反馈语、指令语、态势语等几个方面学习教师口语的特点并熟知各方面常用的教师话语。这部分的学习以观摩相关教学片断及课堂讨论等方式开展,学习完毕后学生以微课的方式进行相应部分的口语实践。最后,学生还要学习初步的小学英语课堂话语分析,通过案例了解小学英语教师课堂话语分析的功能、方法、步骤及注意事项。

（3）教学评价

本课程采用形成性评价和终结性评价相结合的评价方式。形成性评价包括考勤与学生在课堂上的参与情况,小组合作总结几类常用的小学英语教师课堂话语,小组合作设计课堂教学片段展示教师课堂口语,以及小学英语教师常用课堂话语测验。通过这些过程评价活动从多角度对学生的学习情况进行诊断、评价,并在每次呈现前明确评级的标准,组织所有学生对其他小组的成果进行讨论,形成小组之间的评价,实现以评促学。终结性评价以学生个人微课的形式进行,综合考查学生使用英语组织教学的能力。

（4）教学实施与调整过程

本课程的教学大纲、教学内容和教学方式在不断地调整与优化。图 2-18 显示了本课程的三个发展阶段。

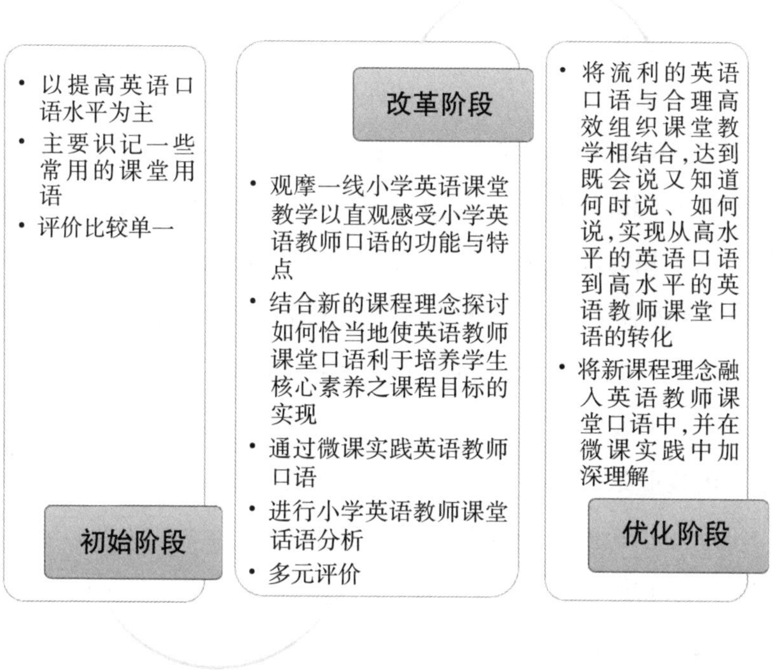

图 2-18 "小学英语教师口语"课程发展阶段

　　教师在教学过程中根据教学大纲对教学目标进行了几次修订,使得课程的目标更加清晰,也更加契合小学教育方向的培养目标与毕业要求。教学内容最初只是按照课堂教学的环节进行安排,后又在授课中不断调整为教学环节加上教师课堂话语性质两个不同维度的内容。对于评价诊断活动,最初是以学生总结、识记常用课堂话语为主,但是考虑到识记并不能保证能够恰当应用,因此将微课展示作为评价诊断学生英语教师口语掌握情况的主要活动。为了给学生更直观的感受,课程选取不同地区、不同水平的一线小学教师课堂教学视频给学生观摩,从中感受英语教师口语对课堂教学的作用及其特点。此外,本课程还开发了线上线下相结合的课程体系,将学习从课堂延伸到课外。

（5）课程实施效果与反思

本课程在实施过程中不断完善，逐步形成了以实践为导向，将学生的英语口语能力与英语教学能力相结合的课程模式。通过学习本课程，学生们体悟到了从英语口语到英语教师口语的转化，明晰了如何使英语教师课堂口语成为小学生可理解的语言输入。大部分学生在期末反馈中表示从本课程中学到了很多实用的东西，对小学英语课堂教学有了更深刻的认识。但由于课时的限制，课程活动多以小组形式进行，个别学生不能充分地参与，需要继续优化活动方式。此外课堂活动的评价主体还需要多样化，尽量多安排自评和他评。

3.英语儿童文学选读

本课程是小学教育专业英语方向本科生大三上学期的专业必修课，着眼于提高学生分析鉴赏英语儿童文学作品的能力，并训练学生学习编写一般的英语儿童读物。课程旨在使英语方向学生了解儿童文学的基本原理，了解英语儿童文学的特点及创作要求，提高他们的英语儿童文学修养，重点培养他们分析和鉴赏英语儿童文学作品的能力，掌握独立分析英语儿童故事、童话、寓言、儿童图画读物和儿童文艺的思想内容和艺术特色的基本方法，能针对作品内容形式的特点，撰写概要评论，初步学会创编英语儿歌、儿童诗、图画书及短小的故事等。

（1）教学目标

①学生能够明确儿童文学的特点及创作要求，明白儿童文学的审美、认知、娱乐和教育作用。

②学生能够基本掌握儿童诗歌、童话、寓言、图画书、儿童戏剧等各种体裁的特征和种类，具备初步的对英语儿童文学作品进行简单评论的能力，并具备朗诵及改编并表演部分儿童文学作品的能力。

③学生能够加强对儿童文学的审美体验，了解儿童的内心世界。

（2）教学内容

本课程以英语儿童文学作品的阅读和赏析为主。课程先简要介绍相关的儿童文学理论,为儿童文学赏析打基础,后分别学习童谣、儿童诗、图画书、寓言、童话、儿童剧、儿童小说等体裁。每部分安排学生提前阅读相关作品,课上共同探讨该体裁儿童文学作品的特点,重点对课前阅读的作品从主题、意象、韵律节奏、人物、语言特点、叙事特点等方面进行赏析、讨论。此外,本课程还适时引导学生通过儿童文学作品了解儿童的内心世界、心理特点等,并思考如何将合适的儿童文学作品融入小学英语教学中,发挥儿童文学作品陶冶儿童精神世界和促进儿童英语学习的双重作用。

（3）教学评价

本课程采用形成性评价和终结性评价相结合的评价方式。形成性评价包括考勤与学生参与课堂活动的情况,撰写简单文学评论或仿写,小组合作编创英文图画书等活动。通过这些评价活动可以考查学生对儿童文学的特点及创作要求、儿童文学的认知与教育作用的掌握,以及对选读的儿童文学作品的理解并据此进行鉴赏的能力。终结性评价是考查学生对所读儿童文学作品从形式到内容的理解,以及思维和分析表达能力。

（4）教学实施与调整过程

本课程及时根据学生在课堂活动中及课后评价活动中的表现进行调整,使得教学大纲、教学内容与教学方式在实施过程中不断完善。图2-19显示了本课程发展的三个阶段。

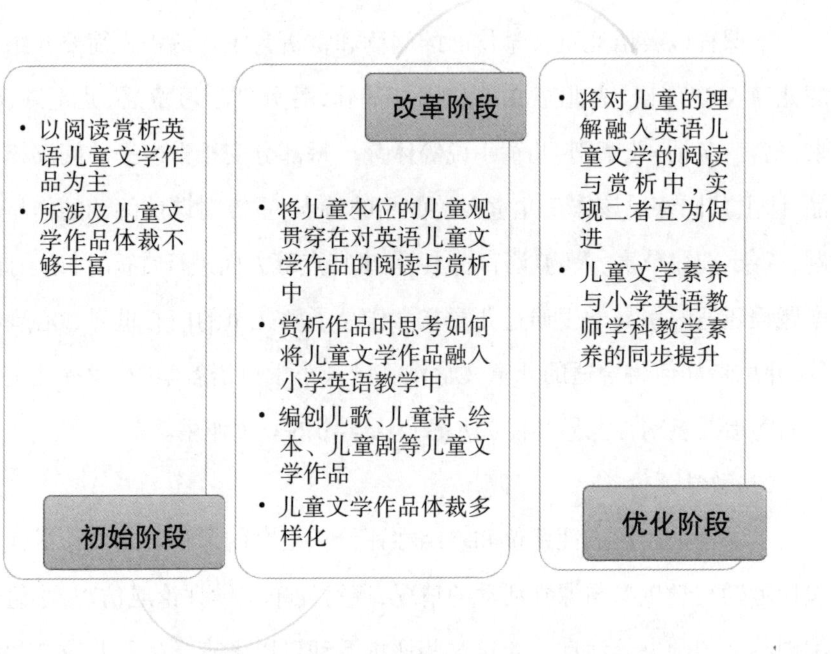

图 2-19　"英语儿童文学选读"课程发展阶段

　　本课程在教学过程中对教学大纲进行了几次修订，使得课程的目标更加清晰，内容更加具有逻辑性，也更加契合小学教育方向的培养目标与毕业要求。教学从最初的纯粹从文学层面阅读赏析儿童文学作品，到将儿童本位的儿童观融入儿童文学的阅读和赏析中，同时通过阅读赏析儿童文学作品了解儿童，并思考将儿童文学作品融入小学英语教学。此外，阅读后的诊断评级活动也从最初的单纯评价赏析到仿写、编创儿童文学作品，学生们对编创英文图画书尤其感兴趣，每学期都有非常优秀的作品出现。学生们也反映通过此项活动更加深刻地理解了图画书的特点，并可以在以后的教学中继续开展此类编创活动。

　　(5)课程实施效果与反思

　　从课程评价来看，大部分学生都基本达到了课程的教学目标，基本掌握各种体裁儿童文学的特征和种类，具备初步的对英语儿童文学作品进行简单评论赏析的能力,并具备改编、编创并表演部分儿童文学作品的能力。学生们表示通过阅读并鉴赏这些英语儿童文学作品,他们对儿童的理解更加深刻,为自己未来的小学英语教学积累了一定的基础,同时也提升了自己的文学素养。但课程中的一些小组活动同样存在某些学生不能充分参与的问题,需要在未来的课程实施中进一步改善。

以上几门特色课程的内容充分结合小学生学习英语的特点,如利用歌曲歌谣、戏剧、游戏、绘本等,培养师范生作为小学英语教师应该具备的英语教学综合素养。课程将英语本体知识、教育学及儿童学习与发展相关知识相结合,体现了毕业要求评价中的"知识整合""教学能力"和"技术融合",形成小学英语教育特色课程,这在国内其他兄弟院系的小学教育课程及外语学院的英语教育课程中并不多见。

(四)小学教育英语校外名师课程

为使师资多元化,丰富学生的实践性知识,小学教育英语方向常年聘请两名北京市特级小学英语教师来担任主讲,分别教授小学英语游戏和小学英语教学案例研究两门实践性很强的课程。小学英语游戏主要教授英语游戏设计和实施的基本原则及方法,评价英语游戏的效果。学生分组设计不同类型的英语游戏并展示,同时对其他小组的游戏设计作出评价,提出建议。学生表示参与度很强,收获颇丰。小学英语教学案例研究以小学英语课程与教学活动中生成的具有一定情境化意义的真实事件为研究对象,结合学生实际,使学生进一步理解课堂管理、教材与教法、评价、课堂设计与教学步骤;促进学生反思,为职前小学教师尽快转变角色、缩短与成熟教师的差距和智慧型教师的成长提供一个发展的平台。这两门课程借助一线基础教师丰富的教学经验,提前让本科生体验英语学科教学知识,提高教学实践能力。

综上所述,首都师范大学小学教育专业英语方向学科教学课程体系的构建和发展有以下四个特点：①凸显了学科教学知识，体现了知识整合和技术融合，帮助学生尽快转变角色，提高教学实践能力；②教学以学生为中心，学生积极参与，充分展示和评论，学生的创造性和评价能力得到提升；③与学院人才培养的儿童本位相一致，培养学生根据儿童外语学习的特点，采取唱、演、画、故事、游戏等教学手段；④一线特级教师的加盟使得师资主体多元化，教师教育资源更加丰富。

（五）学生对课程评价的调查和访谈结果

为了调查小学教育英语方向本科生对英语方向相关课程（15 门必修课、11 门选修课）的满意度，我们对 2020 届英语方向大四本科生进行了问卷调查。调查共发放问卷 43 份，回收有效问卷 40 份，回收率为 93%。问卷调查内容为 2020 届培养方案中英语方向 15 门必修课和 11 门选修课对于小学英语教师职前培养的有用度。问卷将有用度分为五个等级：①非常无用；②无用；③不清楚；④有用；⑤非常有用。调查结果见表 2-13 小学英语教师职前培养的有用度调查排名前五门必修课程，和表 2-14 小学英语教师职前培养的有用度调查排名前五门选修课程。

表 2-13　小学英语教师职前培养的有用度调查排名前五门必修课程

学科方向必修课程	平均值	最大值	最小值	标准差
小学英语教师口语	4.83	5	4	0.38
英语语音	4.68	5	3	0.60
小学英语教学设计与实施	4.55	5	2	0.77
小学英语教学案例研究	4.55	5	3	0.67
英语儿童文学选读	4.53	5	2	0.70
总平均值	4.37（包括其他必修课程）			

从表 2-13 可以看出，学科方向必修课程对于小学英语教师职前培养的有用度平均值为 4.37，这也说明大部分必修课程的开设具有一定的合理性，也基本符合学生的学习需求，尤其是表 2-13 中的这五门课程，平均值都达

到了 4.5 以上,标准差也相对最低,这些课程都是本案例聚焦的小教英语核心和特色课程。这说明学生普遍认为,将英语学科知识和教学法知识相结合的学科教学课程对小学英语教师知识储备的有用度更高一些。

表 2-14　小学英语教师职前培养的有用度调查排名前五门选修课程

学科方向选修课程	平均值	最大值	最小值	标准差
英语歌曲与表演	4.70	5	3	0.64
小学英语游戏	4.51	5	2	0.78
视听说	4.28	5	1	1.00
小学英语教学专题研究	4.28	5	2	0.90
语言与交流	4.08	5	2	0.85
总平均值	4.09(包括其他选修课程)			

从表 2-14 可以看出,学科方向选修课程对于小学英语教师职前培养的有用度平均值为 4.09,相比于学科方向必修课程来说有用度稍低。在 11 门选修课程中,英语歌曲与表演和小学英语游戏的有用度都达到 4.5 以上,标准差也相对最低,这也是本案例重点强调的小教英语本科特色课程。这说明学生普遍认同这两门课程对教师职前培养的作用,课程体系改革收到了学生的积极反馈。

此外,我们还对小学教育英语方向近三年的 6 名毕业生进行了深入访谈,主要了解毕业生对专业方向课程的评价。其中 4 人认为,英语学科课程与教学这部分的课程对于一线英语教师的有用度最高。访谈实录截取部分如下:

毕业生 A:"我觉得学科课程与教学这一部分的课程有用度最高,像小学英语教师口语、小学英语课程标准和教材分析、小学英语教学设计与实施这些课程都非常有用,比如小学英语教师口语课程涉及课堂上和学生的口语交流、指令语的用法,日常教研写论文以及写教案都会参照《义务教育英语课程标准》这本书,还有每节课的教学设计、教学活动的组织等都与小学英语教学设计与实施课相关。"

毕业生 B："如果按照有用度来排列的话，我觉得学科课程与教学最重要，其次是学科基础课程，再是学科方向拓展课程。小学阶段对教师的英语专业水平要求较低，更多的是看整节课的教学流程、教学活动的设计，所以学科课程与教学要比学科基础课程重要，学科方向拓展课程也非常有帮助，比如英语歌曲与表演、小学英语游戏等可以帮助课堂增添色彩。"

学生在访谈中重点提及的课程也都是本案例中小学教育英语方向的核心和特色课程。这些课程凸显了学科教学知识，让学生在教学实践活动中将理论与实践融合，不断增加实践性知识，向着卓越教师成长。

（六）课程相关其他研究成果

英语教研室的老师们基于多年对小学英语教学的研究积累，主持国家级、省市级课题多项，出版英语教育相关译著、专著、教材 10 多部，发表论文近 200 篇。这些学科教学课程在提升学生教学综合技能的基础上，也激发了学生对小学英语教学研究的兴趣，在老师的指导下，英语方向学生完成小学英语教学相关的各类科研项目几十项，完成小学英语教育相关毕业论文几百篇。

三、反思与展望

为了提升小学教育英语方向本科毕业生就业的竞争力和学科优势，本案例聚焦小教英语本科学科课程与教学相关的课程群的构建与发展，并以三门课程为例，呈现了小教英语方向特色课程的教学实施与改革过程。课程在近几年的实施过程中取得了一定的效果，但同时也有需要继续努力的方面，如，教学资源的不断丰富和更新、小学英语教学区别于其他学科的特色凸显、教育技术的整合、学科融合的进一步挖掘和探索等，为学生的发展提供更多元、更系统的知识构架。同时，在整体学分不断压缩的情况下，如何保证学生英语基本功的扎实训练。这些问题需要在课程体系改革过程中不断探索，加以改善。

本案例聚焦的学科课程与教学相关课程本身比较偏重英语教学技能，所以在研究方面缺乏成果的提炼。今后教师教育者需要在教学改革的基础上，加大研究力度，包括教材的开发、相关教学改革项目的申报、相关论文的发表，同时培养学生在教学实践中的研究意识。

此外，从学生的角度，无论是即将毕业的在校本科生还是已经就职的毕业生，还有各校方对新入职教师的要求等，我们也需要做更多的调研，进一步优化我们的课程体系，让学生更具专业优势，具有竞争力。同时，希望我们的课程体系和教改经验能够为北京市乃至全国小学英语教师的职前培养提供有益的借鉴和启示。

（执笔人：孟海蓉、熊艳艳）

构建核心课程：促进小学科学教师
跨学科能力提升的模式探索

　　我国小学科学教师的培养是随着时代变化不断发展和调整的，首都师范大学初等教育学院的小学科学教师的培养经历了国家对小学科学课程改革及科学教师要求的所有发展历程，即早期的中等师范学校培养全科小学教师（胜任科学课程）、后来的师范类大学培养大文大理小学教师、师范类大学培养综合培养兼顾专长（专职小学科学教师），以及当前的儿童取向、注重通识与专业发展和跨学科素养的新时代首都小学科学教师培养模式4个阶段。当前初等教育学院的小学科学教师培养正处于从第3个阶段向第4个阶段快速转变期，初等教育学院的"小学教育（科学）专业"是全国最早一批设置的本科层次小学教育专业（2002年），经过21年的发展，逐渐形成了面向首都小学阶段教育对科学教师特殊需求的人才培养模式，并取得了良好效果。

一、背景与问题

　　在新的时代背景下，人才培养与科技创新日益紧密结合在一起，而面对科学技术的飞速发展及日益复杂社会问题，单一学科知识愈发难以应对这一局面，跨学科研究成为孕育重大科技成果新突破的源泉，复杂现实问题的解决也日益依赖跨学科人才，跨学科教育的重要性愈加凸显。近年来，世界知名大学纷纷将提高跨学科教育水平作为学校发展的重要战略，并成为西方发达国家高等教育讨论中的最主要的问题。我国也日益重视跨学科教育，政府颁布了一系列相关政策支持与引导高校的跨学科人才培养，2016 年的《国家创新驱动发展战略纲要》和 2018 年提出的全面推进新工科、新医科、新农科、新文科"四新"建设等，都对发展跨学科教育、促进学科专业交叉融合提出了明确要求。2021 年国务院印发《全民科学素质行动规划纲要（2021—2035 年）》对提升基础教育阶段科学教育水平、推进高等教育阶段科学教育和科普工作做了具体部署。

小学教育是人生发展之基，小学教师是儿童成长的引路人，卓越的小学科学教师是国家青少年科技后备人才培养的启蒙者，肩负着激发儿童好奇心和想象力，持续增强他们对科学的兴趣和创新意识重要责任，因此无论是时代要求还是历史使命，都对当代新型小学科学教师人才培养提出了更高的要求，其中具备跨越学科边界的综合素养——"跨学科素养"，是其重要特征之一。

小学科学教师培养是首都师范大学小学教育专业的重要组成部分。近年来，教育部从国家层面对小学科学教师的科学综合能力和跨学科素养作出了具体要求。2022 年 4 月，教育部等八部门印发了《新时代基础教育强师计划》，就"十四五"期间加强基础教育教师队伍建设进行了全面规划。同月，教育部印发《义务教育科学课程标准（2022 年版）》，明确提出，要优化课程内容结构，设立跨学科主题学科活动，加强学科间相互关联，带动课程综合化实施，强化实践性要求。5 月 19 日，教育部印发《关于加强小学科学教师培养的通知》，进一步明确提出，要着眼科技与教育发展趋势，立足科学教育的综合性，强化学科横向关系，鼓励学生辅修其他理工科专业或核心课程模块，拓宽专业基础。

首都师范大学小学教育科学专业是全国首批培养本科层次小学科学教师的单位，自 2002 年首次招生至今，已经整整走过了 21 个春秋，一直致力于高质量小学科学教师培养模式的探索，一直紧跟国家对科学教育的最新要求，不断探索完善人才培养模式。从最初注重理科类的学科知识性为主，到后来综合培养兼顾专长，逐渐形成当前的"儿童取向、学科交叉、课程综合、资源联动、跨学科实践"为基本特色的小学科学教师培养模式。在现有培养模式的基础上，2022 年 5 月，为回应国家对科学教育和小学科学教师素养的新要求，小学教育专业成立"伯良书院"，希望通过书院制培养新时代具有良好的通识和专业知识、科学精神和实践创新品质的小学科学教师，并通过"书院课程"强化小学科学教师的跨学科素养。

二、举措与成效

(一)举措

1. 具备跨学科素养小学科学教师的培养

(1)书院制助力小学科学教师培养

中国古代书院强调教育教学与学术研究紧密相连，道德与学问并进，师生关系融洽，注重发展个性，强调平等论学，躬亲实践；西方书院制教育意在突破专业本身，超越职业与功利，强调博雅、见识、品位，具有跨学科素养与整合思维的人才，并期望以此解决人的全面发展与专业培养之间的平衡问题。通过创造性地融合中国古代书院教育精髓与西方书院制教育特色，为培养新时期具有跨学科素养的小学科学教师提供新的动力。

为贯彻落实《全民科学素质行动规划纲要(2021—2035 年)》和教育部《关于加强小学科学教师培养的通知》精神，经充分论证，学院决定在"小学教育专业"原"科学方向"的基础上，设置以初等教育学院前身之一的京兆女子师范学校创办者尚伯良先生命名的"伯良书院"(科学教育实验班)，以培养热爱科学、基础扎实、具有科学精神和跨学科实践创新品质、致力于科学教育的高质量小学教育人才。

（2）突出跨学科素养的培养理念

小学教育科学专业以全方位浸润式育人文化为依托，坚持课堂教育、实践教育、养成教育深度融合的培养模式，以发展学生的科学素养为核心，突出自主学习、个性发展、国际素养与学术品质。

①传承师范精神，坚定教育使命，培植儿童情怀，弘扬教师文化。

②养成科学志趣，培养研究品质，鼓励个性发展，注重实践创新。

③创新学习方式，突出跨学科、项目式学习及实验教学、科学实践等，实现人才培养与科学研究机构、博物馆及大学生实践基地等社会资源的深度对接。

④扩大国际合作，拓展国际视野，通过课程、研习、夏令营等方式，提升国际小学科学教育理解能力与素养，发展沟通与协作精神。

⑤注重名师引领，学术导师、实践导师协同，在课程学习、科学研究、生涯规划等方面对学生给予全方位指导。

（3）形成跨学科素养的培养模式

小学教育科学专业实行四年一贯制培养，全程以导师制为主，以培养高素质、创新型、国际化的卓越小学科学教师为基本目标。

①导师制。该专业每位同学配备导师组，导师组成员以教授和小学特级教师为主，大一至大四全程实行导师制，为每位（组）学生聘请双导师，导师与学生采取双向选择制。导师应对学生思想、学习与生活等方面起到引领和指导作用。

②个性化。大一阶段以"通识教育+导师专业引领"课程为主，大二阶段重点学习"儿童教育+科学与技术"课程，大三阶段重点加强科学探究与创新、跨学科与国际化课程的学习，大四阶段重点强化实践性与研究性课程的学习。

③书院课程。在完成"小学教育科学专业"人才培养的共性要求基础上，

设置书院课程,突出新时代的小学科学教师在培养理念、目标、途径等方面的特性。书院课程以项目式学习、探究性学习、学术活动、实践研究等为主要形式,为高素质、创新型、国际化卓越小学科学教师的成长打下坚实基础。

④研究品质。学生在导师指导下按照培养计划修完规定课程的同时,须主持或参与完成至少 1 项校级及以上大学生科研项目(含参与导师所进行的各类科研项目),同时应积极参与书院科研立项、各类大学生学科竞赛和各种高水平学术活动。

⑤开放办学。本专业鼓励学生赴国内外著名大学进行交换访学、升学深造,并为此积极创造条件。同时,本专业也将与国内外知名小学深度对接,为学生提供调查研究和实践教学基地。

2. 优化课程体系,点面结合小学科学教师落实跨学科素养目标

小学科学教师跨学科素养是指小学教师整合学科内容或设计跨学科问题进行教育教学的基本理念、基础知识、基本能力和核心品格。其中,基本理念指的是立德树人、以儿童为本的课程协同育人理念,包括领会党和国家的教育方针,掌握儿童发展的一般规律、认同协同育人的主流理念。基础知识指的是科学学科及其多学科间知识的融会贯通,并实现不同学科知识之间的横向流动。基本能力指的是跨学科课程与综合性课程设计、实施与评价的能力,这些能力不是线性的、碎片化的,而是整合、系统化的、基于真实教学情境和教学问题随机应变的能力。核心品格指的是坚持不懈、批判反思、终身学习的品质,跨学科素养比单一学科教学要求更高,教师不仅需要具有广博的知识和精湛的能力,还需要具备面对现实挑战不断创新的品格,真正让教师成为课程与教学的开发者,而不是被动的实施者。

那么,基于上述理解,卓越小学科学教师跨学科素养应如何培养?显然,课程建设是关键。本专业进一步优化课程体系,通过设置六大课程板块突出超越单一学科局限,设置跨专业方向课程,突出实践课程,不断丰富多学科交叉板块。在跨学科素养结构框架下,我们从六大课程板块对上述四个核心

要素进行支撑,加强实践课程的全面升级,致力于培养能以儿童为本、素养综合、创新实践,具有未来教育家潜质的创新型小学科学教育人才(见图2-20)。

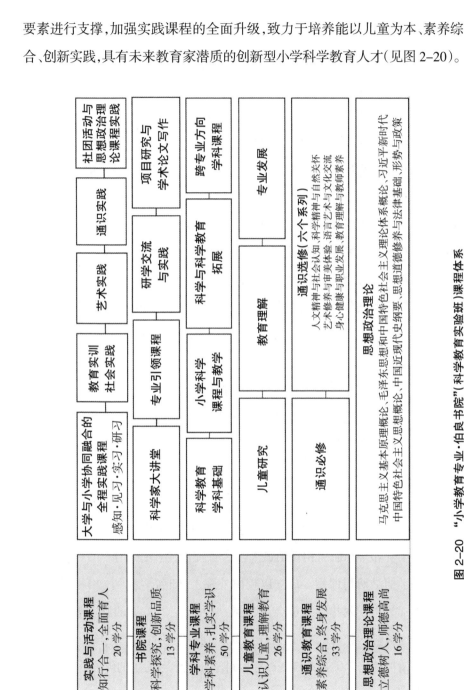

图2-20 "小学教育专业·伯良书院"(科学教育实验班)课程体系

在现有的六大课程板块中,跨专业方向学科课程群主要支撑跨学科素养要素之基础知识和理念的获得,在课程目标和内容上对接指向跨学科素养的毕业要求及其指标点,从跨学科素养的基本理念、基本能力和核心品格等要素,支撑小学科学教育师范生形成跨学科素养。

在上述整体设计的基础上,通过"科学教育通识""自然哲学""科技史和科学方法论"等课程,从上位打通学科间的壁垒,让学生从全局理解各学科间,诸如数学、物理、化学、生物及地理学间关系和联系,并结合科研立项和科学实践课程培养学生学科综合及跨学科能力。同时,开设"小学跨学科教育"课程,该课程的教学内容主要包括小学跨学科教育的基本概念、课程设计模型与常见课程、小学跨学科教育评价方法、小学跨学科的教学模式及小学跨学科教育实践策略等。课程内容体现了对理论最新动态的关注,以及跟踪对接基础教育课程改革的前沿,体现了对国际视野和本土先行实践经验的囊括。

3. 书院课程与小学科学教师跨学科素养的培育

书院课程主要包括专业引领、科学家大讲堂、研学交流与实践、项目学习与学术论文写作四大领域。

(1)跨学科专业引领

引入校内理工科院系和周边区域内中国科学院、工程院及重点理工大学的不同领域专家、教授参与科学方向师范生的培养过程。目前,书院已经聘请中国科学院郭华东院士担任伯良书院名誉院长,组织多个院士及科学家团队开设科学前沿研讨课程。成立以校内外院士、知名学者、小学科学教研员及特级教师为主学术指导委员会,共同参与人才培养方案的制定等,从而使学生深刻理解科学教育的本质,让学生认识到科学教育的真正核心是科学思维和科学精神的培养,逐渐转变以往以科学知识学习为主的传统科学教育的思维模式。

（2）跨学科专业资源与基地建设

建立大学科与各分学科有机联系，使学生能够以更关联的视角来理解科学的整体意义，培养学生采用多学科知识解决具体问题的能力。与在京的科研院所、科技馆、博物馆、天文台、植物园及各类科普教育基地建立合作关系，拓宽学生实践渠道，不断优化实践活动模式，创新小学科学教师协同培养机制。

（3）双学士学位促进复合型跨学科素养小学科学教师的培养

设立"小学教育（科学）与地理信息科学双学士学位"专业，融合两个专业特色和相通之处，设置人才培养方案，培养复合型跨学科的卓越小学科学教师。

（4）设置科学家大讲堂课程

通过科学家大讲堂，使学生了解最新科技动向及科技前沿，通过科学家开展的具体科学实践活动，了解科学的本质、科学研究过程和方法。在当前，前沿的科学研究越来越综合，越来越复杂，都需要深度融合不同学科的知识才能开展工作，因此通过科学家切身的科学研究体会，让学生具体体会跨学科研究的特点，从而培养学生的跨学科意识，进而不断提升学生的跨学科素养。同时，通过科学家对最前沿科学研究的讲解，拓展学生的视野，逐渐克服以往囿于知识传授，远离最新前沿，甚至传授的还是陈旧的科学知识的问题。

（5）探究性实践助力跨学科素养转化为行为与能力

通过研学交流与实践、项目学习与学术论文写作两个领域的课程，突出课程的综合性、真实性，建立"知识"与"真实世界"的有机联系，通过科学实践，让学生积极投身科学实践，以任务驱动和项目导向为主，引导学生自主学习，培养学生的责任感、协作力、实践力，以及对知识的整合内化能力。

4. 课程实施小学科学教师跨学科素养的形成

课程体系主要包括两部分，课堂课程和实践课程。通过不断优化课程方案，适当降低课堂课程学分，增加实践课程学分，目的在于帮助学生形成跨学科的知识结构,从而逐渐实现学生的跨学科意识、跨学科思维、创新意识、合作与适应等能力的培养。

(1)跨学科素养形成的阶段性培养与侧重

大一阶段:重点学习"通识教育+导师专业引领+系列讲座"课程。该阶段重点是快速完成高中–大学衔接问题,在高中阶段通过对数学、物理、化学、生物和地理等高强度的分科学习, 学生已经较系统地掌握了这些分学科的主要知识和方法。大一阶段主要通过通识课程和导师引领课程帮助学生建立分学科与分学科,分学科与大学科(科学教育)之间有机联系,培养学生从全局性角度思考和解决问题的跨学科学习意识,同时通过系列讲座课程,拓宽学生视野及逐步培养综合思考问题的意识, 帮助学生提升探索学习和研究兴趣。

大二阶段:重点学习"科学与技术+实践交流+系列讲座"课程。通过系统科技史、科学方法论和自然哲学等核心课程的学习,进一步帮助学生建立起学科间的有机联系,培养学生的跨学科学习能力。同时,通过针对当前社会发展重大科学技术、社会和环境等综合性问题,开展系列讲座,进一步强化学生对不同学科知识的整合意识。

大三阶段:通过加强科学探究与创新、国际化课程的学习,以项目式学习、任务驱动的形式,调动学生学习的主动性,培养学生的科学精神和科学思维能力。

大四阶段:重点加强实践性课程的学习,通过教育实习、科学实践、毕业论文研究等多种形式,设计综合性问题,在导师的指导下,完成多学科知识的整合和构建,从而基本实现对小学科学教师跨学科能力的培养。

(2)多种类实践创新活动贯穿始终

将实践活动课程贯穿整个培养过程。例如,大二秋季学期的博物馆课程(走进北京各大科技馆和博物馆)和春季学期的野外常见植物识别;大三暑期的野外综合实习课程(植物、昆虫、地质地貌综合实习)和科技制作课程;

大四的专业实习等。上述连续性的实践活动,体现了课程综合性、探索性、参与性,对培养学生的科学素养、学科综合能力和跨学科知识整合能力都起到重要作用。

在全面落实实践类课程过程中,始终坚持以项目为载体,使学生广泛参与学科竞赛、创新创业训练、科研项目和社会研究,使学生多渠道、多维度深度参与实践研究,激发研究兴趣,提升科研能力。以导师为载体为学生配备人生导师、项目导师和专业导师,学生与导师一对一、全方位、多维度深入交流。以实践活动为载体主要包括社会实践、野外考察实践和专业实习实践,让学生走出课堂、走出校园,走进自然,深入社会、科研院所、科技馆和博物馆参与实践,培养学生的科学综合能力。以阅读经典著作为载体,让阅读成为学生的一种习惯,让学生从阅读中品味生活、感受科学的魅力、体悟社会百态和享受艺术的愉悦,塑造健全人格。

同时,在课堂教学和实践教学中,教师也尝试将体验式学习、跨学科研讨、项目式自主学习等教学模式融入教学过程,以实现厚基础、宽视野、重通识、跨学科思维和理解的人才培养目标。

(二)成效

经过多年的扎实耕耘,首都师范大学初等教育学院在小学教育科学专业师范生跨学科素养培育的理论研究和实践探索,取得了显著成效。

第一,以跨学科素养的核心要素为目标,构建了高支撑小学教育科学专业师范生跨学科素养培育的课程群。高支撑跨学科素养的课程群结构合理、层次清晰、彼此关联、相互配合,且深度呼应,构建了基于板块拓展新课程机制,生成了一批对接基础教育改革跨学科素养培育前沿需求的新课程。

第二,在高支撑跨学科素养的新课程建设中,形成了一些大小联动、教研一体、国内外联合的课程教师团队,组成了虚拟教研室,提升了教师教育者团队的教学和科研能力。

第三，促进了小学教育科学专业师范生跨学科素养培育的理论研究。聚焦小学科学教师跨学科核心素养内涵、结构和培养路径，初步构建了切合首都教育发展的小学教育科学专业跨学科素养培养的实践模型。

第四，培养了一届又一届跨学科基本理念明晰、具备较好跨学科教学和学科融合的知识基底的创新型小学科学教师，以卓越的小学教育科学专业师范教育服务首都基础教育。一方面，整体小学教育科学专业师范生的跨学科素养得到肯定；另一方面，优秀小学教育（科学）专业师范生的跨学科素养在各种活动中得到凸显。例如，近10年我科学本科专业的学生们在参加北京市大学生物理、化学竞赛活动中，共获得三等奖以上8项、参加全国科学教育专业大学生教学基本功比赛获得三等奖以上人次20余人、获得校级实验室开放基金项目成果三等奖以上奖项30余项、科学方向教师参与指导的"青创北京"2022年"挑战杯"首都大学生创业计划竞赛获科技类金奖、银奖各1项的优秀成绩。

三、反思与展望

小学科学教师跨学科素养的培育是一项系统工程，需要校内校外、线上线下、理论实践的多通路协同。基于首都师范大学初等教育学院的育人实践探索，我们反思现有工作并提出如下优化建议。

第一，在课程结构上，进一步优化专业课程板块和跨学科课程群的建设。一方面，丰富跨学科课程的供给，明确每一门课程目标对师范生跨学科素养的支撑度；另一方面，对现有课程进行整合，鼓励不同学科专业教师合作开设跨学科课程。

第二，在课程内容上，体现时代性、前沿性，以基础教育一线的鲜活案例与真实需求为出发点，不断迭代专业课程的内容。例如，在"双减"背景下，基础教育改革坚持创新导向，强化课程综合性和实践性，推动育人方式变革，着力发展学生核心素养的导向,应成为提升师范生跨学科素养的典型案例。

第三,在教学方法上,突破传统的讲授式,采用项目式学习的方法落实学生中心、产出导向的教学变革。例如,2022 年 4 月教育部修订了《义务教育课程标准》,小学阶段强调学科实践的重要性。这就要求小学科学教育师范生掌握项目式学习的方法,从项目提出、项目分析、项目设计、项目执行、项目评价的全流程,以项目驱动的方式综合培养自身的跨学科素养。

第四,在研究实践上,进一步推进实践、研学、实习、实训的课程化。虽然本专业开设了丰富的实践与研究课程,但是相关内容与理论课程的关联度不高,研究实践的课程化、体系化有待完善,特别是实践活动与理论学习之间的相互影响还有待进一步的评估。

（执笔人：和继军、徐燕）

科普研发：助力小学科学人才科普能力培养

科学技术普及（以下简称科普）是国家和社会普及科学技术知识、弘扬科学精神、传播科学思想、倡导科学方法的活动，是实现创新发展的重要基础性工作，也是科学教育的重要内容。初等教育学院小学教育科学专业在人才培养过程中一直重视对学生科普意识和科普能力的培养，其中培养的途径和举措主要有专业课程中的渗透、编著科普图书、开设博物馆课程、创作科普剧，以及开展各种科技活动课程等，通过有效开展科普教育工作，显著提升了初等教育学院小学科学教育专业本科生的人才培养质量。

一、背景与问题

2021年6月25日，国务院印发的《全民科学素质行动规划纲要（2021—2035年）》中提出推动设立科普专业。2022年9月，中共中央办公厅、国务院办公厅印发了《关于新时代进一步加强科学技术普及工作的意见》，要求各科研院所及高校要认真贯彻落实相关精神。

科学技术普及是国家和社会普及科学技术知识、弘扬科学精神、传播科学思想、倡导科学方法的活动，是实现创新发展的重要基础性工作。党的十八大以来，我国科普事业蓬勃发展，公民科学素质快速提高，同时还存在对科普工作重要性认识不到位，落实科学普及与科技创新同等重要的制度安排尚不完善，高质量科普产品、服务供给不足，小学科学教师科普意识淡薄及能力有待提升等问题。

初等教育学院小学科学教育团队强化科普责任感和使命感，发挥自身优势和专长，积极参与和支持科普事业，自觉承担科普责任。同时注重提升小学教育科学专业本科生的科普能力，运用公众易于理解、接受和参与的方式开展科普，并培养壮大科普人才队伍，大力弘扬科学精神和科学家精神。学院不断强化科普育人责任，强化科普工作责任意识，充分发挥学校科教资源丰富、科研设施完善的优势，加大科普资源供给，努力提升小学科学教师的培养质量。

二、举措与成效

（一）举措

1. 结合专业课程培养科学方向本科生的科普能力

自然科学及理工科学学科知识是科学与技术普及的重要素材。科学与技术教研室的教师分属于物理、化学、生物、地理和工程等自然学科领域，由于长期从事专业教学工作，对本领域的学科知识有深刻的理解和认识，同时也积累了很多教学经验，懂得如何把抽象的难以理解的理科知识和原理教授给学生。这方面与科普工作要求是相通的，即通过浅显的、通俗易懂的方式让公众接受自然科学和社会科学知识、推广科学技术的应用、倡导科学方法、传播科学思想、弘扬科学精神。所以教研室的专业教师长期注重在专业学习的课堂上培养学生的科普能力。

2. 组织专业教师指导学生参与编著科普图书，培养学生的科普意识和能力

科普图书同样是科普工作的重要载体，也是科学教育的重要组成部分，对科学知识传播、科学理念普及、科学精神传承，以及科学理想激发起着不可替代的重要作用。教研室专业教师除了熟悉本领域相关的前沿研究工作外，还长期从事实践工作，长期与小学科学教育保持密切联系，因此对小学生的特点比较了解，这为我们面向小学阶段学生编著科普图书，以提升他们对科学的兴趣提供了得天独厚的条件。同时我们有大量的小学科学专业的本科生和硕士生，为收集科普读物的素材提供人力优势。通过近些年的尝试，确实取得了较好的成绩，不仅多套科普图书陆续出版，同时本科生和研究生系统参与到图书编著工作中，使他们的科学知识、科学素养、科普意识和科普能力等均有显著的提升，基本具备了独立开展科普活动和科普教育能力。

3. 打造博物馆课程，提升学生的科普能力和学科素养

自然博物馆和科技馆是科普教育的重要资源和场所，北京有形式丰富类型多样的博物馆和科技馆，为开展博物馆课程提供了有利条件。博物馆课程是课堂教学的重要补充，更是小学科学专业教学的重要资源。学科专业课一般从深度上让学生理解某一领域的科学知识，但是无法从广度和跨学科角度培养学生的综合能力。博物馆和科技馆以其自身的直观性、科学性和趣味性，使学生从枯燥乏味的课本知识和传统课堂中摆脱出来，在全新的场景和视域中培养学生的科学能力和科学素养，提升学生开展科技活动的能力。

4. 打造科普剧提升学生的科普能力

科普剧是科普工作的重要组成部分，它将科普知识、科学实验等以表演剧的形式表现出来，让孩子们在观看表演、跟随人物情节发展的过程中接受科学知识，感受科学精神，参与科学实验，从而激发孩子们对科学的兴趣。因此，初等教育学院在小学科学教师培养中长期重视对学生科普剧创作编排

能力的培养，近二十年来小学科学教育专业的学生每年都举办科普剧表演活动，通过学生亲自设计、编排和表演科普剧，培养学生科普剧创作和表演能力，为未来从事小学科学教师的工作、培养孩子对科学的兴趣做好准备。

5. 教师指导学生开展生动有趣的科技活动，培养学生组织和指导科技活动的能力

各专业教师根据本领域专业知识，带领学生筛选合适的内容和知识点，开发成各类科技活动，并积极响应国家"双减"政策，与初等教育学院各附属小学合作，为他们免费开设素质拓展课程和活动，不仅激发了小学生对科学的兴趣，同时通过这种理论与实践的融合，让本专业学生对学科知识有了更深刻的理解，也培养了本专业学生的教学能力，提升了他们的科学素养。

（二）成效

目前初等教育学院培养的小学科学教师已经成为北京市小学阶段科学教师的重要来源，且很多毕业生在所在小学担任科学教研室主任工作，并在北京市科学课教学基本功比赛中获奖，受到各用人单位好评，也受到教育部和北京市教委的表扬和鼓励。

目前初等教育学院的多套科普图书陆续出版，如《写给孩子的环球地理书》《1分钟漫画物理》《诗词中》《写给孩子的趣味科学》《让孩子爱不释手的中国地理》，逐步形成了一系列科技活动课程。

1. 自然科普活动

自然科普活动围绕生命和自然相关科学，开设室内、户外课程和网络课程。在室内课程中，共同创造生命小屋，制作生态瓶，在显微镜下观察奇妙的微观世界，制作酸奶和植物画等户外课程，通过多种感官，近距离认识身边的动植物；开设花卉种植课，观察和见证植物的花开花谢；举行摄影和绘画比赛，用照片和画笔见证生命之美；采集植物，网捕昆虫，动手制作动植物标本。

2. 素质拓展活动

在回归自然的同时培养青少年独立分析解决问题的能力。活动设置有充满勇气挑战的"寂静山谷",培养逻辑思维的"急速60秒""按图寻宝",以及青少年喜闻乐见的"萝卜蹲""大风吹""我问你答"等活动。在活动中相互鼓励,相互信任,体会团结的重要性,在户外科普活动中培养青少年的独立自主和团队协作的理念。

3."云"上科普

自然科普项目组计划通过信息时代"互联网+"技术支持,大力建设微信公众平台,通过网络宣传,引导大众正确理解和认识生命科学科普,并以此带领小朋友走出钢筋水泥构筑的高楼大厦,亲近自然,走进自然。同时充分利用互联网时代的便捷技术,在微信群里进行自然知识的科普,如微课堂"吃虫的草""种子的旅行"等。

目前课程中的部分活动已经开始重点开展,每期的自然认知活动根据下列不同主题选择地点。自然认知活动地点包含:鹫峰国家森林公园、八达岭国家森林公园、奥林匹克森林公园、世界花卉大观园、圆明园、紫竹院公园、玉渊潭公园、海淀公园。

表2-15　自然科普项目

系列主题	内容
二十四节气系列	(1)小满——满满的收获
	(2)芒种——万物生长的繁忙中
花开花谢系列	(1)报春使者(3—4月早春)
	(2)花团锦簇(5—6月)
	(3)硕果累累(9—10月)
	(4)种子旅行(11月深秋)
嗨~植物朋友系列	(1)北纬三十九度(海淀公园)
	(2)大千世界(世界花卉大观园)
微课堂	(1)种子的旅行
	(2)吃虫的草

（1）活动具体流程表（以奥林匹克森林公园为例）

表 2-16　奥林匹克森林公园北园活动方案

活动时间	10 月 7 日　周四　13:30—16:00
集合地点	奥林匹克森林公园北园西门门口
集合时间	10 月 7 日　周四　13:15—13:30
年龄要求	6 岁—12 岁
成团要求	10 个家庭成团,上限为 18 个家庭
植物认知活动意义	1.亲近自然,感受自然,学习认识植物的方式方法 2.走进奥森公园,通过植物学的视角感受自然 3.植物妈妈不简单,传播种子有办法 4.在活动中增强孩子团队意识,培养孩子人际交往的能力 5.家长和孩子们共同学习,一起成长,激发良好的学习兴趣和氛围,增强孩子的学习动力,增进父母与孩子之间的亲密沟通
活动环节安排	13:15—13:30 奥林匹克森林公园北园西门门口集合,发放学习报告,注意事项 13:30—13:50 入园,进行团队建设,大自然里起一个自然名,距离自然又近了一步 13:50—15:30 学习认识公园里"常见的但是又叫不上名字的植物",观察和了解植物和他们背后的小故事 15:30—16:00 导师考核环节,考核形式多样,按家庭为单位进行考核,通过后有精美奖品

（2）主题活动解析说明——以"种子的旅行"为例

2017 年 10 月,在奥林匹克森林公园北园开展主题为"种子的旅行"的系列自然教育实践活动课程。本次活动是植物学单学科的知识内容,共有 12 个家庭（一大一小）组成,利用公园里丰富的植物多样性资源,让参与的孩子们近距离观察植物种子的传播方式。本次课程的知识点与小学科学课"种子的旅行"内容相融合,让孩子们融会贯通,对书本上所学知识进行实践学习。

"种子的旅行"户外课程之前，预先在室内利用电脑、投影仪等多媒体设备对相关植物知识进行讲解，让参与活动的学生提前对植物种子的传播方式(风力、水力、动物、自身力量)有所了解，以便在现实的自然环境中可以更好地判断和学习。在户外活动中，学生携带的"植物记录手册"包含有实地学习时所能够见到的植物彩图，如依靠风力传播种子的白蜡树、蒲公英、元宝枫、臭椿，依靠水力传播种子的莲蓬、香蒲、椰子，依靠动物传播种子的苍耳、三叶鬼针草、牛蒡、构树、金银忍冬，以及依靠自身力量传播种子的大豆、凤仙花、紫花地丁等。

在活动中除了向学生们介绍植物种子传播的不同方式外，还会向他们讲授有关植物识别方面的知识，以达到学生能够根据植物的形态特征见花识木的目的。

在活动临近结束时让学生对植物种子的传播途径进行总结归纳。如借助风力散布的种子，一般细小而质轻，能悬浮在空中被风力吹送到远方，此类植物种子表面常生有絮毛、果翅等，这些特殊的构造适合借助风力飞翔；而水中和沼泽地生长的植物，它们的种子往往借水力传送；人类和动物会有意无意地帮助植物散布它们的种子，植物种子的外面生有刺毛、倒钩或能分泌黏液，只要轻轻一碰，就会立即黏附到人的衣服或动物的毛、羽上来传播；或者利用果实的色彩鲜艳、香甜多汁，吸引动物前来取食，借此散播种子；也有些植物不需要依靠外力来完成传播的使命——它们依靠自身的机械弹力把种子弹射出去。

在活动中尝试把"体验式学习"运用其中，并惊喜地看到学生的积极反馈和成效。在活动中，学生积极思考、勇于体验、积极尝试。这种"体验式学习"对于学生来说是一个新的体验，使学生有一种新鲜感，打破了以往常规式的学校课堂气氛，突破了固有程序化的安排，改变了传统课堂的教学方式，锻炼了学生的动手能力、观察能力、独立思考能力和团队合作能力。

本次课程的目的是让学生了解植物种子的传播方式，以及学习简单的植物分类知识。在"植物记录手册"的设计上也充分考虑到趣味性,活动的进行也是以先采集到三种不同方式来传播种子的植物为竞赛的方式,并且由老师确认后再填写"植物记录手册"中其他信息,如发现时间、地点、植物的名称以及识别特征等。

这种课程设计目的有两个:一是顺应青少年爱玩的天性,增强科普活动的趣味性,使学生主动积极地参与活动中,在玩中学习,不至于因为主讲老师长时间的讲解而兴趣盎然;二是在游戏中融入知识要求,可以保证整个活动的进行是在预先设计中,保证教学效果,而不至于造成学生进了公园因为没有学习任务而失去了活动目的,使活动流于形式。这种户外形式的自然科普教育活动寓教于乐,在游戏中学习,把活泼的游戏形式和严肃的学习内容相结合,让青少年在玩中学,真正得到丰富和真实的体验。

(3)主题活动解析说明——以"《诗经》里的植物"为例

主讲老师学科知识要求极具专业性,当涉及多学科的综合活动,则需要相关专业的主讲老师进行课程整合,相互配合来完成整个科普活动。在带领学生们认识公园植物的同时,也是拓展学生古诗文及文学常识的大好时机,在语文课的散文和古诗中,有许多关于植物的描写。子曰:"小子何莫学夫诗? 诗可以兴,可以观,可以群,可以怨。迩之事父,远之事君。多识于鸟兽草木之名。"《诗经》里提到的植物很多,花草树木、麦稻粱黍无所不有,古人擅借用植物来抒发心中的情感,赋予植物更多的文化意义,如 "参差荇菜,左右流之"的荇菜(荇菜),"蒹葭苍苍,白露为霜"的蒹葭(芦苇),"谁谓荼苦,其甘如荠"的荼(荼菜),"芄兰之叶,童子佩韘"的芄兰(萝藦),"我行其野,蔽芾其樗"的樗(臭椿),"我行其野,言采其葍"的葍(田旋花),"乐彼之园,爰有树檀,其下维穀"的穀(构树),"无田甫田,维莠骄骄"的莠(狗尾草)……

2017 年 6 月,在开展的"诗经里的植物"活动课程中,就涉及了古诗文阅读和植物学两门学科内容, 参加课程的学生来自对中国传统古诗词深感兴趣的 10 组家庭。在活动过程中,除了讲解公园里所培植的相关植物知识外,还需要邀请对《诗经》研究透彻的专业老师来合作完成《诗经》中古人对此植物的称谓及赋予的含义的诠释。通过此次活动课程，使得孩子们心中每一种植物都栩栩如生，除了植物识别，还使孩子们了解了其更深刻的文化内涵。

本次自然科普课程的最后设置了"导师考核"环节，让每位学生设计一道古诗中所涉及的植物试题，打乱顺序，随机抽签来回答，使得每个学生所设计的知识内容都会出现在考核中。这个游戏规则一方面约束了学生的课堂纪律和行为，保证了教学目标的实现；另一方面，学生会因为自己的题目出现在考核中让别的学生来回答而产生一种自豪感与责任感，这对学生来讲会产生一种情绪的正效应，这种情感无疑会激发学生学习的内在潜能。

在课程过程中，有位学生总是心不在焉，不认真听讲，对比其他学生的积极踊跃，他从不主动回答问题，提问也都是和课程内容完全无关的，并直言只喜欢机器人和踢足球，对动物和植物都不感兴趣，是被父母逼着来参加户外的自然课程……针对这种情况，教师会在活动中刻意点名让他来回答问题，并及时给予表扬和鼓励，使他渐渐找到自信和学习兴趣。

此外，在对自然知识的科普中注意融入人文和品德教育。在讲到"外来入侵植物"时，会强调自然界的生物没有绝对的益和害，它们只是被人为带到了无天敌且环境适宜其生长而失控的生长状态，并由此引导学生思考，我们也是一样，要学会正确对待自身的优缺点。这种体验形式把科学和情感相融合，使他们在自然世界中不仅能学到科学知识，还在潜移默化中培养学生尊重他人、谦虚谨慎等优良品德，对树立正确的世界观、人生观、价值观大有益处。

三、反思与展望

(一)科学研究与科学普及转化能力需要提高

本项目依托学院各专业领域的专家学者,还需要对科学普及深入了解,运用公众易于理解、接受和参与的方式开展科普。

(二)科普人才队伍水平有待提高

本团队努力壮大科普人才队伍。把培育一支专兼结合、素质优良、覆盖广泛的科普工作队伍,优化科普人才发展政策环境,畅通科普工作者职业发展通道,增强职业认同,加强科普志愿服务组织和队伍建设作为实现目标。

(三)科普交流合作需要加强

本团队积极拓宽科技人文交流渠道,引进国外优秀科普成果。为未来开展青少年国际科普交流,策划组织国际科普活动,推动优质资源共建共享打下良好基础。

(四)强化基础教育和高等教育中的科普

高等学校应设立科技相关通识课程,满足不同专业、不同学习阶段学生需求,将激发青少年好奇心、想象力,增强科学兴趣和创新意识作为素质教育重要内容,把弘扬科学精神贯穿于教育全过程。

自然科普活动是一个培养青少年对生命科学的兴趣爱好,提高青少年对生命的珍视尊重,拓展青少年的科学视野,同时培养青少年独立思考能力、艺术鉴赏能力和户外生存能力,增强团队合作意识、生态环保意识的自然科普项目。人们习惯于认识周边的花草树木,无论是出于兴趣爱好,还是出于野外生存的需要。而自然科普教育的本意是通过活动来走进自然、认识自然、了解自然，从而保护自然，让孩子们眼睛里看得见生命，静静地观察大自然里的花开花谢，聆听鸟语虫鸣，享受真实而自然的生活，能够认识和熟悉自己身边的各种植物，从小培养青少年爱护自然和保护自然的生态环保意识。

　　北京拥有丰富的自然教育资源，例如北京植物园、奥林匹克森林公园、自然博物馆、世界花卉大观园等，教师需要根据场馆设计不同的自然科普课程，充分发挥科普场馆的优势。作为一名科普教育人员，在今后的自然科普教育活动中应身体力行，努力为学生的素质教育出一份力。

（执笔人：宋侨、和继军、李春雷、张端）

教学信息化:小学教育专业信息技术
教育方向学生教学能力的培养

　　针对首都师范大学初等教育学院及信息技术方向人才培养的特点和需要,以及《教师教育课程标准》《教师教育振兴行动计划(2018—2022 年)》的要求,发现已有教学中存在的问题,提出相应的措施:课程目标调整为培养学生创造性解决教学问题的能力,通过本课程为学生提供多种教学方法作为示范,采用信息化环境和资源支撑课程目标和教学方法。教学达到了预期的目标,并对实施中存在的问题进行了反思和分析。

一、背景与问题

(一)背景

1.所属的专业方向历史与现状

　　首都师范大学初等教育学院成立于 1999 年,以小学教师教育为特色,遵从"国际视野、本土实践、借鉴历史、面向未来"的办学理念,集小学教师培养、小学教育研究、小学教育服务为一体,形成了本、硕、博培养层次分明的教学研究型人才培养体系。学院凝练形成了"爱心、童心、乐学、乐教"的初教学子精神。每年向北京市乃至全国小学教育领域输送各层次毕业生 500 余名。现有在校本科生 1600 余名,硕士、博士研究生 300 余名。

学院下设小学信息技术方向,主要培养本科、硕士研究生层次的小学信息科技教师。23 年来,本方向已经培养学生 600 余人。

2.对应的小学信息技术课程情况

由于小学信息技术课程长期以来属于综合实践活动课程范畴,没有课程标准,地位尴尬,课程得不到重视,教师专业素养欠缺,往往是懂技术不懂教育或懂教育不懂技术的教师在上着小学信息技术课,严重影响课程的正常和正确开设。培养职前小学信息技术教师,有利于改变这种状况。随着 2022 年 4 月义务教育信息科技课程标准正式颁布,小学信息科技课程正式独立成为一门课程,教师培养成为课标理念落实和实施的关键。

3.初等教育学院小学信息技术方向人才培养方案现状

为适应小学课程不断发展变化的需要,初等教育学院小学信息技术方向本科生的培养方案 24 年来多次更新,目前培养方案中涉及小学信息技术课程教学需要的方向课程含 50 多学分,大概有 25 门课程。这些课程主要属于教师本体性知识和操作性知识类课程。本体性知识类课程有计算机原理与操作系统、高级语言程序设计、数据结构、数据库技术、多媒体技术等课程;操作性知识类课程,主要指提供从事小学信息技术课程教学思想、教学方法的课程,有信息技术课程标准与教材分析、小学信息技术教学设计与实施、小学信息技术教学案例赏析、小学信息技术课程与教学研究等。

《教师教育课程标准》在基本理念的实践部分就提到,"教师教育课程应引导未来教师参与和研究基础教育改革,主动建构教育知识,发展实践能力;引导未来教师发现和解决实际问题,创新教育教学模式,形成个人的教学风格和实践智慧"。其在终身学习部分提到,"教师教育课程应引导未来教师树立正确的专业理想,掌握必备的知识与技能,养成独立思考和自主学习的习惯;引导教师加深专业理解,更新知识结构,形成终身学习和应对挑战的能力"。

(二)问题

基于以上背景,在"小学信息技术教学设计与实施"课程中面对如下需要解决的问题:

1.本课程目标如何确定?是"教什么?如何教"重要,还是"为什么而教?如何创新性地教"重要?

本课程的课程目标来自教师对教学设计的认识和作用的理解上。但现有的相似课程中,大多是针对某学科教材内容或某些重要的知识点进行如何教的教学,学习目标明显定位在学生通过学后能从事某部分教学内容的教学。这种教学内容和教学目标的优势在于直接传授了"如何教"的教学经验,且易理解,受到职前职后教师们的欢迎,但是不利于教师创新解决教学问题的能力培养,也不利于落实课标要求。因此课程目标应重新定位。

2.本课程在教学方法上如何为职前教师提供示范?

作为教师教育课程,不应只是灌输知识和理论,还应根据课程性质、特点和优势,主动改革,秉承"己所不欲,勿施于人"及"身教重于言教"的思想,为职前教师提供基于新理念下的新型教学模式和教学方法的运用示范。

3.信息技术如何支撑教师教育课程?

教育部等五部门印发的《教师教育振兴行动计划(2018—2022年)》的"目标任务"部分提到,"注重协同育人,注重教学基本功训练和实践教学,注重课程内容不断更新,注重信息技术应用能力,教师教育新形态基本形成"。在"主要措施"部分也提到,"要利用'互联网+教师教育'进行教师教育的创新,充分利用信息技术手段和资源,推进教师教育信息化教学服务平台建设和应用,'推动自主、合作、探究为主要特征的教学方式变革'"。

有效利用信息技术来支持本课程新的课程目标,既是教育部等五部门的要求,也是为师范生展示数字化教学示范性、增强他们经验的需要。但是如何有效进行融合的设计,有待研究和解决。

二、举措与成效

(一)举措

针对以上问题,本课程设计了如下解决策略:

1.进行研究,提高认识,把课程总目标定位为能创造性设计教学

教学设计观认为,教学的科学性可以从教学设计上得到体现。教学设计的科学性主要指系统性和逻辑性,即教学设计是依据教学需要,在分析教师教学思想和理论、分析学习内容和学习情况的基础上,确定教学目标,然后以目标为依据选择教学策略和教学资源,设计教学评价和学习活动过程的过程。教师开展教学设计的主要目的是摒弃经验,创造性地解决教学问题,而不是简单地依据经验、教材完成教学任务。如果说"教学=教学设计+教学实施"的话,在教学设计方案确定的情况下,教学实施主要受教师教学基本技能影响,所以"教学能力=教学设计+教学基本技能"。教学基本技能通过长期的经验积累和训练而成,容易实现,因此教学设计就成了教学能力的主要影响因素。这些认识来自授课教师20多年来与小学信息技术教师或其他学科教师观察与互动交流过程,符合教学设计理论的观点。基于此,本课程把目标定位为:能体会到教学设计在小学信息技术教学理论与实践之间的桥梁作用,形成系统化教学设计的意识,掌握系统化教学设计的方法,能根据教学需要和出现的教学问题进行创新教学设计,具有熟练的教学基本技能,能依据教学设计方案进行教学实施。

2.选择利于课程目标达成的诸多教学方法

课程目标定位高,48学时的课程难以实现,因此必须根据不同的目标特点和资源条件,选用多种教学方法和学习方法。本课程主要采用的教学方法

有:讲授法、案例教学法、自主学习法、探究学习法、任务驱动教学法、项目学习法、翻转课堂教学活动等多种教学方法,各教学方法匹配的教学内容和教学目标如下:

(1)讲授法:主要用于学生自主查阅资料难以系统理解、对实践活动难以深化的基本概念、基本原理。如教学设计的概念、来源、模式、作用等。

(2)案例教学法:主要用于引出问题、理论的深入浅出,教学技能的模仿掌握等。如提供大量来自一线教师、优秀教师的教学案例,并提供学生实习案例,以利于学生理解理论。

(3)自主学习法:主要用于学生感兴趣、易学会的内容和目标。本课的教学基本技能采用的是自主学习法,学生通过教师提供的视频学习内容开展自主学习,学习情况记入成绩。

(4)探究学习法:主要用于对需要学生自主建构、深刻理解的学习目标,特别是情感、态度、价值观目标和能力目标,探究学习利于知识的内化。如对于教学设计作用、过程和方法、存在问题的理解和认识,教师仅进行抽象讲解效率不高,不易使学生产生强烈的认知冲突,达到高阶分析、综合、评价的学习目标较为困难,此时可采用探究学习法解决这些问题。如在对教学设计进行讲授后,布置任务要求学生对在职 5 年以上的教师进行访谈,分析现状、发现问题,内化教学设计的作用和方法。

(5)任务驱动教学法:本课程是理论和技能相结合的课程,教学设计每个环节除讲授理论学习外,学生还应具体操作应用才能真正习得理论,掌握实际运用的方法。如教学设计中指导思想和理论的选择、教学内容的分析、学生情况分析、教学目标的分析与确定、教学策略的选择、教学评价的选择、教学资源的选择等,均需学生结合具体教材和教学内容进行阅读、分析、评价、选择,由于任务小,适于任务驱动教学法。

(6)项目学习法:综合运用多课时内容或本课程所有内容,采用项目学习,主要对应于整体的教学设计能力。其主要用于期末大作业,即要求学生基于某教学内容开展教学设计、教学实施。上交项目的作品形式有：教学设计文本、教学实施的视频实录、教学用的资源、课后说课文本、说课视频。学生项目采用摇号抽签形式，避免教材内容相同。

(7)翻转课堂教学法：教学重心是教师的情感、态度、价值观、思维和能力，取得实效，需要采用教师主持穿插问题和帮助、学生讨论操作等活动，适合于课堂学习。而知道、理解、简单应用的低阶目标对应的教学内容的学习，适合于学生自学。本教学策略解决了课时不足的问题，把基本的知识学习目标置于课外，把需要教师参与、引导、深化、展示分享学生的观点与作品放在课堂中进行。

3.利用信息化环境和资源作为课程支撑

实现以上课程理论和教学目标、保证教学方法顺利实施，传统教学环境和资源是难以完成的，必须借助信息化学习环境和学习资源支持。

本课程采用了首都师范大学提供的师星学堂(超星学习通)课程平台，其中的功能基本能够满足开展以上教学方法的需要。即使不能满足也可以通过与教学平台开发商进行有效沟通，提出平台功能方面的问题和建议，在技术人员的支持下，一般能够得到解决。如 PBL 模式的支持，以前没有或功能不齐全，不能有效支撑 PBL 模式下的作品展示和多元化评价，经多次沟通和建议，最终补上了该功能。

信息化教学资源中最重要的是信息化学习内容资源。本课程为达到既定的课程目标，采用诸多教学方法，以学生基于资源展开的学习活动，教师把这些资源经过搜集、分析、评价、整理、发布等过程，上传课程教学平台，以服务于学生学习。课程资源按类型分主要有：课件资源、教学设计资源、教学实录视频资源等，媒体类型主要有文字、视频，方便数字时代的大学生利用手机、平板电脑等便携智能设备开展学习。下图为课程平台的资源数量，供参考。

图2-21 课程平台的资源数量

(二)成效

1.增强了学生对课程纲要、课程目标作用的认识,学生能主动地理解和应用课标

教学设计是以课程标准为指导思想,教学目标和教学策略、教学评价均以课程标准为依据。本课以教学设计的逻辑作为解决教学问题的方法,突显了课标的作用,加深了学生理解和应用课程标准的自觉性,改变了教师们不重视、不熟悉课标,对于教学如何开展"等、靠、要"的思想。

2.为学生提供解决小学信息技术课程教学问题的思想和方法,增强了学生解决教学问题的信心

"莫给我讲大道理,只要你告诉我怎么教就行",教师中普遍存在这种只希望找到效率更高、更易模仿的现成案例的现实,却不关注好课优势课的本质原因,即不关注也不认可教学设计方法在理性解决教学问题中的作用,最终出现理论和实践"两张皮"的状况。经过改进课程目标、提供匹配的教学方法,使学生理解了教学设计的原理,知道了教学设计的重要性,也初步掌握了方法,具备了一定的解决问题、创新教学的信心,有了进一步提升创新解决教学问题的能力的基础。

3.通过自主观看视频学习,达到了教学基本技能的提高

由于课时限制和教学技能学习属于低阶学习,所以采用以自主学习为主的策略,并把教学基本技能作为期末项目中教学实录评价的内容之一,促进了学生主动进行基于视频的学习。从观摩课时数来看,达到了驱动学习的效果。

4.初步具有了在教学研究中发现和解决教学问题的框架和逻辑

未来的卓越型教师是研究性教师,而开展基于教学实践的研究需要教师具有研究的逻辑和框架。教师目前一般普遍缺乏研究视角,这就为提出问题、分析问题、解决问题增加了困难。而本课程着力强调教学设计的科学性,即系统性、逻辑性,组织结构的顺序影响整个系统的效果。通过学习本课程,学生初步理解了指导思想与理论、教学内容、学情、学习目标、学习策略、学习评价、学习资源等要素在教学设计系统中的作用和对设计方案的影响,有利于分析和解决教学问题。

三、反思与展望

(一)反思

一是学生方面的问题:个别学生对教学设计原理、方法不感兴趣,理解困难,不能正确地运用于教学设计;作业任务多,部分学生有意见。主要原因是,客观方面,学生缺少教学实践经验;主观方面,学生不愿学习抽象的学习内容。

二是教师方面的问题:课程设计、信息化环境构建和资源的准备、学生作业评判占用时间长、精力大。

(二)展望

基于以上问题,我们认为可以采用如下方案:

第一,设计不同层级的教学目标。

第二,.提供更多的教学案例。

第三,采用助教。高校采用助教是常态,有利于分担教师的工作负荷,使教师有更多时间开展研究和教学设计。

经过不断地反思、改进,我们相信存在的问题是能够得到有效解决的,既定的教师人才培养目标是能够实现的。

(执笔人:李云文)

数字化转型：小学教育专业信息技术课程混合教学改革

　　随着 5G 技术、人工智能、大数据等新技术的发展，教育正在发生一系列变革，数字驱动变革与发展已经成为世界性的主题。因此高校小学教师培养也要尽快进行课程教学改革，以培养适应数字化转型需求的小学教师。首都师范大学初等教育学院针对当前高校教学存在的"数字化环境"亟待升级"新基建"、"数字土著居民"课堂"不抬头"、课堂"碎片化知识"与"基本技能训练"、用"传统教学方式"强化"传统教学技能"、内容及时更新和"深度教学"未满足、考前"抱佛脚"等问题，提出了学院主动作为服务国家教育数字化转型战略。数字化环境"新基建"，重构教学新生态；利用"手机"，重构教学方式；实施精准教学，重构教学活动；注重"大小协同"，重构教学模式；更新课程体系，重构教学内容；推进面向过程评价，重构教学评价等举措。经过初步建设，逐步建成了在线开放教学生态体系，部分课程教学效果显著，满意度显著提升，学生学习成效显著提高。

一、背景与问题

（一）背景

自 2013 年 MOOC 元年起，国际国内广泛推进在线教育，在线教育及其在高校的应用逐渐成为一种趋势。为此，初等教育学院开始积极布局在线教育工作，从 2015 年开启第一门在线教学与混合教学开始，逐渐开启了在线教育促进教学改革之旅，并借此推进了初等教育学院教育教学数字化转型战略。世界经济论坛（World Economic Forum）于 2020 年发布《未来学校：为第四次工业革命定义新的教育模式》的报告（以下简称《报告》）。《报告》提出了"教育 4.0"的全球框架，并从学习内容和学习方式等八个关键特征定义了高质量学习：全球公民技能、创新创造技能、技术技能、人际关系技能、可及性和包容性学习、基于问题和协作的学习、个性化和自定进度的学习、终身学习和学生自驱动的学习，学院基于此，从人才培养方式转型角度，开展了系列教学改革。

2020 年 9 月，联合国教科文组织和联合国儿童基金会等联合发布了《教育数字化转型：学校联通，学生赋能》，关注教育的数字化连通。2020 年，欧盟和德国等发布报告，聚焦四项行动：公平使用、机构数字化转型、数字素养、虚拟协作。推动教育领域的数字化转型，以抢占未来发展先机已经成为国际共识。2021 年 7 月，教育部等六部门发布《关于推进教育新型基础设施建设构建高质量教育支撑体系的指导意见》，明确指出，以教育新基建推动线上线下教育的创新发展，积极促进教育数字化转型。2021 年，中央网络安全和信息化委员会先后印发了《提升全民数字素养与技能行动纲要》《"十四五"国家信息化规划》，强调要提升教育信息化基础设施建设水平，构建高质量教育支撑体系，推动新兴信息技术赋能教育教学变革。2022 年 1 月，国务院印发《"十四五"数字经济发展规划》，要求加快推动文化教育等领域公共服务资源数字化供给和网络化服务，助力基本公共服务均等化。教育部科技司推动智慧教育示范区；教育部基础教育司推动"基于教学改革、融合信息技术的新型教与学模式"实验区；教育部批复同意上海成为教育数字化转型试点区；2022 年 3 月，国家智慧教育公共服务平台上线。这些都要求我们小学教师培养也要尽快适应国家教育数字化转型战略要求。

（二）问题

在数字化转型和后疫情时代，大到国家教育，小到学院教学，都需要整体实现数字化转型。因此当前多数高校，包括初等教育学院在专业教育教学中都存在如下问题，如图 2-22 所示：

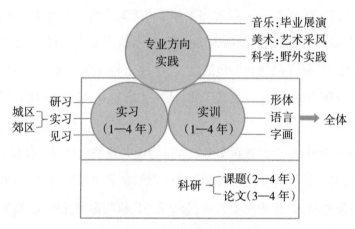

图2-22　课程教学存在问题

一是"数字化环境"亟待升级"新基建"。多数单位数字化基础环境陈旧，仍然是在进行"传统的教育信息化建设"，在封闭的教室进行"武装到牙齿"的硬件设备配置，亟待升级到"新基建"，开展"开放型"的数字化环境建设。

二是"数字土著居民"课堂"不抬头"。数字化建设过程中"见物不见人"的现象仍然十分常见，只注重设备迭代升级，忽视学习者的社会文化行为发生变迁，没有充分考虑"数字土著居民"这一代人的特点来开展教学改革。

三是课堂"碎片化知识"与"基本技能训练"。在课堂这种师生共处一个场景的难得机会，没有有效解决学习方式和知识基础等差异较大的学习个性化问题。尤其是在课堂教学时间和容量有限的情况下，用统一节奏和大量的时间用来进行训练碎片化技能或统一水平的能力，而知识与技能背后的"结构化知识"，以及如何利用技能去分析和解决问题的"高阶思维"等，没有足够时间充分讲解和培养，复杂问题解决能力也无法在教师指导下进行学习，课后学生也难以自己进行有效总结，以至于学生毕业后若干年，都仍然在探索"基本原理"，难以在"较高起点"上逐步发展成为"工匠"，且学习效果差异大，颠倒了教学育人的本末。

四是用"传统教学方式"强化"传统教学技能"。作为师范院校，多数教学法老师都是用传统的教学方式，在讲授传统的教学技能；或者是用传统的教学方式，在讲授面向未来的教学技能，教学缺乏具身性和临场感；缺乏对教学技能的升级改造；缺乏符合时代特征的教学技能训练。

五是内容及时更新和"深度教学"未满足。在学科教学中如何使"数字土著居民"运用多种新媒体获得基础知识，同时，如何针对学生存在的问题表象，抓住学生存在学习困惑问题的本质，开展深度教学，是要重点解决的问题。

六是考前"抱佛脚"。学生平时不学习，考试之前通过教师"划范围"，简单背诵一晚上，从而通过考试，甚至获得高分，考试凭"记忆"等，使得平时学习不学习"不重要""没意义"。

二、举措与成效

如前所述，在教育教学改革过程中，如何有效抓住数字化转型战略机遇，利用数字化教学改革传统课程、课堂和教学，解决当前存在的主要问题，从而促进教育教学改革数字化转型，是我们重点关注的问题。为此，初等教育学院着重从以下七点入手进行课程教学数字化转型改革,如图2-23。

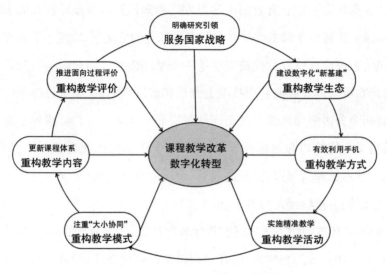

图2-23 课程教学改革数字化转型

(一)举措

1.以研究驱动教学改革,学院主动作为,服务国家教育数字化转型战略

近年来,为迎接"互联网+"时代,积极推动课程教育教学改革,初等教育学院组织引进相关领域学者,结合初等教育学院工作实际,积极推进在线教育与混合教学领域的学术研究,以学术探讨方式,推动教育教学改革,并在实践中,坚持以教学研究为基本手段,推动教学改革取得实效。近年来,初等教育学院相关教师作为第一作者公开发表有关数字化转型的教学研究论文SSCI 一区期刊文章 2 篇,CSSCI 文章 10 多篇, 如 *The Impact of Online and Offline Learning Motivation on Learning Performance:the Mediating Role of Positive Academic Emotion*(SSCI,3.666/Q1),*The Selectivity and Suitability of Online Learning Resources as Predictor of the Effects of Self-efficacy on Teacher Satisfaction During the COVID-19 Lockdown*(SSCI, 4.232/Q1),《创造性思维培养的阶梯式加深混合教学设计与策略研究——以"信息化教学资源设计

与制作"课程为例》(CSSCI),《深度学习视角下混合教学系统化设计与体系化模式构建》(CSSCI)。

2. 应对教育数字化转型战略,数字化环境"新基建",重构教学新生态

(1)加大软硬件环境建设

为了适应国际国内数字化转型发展形势,首都师范大学小学教育专业积极应对,以"需求牵引,深化融合、创新赋能、应用驱动"为导向,加强数字化建设的基础设施、重点教学应用场景建设,先后建立了3个智慧教室,1个在线教学实验室和双师课堂教室、1个书法教育实验室,积极申报推进建设全息课堂教室、虚拟仿真教室,搭建了"小学教育"课程专题网站、"积件化"资源网站,先后借助"一起作业""爱学堂""科大讯飞"等教育科技公司等,给予本科生公益性支持,由各大型互联网教育公司,为初等教育学院本科生教学免费提供各种教学资源、教学平台和作业平台等,为初等教育学院人才培养,积极应对数字化教育转型奠定了坚实基础,为小学教师教育人才培养转型奠定基础。如2015年,为顺应在线教育趋势,由于在线教育尚未在学校层面整体推进,初等教育学院借助信息技术教研室的力量,开始自主搭建"小学教育信息化课程"在线教学平台(网址:www.xxjy.org.cn,现已停用)和"小学教育资源开发"课程资源网站(网址:bbs.xxjy.org.cn,现已升级为 www.jjk.wiki)。

(2)开展在线课程建设与混合教学改革

2015年下半年,由信息技术教研室朱永海教授自主录屏完成"PPT课件资源制作"在线课程,在"小学教育"在线教学平台上线。学院针对各种课型建立了系列在线课程。2016年,初等教育学院积极组织申报学校MOOC,有两门课程被学校认定为首都师范大学第一批MOOC,并于2018年春第一次在中国大学MOOC网站上开展SPOC。截至2022年,初等教育学院已经建设了28门在线课程,并积极推进混合教学实施,为推进学习方式转变奠定了坚实基础,促进了人才培养教学改革与应用。其中,以"信息化教学资源设计

与制作"独立课程形式,在校内"师星学堂"平台开设混合教学多年,学习者点击量超过 61 万次,《教育心理学》点击量超过 200 万人次。

3. 应对"数字土著居民"课堂不抬头现状,利用手机,重构教学方式

(1)明确教育改革方向,加大学院教师专题培训,重塑教学理念

早在 2016 年左右,针对学生爱玩手机的现状,学院便推进了在线教学改革,安排全院教师进行了系统学习,包括《"互联网 +"时代混合教学改革理念与目标》《基于深度学习的混合教学模式设计》《智能教育时代下人机协同智能层级结构及教师职业形态新图景》等,探讨了"人机协同合作"的教师能力素养培养。通过前期研究和培训,学院整体数字化教学改革意识和能力获得了一定程度的提升。

(2)明确"数字土著居民"特色,利用手机开展学习方式变革

当前大学生作为"数字土著居民"一代,痴迷于玩手机,而这也正是这个时代的特征。换个角度说,他们不仅仅将玩手机作为娱乐,而且也擅长利用手机进行数字化学习与数字化生活,必须要充分利用好这个特点。初等教育学院在前期在线课程建设的基础上,有条不紊地推进在线教学改革和学习方式改革,明确数字土著居民更加适应的学习方式和教师更加适应的教学方式是错位的,鼓励灵活的教学时间、教学方式和考核方式等,促进相关教师将传统教学方式转变为"数字土著居民"更加擅长的学习方式,如非线性学习、精细化学习(碎片化学习)、具身性学习、做中学、游戏化学习、联通主义学习等方式,从而达成更好的教学效果,同时也真正实现了以学生为中心,培养了学习者适应未来社会的能力。

(3)依据"数字土著居民"学习方式特点,注重基于深度学习的创新能力培养

基于"数字土著居民"学习者的碎片化学习、非线性学习和做中学等多种学习方式特征,学院依据深度学习理论的认知、人际和个人三个维度,推进学习者开展深度学习。尤其是学院组织教师深入推进线上线下的阶梯式

加深的混合教学设计,实现线上线下各有侧重,致力于培养学生结构化知识、高阶思维能力、学习能力、应变能力、协作能力、沟通能力、实践(问题解决)能力和创新能力等综合能力,包括注重凸显学生生命特质,实现未来人工智能时代下对人的生命的关照,凸显课程的目标定位:高阶性、创新性、挑战性的人才培养。依据《信息化教学资源设计与制作》课程构建成培养创造性思维的阶梯式加深混合教学模式,如图 2-24、2-25 所示。为了验证以上混合教学模式实践的有效性,我们组织了在小学教育专业 3 个平行班的 76 名大三学生进行实证研究,从平均值来看,我们所采用的混合模式效果优于传统课堂和其他混合教学模式效果。

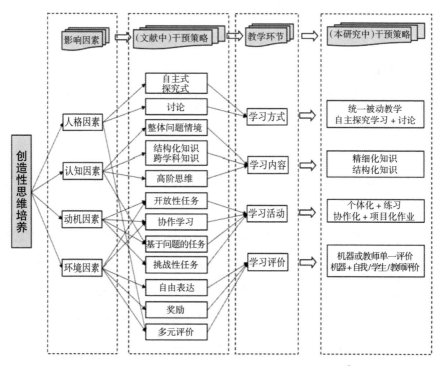

图2-24　基于创造性思维培养影响因素的干预策略[①]

---

① 朱永海、朱莎、王亚军:《培养创造性思维的阶梯式加深混合教学研究——以"信息化教学资源设计与制作"课程为例》,《现代教育技术》,2021 年第 11 期。

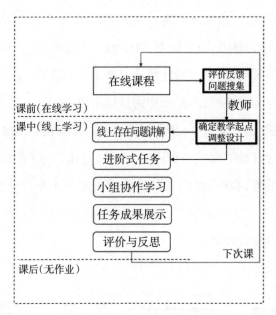

图 2-25 培养创造性思维的阶梯式加深混合教学模式①

基于"数字土著居民"的学习方式特点,为了培养学习者创造性思维等高阶思维,我们逐步总结了培养创造性思维的阶梯式加深混合教学策略:①对混合教学四环节进行系统化设计;②对线上线下教学进行阶梯式加深设计;③对混合教学中结构化知识进行重点导向性设计。②

(4)明确"数字土著居民"学习生活方式特点,注重"大国工匠型教师"能力培养

"数字土著居民"的主要特点是依赖于互联网资源及其学习方式,在设计在线课程及其教学过程中,应充分挖掘在线课程中的思想政治教育资源,聚焦于立德树人设计、课程思政原则,尤其是工匠精神,发挥课程的思想政治教育功能,实现"三全"育人。学院非常强调结合师范生技能课程特点,凸显工匠精神培养。为此,学院组织了课程思政讲座,从而让新手教师能够快速地

① 朱永海、朱莎、王亚军:《培养创造性思维的阶梯式加深混合教学研究——以"信息化教学资源设计与制作"课程为例》,《现代教育技术》,2021 年第 11 期。

② 朱永海、朱莎、王亚军:《培养创造性思维的阶梯式加深混合教学研究——以"信息化教学资源设计与制作"课程为例》,《现代教育技术》,2021 年第 11 期。

成长为"大国工匠精神和能力"的新时代卓越教师。

4. 应对课堂"碎片化知识"与"基础技能训练"现状,实施精准教学,重构教学活动

(1)注重基于知识点的线上课程精细化设计

利用混合教学,学生通过自主学习等多种方式学习在线课程,把碎片化知识与技能让学习者课前自主完成,并自定步调,包括:①在线课程围绕一个个知识点和技能点,在教学环节上精细化设计;②在线课程围绕知识点和技能点,在教学内容上精细化设计;③在线课程围绕知识点和技能点,在学习方式上精细化设计,设计多种学习方式"混合",包括碎片化学习、做中学、项目化学习、联通主义学习和社交化学习等。

(2)注重基于线上学习结果的精准教学设计

针对线上学习结果测评后,明确学习者线上没有掌握的知识点或问题,线下教学进行重点有针对性的精准化教学,包括易错知识点、重难点知识、隐性知识、情感态度价值观、案例分析,尤其是针对 SOLO 理论最高两层类型结构化知识设计,实现知识水平的进阶与深度内化,掌握学科核心知识。这个环节的精准教学,本质上是认知领域的结构化知识和高阶思维的问题。诸如"信息化教学资源设计与制作"课程,内容聚焦 PPT 深入挖掘其技术应用功能助力优质资源,在相关指导理念下,组织了资源设计与制作基本理论,尤其是符合多媒体认知心理学的基本理论、开发原则和标准。线下精准教学除了知识点讲解之外,更多的是讲解小学信息化教学资源设计基本理论、设计基本原则、开发流程与标准,以及各章节中的"支持小学生认知加工的资源设计"。各微课之后的开发流程、注意事项、操作技巧等各种原理、方法和规则,直接指向结构化知识和高阶思维,提升学生综合素养。

(3)注重基于进阶式任务的线下课堂综合化设计

把课堂时间用于进行复杂的、综合的项目化学习,培养学生在独处时的自主学习与投入学习能力,在小组学习中的共情、沟通、表达与协作解决的

能力,改变学生使用时间的性质和结构,让学习者的生命状态更活跃,发展更加全面,培养综合素养,从而解决向课堂教学要质量的问题,包括:①在线学习结果评价与反馈设计;②以知识点进阶为重难点/结构化知识的教学设计,设计了线上线下进阶式的作业任务,同时这些作业任务之间也是递进加深的;③练习测试进阶为综合化和具身性的作业设计;④个人学习进阶为基于人机协同的人际协作的学习设计;⑤文本化学习成果进阶为生命活动展示设计;⑥回顾进阶为学习成果共享与反思设计。如以"信息化教学资源设计与制作"课程课堂进阶式任务设计为例,在摆动动画设计中,讲解动画背后的碎片化知识和结构化知识,从而帮助学习者能够解决更加复杂的问题。再设计"圆周率求解"动画,引导学生按照最终"目标动画"的需求,自己主动进行逆向思维、动画分解与分析,再正向综合,帮助学生培养高阶思维能力和结构化知识。让学习者从"碎片化技能"的学习提升到"结构化技巧和原理方法"内容的学习,有助于学习者从"技工型"人才向匠心独具的"工匠型"资源开发者转变。

(4)注重内容和作业一体化教学:阶梯式加深的整体设计特色

提高课堂教学质量和作业设计质量,一方面,二者是相辅相成的;另一方面,从混合教学模式来说,作业已经成为课堂主要内容。因此作业设计就是课堂教学活动设计,提高作业设计质量就是提高课堂教学活动的质量。我们从两个方面来提升课堂和作业统一及提升质量的设计:

一是每个单元内容和作业之间的阶梯式加深。每单元后的作业,一定是对学习内容中多个知识点的整体设计,是重在知识结构化层面的设计,强调作业设计少而精,用一个作业统领多个知识点,从而保障完成作业过程即是对多个碎片化知识点学习的一次整体提升。用一个作业驱动学生学习多个知识点,达成任务驱动学习的目的。所以,各单元内容学习和作业之间都是呈现递进设计的。

二是每个单元作业之间的阶梯式加深。课程充分考虑挑战性和高阶性的作业设计,每学期16周,统筹布置的作业,强调这些作业之间形成一个阶梯式加深的技能训练和思维能力培养的方案，各单元内容间都是呈现递进设计的,如图2-26。

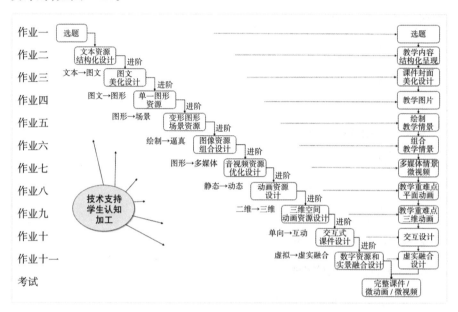

图2-26　内容递进性设计和作业阶梯式加深设计

　　三是每单元的作业,本质上就是项目。通过小组合作学习解决项目,将个人学习进阶为基于人机协同的人际协作的学习设计。人机协同下的人际协作,可以调节学习者个人投入程度,推进人工智能时代生命教育。将文本化学习成果进阶为生命活动展示设计, 激发学习者在人际和个人投入程度方面实现深度学习,凸显生命丰富形态。回顾进阶为学习成果共享与反思设计,反思与内省本质就是总结,促进学习者认知投入。而教师反思则是不断优化自己的课程资源与设计,从而提高自己的教学效果。

　　5. 应对用传统方式强化传统教学技能的现状,注重"大小协同",重构教学模式

　　(1)设计适合数字土著居民和课程特征的在线与混合教学体系化模式

　　设计适合数字土著居民和课程特征的在线与混合教学模式,重点强调

的是线上线下一体化教学,推进基于深度学习的"阶梯式加深的混合教学",如图 2-27。初等教育学院组织专家针对教学改革开展了系列研究,提出了围绕"混合教学"界定,克服传统教学弊端,将线上线下教学优势相结合,利用深度学习理论,开展混合教学,体现了信息技术与课程深度融合,包括如下多种形式:

- M1:课前课后辅助型

- M2:课堂内辅助型

- M3:课前课堂递进型 I

- M4:课前课堂递进型 II

- M5:课堂内递进型

- M6:课堂内翻转型

- M7:课前课堂强化型 I

- M8:课前课堂强化型 II

- M9:课前课堂翻转型

- M10:课前课堂翻转型(带错题本)

- M11:当前智慧课堂

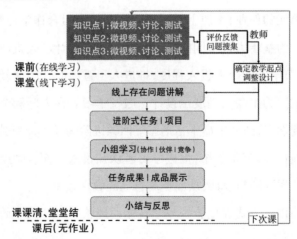

图2-27　基于深度学习理论的阶梯式加深的混合教学模式[①]

---

①　朱永海:《深度学习视角下混合教学系统化设计与体系化模式构建》,《中国电化教育》,2021年第 11 期。

我们在课堂教学中采用了多种阶梯式加深混合教学模式，核心要点包括：①线上教学的精细化设计；②线下教学的综合化设计；③线上线下的联结点设计；④线上线下的进阶式设计。[1]如在"信息化教学资源设计与制作"课程教学中，负责人通过研究，提出了混合教学模式设计的阶梯式加深，借鉴国内外相关研究，构建了基于深度学习的混合教学模式，并且依据不同的教学内容，采用多种混合教学模式并用。本课程在组织开展教学过程中，采用了四种混合教学实践组织模式[2]：

①"训练型"混合教学模式：课堂看视频＋操练练习；

②"递进型"混合教学模式：课前自主学习＋课堂深入学习＋进阶式作业；

③"翻转型"混合教学模式：课前自学＋课堂进阶式项目化学习；

④疫情防控期间混合教学模式："企业微信直播＋教学平台"支持下"全在线翻转课堂"。

（2）用混合教学改革方法培养混合教学能力，服务基础教育教学改革，反哺小学教育创新型卓越教师能力培养

基于上述构建了"阶梯式加深"的混合教学模式（GMSDBL）界定，为验证小学教育师范生习得的教学模式能否适用于小学，我们按照上述同样的实验方法，根据不同的变量水平来确定具体的要素活动属性，形成了八种混合学习模式，在广东省佛山市南海区狮山镇某小学的四年级数学课程教学中开展为期两个月的实验研究，如图2-28。研究结果表明，多种混合学习模式下深度学习能力差异显著；自主式－精细化－进阶型模式学生数学成绩提升显著；多模式应用需要因材施教；确立混合进阶型模式为混合学习优化模式。

---

[1] 朱永海：《深度学习视角下混合教学系统化设计与体系化模式构建》，《中国电化教育》，2021年第11期。

[2] 朱永海：《深度学习视角下混合教学系统化设计与体系化模式构建》，《中国电化教育》，2021年第11期。

在"双减"背景下,可以有效解决课堂教学和作业设计质量问题。实践证明该种教学模式可以有效迁移应用到小学教学情境。

图2-28　实验班学习活动现场图

6.应对教学内容更新和深度教学不及时现状,更新课程体系,重构教学内容

世界经济论坛发布的《未来学校:面向第四次工业革命中的教育新模式》报告中提出的"教育4.0"发展理念,呼吁通过教育数字化转型,提高学生"硬技能(包括技术设计、数据分析等)"和"人文技能(包括协同合作、社会创新等)",以培养符合"工业4.0"人才的需求,包括两种形式:一是信息技术支持课程教学,形成课程内容创新形态;二是信息技术支持课程内容升级换代,淘汰传统技术下的课程内容,更新新内容。

(1)重构适应数字化转型的课程及内容体系:信息技术支持课程内容升级换代

针对时代特征,加强对未来社会发展的预期与把握能力,积极提升面向未来的课程体系设计与开发能力,推进与数字化社会等相符合的教学理论、心理前沿研究、儿童教育、科技课程和信息科技课程等内容体系设计,重构适应数字化转型战略的教学内容,加强中小学人工智能、STEM、创客等课程开设,增强开设信息科技、综合素养、学习方式方法等相关课程,注重对学习者人工智能素养、数字素养、数据思维、设计思维和"数字劳动"等能力培养。主要包括在工业"革命4.0"和数字经济背景下对教师能力和小学生核心素养所要求的数字化时代的教学内容。为此,学院设计了系列课程,如"信息化教学资源设计与制作"强调了教育信息化 2.0"大资源观"与"积件化资源"开发理念,注重众筹开发资源。首先,本课程积极响应《教育信息化 2.0 行动计划》文件提出的"大资源观"理念。其次,本课程采用"积件化资源"开发理念,而不是封闭的、成品化的"多媒体课程"开发;强调以"互联网 +"开放与跨界思维,提升和创新教学应用,强调众筹开发优质教学资源,如下图所示。

图2-29　"积件化"桃花应用情景必要性讲解　　　图2-30　"积件化"桃花应用场景创设

图2-31　"积件化"图形调整　　　图2-32　"积件化"图形参数设置

（2）重构适应数字化转型的技术表征形式:形成课程内容创新形态

随着新的技术层出不穷,新时代要以新的媒介形式,以数字土著居民喜闻乐见的形式,开发和呈现教学内容,以"眼球经济"吸引学生注意力,这就需要借助媒体技术创新性的表征教学内容。以"信息化教学资源设计与制作"课程为例,我们从以下两个方面开展了内容的创新表征:

①融媒体资源形式创新:"教学内容情景 + 动画操作 + 讲师出镜讲解"虚实融合,如图 2-33 所示。

图2-33　讲师与教学画面虚实融合

②课程视频资源制作：依据不同教学内容，设计紧密相关的教学场景，如图 2-34 所示。

图2-34　依据不同教学内容设计紧密相关的教学场景

7. 应对考前"抱佛脚"，推进面向过程评价，重构教学评价

中共中央、国务院印发《深化新时代教育评价改革总体方案（2020 年）》指出，要重点关注如何充分利用信息技术提高教育评价的科学性、专业性、客观性，坚持科学有效，提高作业设计质量，丰富类型，改进结果评价，强化过程评价，健全综合评价，创造中国化的教育评价新模式和新路径。为此我们强调，无科学的过程性评价，就无良好的教学效果。

（1）用面向过程的学习作品评价改革驱动学习过程

目前初等教育学院考核方式做了大量的改革，以面向学习过程的学习任务与作品的评价，作为期末考核的重要依据，强调把学习评价和学习任务结合起来，倡导用任务驱动学习法，用评价促进学习的理念，注重提高学生自我评价、自我反思的能力，引导学生合理运用评价结果改进学习。我们在设计项目化学习任务或主题任务时，尽量用一个综合性任务，涵盖本周所要学习的众多知识点,让学习者只有学习完本周相关所有知识点,并且能够较好地把握知识之间关系时,才能够较好地完成评价任务,从而达成任务驱动学习。

(2)建设诊断性试题库,开展基于在线测试的大数据评价

混合教学作为线上线下优势相结合的教学模式,应该加强联结设计,诊断线上学习结果,明确线下教学起点。既是掌握学习结果,优化教学过程,又是开展面向过程评价,健全综合评价的目的。因此,明确线上和线下教学在人才目标达成方面分别承担什么主要功能,需要借助在线讨论与测试等评价,构建线上与线下、定量与定性、客观与主观等多种评价方式相结合。合理利用出题类型、出题方式等综合应用,促进学生完成基础性作业,减少机械训练,实现对在线学习结果开展面向学习过程进行精准测评,把握学习者学情分析,从而为线下教学提供依据。

(3)开展基于课堂进阶式/项目化作业,推动质性整体评价

推进混合教学改革,更新教育评价观念,强化素养导向,注重对各单元内容及其考核作业之间呈现阶梯式加深设计,并且每章节考核内容之间也是递进型关系。设计"项目化任务"和"主题任务",注重必备品格和关键能力的考查,开展综合素质评价。关注学生真实发生的进步,加强对话交流,增强评价双方自我总结、反思、改进的意识和能力,倡导协商式评价。注重动手操作、作品展示、口头报告等多种方式的综合运用,关注典型行为表现,推进表现性评价。推动考试评价与新技术的深度融合。

(4)建立基于SOLO的小组评价方法与体系

加强对进阶式任务过程的观察、记录、分析和评价,形成基于证据的评价。一是建立起小组内部评价和小组间评价;二是小组内部评价注重对个体任务完成的过程进行评价,主要是注重对个体能力素养进行评价设计,注重对个体在小组中的贡献进行评价;三是小组间评价注重对小组的电子作品进行评价,注重依据SOLO理论最高两层类型结构化知识关系的评价,对小

组整体的学科核心知识掌握与迁移应用解决问题能力的评价，注重对任务作品整体的协调评价。

（5）期末考核评价方法

严格遵守评价的伦理规范，尊重学生人格，保护学生自尊，创新评价方式方法。保障学生基本完成：在线学习时长（10%）+ 课前或课堂测试 | 练习（25%）；支持学生深度学习：在线讨论（15%）+ 进阶式任务（25%）+ 考试大作业（25%）。

（二）成效

1. 学院初步建立了在线开放教学生态体系

（1）构建了在线课程体系

目前初等教育学院已经建立起了丰富的在线课程体系，多数在线课程都已经建立了"课程 + 配套教材 + 社会服务 + 混合教学改革"的体系，并且通过服务社会，为其他高校和在职教师进行成果转化。比如"信息化教学资源设计与制作"慕课（MOOC）课程：

● 2015 年，录屏完成《PPT 课件制作》课程。

● 2019 年，重新录制完成《信息化教学资源设计与制作》MOOC，并在清华学堂在线、国家智慧教育公共服务平台上线开课，向全国社会学习者和 300 多所院校大学生等开设 MOOC，已开设 7 轮课程。

● 2021 年，与慕华科技教育深度合作，促进本课程在高校开设 SPOC，大连理工大学、云南大学、北京工业职业技术学院、辽宁中医药大学等 4 所高校，选用本课程作为校内 SPOC 课程，选课人数为：7378 人。

● 2021 年，被超星学习通平台选为"超星示范教学包"。

● 2021 年，出版课程配套教材。朱永海教授编著《信息化教学资源设计与制作》教材，由北京师范大学出版社出版，并被北京市教委推荐参选国家"十四五"职业教育规划教材。

（2）实现教科研成果转化

近年来,初等教育学院开发的在线课程实现了多项成果转化。如刘慧教授的《生命教育》MOOC,在广大中小学普遍应用,并且受首都师范大学附属育新学校等委托,开发小学 1—6 年级生命教育课程,取得了较大的社会反响。

2021 年,朱永海教授的"信息化教学资源设计与制作"课程,受科大讯飞股份有限公司委托,进行成果转化,在 MOOC 基础上进行二次开发,转化为企业培训课程,也是科大讯飞公司购买的唯一一门教师培训类在线课程,以知识产权使用权"非排他性"形式转让给科大讯飞 10 年(不涉及版权),实现产学研结合,共 2000 多位在职教师学习了该课程。

（3）实现教科研成果奖励

2020 年,"初等教育发展"MOOC 配套教材,获北京市高校优质本科教材奖;2021 年,"信息化教学资源设计与制作"MOOC 课程视频获北京市高校优质本科课件奖。同时,该课程提炼的教学模式,经在小学实验,实验研究成果经教育部"智慧教育示范区"创建项目专家组秘书处遴选,入选由教育部科学技术与信息化司教育信息化与网络安全处在"2022 全球智慧教育大会"上发布的"智慧教育优秀案例"名单。该研究成果——"'双减'背景下混合学习体系化模式设计及有效模式研究",获评教育部"智慧教育示范区""研究成果类"优秀案例。

2. 部分课程教学效果显著,满意度显著提高

在数字化转型背景下, 充分利用线上线下相结合的混合教学等多种形式,充分发挥在线教育教学中大数据支持,开展精准教学,对促进教学评价和教育评估、监测起到基础的作用,教师评教分数和学生满意度显著提升。

（1）从督导评教看

面向全国的跨区域的多样化也能给老师之间的交流带来新契机、新场景、新平台和新发展。以"信息化教学资源设计与制作"为例,首都师范大学

督导老师听课后的评价："你的课准备非常充分、内容充实、丰富、思路清晰、科学严谨，教学模式及设计新颖……有利于学生们综合素养及专业能力的提升。"同时，本课入选学校混合教学案例，在全校展播。

（2）从近三年的学生评教看

在 2020 年线上教学期间，"信息化教学资源设计与制作"课学生评教情况为，学生评分 98.17 分，学生满意度 100%；学生感觉专业能力、信息素养和综合素养得到提升的"很好"占比 95.7%，"好"以上评价为 100%。

在 2021 年线上混合式教学期间，"信息化教学资源设计与制作"课学生评教情况为，学生评分 96.22 分，学生满意度 98.4%；学生感觉专业能力、信息素养和综合素养得到提升的"好"以上评价为 100%。

在 2022 年线上教学期间，"信息化教学资源设计与制作"课学生评教情况为，学生评教 98.31 分，学生满意度 100%；学生感觉专业能力、信息素养和综合素养得到提升的"很好"占比 100%。

（3）从学生作业看改革成效

以具有典型小学教师能力的"利用 PPT 绘制教学图形"章节为例，来说明学生作业质量和数量明显提升。

三、反思与展望

首先，学院教学改革数字化转型，需要进一步提升认识程度，整体推进数字化迈上新台阶。目前，学院上下对数字化建设的意识不足，对数字化教学改革观念有待进一步提升，对数字化认识需要进一步加强。

其次，进一步优化数字化教学环境，建设与"小学教育专业"在全国影响力相适应的信息化基础设施。学院现有的数字化环境建设还不能与首都师范大学小学教育专业对数字化教学改革要求相匹配，数字化硬件设备设施需进一步优化，数字化软件环境建设，尤其是大学生需要的数字化教学软件平台和资源等环境建设需要进一步提升。

最后,课程教学改革数字化转型,亟待从部分课程案例拓展到学院多数课程教学应用之中。学院课程教学数字化转型,目前主要停留在诸如"信息化教学资源设计与制作"等几门课程上,在线课程建设已经形成了规模,但是在线课程的教学应用上,还跟不上教学改革的要求,教学质量也有待于进一步提升。

未来,初等教育学院将积极推动更多数字化转型建设项目,包括智慧教室建设、小学教育在线教育平台生态系统建设、在线课程积极推进混合教学改革等,都将逐步开展,实现与首都师范大学小学教育专业在全国定位相吻合的、领先的数字化转型。

（执笔人：朱永海）

第三部分

实践与实验

全程实践：教育实践课程体系的构建与实施

本案例集中介绍首都师范大学初等教育学院教育实践课程体系的构建与实施。首先，梳理教育实践课程的发展沿革，基于大环境的变化，发现旧模式中存在实践课程环节之间缺乏层次性等问题。其次，初等教育学院持续建设，继承并创新地设计出课程化、体系化的教育实践课程体系。课程化体现为初等教育学院将教育实践过程依据课程理论和课程要素，设置课程目标，选择和组织课程内容，规划课程方案，以实践课程的形态呈现出来，细分为教育感知、教育见习、教育实习和教育研习四个阶段。虽然教育实践课程分多个阶段展开，有不同的目标和内容，但本质上始终紧扣小学教育专业人才培养目标和毕业要求，各个实践课程始终保持统整，即为体系化。这部分将在本案例的第二部分详细介绍。最后，本案例对教育实践课程体系进行反思和展望，关注存在的不足之处，思考进一步完善的角度和方式，追求整体水平的优化和提高，坚持为国家输出高标准的卓越教师做出努力。

一、背景与问题

教育实践课程是提高师范学生专业技能、促进教师专业发展的重要环节，是培养卓越教师的重要途径。我国一直以来都十分重视教育实践的作用,从正规师范教育产生之日起,教育实践课程就成为师范教育课程的重要组成部分。从 1902 年制定的《钦定学堂章程》到 2018 年 10 月教育部实施《关于实施卓越教师培养计划 2.0 的意见》,再到 2019 年教育部印发《关于加强和规范普通本科高校实习管理工作的意见》,教育实践的目标、形式、时间等一直随着社会的发展和人才的需求而逐渐调整和完善。首都师范大学作为师范高等院校,一直积极响应国家的政策和师范认证"合作与实践"部分的要求,坚持"儿童取向卓越小学教师培养模式 3.0"的人才培养模式,着力建设科学有效的教育实践课程。

实践教学体系在首都师范大学专业发展的设置与管理中一直处于十分重要的位置。2013 年,学院成立了独立的实践科,专门负责小学教育专业实践教学工作,不断制定、完善有关实践教学的制度、管理规范、教研计划等,进一步完善了教育实践体系,逐渐形成健全的实践教学体系。初等教育学院以培养卓越小学教师和未来教育家为己任,构建了小学教师培养体系,建立了多维度、多层次、立体化的以学科课程为主体、以实践教学和实验教学为两翼、以教师基本功实训为从教之基的"一体两翼一基"课程体系(见图 3–1),形成了新时期小学教师培养的新经验。

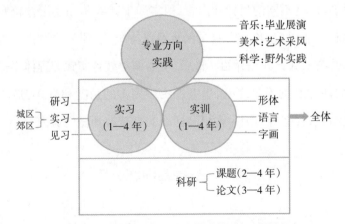

图3–1　小学教育专业实践教学体系(二级认证)

小学教育专业实践教学从大一到大四，分别集中组织1、2、4、6周的教学实践和持续4年的院内实训，以及1周的社会实践，充分保证了学生实训、实习时间，多途径、全方位促进学生教育实践能力的提升。这阶段的教育实践工作已经有了较为完善的制度、流程及标准，也取得了一定的效果，但是在实施过程中仍发现了一些问题。

虽然实践教学按实践的类型将学生的实践课程划分为教育感悟、教育见习、郊区实习、城区研习、校内实训和野外实践六个环节，但是不难发现，这些部分之间缺乏一定的层次性，环节与环节之间的过渡也缺乏流畅性和顺序性，未能很好满足实习生在实习期间的专业学习需求，对实践教学过程中学生遇到的各类专业问题关照不够充分。

要想成为一名小学教师，不仅在专业道路上要"学而知之"，亦应做到"学而时习之"。"学"帮助我们获得知识与见解，"习"促进我们知与行的统一。在小学教师的职前培养阶段，初等教育学院期望学生在"学"与"习"中获得浸润式成长。面对大环境的变化及存在的问题，首都师范大学初等教育学院从未停止探索的脚步，在充分考虑层次性、全面性、递进性后，构建并实施了贯穿师范生培养全程的教育实践课程体系。

二、举措与成效

(一)教育实践课程体系构建——体系化构建

为培养适应小学教育教学需要的高素质专业化的"四有"好教师，解决学生在教育实践中的困惑，满足小学教育专业成长的需求，建立起完整的教育知识体系，增强各个实践环节之间的层次性和递进性，首都师范大学初等教育学院依据教师发展阶段和布鲁姆教育目标分类理论等科学理论，基于小学教育专业的培养目标与毕业要求，搭建"首都师范大学附属小学发展共同体"及"小学教育教学实践基地校",结合大一 2 周的教育感知、大二 3 周的教育见习、大三 5 周的教育实习、大四 8 周的教育研习,为学生继承并创新地设计出大学与小学深度融合、互进互促、协同培养的学生全程实践体系。"教育教学实践"为其最重要的组成部分,共计 18 周,包括四个阶段,并配以相应的教育实践手册(如图 3-2)。

图3-2　首都师范大学初等教育学院教育实践手册

Ⅰ.教育感知,2 周(大一年级下 + 夏季小学期);

Ⅱ.教育见习,2 周(小学)+1 周(见习前、后的指导和反思);

Ⅲ.教育实习,4 周(小学)+1 周(实习前、后的指导和反思);

Ⅳ.教育研习,6 周(小学)+2 周(研习前、后的指导和反思)。

以上四个阶段的实践课程循序渐进,并与不同阶段的专业理论课程相互支撑,知行并进、关联融合。除教育教学实践之外,小学教育专业的全程实践课程体系中还包括:"教育教学实践""科研创新实践""艺术美育实践""教学技能实训""国内外研学实践""社团与社会实践" 等。这些实践课程的宗旨、内容和实施形式各不相同,它们与教育教学实践课程一道,共同构成了首都师范大学小学教育专业全员、全程、全方位的实践课程体系(见图 3-3)。

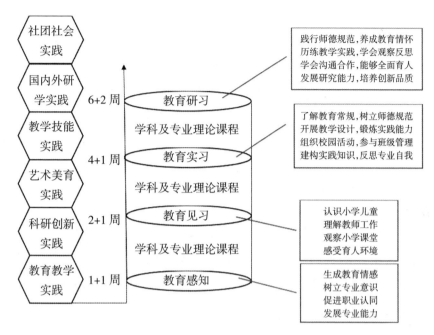

图3-3　小学教育专业全程实践课程体系

在教育实践课程体系中，学科及专业理论课程起着承上启下的桥梁作用。小学教育专业的学科及专业理论课程涵盖儿童研究、专业发展、教育理解、学科基础、学科课程与教学及教育实践几大类，保证了课程的丰富性。课程设置也充分考虑学生学习的顺序。为培养学生职业认同，实现教育感知阶段感受，生成小学教育的职业情感的目标，在教育感知阶段之前开展教师职业道德、教师书法、教师语言，以及小学教师专业发展等专业认同的课程。为使学生充分认识小学儿童，理解教师工作，了解小学课堂，建构实践知识，发展教育教学能力，在教育见习和实习之前，师范生系统地学习小学班级管理和小学儿童以及学科教学的相关内容。为了帮助学生更好地发现、反思教育教学实践中的典型现象与问题，教育研习之前，开设小学教育研究方法、儿童研究、教育评价等课程，使学生具有相应的教育研究与创新能力。学科和专业相关课程始终围绕培养目标，每个阶段都有不同的着力点，课程依序设置，理论和实践在教育实践课程体系中相辅相成，充分呈现"体系化"的优势。

上述教育实践课程体系设计，指向小学教育专业人才培养目标与毕业要求。大学、小学、社会在实践中相互协同、深度融合，加之有效的组织和指导，必将促进师范生深入体验教育教学工作，逐步形成良好的师德素养和职业认同，更好地理解教育教学专业知识，掌握必要的教育教学设计与实施、班级管理与学生指导等能力，为从事小学教育教学工作和持续的专业发展奠定扎实基础。

(二)教育实践课程体系构建——课程化实施

首都师范大学初等教育学院为了更加有效地落实教育实践，依据课程理论和课程要素，规划课程方案，将教育实践分为教育感知、教育见习、教育实习和教育研习四个阶段，并围绕专业培养方案分别设计各阶段的课程目标、课程内容、课程评价等，将教育实践以实践课程的形态呈现出来。

1. 课程目标设置

首都师范大学小学教育专业立足首都基础教育改革与未来教育发展的需要，传承百年师范精神，总目标为培养师德优秀、热爱小学教育事业，能以儿童为本、全面育人、素养综合、能够终身发展，具有国际视野和未来教育家潜质的创新型小学教育人才。毕业能力指标涵盖师德规范、教育情怀、知识整合、教学能力、技术融合、班级指导、综合育人、自主学习、国际视野、反思研究、交流合作 11 项。首都师范大学初等教育学院在政策指导下，结合学校特点和学生发展的需要，围绕专业培养目标和毕业指标点要求，将教育实践的学习目标分阶段制定(如表 3-1)，力图循序渐进，培养能力全面的卓越教师。

表 3-1 教育实践课程目标及指标点

实践阶段	实践目标	毕业指标点
教育感知	生成教育情感,树立专业意识; 促进职业认同,发展专业能力	1.师德规范(1-2,1-3,1-4); 2.教育情怀(2-1,2-2,2-3,2-4); 4.教学能力(4-1); 8.自主学习(8-1,8-2)
教育见习	认识小学儿童,理解教师工作; 观察小学课堂,感受育人环境	1.师德规范(1-2,1-3,1-4); 2.教育情怀(2-1,2-2,2-3,2-4); 3.知识整合(3-5); 4.教学能力(4-1,4-2); 6.班级指导(6-1); 7.综合育人(7-1,7-3); 8.自主学习(8-2); 10.反思研究(10-4); 11.交流合作(11-1,11-2,11-3)
教育实习	了解教育常规,树立师德规范; 开展教学设计,锻炼实践能力; 组织校园活动,参与班级管理; 建构实践知识,反思专业自我	1.师德规范(1-2,1-3,1-4); 2.教育情怀(2-1,2-2,2-3,2-4); 3.知识整合(3-1,3-2,3-3,3-4,3-5); 4.教学能力(4-1,4-2,4-3,4-4); 6.班级指导(6-1,6-2,6-3); 7.综合育人(7-1,7-2,7-3); 8.自主学习(8-2); 10.反思研究(10-4); 11.交流合作(11-1,11-2,11-3)
教育研习	践行师德规范,养成教育情怀; 历练教学实践,学会观察反思; 学会沟通合作,能够全面育人; 发展研究能力,培养创新品质; 适应教育改革,促进终身发展	1.师德规范(1-2,1-3,1-4); 2.教育情怀(2-1,2-2,2-3,2-4); 3.知识整合(3-1,3-2,3-3,3-4,3-5); 4.教学能力(4-1,4-2,4-3,4-4); 5.技术融合(5-1,5-2,5-3); 6.班级指导(6-1,6-2,6-3); 7.综合育人(7-1,7-2,7-3); 8.自主学习(8-1,8-2); 9.国际视野(9-3); 10.反思研究(10-4); 11.交流合作(11-1,11-2,11-3)

教育感知阶段旨在通过对教育故事的阅读、观看，与校友名师的互动、对话，以及从教技能的自省与实训，感受、生成小学教育的职业情感。教育见习阶段旨在通过接触、了解小学儿童，经历、体验教师工作，观察、记录小学课堂，感受、思考育人环境，使学生认识小学儿童、理解教师工作、了解小学课堂、感受育人环境。教育实习阶段旨在通过教学设计与课堂教学的实践，班级管理与少先队工作的组织，以及对教师、教育现象的访谈、观察及其对自身专业发展的反思，使学生能够初步了解教育常规，树立师德规范，建构实践知识，发展教育教学能力，并具有在实践基础上对专业自我进行初步反思的能力。教育研习阶段旨在通过研究性的实践，发现、反思教育教学实践中的典型现象与问题，观察、思考学校育人文化与教育改革现状，研究、探索儿童学习与发展规律，以及全面育人的理念与方法，使学生具有相应的教育研究与创新能力，并在这一过程中践行师德规范，养成教育情怀。

可以看出，在教育实践课程中，各个阶段的目标虽有不同，但始终围绕随着整体培养目标，同时目标层次随着教育实践的展开而逐渐升高。另外，每个教育实践阶段的目标均有明确对应的能力指标点，最终指向成为具有未来教育家潜质的创新型小学教育人才。

2.课程内容设置

从课程内容角度来说，教育实践课程是学生教学能力生成的载体。我国师范院校的课程设置中都包含教育专业课程，教育实践课程就是教育专业课程的一个类别，教育实践课程相对于其他课程的最明显的特征就是实践指向性，从课程实施角度来说，教育实践课程是学生教学能力生成的途径。首都师范大学小学教育实践课程内容的选择以中小学教学实践对教师素质与能力的要求为准绳，分段组织实践内容（如表3-2）。

表 3-2 教育实践课程内容

实践阶段	实践内容与形式	学时	学分
教育感知	阅读、观看——教育故事:主动阅读、观看经典教育名著、优秀教师事迹、典型教育故事,感悟教育情怀,增强职业认同 倾听、对话——校友名师:积极主动与校友、名师进行对话,观摩小学校园及课堂,了解小学教育发展现状,思考自身未来的教师职业定位 训练、提升——专业能力:关注教师基本技能,在教师指导下进行书写技能训练	1+1 周	0
教育见习	实地体验小学教育的育人环境、基本任务与基本要求,对小学课堂、班主任工作、小学生行为特点及校园文化等进行观察、分析与思考 接触、了解:小学儿童 经历、体验:教师工作 观察、思考:小学课堂 感受、思考:育人环境	2+1 周	1
教育实习	师德规范; 听课、备课、上课、评课; 班主任与少先队工作; 教育调查与研究	4+1 周	2
教育研习	践行师德规范,养成教育情怀; 教学工作实践与研究; 班主任与少先队工作实践与研究; 教育调查实践与研究	6+2 周	3

教育感知是首都师范大学小学教育专业教育实践课程的第一环节,时间为两周。这一阶段学生通过阅读《小学教师专业发展概论》《教师角色与教师发展新探》等教育类书籍,观赏《热血教师》《老师好》《卡特教练》等具有教育意义的电影,明确自身的角色定位,增强职业认同感。学生通过倾听校友和名师的讲座并与他们进行对话交流,感知他们的教育情怀,生成教育情感。与此同时,各个方向的学生也会通过参加一系列的专业方向学习活动,完成各项学习内容来加深自身对本专业方向的理解,了解专业的特点。在此基础

上,学校会对学生进行教师基本功训练,帮助学生提升专业技能。

教育见习是首都师范大学小学教育专业教育实践课程的第二个环节,时间为两周。在教育见习阶段,学生将进入真实的教学场域,多角度、全方位感知小学教师的工作状况。学生通过观察学校文化与办学理念,进一步了解学校的教育信仰与价值追求,体会文化育人及教师职业的社会定位;通过观摩听课,增加对小学教育现状的感性认识;通过初步接触教材、分析教材、备课、教学设计等环节,增强自身的角色意识,学会从教师的角度观察课堂;通过观察了解小学课堂的基本环节与教学特点,了解小学生的学习特点,理解小学课堂的基本要求;通过多听一些优秀教师的教学,提高见习效率,在听课的过程中,既能够了解小学课堂的特点,也能够学习优秀教师的班级管理方式,体会班级管理常规,理解班主任岗位的素质要求。当然院校的教师在学生见习前后会给予指导,使学生学习反思。在见习过程中,学生可以体会到作为一名教师的幸福和快乐,也可以体会到作为一名教师的辛苦与奉献。

教育实习作为教育实践课程的第三环节,时间共四周。实习学校会进行自我介绍,指导教师也会帮助学生尽快适应新的环境、新的工作、新的身份,走过这段过渡期。学生投入教学工作后的内容主要有四项:一是听课,二是设计教学方案,三是说课,四是课例分析。在教育实习环节中,学生会第一次以教师的身份真正地走上讲台,为孩子们讲课;会以班主任的身份参与班级的管理;会以朋友的身份,近距离地接触学生,了解学生。从备课到上课,在一次次的修改与实践过程中,体会到教师职业的辛苦,真正体会到"台上一分钟,台下十年功"的深刻含义。

教育研习是教育实践中具有一定难度的环节。为了适应新一轮基础教育课程改革,倡导教师要成为研究者这一要求,首都师范大学初等教育学院将教育研习的时间设置为六周。通过教学设计研讨、实习经验交流、主题班会研究及撰写教育调查报告等形式,让学生更加熟悉和了解小学教育教学工作,对小学教学工作有一个更加全面和深入的认识。学生通过交流探讨教育实习中遇到的问题,提高自己的研究意识,初步掌握一些研究方法,在不断的研究中,提高自己的研究能力。通过教育研习,学生能够对自己的教学过程和教学行为进行反思,思考教学过程中的缺点与不足,进而不断地探讨更好的策略与教学方法,提高教学效果。

3.课程评价设置

课程评价能够反映课程目标实现程度和师范生的学习成效,是对课程与教学环节毕业要求达成情况的有效监控。首都师范大学初等教育学院为师范生实践教学制定明确的评价标准,据此评价学生在实践教学期间的表现,评定学生的成绩。实习成绩以实习校与学院双方指定的指导教师的意见为主,可征求其他教师意见。实习结束时,由双方指导教师填写《实习生实习成绩鉴定表》,经实习校领导审批加盖公章后,交学院带队教师带回。实习成绩的构成可反映出本专业对育人目标的期待:包括师德、工作态度、教学水平、教育效果、基础知识和职业技能六个方面,具体标准见(表3-3)。基于上述具体要求,大学与小学的指导教师对实习生的实习成效进行全面评价,具体考核方式与成绩参见学生见习、实习手册等。

表3-3　学生实习成绩鉴定标准

等级	评价标准
优	严格遵守实习纪律,圆满完成实习任务。课堂教学效果好,表现出较好的教学能力和水平;班主任工作(或少先队活动组织工作)效果突出,表现出较强的学生工作组织与教育能力
良	遵守实习纪律,圆满完成实习任务。课堂教学效果良好,具有一定的教学能力和水平;认真完成班主任工作(或少先队活动组织工作),表现出一定的学生工作组织与教育能力
中	遵守实习纪律,基本完成教育实习任务。课堂教学效果一般,具有基本的教学能力;认真完成班主任工作(或少先队活动组织工作),具备基本的学生工作组织与教学能力
及格	遵守实习纪律,基本完成实习任务。能够完成课堂教学任务,努力完成班主任工作或少先队活动组织工作
不及格	不遵守实习纪律或不能完成实习任务,或有重大失误

首都师范大学初等教育学院教育实践对实习生、实习队长、指导教师、实习学校等主体都有细致、严谨的工作要求,采用量化评价与质性评价相结合、自评与他评相结合的办法,每个教育实践阶段末期,学生首先要对自己的实践进行自我反思和总结,在保证时间的基础上,首都师范大学初等教育学院教学实践科组织教师、学生参与评价,实施全面细致的过程管理,实现评价主体和评价方式多样化,保证了实践的效果。

(三)教育实践课程体系实施成效

就实习成绩的整体分析而言,师德规范、教学能力和班主任工作的成绩合格率达到100%,良好以上达到80%。实习之后参加教师资格考试(面试)的通过率达到98%以上。首都师范大学初等教育学院教育实践课程体系做到了责任到人,方法多元,过程规范,结果客观,导向正确。

人才培养是一个系统工程,小学教育专业的教育实践课程体系的构建工作是在教学的总课时不变甚至还在减少的前提下展开的,因此精简原有理论课程的内容和学时就不可避免。但这一点在实际操作时往往阻力最大。为此,首都师范大学构建新的课程体系考虑把科学性与创新性结合起来,严格依照所确定的专业目标,遵循少而精的原则,适应社会对小学教育改革发展的要求,重新选择和确定各类课程,以及课程内容和课时安排,努力使新实践课程体系具有科学性、针对性与实效性,体现当代小学教师教育专业发展的本质特征。

首都师范大学初等教育学院根据学生专业成长的规律和不同专业方向、年级,设置多样化、开放性的实践课程,该课程体系既满足学生专业成长需求,又拓展学生的知识面,还满足学生个性和谐发展的需要及知、情、意、行的统整,具有一定的借鉴意义。

三、反思与展望

(一)优势和反思

首都师范大学的小学教育专业十分重视实践教学，在国内较早探索了"高校、政府、小学"协同育人的模式，实践教学体系完整，专业实践和教育实践有机结合，管理规范并形成了自身特色，制定了明确的实践教学评价标准，对重点实践教学环节实施质量监控，实行教育实践评价与改进制度，较好地保证了实践教学质量。

但目前学院实践教学工作开展的计划、内容、实施，均是基于本科生教与学的需要进行统整的，这种相对单一来源的运行方式对于本应"教学"与"科研"并重的师范专业而言，还是有改进与提升空间的。同时，对实践教学过程中遇到的各类专业问题关照仍不充分。无论从四年见习实习的覆盖度来看，还是从频次来看，尚未能最大限度地满足实习生在实习期间的专业学习需求。

(二)改进措施

基于首都师范大学小学教育专业认证工作，我们对教育实践课程体系进行了深入反思，针对当前仍存在的问题，经过思考讨论，可以从以下两个角度展开教育实践课程体系的完善和优化工作。

第一，加大科研成果转化为实践教学内容的管理力度。科研与实践教学进行有效的互动融合，能进一步完善实践教学体系，提高人才培养质量。学院可以设立专项资金对吸收科研成果转化为实践教学内容的教师进行奖励，或者把吸收学生参与科研项目情况与各种评先评优相结合，同时在科研力量的支持下，推进实践教学课程化、教材化进程。

第二,加大班主任岗位的实习力度和学生实习过程中的教学指导。学院可以采取多项举措加强班主任理论课程学习和实践环节指导,增设班级管理方向的兼教课程,明确实习任务中班主任见习、实习工作的评价任务。按照学生参与教学实践的频率和质量,对学生教学实践评比转化为个人整体评比设置相应的标准和要求,并对实践时长、质量、频率、导师评价等方面都列出具体的评选措施,鼓励学生自觉、主动地投入教学实践过程。

放眼未来教育,可以说"变化"将永远伴随教师左右,而应对"变化"最有效的手段莫过于顺应时代潮流,不断提升自身的能力,主动追求教育教学的有效方式,主动走进时代变化的学生世界。通过教育实践体系,小学教育专业学生得以在"实践—反馈—调整—再实践"这样一个循环往复的过程中不断实现自身的专业素养和整体水平发展和提高,首都师范大学也将坚持为国家的教育发展输出高标准的卓越教师做出努力。

（执笔人：欧璐莎）

虚拟仿真:小学教育专业实验教学探索

　　小学教师培养是我国基础教育师资培养、培训的重要组成部分。在新的时代条件下，国家不断强化教师培养过程中理论知识与实践能力的同步培养，教师必须具备知识综合学习与运用能力。实验与实践素养培养是师范生培养过程中的核心教学内容之一，也是培养实践能力和创新人才的重要途径。随着数字化与智能化的不断发展与普及，在传统实验与实践课程的基础上，运用信息技术手段模拟真实实验，将理论知识学习与虚拟仿真实验相结合，突破传统的理论与实践相脱节的教学方法，实现"教学做合一"。通过近几年的实践，初等教育学院对虚拟仿真实验在小学教育专业中的应用进行了积极探索，牵头完成了"全国小学教育专业虚拟仿真实验教学课程建设指南"项目，结合小学教育专业本身的特点和特色，探索以传统实验教学与虚拟仿真实验教学相结合的实验与实践教学方式，构建小学教育实验与实践教学体系，加强虚拟仿真技术在课程体系中的设计与应用，形成虚拟仿真实验项目研究、实践和成果转化一体化的新领域。

一、背景与问题

　　综观世界文明史，人类先后经历了农业革命、工业革命、信息革命。每一次产业技术革命,都给人类生产生活带来巨大而深刻的影响。伴随着现代信息技术的快速发展,大数据、人工智能、5G 等信息科技在生活中的应用越来越深入,当今世界正在经历一场革命性的变化,数字化与智能化在越来越多的行业和领域中普及。利用信息技术促进产业变革,是新时代信息科技发展的重要特征。同时, 现代信息技术的发展也将促进虚拟现实技术的飞速发展。虚拟现实技术是以现实为基础创设虚拟环境,借助现代化传感装置,让体验者在虚拟和现实的交互作用中获得身临其境的感受和体验, 从而达到教育的预期效果。虚拟现实具有交互性、沉浸性、时代性和趣味性的特点,它能够让使用者在实验中亲身感受、体验、交互,因此在教育领域有着广泛的影响和作用。充分利用各种虚拟现实技术,构建现代信息技术背景的虚拟仿真实验项目,实验者在虚拟实验室或者实验设备上,可以完全像在真实的实验环境中一样完成各种实验项目, 并且能够取得不低于甚至超出在真实实验环境中者在真实设备上所取得的实验效果。

教育部自 2013 年开始推动全国高校探索虚拟仿真实验教学资源建设。2018 年上线了“实验空间”虚拟仿真实验教学平台,为全国高校提供了虚拟仿真课程开放共享服务。2019 年,教育部印发的《关于深化本科教育教学改革全面提高人才培养质量的意见》指出,应积极发展“互联网＋教育”、探索智能教育新形态、线上线下混合、推动课堂教学革命,而虚拟仿真实验正是数字化背景下,进行信息化教育改革的一个新路径。2020 年,教育部认定虚拟仿真实验教学一流课程 728 门。由此可见,虚拟仿真技术在教育中的应用给教育领域带来了全新的教育生态, 这一技术在教育教学中的运用所带来的是教育理念的革新以及教学手段、方法、技术、内容乃至时空的革命。《教育信息化十年发展规划(2011—2020 年)》表明,国家正在积极推进虚拟现实技术在教学中的应用,《关于开展国家级虚拟仿真实验教学中心建设工作的通知》指出,虚拟仿真实验教学是高等教育信息化建设和实验教学示范中心建设的重要内容,是学科专业与信息技术深度融合的产物。虚拟仿真实验在实践教学中的应用,打破了传统实物实验室在时间和空间上的局限性,同时有效地解决了高校实验经费、设备、场地不足的问题,在提高高校实践教育质量、改进实践教学模式和增强学生自主学习意识方面具有重要意义。

　　教师是专业性很强的职业,需要掌握娴熟的专业技能。教师的教学技能、教学研究和综合素养共同决定了一个教师的综合素质。教师的培养具有鲜明的实践性特征,任何一种技能的提升都需要有效的实验、实践训练,来提高技能的准确性和娴熟度。未来的教师在高等教育阶段需要大量的实验、实践课程进行相关技能训练。但在实际教学过程中,有些实验受客观条件或资源条件影响,学校很难提供相关实验项目或不能满足学生实验、实践需求,或者实验教学开展灵活性较低,跨校区教学增加课程开设难度和教师、学生负担等,严重影响教育教学质量。借助虚拟现实技术在教育教学领域的深入发展,以及教育教学理论和教学方式的不断革新,虚拟教学作为一种新兴的教育教学形式正在逐步展现其面貌。虚拟仿真实验教学不仅满足了新课程改革背景下终身教育的需要,而且对促进高校网络远程教学的普及和完善起到了很好的作用。虚拟教学主要将虚拟现实技术应用到教学中,完成教学模拟、演示、探究等环节,为学生提供体验式教学环境。虚拟仿真实验教学的出现为现实教育中的诸多问题提供了可行的解决方案。

　　小学教师培养是我国基础教育师资培养、培训的重要组成部分。近年来,国家层面对小学教师的综合能力素养作了具体要求,《新时代基础教育强师计划》就"十四五"期间加强基础教育教师队伍建设进行了全面规划。2022年4月,教育部印发多部义务教育课程标准,其中明确提出优化课程结构,加强学科间相互关联,加强知识综合学习与运用,且对各课程的实践性内容作出要求。首都师范大学初等教育学院以小学教师教育为特色,致力于高质量小学教师培养模式的探索,遵从"国际视野、本土实践、借鉴历史、面向未来"的办学理念,传承百年师范传统,构建符合小学教师培养的课程体系。同时重视实验与实践在教师人才培养中的作用,建立小学教育实验教学中心,设立文、理、艺、教四大实验平台,全方位支持小学教师综合素养培养。同时,在现有实验平台条件下,积极探索现代信息技术在小学教育专业实验与实践教学中的应用,推进利用现代信息技术促进人才培养方式和培养模式的改革进程,通过近几年的探索与实践,学院先后牵头完成了教育部虚拟仿真实验教学创新联盟"全国小学教育专业虚拟仿真实验教学课程建设指南"项目,积极引进虚拟现实技术领域方向的研究人才,结合小学教育专业本身的特点和特色,构建小学教育实验与实践教学体系,加强虚拟仿真技术在课程体系中的设计与应用,探索形成以"互联网+"和虚拟现实技术支撑为特色的人才培养新模式,形成科学研究、实践探索与成果转化一体化的新领域。

二、举措与成效

目前,全国设有小学教育专业的高校,多种小学教师培养模式并存,包括以学科方向为主兼教为辅的培养模式、文科与理科分别培养模式、全科教师培养模式,以及艺术、体育独立培养模式。在各种培养模式中,大多集中于教育理论与教学技能实践等传统内容,对于小学教育专业所需的实验教学体系仍缺乏深入认识,对小学教师的实验与实践能力、创新与反思能力仍力有不逮。首都师范大学小学教育专业在前期探索中,创建"一体两翼一基"培养机制,将实验教学作为教师培养体系中极为重要的"一翼",为"卓越的小学教师"实验教学创新能力培养不断地探索与前进。基于此,作为教育部虚拟仿真联盟教育类专业委员会成员单位与副理事单位,学院以教育部"虚拟仿真实验教学项目——小学教育专业虚拟仿真实验项目内容建设指南"编制为契机,联合重庆师范大学、湖南第一师范学院、洛阳师范学院等多所高校,以小学教育专业实验课程体系为抓手,共同研究小学教育专业虚拟仿真实验课程体系构建。

（一）以小学教育专业虚拟仿真实验课程体系为核心抓手

1. 探索小学教育专业毕业生实验能力要求

2011 年，教育部颁布的《小学教师专业标准（试行）》明确提出，"把学科知识、教育理论与教育实践相结合，突出教书育人实践能力；研究小学生，遵循小学生成长规律，提升教育教学专业化水平；坚持实践、反思、再实践、再反思，不断提高专业能力"。由此可见，实验与实践能力是小学教育毕业生必须具备的基本素养，建立毕业生实验能力要求与标准，是小学教师培养的应有之义。基于此，我们建立了小学教育毕业生应具备的实验能力要求，包含"儿童为本、理解教育、终身学习"三大领域共计 26 个能力要求（图 3-4）。实验能力要求的构建为实验课程的选择与体系的构建奠定了坚实基础。

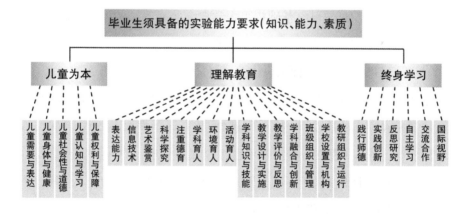

图3-4 小学教育专业毕业生须具备的实验能力要求

2. 构建小学教育专业虚拟仿真实验课程体系

全国虚拟仿真实验教学课程建设指南项目涉及 8 个专业领域，61 个专业类。

文科专业领域下教育学类有 12 个专业，其中小学教育专业部分以初等教育学院为牵头单位，湖南第一师范学院、洛阳师范学院、重庆师范大学三所高校为参与单位，联合其他多所高校 80 余位教师参与，经过两年时间，十几轮研讨,坚持立德树人,强化以能力为先的人才培养理念,坚持"学生中心、产出导向、持续改进",充分体现"虚实结合,相互补充,能实不虚"的原则,坚持以毕业生须具备的实验能力要求为基本准则,构建了全国小学教育专业虚拟仿真实验课程体系与实验项目体系。该虚拟仿真实验课程体系包含 4 个板块,分别为文科类虚拟仿真实验、理科类虚拟仿真实验、教育类虚拟仿真实验和艺术类虚拟仿真实验(包含体育),共计 94 门课程,设计出 462 个虚拟仿真实验项目。文科类虚拟仿真实验包括小学语文、英语方面,涉及语言环境场景设计,利用场景感受语言魅力,注重知识的丰度,设计时更多是定性实验与演示实验,建构虚拟仿真环境及产生的结果大多是基于公共事件的模拟处理。理科类虚拟仿真实验包含科学、信息、数学方向,坚持能实勿虚,侧重于科学模型开放性设计、多因素定性实验模拟仿真、互动演示性实验、跨学科、自然科学基础、工程学概念仿真等实验类型(图 3-5—图 3-8)。教育类虚拟仿真实验包括小学教育、德育、少先队方向,以预设性场景、思维、思想、仪式等方面亲身体验,事件处理模拟、情况干预模拟等类型。艺术类虚拟仿真实验包括音乐、美术、体育方向,主要涉及意境、环境感受、艺术灵感在现实的启发、可视化、可感知、体育运动模拟等类型。同时,基于教学实际需求,将虚拟仿真实验项目按照课程需求,划分为基础实验、专业基础实验和专业课实验等不同类别,满足不同课程层次教学需求。该成果被编入《虚拟仿真实验教学课程建设指南(2020 年版)》(图 3-9)。

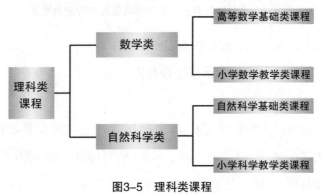

图3-5　理科类课程

图3-6 数学类课程及虚拟仿真实验项目

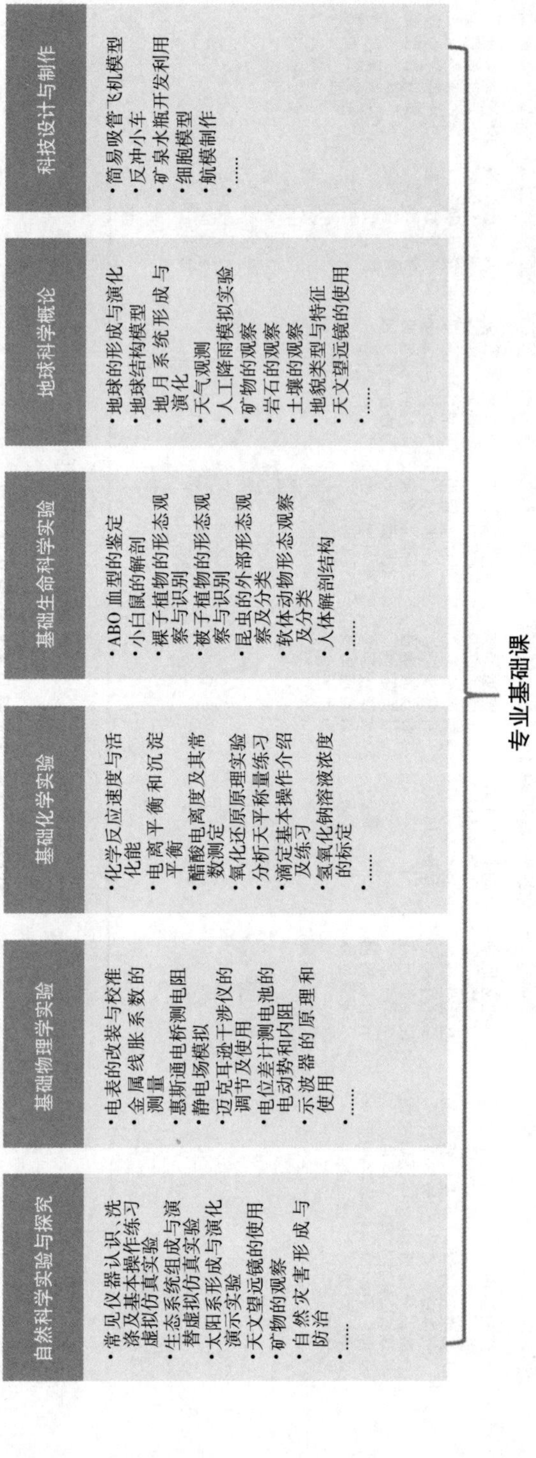

自然科学实验与探究	基础物理学实验	基础化学实验	基础生命科学实验	地球科学概论	科技设计与制作
·常见仪器认识、洗涤及基本操作练习虚拟仿真实验 ·生态系统组成与演替虚拟仿真实验 ·太阳系形成与演化演示实验 ·天文望远镜的使用 ·矿物的观察 ·自然灾害形成与防治 ······	·电表的改装与校准 ·金属线胀系数的测量 ·惠斯通电桥测电阻 ·静电场模拟 ·迈克耳逊干涉仪的调节及使用 ·电位差计测电池的电动势和内阻 ·示波器的原理和使用 ······	·化学反应速度与活化能 ·电离平衡和沉淀平衡 ·醋酸电离度及其常数测定 ·氧化还原原理实验 ·分析天平称量练习 ·滴定基本操作介绍及练习 ·氢氧化钠溶液浓度的标定 ······	·ABO 血型的鉴定 ·小白鼠的解剖 ·裸子植物的形态观察与识别 ·被子植物的形态观察与识别 ·昆虫的外部形态观察及分类 ·软体动物形态观察及分类 ·人体解剖结构 ······	·地球的形成与演化 ·地球结构模型 ·地月系统形成与演化 ·天气观测 ·人工降雨模拟实验 ·矿物的观察 ·岩石的观察 ·土壤的观察 ·地貌类型与特征 ·天文望远镜的使用 ······	·简易吸管飞机模型 ·反冲小车 ·矿泉水瓶开发利用 ·细胞模型 ·航模制作 ······

专业基础课

图3-7　自然科学专业基础类课程虚拟仿真实验项目

小学科学课程与教学论
- 科学史演讲
- 小学科学教科书解读
- 课例评析
- 模拟授课
- ……

小学科学实验设计与实施
- 科学模型搭建实验
- 流体力学现象实验规律
- 感知觉现象观测实验
- 纳米感测实验
- 生活中的化学反应原理与应用实验
- 海市蜃楼现象——光的折射与除锈实验
- 水的利用与循环实验
- ……

小学机器人活动设计与实施
- 机器人基本技能综合测试
- 人形机器人设计与制作
- 工程挑战赛机器人的虚拟仿真设计
- ……

小学科学学习心理与教学设计
- 儿童思维特点模拟实验
- 科学学习心理模拟实验
- 科学教学设计仿真实训
- 科学教学实施情境仿真实训
- ……

小学科学实验研究——物质科学
- 科学原理模型仿真实验
- 流体力学现象实验知觉与规律
- 感知觉现象观测实验
- 纳米感测实验
- 生活中的化学反应原理与应用实验
- 海市蜃楼现象——光的折射与除锈实验
- 水的利用与循环实验
- 互动积木搭建与编程
- ……

小学科学实验研究——生命科学
- 裸子植物双受精模拟仿真实验
- 被子植物花芽分化模拟仿真实验
- 植物组织培养模拟仿真实验
- 昆虫的生长发育模拟仿真实验
- 生态系统演替模拟仿真实验
- ……

小学科学实验研究——地球与宇宙
- 地球形成与演化演示
- 大气环流演示
- 地壳运动演示
- 生态环境变迁演示
- 自然灾害形成与防治
- 太阳系形成与演化演示实验
- 认识四季星空
- 月面观测
- 日食和月食演示与演示
- 月相观测与演示
- 行星运动观测与演示
- 恒星演化过程

小学科学实验研究——技术与工程
- 人工世界虚拟仿真实验
- 简易测量工具模拟实验
- 机械原理模拟仿真系统
- 科车模拟仿真系统实验
- 房屋建筑虚拟仿真实验
- ……

专业核心 / 专业方向课

图3-8　自然科学专业核心类课程虚拟仿真实验项目

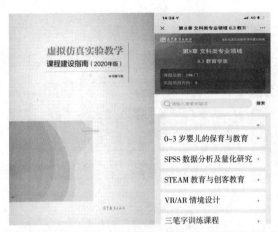

图3-9 《虚拟仿真实验教学课程建设指南(2020年版)》纸质版封面及电子版页面

3. 着力发展虚拟仿真实验项目开发教师队伍

小学教师培养涉及学科门类众多,包括文、理、艺、教等众多学科,这些学科又各自具有自身的需求与特点。虚拟仿真实验项目设计开发需要很强的专业背景,加上现代虚拟仿真技术及信息化手段的运用,使得虚拟仿真实验项目必须有专门的学科老师参与,同时需要不同学科与技术之间的交叉运用,因此虚拟仿真实验项目开发需要具备专业知识的教师和信息技术相关的教师与工程人员共同参与。

目前,开展较早的自然科学类、工程类等学科虚拟仿真实验教学项目发展相对较为充分。然而在教育类,尤其是小学教师培养中,缺乏对学科与信息化交叉能力专业的人才培养,以至于在虚拟仿真项目开发时,学科知识与虚拟仿真技术之间的脱节,实验设计开发存在诸多问题。因此探索推进学科教师与虚拟仿真技术的融合,普及虚拟仿真技术在教学中的使用,建立学科、伦理、社会、信息技术、虚拟仿真等相关专业或方向的融合机制,推进虚拟仿真项目开发建设质量与速度,也是小学教育虚拟仿真实验建设所必需的。

近年来,初等教育学院探索与推动小学教育专业虚拟仿真实验项目建设,初步形成专业团队,并初步进行虚拟仿真实验项目开发工作。这支专业教师团队共计25人,其中教授5人、副教授13人,讲师7人,涵盖中文、英语、教育、自然科学、音乐、美术、体育学等多个研究方向，以及两家长期合作的虚拟仿真技术开发公司。

（二）科研活动支持小学教育虚拟仿真实验理念革新

1. 硬件与技术提升促进初等教育学院虚拟仿真实验项目发展

虚拟仿真实验教学项目，是推进现代信息技术融入实验教学项目、拓展实验教学内容广度和深度、延伸实验教学时间和空间、提升实验教学质量和水平的重要举措。为了适应信息化条件下知识获取方式和传授方式、教和学关系等发生革命性变化的要求，深化信息技术与教育教学深度融合，离不开基础硬件的支持，也离不开信息技术的提升。因此，2020年初等教育学院在原有实体实验室的基础之上建设了具有多种功能的智慧教室，承担虚拟仿真实验项目展示与教学（图3-10）。

图3-10 智慧教室

2.积极开展学术交流研讨

小学教育虚拟仿真实验建设的学术交流工作依托小学教育实验教学中心组织开展。实验中心自2014年以来开展多次学术讨论与交流。自2018年开展虚拟仿真项目探索以来，与虚拟仿真联盟、小学教育专业高校进行了实验课程体系建设、实验项目设计与学术会、研讨会共计20余场次，开展虚拟仿真项目考察、研讨10余次。

（1）参加实验教学示范中心信息化能力建设暨优质虚拟仿真实验教学资源培育研讨会（2019）

2019 年 5 月 10 日至 13 日，由高等学校国家级实验教学示范中心联席会主办的"实验教学示范中心信息化能力建设暨优质虚拟仿真实验教学资源培育研讨会"在杭州举行。首都师范大学初等教育学院实验中心主任张端带队，与教师和继军、李敏、田河、杨天一行 5 人参加了本次研讨会议，来自全国近 500 家高校及相关单位均派代表参会（图 3-11）。

研讨会上，教育部实验室建设与实验教学指导委员会秘书长熊宏齐教授、高等学校国家级实验教学示范中心联席会工作委员会原主任张新祥教授、浙江大学国家虚拟仿真实验教学项目负责人赵鲁杭教授、田威教授、倪万教授、孙学芹教授等多位专家学者，以虚拟仿真实验教学项目的教学设计、国家虚拟仿真实验教学项目建设情况、虚拟仿真实验项目的开发及体会、新形势下实验教学中心发展思路等多个层面的内容为主题，结合项目实际案例为参会代表们进行了详细的分析和解读。整个研讨会内容丰富，主题报告贴合实际情况，既有政策理论上的概括与分析，又有实践上的指导与问题发现。会议期间，报告人和参会代表们进行了广泛的讨论与交流。

图3-11　五位教师参加实验教学示范中心信息化能力建设
暨优质虚拟仿真实验教学资源培育研讨会

（2）虚拟仿真实验教学项目——小学教育专业虚拟仿真实验项目内容建设指南编制研讨会（2019）

2019 年 10 月 26 日，"虚拟仿真实验教学项目——小学教育专业虚拟仿真实验项目内容建设指南"编制研讨会在首都师范大学东一区智慧教室C315

举行。出席会议的有湖南第一师范学院党委副书记刘志敏教授、实验中心主任朱承学副教授,洛阳师范学院教育科学学院院长晋银峰教授、副院长赵丹妮副教授,重庆师范大学教务处钟邵波老师。初等教育学院出席会议的有院长刘慧教授、实验中心主任张端副教授及初等教育学院多位虚拟仿真项目建设负责教师(图 3-12)。

　　此次研讨会就小学教育专业如何借助虚拟仿真技术开展实验教学进行了深入的分析和讨论。湖南第一师范学院的朱承学老师详细地介绍了湖南第一师范学院近年来小学教育虚拟仿真实验项目建设及实施情况,并就实验项目建设过程中的一些问题提出了建设性的意见。洛阳师范学院的晋银峰院长就洛阳师范学院 2018 年申报的国家"小学教育全科教师培养虚拟仿真实验项目"做了详细的介绍,分享的很多建设经验对此次"小学教育专业虚拟仿真实验项目内容建设指南"的编制提供了非常有益的参考。重庆师范学院的钟邵波老师也表示,重庆师范大学要借助此次指南的编制工作,积极开展小学教育专业虚拟仿真实验室建设项目的工作。初等教育学院实验室中心主任张端老师对此次"小学教育专业虚拟仿真实验项目内容建设指南"的工作内容和具体方案进行说明。经过与会老师的积极研讨,明确了各自分工并达成一致意见,共同完成"小学教育专业虚拟仿真实验项目内容建设指南"的编制。

图3-12　"虚拟仿真实验教学项目——小学教育专业虚拟仿真实验项目内容建设指南"
编制研讨会

（3）首届全国小学教育专业虚拟仿真实验教学一流课程建设研讨会（2021）

2021年4月26日，首都师范大学初等教育学院联合虚拟仿真实验教学创新联盟文科类学科领域教育类专业组，主办首届全国小学教育专业虚拟仿真实验教学一流课程建设研讨会。研讨会在北京金龙潭饭店举行，采用线上线下相结合的方式进行，来自全国各地的60余位小学教育学科专家学者、初等教育学院组织的专家团队参加线下研讨，同时6000余人在线观看研讨会直播。

此次研讨会聚焦小学教育专业虚拟仿真实验教学一流课程教学实践，探讨具体的建设理念和思路，分享建设技术与经验，从而推进现代信息技术与实验教学课程深度融合，拓展小学教育专业实验教学内容的广度和深度，延伸教学时间和空间，提升育人成效。研讨会就新文科虚拟仿真建设、教育类虚拟仿真实验教学项目建设指南编制、小学教育专业领域虚拟仿真实验项目指南的编制过程，以及小学教育专业文科类、理科类、艺术类、教育类课程指南进行解读。本次研讨会是学院专家团队对小学教育专业虚拟仿真实验课程建设实现路径的更深入探索。初等教育学院积极推进虚拟仿真实验建设，秉持以服务首都基础教育为己任，牢记初心使命，为新时代小学教师教育做出更大贡献。

图3-13　首届全国小学教育专业虚拟仿真实验教学一流课程建设研讨会合照

（三）首都师范大学小学教育师范生实习虚拟仿真项目设计探索

1. 小学教育师范生实习虚拟仿真项目设计原则与框架

作为未来教师的后备力量，师范生的发展与国家教育发展息息相关。教育实习是师范生向教师转变的关键环节，更是师范生迈向工作岗位的关键一步。教育部 2019 年 7 月 10 日印发《关于加强和规范普通本科高校实习管理工作的意见》要求，充分认识实习的意义和要求，制定科学的实习计划，高校必须把握新时代的变化，主动把实践摆在更加重要的位置，加强实践教学的改革与研究。同时，教育教学实践也要充分利用现代信息技术，促进各种信息技术在教学实践活动中的快速发展。虚拟仿真作为教育教学的重要方式之一，将其应用到教育教学中已是大势所趋。因此，作为教师培养的重要一环，在国家政策的引导下我们应更为重视小学教育实习，深入理解实习实践对于教师培养的重要意义，不断革新教育实习实践模式，丰富实习教学形式，通过多种方式锻炼师范生的教育教学技能，更好地促进师范生完成向正式教师身份的转变。

对于教育实习的认识存在多种含义，如教育实习被认为是高师院校综合性的教育教学专业实践，或者教育实习是师范学校或综合大学师范专业的高年级学生到初等或中等学校进行教育和教学实践活动。在指导教师的帮助下，师范生通过学习教育实习工作了解教育现实，体会教育实践，尝试应用所学教育理论，培养和锻炼从事教育教学的工作能力，进而加深对教师职业的理解和认识。但无论哪种认识，教育实习都是师范生培养过程中极为重要的一环。

对于小学教育专业师范来讲，教育实习更是帮助师范生认识小学、认识小学教学、认识儿童的极为重要的过程。在小学教育实习虚拟仿真项目设计中，我们将教育实习定义为小学教育师范生在整个学习阶段所进行的教育教学实践活动，包括学校组织、观摩课堂、课堂教学、担任或协助班主任工作以及参与教务工作。同时，在实习过程中，涉及实习生的管理、教学指导、学术研究等，需要教学指导教师、带队教师、研究指导教师等角色的参与，帮助师范生建立正确、完整的实践流程及理念。通过实际调查经历过小学教育实习的师范生，基于对现阶段小学教育实习内容的相关分析，初步确定了小学教育实习虚拟仿真实验的内容，同时基于实践教育理论、学习迁移理论、相似学理论，借助虚拟仿真实验的设计原则、具体教学流程及核心技术要素来详述虚拟仿真实验如何应用于小学教育实习教学之中（图3-14、表3-4）。

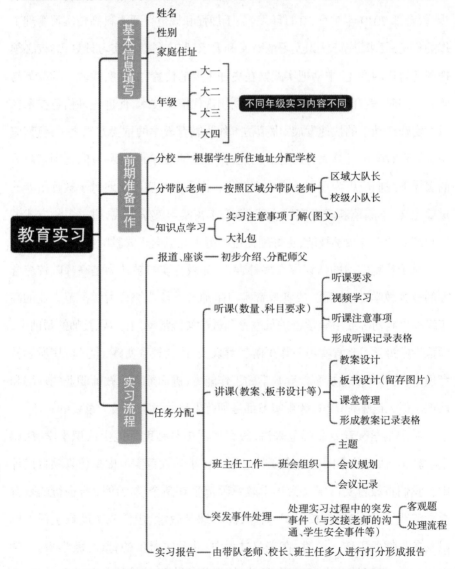

图3-14　小学教育师范生实习虚拟仿真项目流程拓扑结构图

表3-4　小学教育师范生实习虚拟仿真项目框架

模块	环节	交互	备注
基本信息填写	姓名、性别	姓名通过键盘输入自由编写;性别可选择男/女	整个实验中，配备实习助手功能，指导学生操作整个实验
	年级与住址	分大一至大四4个年级，不同年级对应不同人物与家庭住址	
前期准备工作	分校	根据学生所住地址，按照距离分配相应的学校,此处图文展示	
	分带队老师	按区域与学校分配带队老师,此处图文展示	
	知识点学习	实习注意事项大礼包,此处图文展示知识点	
教育实习流程	报道、座谈	前往学校，校门口与会议室接待过程，分配师父（3D动画与交谈）	
	任务分配	听课(听课要求、视频学习、注意事项、听课记录表格)	
		听课(教案设计、板书设计、课堂管理、教案记录表格)	
		班主任工作——班会组织(主题确定、会议流程规则、记录)	
	实习报告	分数表格(由带队老师、校长、班主任等人打分形成)	
	突发事件处理	贯穿整个实习流程(交流突发事件、学生安全事件等)	

2. 小学教育实习虚拟仿真实验流程与结构

根据各种关键原理与教学任务在虚拟仿真系统中的出现形式，将教育实习的整个过程,在仿真条件下搭建一个完整的实习实训过程,并将教育实习设计的整个过程模拟、拆分和细化,并按照组建流程进行实验操作,搭配相应的文字和视频说明,将整个实训的知识点和标准进行严格化。系统会根据登录者身份进行权限划分,分别为师范生、指导教师、管理员三个权限级别,不同权限级别成员登录系统后所看到的系统界面是不同的。师范实习生登录后,系统里的实习任务过程包括会面接待、教学任务、听课任务、组织班会等,还可以在教学任务和听课任务过程中设计并设置特殊事件,如处理学生迟到、处理学生打闹、处理受伤事件等,并搭配文字说明,进行详细介绍,达到辅助教学的效果(图3-15)。

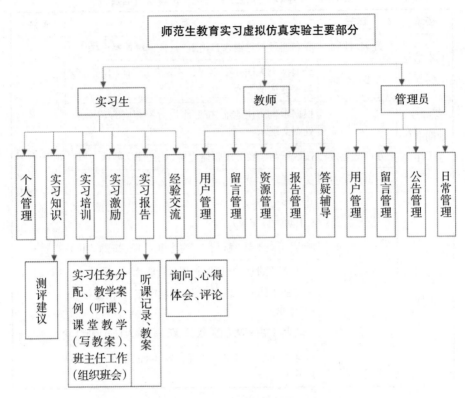

图3-15　小学教育师范生教育实习虚拟仿真实验主要部分

3.小学教育师范生实习虚拟仿真实验模块功能设计

　　整个教育实习虚拟仿真实习项目依据使用者不同,设置实习生模块、带队教师模块、管理员模块,在每个模块下分别设置相应的功能区块区分,如学生模块,依据实习任务,包括个人用户管理、实习前培训、实习工作、实习测评、实习报告及实习激励等不同内容,方便实习生在虚拟平台经历实习的全过程及全要素,为学生的正式实习奠定坚实基础。另如学院在学生实习过程中,有实习带队教师帮助学院建立学院、实习校及学生的全过程管理,设置带队教师用户管理、留言管理、报告管理及学生答疑辅导模块。实验管理员作为整个系统的后台管理, 拥有对所有用户的管理权限及留言管理权限 (图3-16)。

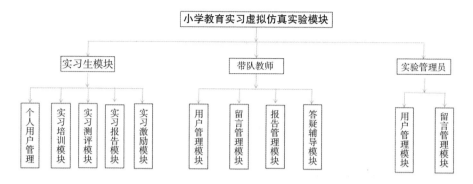

图3-16　小学教育师范生教育实习虚拟仿真实验主要模块

4.小学教育师范生教育实习虚拟仿真实验界面及流程实现

小学教育师范生教育实习虚拟仿真实验根据设计的各结构模块进行开发,搭建系统框架,整合相关资料,制作系统各层次页面。模拟实验的操作模块是让学生自己做实验。通过自己的实践和观察,学生可以深入体验和理解实验内容,对其教育实践起到很好的帮助作用(图 3-17)。

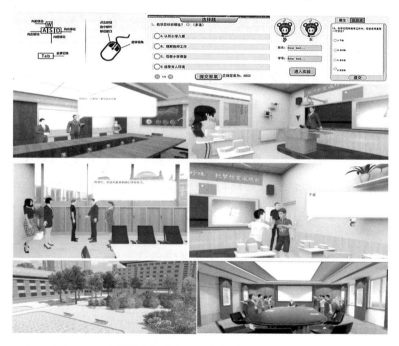

图3-17　小学教育师范生实习虚拟仿真实验系统效果呈现

经过三年多的不断积累，首都师范大学初等教育学院在小学教育专业方向师范生实验能力培养中进行了初步的理论研究和实践探索，取得了显著成效。

第一，构建了小学教育专业师范生毕业实验能力要求框架，包括"儿童为本、理解教育、终身学习"三大领域共计 25 个能力要求（图 3–17）。遵循师范生培养规律，提升教师教育教学专业化水平，坚持实践、反思、再实践、再反思，不断提高实验与实践能力。

第二，构建了小学教育专业虚拟仿真实验课程体系，进一步优化教育教学与各学科之间的实验能力培养。筛选相关学科课程内容，明确每一门课程中可以设立的虚拟仿真实验项目，并依据开设课程与实际教学需求，将各实验项目进行详细归类，专业基础实验和专业课实验结构合理、层次清晰、彼此关联、相互配合。

第三，以小学教育实验教学中心为基础，初步形成了学科融合、教研一体、校企联动的课程教师团队及实验项目开发团队，提升了教师教育者团队的教学和科研能力。

第四，通过长期的交流研讨，促进了小学教育专业虚拟仿真实验课程体系与实验项目的理论研究。聚焦小学教师实验与实践能力培养，初步建立了小学教育专业虚拟仿真实验项目探索路径。

第五，通过小学教育师范生实习虚拟仿真实验项目开发，初步探索出符合首都师范大学小学教育专业项目开发途径，为后续其他项目开发提供了经验。

三、反思与展望

小学教育专业虚拟仿真实验项目建设是一项庞大的系统工程，需要小学教师培养理论与体系探索、课程体系构建、实验项目体系建设及实验项目开发等诸多方面协同发展。基于首都师范大学初等教育学院的虚拟仿真实验项目前期探索与实践,我们反思现有工作并提出如下优化建议。

第一,在新时代背景下,高校的教学与研究、学习与创新、理论与实践等要素融合在一起,探索、创新、实践和融合成为主要特质。教育学科应当在学习和借鉴成熟理论体系的基础上,更多从自身的实践中总结规律、形成新理论,将开展的研究和亟待解决的现实问题联系在一起,回应时代发展、国家发展和全球发展的需求,把实践中形成的新理念、新思维与新技术纳入教学,引领创新。高等教师教育应从对社会教育事业发展发挥基础性支撑作用,转向支撑和引领作用并重。大学教学需要更多地考虑学生学习方式的变化,及时了解学生的个性化、多元化需求,从"以知识传授为中心"向"以学生发展为中心"转变。

第二,实验与实践教学是承担学生理论和实践、形象思维和抽象思维相结合,综合运用专业知识并集管理、心理、教育为一体的培养学生创新能力、提升其综合素质的教学过程。在课程结构上,一方面对现有课程进行适当整合和调整,进一步优化实验与实践课程体系;另一方面充分利用现代信息技术,设计开发新的课程及配套的虚拟仿真实验项目。

第三,以学科为主导,以课程建设为抓手,采取灵活、适宜的虚拟仿真技术,根据实验项目内容、类型、流程等不同特点,构建虚拟要素、虚拟场景、虚拟空间和过程仿真、模型仿真、情景仿真、角色扮演等虚拟教学环境,实现课程、项目、软件、数据库、案例库等资源的有机协同,满足虚拟仿真实验教学资源线上线下一体化的平台互动。以信息科学和数据科学为基础,采用先进的虚拟化技术和信息技术手段,将教学资源、软件、数据库、实验教学管理与服务、虚拟仿真实验教学资源交互和共享管理等有效配置,提升教学交流与互动功能,提高虚拟仿真实验教学资源的利用率。

第四,在研究实践上,虚拟仿真实践教学可以将博弈对抗、团队协作、自主探究、专题讨论、项目驱动、生生互评、教师点评等多种方法引入教学过程,充分考虑学生认知水平及其与实验项目素材的交互作用,降低内部认知负荷,从而提高学习效率。通过优化设计实验教学资源的呈现方式和多样化实验教学手段,降低外部认知负荷,顺利帮助学生把学到的理论知识应用到实验和实践中去。

（执笔人：田河、张端）

强化基本功：师范生专业技能培养体系的构建与实践

师范生基本技能培养是师范生专业成长与个人职业发展的关键指引。初等教育学院为提升学生的师范生技能，将第一、二课堂相融合，遵循师范生成长规律，组建师范生基本技能实训指导委员会，形成"2+X"师范生基本技能实训模式，通过线上线下双渠道开展师范生基本技能实训工作。工作开展5年来，授课共计105次，参与学生累计6183人次，并依托师范文苑、学院网站、学办微信公众号等平台发布了80余篇作品展示、课程展示推送，营造了浓厚的师范生技能实训学习、训练与展示氛围，将浸润式的双课堂学习贯穿于师范生成长的全过程，为培养卓越教师奠基。

一、背景与问题

学院自建院以来，一直注重对师范生的教师技能的训练，开设师范生技能相关课程。2010年起，学院开始探索一二课堂相互融合的模式，第一课堂学习教师技能，第二课堂加强训练。经过多年的发展，学院形成了"一体两翼一基"课程体系。同时，学院以促进师范生发展为目标，结合职业需求与专业成长进行学情分析，不断优化课程设置与教学内容，将第一课堂与第二课堂相结合,营造浸润式的育人氛围。

随着师范生技能培养制度体系的不断丰富与完善,初等教育学院为进一步加快"双万计划"国家级一流本科专业建设,依据《深化新时代教育评价改革总体方案》《关于实施卓越教师培养计划2.0的意见》《小学教师专业标准》《小学教育专业认证标准》《中小学教师培训课程指导标准》《首都师范大学初等教育学院本科人才培养方案》相关要求,不断适应新时代新形势下对小学教师专业能力的要求,强化师范生教学基本功和教学技能训练与考核。2019年,学院形成了"2+X"师范生基本技能实训模式,将一二课堂进一步深度融合,提供书法、朗诵两门必训课程,并结合个性需求设计了版面设计与制作、英语口语交流、儿童心理、形象与礼仪、微课制作、班级管理6项选训课程,兼顾师范生的全面发展和个性发展。同时,学院围绕"学生中心、产出导向、持续改进"的育人理念,形成了"学、练、展、评"四位一体的培训模式。在此基础上,学院充分发挥师范生基本技能实训指导委员会作用,以加强师范生基本技能实训师资队伍建设,提升实训指导质量与考核评估力度。此外,随着工作的不断丰富与完成,学院加大师范生基本技能实训宣传力度,依托师范文苑、学院网站、学办微信公众平台等营造浓厚的师范生技能实训学习、训练、展示氛围,以传承百年师范育人传统。

二、举措与成效

初等教育学院高度重视师范生基本技能实训工作,统筹资源,扎实推进,注重实效,将师范生基本技能实训提升作为人才培养质量的重要举措,以面向全体,尊重个性特点为原则,开展实训工作。

(一)成立师范生基本技能实训指导委员会,制定实训培养方案

为加强师范生基本技能实训师资队伍建设、课程建设、教材建设、技能

考核,加大校内外专家指导力度,提升实训指导质量,初等教育学院组建师范生基本技能实训领导小组、师范生基本技能实训指导委员会、师范生技能实训基地办公室。学院整合教育资源,制定《初等教育学院师范生基本技能实训实施方案》,并围绕必训与实训课程分别设计培养方案,以形成较为完善的培养体系,从而更好地指导实训工作展开。同时,搭建平台整合教研室主任、学生辅导员、校内外指导教师,并积极发挥朋辈引领作用,形成多方位协同的育人体系,以全面推进实训工作的展开。此外,加强教师考核评价,将教师参与实训工作计入工作量,以保证教育实效性。(见图 3-18)

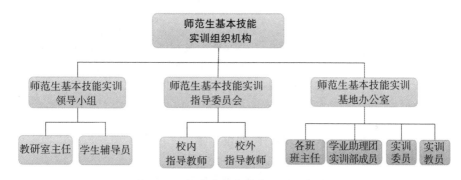

图3-18　师范生基本技能实训示意图

(二)构建"2+X"师范生基本技能实训模式

为进一步提升师范生基本技能实训的针对性、实效性,学院结合师范生未来职业发展,个人成长需求,依托书法、中文、信息、美育、教育、心理、英语等多教研室力量,实施"2+X"师范生基本技能实训模式,从而为学生提供多层次、多维度的课程体系,培养更适应社会需求的师范生。(见图 3-19)

"2"为必训项目,将其作为对师范生基本技能的基本要求,包含师范生书写技能实训、师范生语言技能实训。

"X"为选训项目,聚焦师范生从教技能,为师范生提供菜单式选训项目,加强对师范生在教育技术、形象礼仪、板报设计、班级管理、儿童辅导、英语交流等方面的基本技能训练与考核。菜单式选训项目,坚持分层、分类、分级指导的原则,师范生依据个人专业发展需要,自愿参与选训项目。

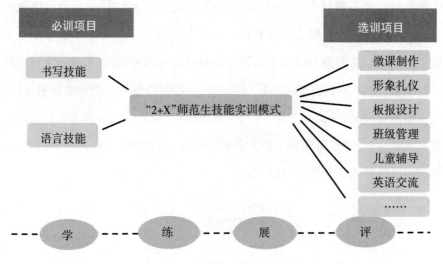

图3-19 "2+X"师范生技能实训模式图

(三)实训方式:"学、练、展、评"四位一体

为促进一二课堂无缝衔接,夯实学习成果,贯彻落实"学生中心、产出导向、持续改进"三个理念,形成"学、练、展、评"四位一体实训方式。落实好师范生基本技能实训纪实制度,加强过程性评价与考核,采用师星学堂"师范生基本技能实训"课程(以下简称师星学堂),如实记录实训过程,发挥教师合力,各班班主任为班级师范生基本技能实训负责人,将师范生基本技能实训纳入班级学风建设。加大班级考核力度,各班按照实训基地要求组织全体学生保质保量完成实训任务,监督落实好师范生基本技能实训纪实制度。班级综合测评小组将学生参加实训情况记入综合测评学风日常表现打分。加强学院师范生基本技能实训优秀学生干部、优秀班集体评奖评优,以此加强对学生的考评。

1.学

除第一课堂的师范生基本技能相关课程外,通过师范生基本技能实训微课、讲座、点评辅导等方式,组织学生进行师范生基本技能的学习。学生每学期至少在师星学堂中完成两次实训学习活动。

2.练

①必训项目：未获得师范生书写技能合格证书的学生每周书写一块小黑板,黑板上要求清晰标注姓名、书写时间,并拍照上传师星学堂;已获得合格证书的学生自愿上交。未获得师范生语言技能合格证书的学生每周朗诵一篇作品,录音开始清晰口述姓名、录制时间,并将录音上传师星学堂;已获得合格证书的学生自愿上交。

②选训项目:师范生自愿选择参加选训项目提供的各种练习活动。各班自发组织各类师范生基本技能训练活动。

3.展

班级每月向基地推荐师范生基本技能训练优秀作品,基地每月组织师范生基本技能展示活动。

4.评

包括考核和评优。大二年级开始,学院秋季学期组织必训项目师范生书写考核,春季学期组织必训项目师范生语言考核及选训项目考核。各教研室、各学生社团、各基层班级定期组织各类师范生基本技能评比。

(四)实施师范生基本技能考核与学分管理制

为进一步保证实训实效,学院采用学分管理制,包括考核和评优,所有学生均需保质保量完成必训项目(书写技能、语言技能)的学习、训练、展示和评价活动。学生可以根据个人专业发展需求,参加选训项目(教育技术、形象礼仪、板报设计、班级管理等)的学习、训练、展示和评价活动。

1.设置师范生基本技能考核等级证书

必训和选训项目均设置考核环节。学生参加基本技能考核,考核通过者可获得师范生基本技能考核等级证书。师范生基本技能考核等级证书依据学生技能水平,分为合格、优秀两级。每项师范生基本技能考核每年考核一次,每项师范生基本技能考核可多次报名。

2."考核"与"认定"相结合学分获得方式

所有学生大四上学期需参加初等教育学院实训必训项目(书写技能、语言技能)技能考核,考核通过者获得师范生基本技能考核等级证书,并分别获得 0.5 学分,共计 1 学分。学生参加实训基地组织的师范生基本技能(书写技能、语言技能)提升类训练并达到要求,可进行实训学分认定,具体认定由实训基地负责,经认定获得实训学分者,可获得师范生基本技能考核等级证书。

(五)取得成效及开展情况

1.实训工作覆盖全院,扎实有效推进实训工作

自 2021 年 3 月起,初等教育学院师范生实训开始使用师星学堂线上学习平台,结合师范生技能培训需求,陆续开设 8 门实训课程。其中包括:师范生书写技能课程、师范生语言技能课程、英语口语交流课程、儿童心理课程、形象与礼仪课程、微课制作课程、版面设计与制作课程和班级管理课程。为了更好地满足学生的学习需求和提高授课效果,采取线上、线下相结合的模式从多维度、多层面进行授课。线上多用于资料了解与提交作业和观看视频资源等;线下多用于实地模拟、教师面对面指导和培训等,从而丰富授课途径,营造一个时时能学、处处能练、人人能评的授课方式。截至目前,师范生实训技能培训开展已 3 年,授课次数共 105 次,参与学生数量累计 6183 人次。(见表 3-5—表 3-11)

表 3-5　语言技能课程

实训课程:师范生语言技能 （必训）			指导教师:张凤霞、高雅丽		
开课时间	实训 次数	培训 次数	培训主题	班级 数量	学生 总数
2020—2021 第二学期	8	1	1.用声音点亮文字	25	860
2021—2022 第一学期	12	2	1.学发声与声音美化 2.共鸣发声与吐字	39	1269
2021—2022 第二学期	15	1	1.口语技能训练答疑	39	1269

表 3-6　英语口语交流课程

实训课程:英语口语交流 （选训）			指导教师:李文岩、李杨		
开课时间	实训 次数	培训 次数	培训主题	班级 数量	学生 总数
2020—2021 第二学期	2	3	1.外宾接待(分角色 role-play,老师、专家角色,包括提问互动形式) 2.介绍学校理念、曾举办过的特色活动等	1	18
2021—2022 第一学期	2	3	1.选训说明会 2.接待国外专家场景对话 3.同学们自由交谈练习口语	1	7
2021—2022 第二学期	2	3	1.“申请出国留学”场景中的前五个问题 2.“申请出国留学”场景的第六至第十个问题	1	6

表3-7　儿童心理课程

实训课程:儿童心理(选训)			指导教师:苏萌萌、张新风		
开课时间	实训 次数	培训 次数	培训主题	班级 数量	学生 总数
暂未开课					

表 3-8　形象与礼仪课程

实训课程:形象与礼仪(选训)			指导教师:包妮娜、于妲妮		
开课时间	实训次数	培训次数	培训主题	班级数量	学生总数
2020—2021 第二学期	1	3	1.礼仪文化概述＋仪态礼仪 2.面试礼仪＋职场礼仪	1	26
2021—2022 第一学期	1	2	1.求职中的礼仪规范 2.课堂及日常生活中的礼仪＋考核	1	24

表 3-9　微课制作课程

实训课程:版面设计与制作(选训)			指导教师:张玉环、周有维		
开课时间	实训次数	培训次数	培训主题	班级数量	学生总数
2021—2022 第一学期	5	3	1.微课设计与制作 2.录屏微课的剪辑技术 3.虚实融合微课设计	1	24

表 3-10　版面设计与制作课程

实训课程:形象与礼仪(选训)			指导教师:包妮娜、于妲妮		
开课时间	实训次数	培训次数	培训主题	班级数量	学生总数
2020—2021 第二学期	4	4	1.版面设计原理及规律 2.美术字及写法 3.报头、插图、图案设计原理	1	33
2021—2022 第二学期	4	4	1.版面设计原理及规律 2.美术字及写法 3.报头、插图、图案设计原理 4.作业讲评＋期末作业	1	45

表 3-11　班级管理课程

实训课程:班级管理(选训)			指导教师:徐爱杰、唐延延		
开课时间	实训次数	培训次数	培训主题	班级数量	学生总数
2021—2022 第二学期	4	3	模拟教育情景 1.上午第三节课铃声响,你来准备上课,发现教室还乱哄哄的,还有同学走动。你该如何让班级快速安静下来进入学习状态。 2.班级里一个同学因为学习成绩差、不注意个人卫生,被同学排挤,如果你是班主任,面对这样的情况该用什么方式解决问题。	1	22

2.形成师范生基本技能培训课程资源库

学院利用师星学堂开展线上授课,打破传统线下课程界限,定期在网络上发布课程学习资料,提供了"用声音点亮文字"师范生语言技能实训讲座、人民万岁(包括文字稿和朗诵示范视频)、教师语言技能考核辅导(包括共鸣发声和吐字)、书法技能教学等课程视频库,丰富了线上学习的资源,营造了浓厚的师范生技能实训学习、训练、展示氛围,为培养卓越教师奠基。

3.师范生实训融入日常,养成教育提升师范生教师技能

初等教育学院的基本技能实训对全院本科在校生做到全覆盖,以打造全程育人模式。贯穿四年的实训,让学生能够高度重视教师技能,将一二课堂相结合,使学生在专业学习成长的同时,接受丰富多样的实训体系训练,加强学生基本技能的综合性,为工作后的自我训练奠定基础。同时,学院采取过程性考核措施,从每日学习打卡、每周考评训练,再到每学期的技能考核,将考评与学练相结合,让学生在考核中进一步扎实基本技能,完善自身知识体系,形成过程性考评作品,提升学生获得感与自我价值感。

三、反思与展望

（一）紧密贴合新时代背景下的教师基本技能政策指向

教师技能实训要立足新时代对于卓越小学教师的要求，推进"双万计划"国家级一流本科专业建设，夯实学院"一体两翼一基"课程体系。初等教育学院师范生基本技能培养是依据《深化新时代教育评价改革总体方案》《关于实施卓越教师培养计划 2.0 的意见》《小学教师专业标准》《小学教育专业认证标准》《中小学教师培训课程指导标准》《首都师范大学初等教育学院本科人才培养方案》相关要求，不断适应新时代新形势下对小学教师专业能力的要求，强化师范生教学基本功和教学技能训练与考核，满足师范生综合发展需要，扎实师范生教师基本技能基础。初等教育学院针对当前形势，除开展传统的书法、口语课程外，还开展英语口语、心理辅导、版面设计等选训课程，以适应当前形势需要，促进师范生基础技能全面发展。

（二）融合一二课堂，将基础技能培养融入日常

实训课程在一定程度上突破了课堂界限，不仅邀请专业教师开展第一课堂专业训练，同时结合师范生实际需求，提供多种选训课程。但在开展实训过程中要注意一二课堂的融合，完善教育形式，创新教育媒介，发挥养成教育的作用，将基础技能培养融入日常养成习惯，进而产生教育影响，发挥教师榜样示范作用。同时，为加快课堂融合，应充分促进专业教师和学生工作、辅导员、学生骨干的深度配合，形成"专业教师 – 辅导员 – 学生骨干"三维联动机制，加强沟通与协调，形成考评反馈机制，促进师范生基本技能逐步提升。

(三)遵循师范生成长规律,构建系统性实训培养模式

首都师范大学初等教育学院传承百年师范精神,以学生为本,全面育人,希望通过四年培养,促使师范生能够成为具备卓越小学教师和未来教育家潜质的小学教育人才。

学院构建"学、练、展、评"四位一体实训培养模式,贯彻落实"学生中心、产出导向、持续改进"三个理念,夯实学习成果。学院不仅结合第一课堂开展师范生基本技能相关课程,而且通过师范生基本技能实训微课、讲座、点评辅导等方式,组织学生进行师范生基本技能的学习,利用师星学堂完成课程学习。结合选训和必训项目开展各项练习活动,未来应进一步调研学生需求,开设更适应学生发展的培养课程。同时,每月组织师范生基本技能展示活动,以使同学间产生示范作用。秋季学期组织必训项目师范生考核,调动各教研室、各学生社团、各基层班定期组织各类师范生基本技能评比,以检验学生学习效果。总之,应进一步加强"四位一体"的衔接与配合,落实好师范生基本技能实训纪实制度,加强过程性评价与考核,为着力培养小学卓越教师而不懈奋斗。

（执笔人:刘婧媛、张冰洁）

未来教育家培育计划：打造培养
卓越小学教育人才新平台

为进一步响应国家号召，帮助师范生明确如何发展个人专业能力，应对新时代背景下的改革发展趋势，为实现卓越教师培养目标，初等教育学院成立"未来教育家培育计划"，为学生提供教育平台，邀请教育专家、一线教师和专业教师，以导师制为项目基本模式，对未来教育家成员开展培训，着力培养师范生成长为卓越小学教育人才。

一、背景与问题

2022 年全国教育工作会议指出，在"两个大局"背景下，教育内外环境发生深刻变化。必须跳出教育看教育、立足全局看教育、放眼长远看教育，准确识变、主动求变、积极应变，抓住重大机遇，开创教育新局面。建设高素质专业化教师队伍，全面夯实教师发展之基是深化教育改革创新，落实立德树人根本任务的重要保障。

首都师范大学初等教育学院自建院 20 余年来累计培养 7000 余名本、硕、博不同层次的高水平小学教育人才，毕业生成为北京基础教育一支生力军。学院将推动中华民族伟大复兴作为教育的重要使命，以习近平新时代中国特色社会主义思想为指导，构建了具有中国特色的小学教师教育培养体系，着力提升一流人才培养与创新能力，致力于培养具有未来教育家潜质的卓越小学教育人才。为进一步贯彻落实《中国教育现代化 2035》《深化新时代教育评价改革总体方案》《关于实施卓越教师培养计划 2.0 的意见》等文件精神，紧密围绕"双万计划"国家级一流本科专业、北京重点建设一流专业发展任务，基于数字化、智能化时代背景下师范生能力发展需求和基础教育改革发展趋势，学院推出"未来教育家培育计划"，进一步完善人才培养机制。

"未来教育家培育计划"通过在师范生中选拔一批优秀学生进行集中培养的方式，为其配备导师，搭建成长平台，因材施教，注重对入选学生身心发展、文化基础、思维拓展、能力构建、实践创新、综合素养的塑造与提升。自 2022 年 3 月推出至今，首都师范大学初等教育学院已连续开展两期"未来教育家培育计划"，累计选拔出 128 名学生参与活动，在 15 位导师的专业指导下开设涵盖教育基本理论、教育技术、教育研究、教育哲学、教育管理、国际教育等方面的培训内容。首都师范大学初等教育学院着力为建设首都卓越小学教师队伍奠定基础，为培育有情怀、有能力的未来教育家人才提供支持。

二、举措与成效

（一）学院领导高度关注，培育师范生追求卓越

初等教育学院人才培育以首都师范大学"攀登计划"为指引，下设一系列优质、精品学术活动，以期为传承治学精神、创新师范专业育人方式、开拓未来教育图景提供优质的交流平台。学院班子开展专题研讨，高度重视培养具有未来教育家潜质的师范生，制定《首都师范大学初等教育学院"未来教育家培育计划"实施方案》（初行字〔2021〕2 号），系统推进该项目，选拔从教

意愿强烈、积极追求卓越的学生进入培育计划。学院对该项目提供多方保障，向未来教育家学员赠送教育类经典书籍，提供科研经费，激励师生共读经典。

（二）落实导师制，鼓励青蓝对话，提供深入辅导

基于前期导师与学生互相选择的导师制，未来教育家项目筹划了未来导向的长线培养机制，实施导师制。长期深耕于各领域、各专业的多名教授与学生分享前沿研究成果与独特学术见解，交流科研经验，讲述教育故事，树立学习榜样，为学生指明教育研究与一线实践的发展方向。资深教授与青年学子围绕初等教育实践场域中的现实问题，多维度联系理论方法，交流观点，碰撞思维。各小组学员以饱满的热情参与各项活动，在讨论与研究中，加强组内沟通以及组间交流，提升学术素养，夯实未来教育家的理想信念。学院党委副书记刘婧媛与教育教研室主任傅添担任未来教育家学员班级班主任，密切关注学生发展动态，持续提供深度辅导。

表3-12　"未来教育家培育计划"导师名单

教师姓名	职称	所属教研室	研究方向
刘慧	教授	教育教研室	生命教育、教师教育、德育原理、初等教育学等领域的研究与教学工作
李敏	教授	教育教研室	小学德育、儿童游戏、初等教育学基本理论
白欣	教授	科学教研室	科学技术史
许锐	副教授	音乐教研室	钢琴教学、西方音乐史
李文岩	副教授	英语教研室	小学英语课程与教学论
张志坤	副教授	教育教研室	仪式教育、生命教育、少先队教育、教师专业发展、比较教育
欧璐莎	副教授	音乐教研室	学科课程与教学论、实践课程、儿童美感陶养
钟晓琳	副教授	教育教研室	德育、儿童情感发展与教育、小学教师教育、家庭教育
徐爱杰	副教授	教育教研室	教育政策分析、德育与班级管理
朱永海	副教授	信息技术教研室	未来教育、在线教育
刘荣	副教授	心理教研室	儿童的认知与学习、认知神经科学
刘峻杉	副教授	教育教研室	教育基本理论、中国传统教育哲学、传统文化教育
罗涛	讲师	中文教研室	古汉语语法词汇、战国文字、出土文献研究
侯欣	讲师	数学教研室	典型群与矩阵代数、数学教育
傅添	讲师	教育教研室	教育管理、教育社会学、教育政策分析

（三）设立周末课程和学术周，打造高质量学术引领课程

在周末课程和小学期学术周期间，未来教育家项目精心筹备课程，紧扣学生发展需要，回应师范生成长需求，系统安排教育心理学、教育研究方法、中外教育史、课程与教学论等多门特色课程，邀请各方向优秀教师授课，采用灵活多变的学习方式，以高标准、宽视野、新站位为学生未来发展奠定基础。丰富的课程内容为学生构建起完善的知识框架，帮助毕业年级学生解决论文撰写、教学设计、实践反思等方面的具体问题，提升学生对教育的认知，促进学生教育教学能力的进步，引导学生长远发展。

（四）过程结果齐抓共管，评优机制激发活力

以保证质量为基本原则，以过程性评价为关键要求。未来教育家计划着眼于"教好""学好""管好"推进课程、讲座、论坛的实施与管理，以简历筛选、现场面试、学员自荐等方式选拔未来教育家学员，项目期间严格进行学员考勤记录与表现评价。学院融合多元评价方式，推选出 15 名优秀学员，实现以评促学，为增强师范生综合素养激发活力。

（五）打造大讲堂，看齐教育家

为全面推进未来教育家培育计划，营造良好学术氛围，创设综合育人环境，初等教育学院打造"初教论坛——教育家讲堂"品牌项目，为初教学子提供与教育家对话的平台。清华附小校长窦桂梅、北京市史家教育集团校长王欢、中关村三小校长刘可钦、首都师范大学附属顺义实验小学校长任志梅和北师大余胜泉教授担任主讲人，基于一线办学经验和长期调研，分享对新时代教育发展和教师能力培养的思考与建议，以鲜活经验滋养师范生师心，以价值引领陶冶准教师情操，并组织计划学员成立教育家思想研究小组，以项目学习的形式研究教育家精神。

（六）全面推动，纵深发展

首都师范大学初等教育学院立足当下教育，集结专家学者智慧，凝聚学院优质教育资源，激发学院育人活力，保障人才培育与学生发展计划落地生根、开花结果。

一是邀请知名校长、专家学者进校。窦桂梅校长、刘可钦校长、王欢校长、任志梅校长、余胜泉教授等嘉宾亲临课堂，以更宽阔的视野在实践中看教育，在理论上抓教育，分享办学智慧，亲切鼓励后生。二是整合学院内部资源，树立优秀教师榜样。学院教师队伍汇聚人才，教育工作始终围绕中心、服务大局。在教育史、教育研究方法、教育评价、儿童发展等不同领域各有建树的专业教师共同服务于师范生人才培养计划，着力构建教学相长的育人氛围，不断推动该项目向纵深发展。（见表3-13、表3-14）

表3-13　2021年未来教育家课程安排

日期	主讲人	主题
3月25日	王欢	初教论坛：高质量教育发展
4月8日	全体导师	"未来教育家"培育计划启动仪式
4月18日	傅添	为人师，善读书
5月6日	窦桂梅	初教论坛：做新时代好教师
5月9日	魏戈	走进文献综述
5月20日	张志坤	教育学基础（上）
5月23日	李敏	立德树人与教书育人
6月6日	徐爱杰	班级管理与班主任工作
6月10日	刘可钦	初教论坛：从学生到教师——开启关键前五年
6月20日	张志坤	教育学基础（下）
6月20日	余胜泉	在线教育与未来学校新生态
10月10日	Alilison O'Donnell	国际素养教育：走进美国小学课堂
10月23日	夏鹏翔	教育史，鉴古今
10月31日	陈慧娟	以评价视角透视学校教育
11月11日	任志梅	初教论坛：教育现代化
11月14日	刘祎莹	叙事研究方法与体验

表 3-14　2022 年未来教育家课程安排

日期	主讲人	主题
6月27日	全体导师	开班仪式:导师组内学习研讨
6月28日	李玉华	基于儿童-认知学习-理解教育
6月29日	张志坤	夯实教育理解与行动之基:从概念到实践
6月30日	傅添	教育研究方法的实践应用
7月1日	全体导师	学员自学
7月4日	邓艳红	《小学课程设计与评价》的整体认知
7月5日	徐勇	中国传统教育
7月6日	夏鹏翔	外国教育史的学习与研究
7月7日	魏戈	什么是有效教学
7月8日	全体导师	组内交流,各小组汇报学习成果

三、反思与展望

(一)反思学习模式,切实服务学生发展需要

"未来教育家计划"以项目式学习、主题化研讨、个性化反思为依托,为准师范生的专业发展与素质提升创造了良好的成长空间,融合各类教育热点话题,关注教育理论变革与实践问题,切实服务学生发展需要。同时,邀请一线小学教师、教育专家,教育培训不仅具有深度还具有广度,促使学生将教育理论与教育实践相结合,以帮助学生更好地适应当前社会对于小学一线教师的教育需求,为成长为一名卓越教师而努力。

(二)培育学习素养,推进本科高水平人才培养

该项目以项目式学习为主导,结合教育基本理论、教育前沿问题及热点话题以专题的形式对学生进行培训,能够在一定程度上让学生进一步接触教育理论,同时导师制能大大提升教师与学生之间的互动,帮助学生更好地

了解教育理论,为考研学生做准备。2018 级未来教育家学员共 42 人,经过长达一年的培养,最终 3 人出国深造,12 人继续读研,截至毕业前,24 人已确定用人单位。整体升学比率为 28.57%,高于学院 11.31%,其中保研学生占 16.67%。2021 年,全院 44 名升学学生中,保研学生 20 人,考研学生 24 人,未来教育家计划学员占考研总人数的 20.83%。通过该计划落地实施,将周末课程融入学生日常学习安排,进一步扩大学院资源对学生发展的扶持力度。2019 级未来教育家计划共参与 56 人,其中超过 90% 的学员在接受指导后具有明确的考研复习计划,形成个人发展规划,其余同学争取保研。

四、学员收获

能够有机会参加此次未来教育家培育计划学术周的学习,我感到非常幸运。我不仅获得了各位专业老师知识层面的点拨,在和导师交流的过程中,对未来的人生规划和职业发展前景有了更加清晰的认识,这些仅凭我一人是无法把握的。朱老师更是给我存在的实际困惑提出了相应的解决方法,让我更加坚定了努力的方向。

在学习中让我印象最为深刻的是小组合作模拟申报科研课题的活动。在讨论和聆听其他小组汇报的过程中,我更清晰地明白了文献综述具体应该包含哪几个环节,研究方法的选用不是越多越好,选用最恰当的一种方法效果可能会更好,等等。我相信在这次交流活动中我总结出的经验,一定会对马上到来的毕业论文的撰写提供非常大的帮助。

我之前没有过多学习过外国教育史,且对有关历史方面的学习有抵触心理,夏老师的外国教育史的串讲和她对教育史发自内心的热爱,让我放下了对"历史"二字本身的抵触,激发了我对外国教育史的学习兴趣,也通过轻松的语言和实例让我对学习教育史产生了信心。

最后,我由衷地感谢学校为我们提供了这么好的资源和学习机会,和各位老师们两周以来的陪伴。不仅拓宽我的视野，加深我对教育事业的认识，同时坚定了我从优秀向卓越奋发的目标。让我向着有理想，有本领，有担当的未来教育家不懈努力。

——刘佳睿

如果用两个词来概括这两周的活动，那一定是充实和感谢。

充实首先是来自老师们带来七天精彩、富有深度的讲座，比如，李玉华老师带我们从儿童认知方面理解教育，让我们感受到了心理学与教育学之间的联系，通过心理学能够更加深刻地理解儿童学习的过程，以及如何更好地促进儿童全方面发展，这让我们的教学有了更科学的依据。邓艳红老师的课程设计与评价主题讲座，每一章节都会问我们课程是什么，让我们了解到了每一章节对于课程的理解都有不同，从国家层面到教师实施层面，全方位向我们刻画了课程的概况，我相信在以后的教学生活中，对于课程的设计会更加得心应手，成就我们自身的教学生涯。这些讲座带领我们从不同方面领略了教育的魅力。其次，充实还来自和各小组的老师与同学的热烈交流、讨论。记得傅添老师让我们用一个中午完成申报课题的部分内容汇报，虽然时间紧、任务重，但是思维碰撞所带来的充实感是难忘的。

接着是感谢。感谢带来讲座的老师们，用两周的时间为我们呈现了一场场教育知识的盛宴，老师们的随和、博学也给我们留下了深刻的印象，让我们感到由衷的敬佩。感谢导师侯欣老师，耐心地为我们提出建议，让我们认识到了自己的不足，也使我们每次的思考变得更加有条理、更加完善。感谢组里的每位同学，每次的激烈讨论，遇到问题时从感到困惑再到问题逐渐得到解决，最后到呈现，这个过程让我学习到了大家身上的优点，取长补短，让我能够在未来的学习道路上不断改进，不断努力。

记得张志坤副院长在讲课时曾说过一句话："从初教院毕业的每位孩子不应该是死气沉沉的，而是要富有激情，面带笑容的讲解每一堂课，对待每一天的生活。"我想以后不管是教授语文数学也好，德育科学也罢，是普通老师也好，或是真正成为教育家，我们都要真正热爱教育。用微笑拉近师生之间的距离，表达对学生的肯定与赞许，传递信任与理解。有一分光，发一分热，为中国教育的发展贡献出自己的一份力量，发扬我们首都师范大学初教院的风采。

——秦奇

在这两周的学习中，我们对于儿童认知的理解有了一个深度的认识，基于儿童学习认知的规律，教师在课程设计方面可以进行有针对性的设计与评价措施的调整。傅老师所讲的教育研究方法及科研方向与我们即将面临的毕业论文的设计息息相关，老师在课程中给出了论文的撰写步骤及研究方向的建议，对我们有很大的帮助。夏老师讲的外国教育史让我们明白，教育史姓"史"不姓"教"，原来每一个教育思潮背后的历史原因也同样重要，只有了解了历史背景才能更好地理解教育变革的原因，才能更好地理解外国教育史。

此外，我对中国教育史这门课有很深刻的印象。之前我一直认为中国教育史是很无趣、很琐碎的，学起来一定很枯燥，而且也没有提前预习过相关内容，所以学起来本以为会一头雾水。而在本次学习过程中，徐老师将中国的古代教育娓娓道来，以讲故事的形式将其串联起来，从传统的家庭教育到传统的学校教育，再到传统的社会教育层层递进，尤其是在讲解传统的家庭教育时，徐老师旁征博引，举了好几个非常有趣的例子，让我对中国教育史产生了极大的兴趣，也对中国教育史这一门科目形成了一个大概的框架，学习起来容易了许多。课程教学内容非常丰富且有意义，让我能够从传统教育的实践意义中获取未来我们在教育中的能够使用到的精华和教育方法。

本次项目的课程知识与体系极其丰富，在较为广阔的领域下为我们的学习提供了继续研究探索的方向。同时，项目中老师们耐心、细心的指导，使得我们慢慢将已有知识形成系统化的框架，在此基础上也融入了一些新的知识。我们更加明确的是成为一个具有丰富理论和实践的"未来教育家"，才是我们真正要努力实现的目标。

感谢这次的"未来教育家"项目，我们不一定能成为教育家，但一定会坚守这份教育家情怀,将牵挂与守望铭记于心。我们会将目光放得更为长远,不断向"未来教育家"靠拢,努力为国家的基础教育贡献一份力量。

——赵晓毅

（执笔人：刘婧媛、康丽）

研学实践：打造"研+学+实+践"> "研学实践"的课程养成体系

2018年的全国教育大会上，习近平总书记指出，"要把立德树人融入思想道德教育、文化知识教育、社会实践教育各环节"。对于以综合"实践育人"为特征的研学课程而言，"立德树人"也是其根本遵循，更是开展实践的根本保障与理论基础。当前，研学实践在全国各地开展得如火如荼，为落实立德树人的根本任务，提升学生的综合素质提供保障。此外，研学也是学校教育和校外教育衔接的一种创新形式，通过唤醒学生对不同文化和体验的意识与感受，帮助学生从新的角度看待世界。开展研学旅行，有利于促进书本知识和生活经验的深度融合，引导广大学生将理论知识转化为实践经验，让学生在全身心参与的活动中，能够更直接、有效地发现、分析和解决问题，体验和感受生活，发展实践创新能力。

一、背景和问题

研究性学习在国际上被统称为探究式学习，指的是从自然社会和生活中选择和确定专题进行研究，实施过程中坚持以学生为中心，在特定的学习环境之中，帮助学生主动提出问题、探究问题、学习更为广博的课外知识等。

2016年11月，教育部等11个部门印发了《关于推进中小学生研学旅行的意见》，其实现目标中明确指出："研学活动要以立德树人、培养人才为根本目的，在研学旅行中感受祖国大好河山，感受中华传统美德，感受革命光荣历史，感受改革开放伟大成就，增强对坚定'四个自信'的理解与认同。"

2017年9月，教育部印发《中小学综合实践活动课程指导纲要》，明确将研学旅行作为学生综合实践活动的重要组成部分，并坚持教育与生产劳动、社会实践相结合，引导学生在具体的实践情境中，培养价值体认、责任担当、问题解决、创意物化等方面的意识和能力。

2018年的全国教育大会上，习近平总书记指出，"要把立德树人融入思想道德教育、文化知识教育、社会实践教育各环节"。这也为研学活动的"实践育人"特征指明了根本遵循。

强化"研"之法、拓展"学"之实，就必须要明确现有研学活动中的问题与挑战，以便在此基础上进行推陈出新。现阶段，在研学课程建设中面对的新挑战与新问题主要是部分设计者未能全面认识研学课程的意义及其实现方式。其具体表现为如下四个方面。

1.研学旅行重"旅"轻"学"

研学应以学习为主要目的，并通过研学旅行的形式引导学生进行全方位的价值引领与学习。所以无论行程设计还是活动安排，都应充分考虑学生的学习需求，将学习内容量化为指标，渗透在整个研学过程中。现有的研学活动，在学校以及学生层面上，都存在将"研学"等同于"旅游"的问题，导致研学旅行失去了"学"的意义，与研究学习的初衷相悖。

2.研学过程中学生与学校的参与度不高

学生在参与研学之初往往不能正确认识研学旅行的目的，对很多有目的性的学习活动参与度不足。组织者在安排具体活动时，或出于纪律考量，往往对很多活动内容进行了缩减，甚至取消了一些活动环节，缩短了学生的活动时间。

3.研学过于注重形式,忽视学生的情感体验

教师的角色往往是多位一体的。教师既是研学活动的组织者又是参与者,这使教师承担了更多的责任。但是在实际研学过程中,教师人数有限,导致其不得不兼任安全员的角色,将大部分精力放在保证学生安全上,而无暇顾及其他,不能全面参与和引导学生活动,自然容易忽视学生的主体意识。

4.研学线路的科学性不足或不符合实际

部分学校的研学活动往往容易出现规划科学性不足的问题,体现在组织活动方面,即组织精细程度不足和活动设计科学性不足,导致未能实现寓教于乐的目的。其原因是组织者没有根据不同的研学安排和不同的研学基地,确定要达到的研学目标。

二、举措与成效

近年来,首都师范大学顺应国家教育发展方向、响应总书记号召,不断发扬攀登精神,积极组织实施攀登计划,高质量推进"双一流"建设,有力推动研学活动的实施与落实。初等教育学院立足学校和学院发展实际,以培养具有未来教育家潜质的卓越小学教育人才为根本,立足首都师范大学高水平研究型大学办学定位,落实立德树人根本任务,以创新意识、品牌意识、问题意识拓宽途径视野推动研学团队专业建设与专业实施。

根据近年来的研学旅行课程体系建设情况,我们提出了"培养热爱小学儿童、致力于小学教育,能够适应未来教育需要的小学教育人才"这一重要课程体系目标,旨在强化学生的成长与发展的意识,帮助广大学生适应未来小学教育一线的人才发展需要,激发其成长动能并努力增长才干,提高解决实际问题的本领,为成长为卓越的小学教育人才而奠基。

基于培育学生核心素养的要求,我们将具体的培养目标设置为以下四个方面。

第一，引导学生回归生活、关注生活。

研学旅行的教育价值在于增强学生与生活的联系，通过学生对自我、社会和自然的内在联系的深刻体验，促进主体性的发展，培育家国情怀。作为实践育人的有效路径，我们更加注重研学过程中的生活倾向，涉及社会生活、自然世界、个人生活等领域，重视生活意义追寻与学科知识积累之间的联系，强调真实生活情境下的考察探究与问题解决。

第二，强调学生的社会参与感。

社会参与是指参加社会生活的意识、方法和过程，是公民意识、地理实践力和社会责任感的综合体现。因此在研学活动的过程中，我们更为注重学生综合观察事物的眼界、获得综合认识问题的能力与解决问题的创新实践能力的培养。

第三，突出实践的育人作用。

回归生活世界的研学旅行，既与历史与社会学科开放、综合、实践的基本特征相吻合，又契合学科核心素养发展的要求。通过真实的生活情境与现实社会中的实践需要，研学课程既作为"立德树人"根本任务的切入点，又引导学生逐步形成社会责任感和历史使命感，增强国家认同感、归属感、自豪感，培育家国情怀，实现"知行合一"。

第四，注重合作与分享，适应不同环境的需要。

研学的过程也是学生综合素质锻炼的过程。学生能够在真实生活中学会尊重、同情和帮助他人，倾听和理解别人的观点，处理好人际关系，培养学生团队合作精神和人际交往能力。（如图 3-20）

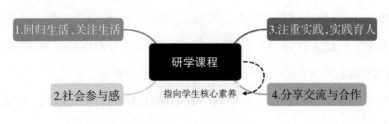

图3-20　研学课程体系

为实现上述目标,我们采取了如下措施,提升研学活动的育人效度。

(一)加强研学旅行宣传力度,明确研学活动的任务

研学参与主体对研学旅行形成正确的认识,有利于从各个方面宣传研学旅行活动。在社会层面上,教育部门应通过各种媒体向公众宣传研学旅行,提升公众认知度,使社会大众了解研学旅行的意义和价值。为此,初等教育学院近年来不断加强对研学旅行的宣传,在学生群体中形成假期更多投身研学与社会实践的风气,并在研学任务开始前做好充分的准备工作,帮助学生明确具体的研学任务与要求。学院在2019年先后以科技创新为研学主题,开展了两次具体丰富的研学实践活动,将活动任务下发至学生个人。

2021年习近平总书记在科学家座谈会上指出:"好奇心是人的天性,对科学兴趣的引导要从娃娃抓起,使他们更多了解科学知识,掌握科学方法,形成一大批具备科学家潜质的青少年群体。"如何培养习近平总书记期望的具有科学家潜质的青少年群体,是事关每一个教育者的问题。

在信息化时代背景下,青少年学生每天通过各类渠道获取大量的信息资源,对未知的世界充满着好奇与疑问。他们渴望通过科技教育探索"十万个为什么",获取进入科学世界的"敲门砖和金钥匙"。但是单一的纸笔测试评价大大削弱了学生对未知领域探索的兴趣,并可能使他们在反复不断地考试中形成畏难心理。上述问题对未来的小学教师来说是必须要解决的疑难问题,因此需要引导目前的"准教师们"改变传统评价的思路,并有效结合教育部的"双减"政策与"五育并举"培养模式,努力成为引导和培养学生科技兴趣的"孵化器"。

为此,初等教育学院以培养学生的综合素质为导向,面向学生的生活实际和未来教育中的实际问题,注重培养学生的自主创新能力,把学校的育人需求和校外的教育资源有机结合起来,充分利用自然、社会独特的教育资源来完善人才培养模式,助力科技智慧,培养创新型人才。

1."改革开放新时代，创新创业向未来"主题研学活动

2019 年 4 月，初等教育学院组织大学生创新创业训练项目国家级课题组部分成员赴深圳进行主题研学活动。研学团队先后来到了深圳行知小学、深圳大学创业园、腾讯科技有限公司等地参观、学习、研讨、交流。

在深圳知行小学，研学团队参观了花园式校园、充满创意的鲁班工厂、罗丹工作室、"智能 +"心理咨询室等具有科技与艺术特色的学校文化，全面学习了学校办学理念、育人理念、德育策略、文化建设、家校策略、课程建设等，深切感受到学校利用科学技术与文化特色打造成为深圳教育的新形象、新品牌，使得课堂成为滋润科学精神的沃土，"造一个真善美爱乐群的儿童世界"的办学理念鲜活生动地呈现在眼前。

在深圳大学创业园，研学团队了解到深大是全国首批深化创新创业教育改革示范高校，学校创办了创业学院、创业园、大湾区国际创新学院，构建了统筹协同、资源整合机制，汇聚全校教学科研资源、行政后勤资源、校友社会资源，打造"课内 + 课外""校内 + 校外""线上 + 线下""理论 + 实践""精英+大众"模式的创业教育品牌和工作平台。这一系列举措帮助学校构建创业通识、创业专长、创业实战三大系列课程体系，体现了学校的新时代、新使命、新气象、新作为。

这次研学活动在真实的情境中、真切的体验中、思想火花的碰撞中拓宽了学生视野、增长见识、丰富阅历，走出教室、走出校园、深入社会，有效激发了学生创新创业热情，促进学生提升科研能力和创新能力，使学生了解到如何充分利用科技资源融入青少年的日常生活中，以及如何利用现代科技资源开发跨学科课程等。

2. 贵州暑期研学团队"探索科技，引领创新"

"中国天眼"（FAST）是创新、技术和智慧的结晶。为增强初等教育学院师范生对我国科技成就的了解，打造科技教育新生态，学院注重创设真实的科研体检环境并搭建创新平台，于 2019 年组织师范生研学团队来到"中国天

眼"所在地——贵州省平塘县进行调研与学习。

本次研学活动使学生们近距离感受科学重器,感悟科学精神与人文精神,播撒科学探索的种子,激发了广大学子对科学知识和国家的热爱,于学习、于立志、于人生理想都是一次极好的行走课堂。

通过本次研学活动,研学团队更加明确了科学技术是第一生产力,以及拥抱科技是教育发展的必然选择,今后将秉承科研人员的坚守与钻研精神,潜心学习专业知识,不断提高自身综合素质,敢于实践、勇于探索,为培养具有科学家素养的人才而努力。

(二)推动研学旅行课程规范化,建设特色教育

研学课程化即把研学旅行设置为青少年在学习过程中必须完成的课程。学校将研学旅行作为青少年必修课程之一,将其融入日常教学活动中。同时,结合地区和学校、学院的特色,优先考虑适合的本土资源,根据不同的研学教育需求,精选研学路线。初等教育学院依托"党建 + 育人"的工作总基调,对照研学的课程目标建设,近六年围绕红色研学开展具有专题特色的研学活动,形成特色样板。

习近平总书记指出:"红色是中国共产党、中华人民共和国最鲜亮的底色。在党史学习教育中,要充分运用红色资源,传承好红色基因,把红色江山世世代代传下去。"高校应全面贯彻党的教育方针和习近平总书记的各项指示精神,落实立德树人根本任务,担当为党育人、为国育才的初心使命,充分发挥红色文化教育作用,引导青年学生传承红色基因、树立红色理想。

红色研学课程是"四史"学习教育活动的重要形式之一,在培养青少年的思想政治素养及传承红色基因方面发挥着重要作用。面对大学生及青年群体,如何用他们喜闻乐见的形式讲好红色故事,避免过度渲染及娱乐化倾向,如何充分挖掘地区红色文化资源,释放其教育价值和文化价值,是需要深度研究的课题。为此,初等教育学院结合党史学习教育的重要内容,先后五年

赴全国多地开展红色主题研学，帮助广大学子汲取丰富的红色养分和强大的精神能量，接受革命传统教育、爱国主义教育，树立正确的世界观、人生观、价值观。

1.2016年"踏寻红色足迹·践行初教精神·共筑中国梦想"主题研学活动

平山县是全国著名的革命老区，有着丰富的革命历史文化资源。1949年，平山县西柏坡被评为著名的"赶考精神"的发源地。为将"红色基因"融入广大初教学子的心灵，研学团队来到西柏坡旧址与西柏坡纪念馆，观看以毛泽东为代表的老一辈无产阶级革命家在西柏坡战斗、生活的翔实史料，深切体会老一辈革命家艰苦奋斗、不屈不挠的革命精神。

2.2017年"初心为党，扬红色爱国主旋律"主题研学活动

察哈尔烈士陵园是当时的察哈尔省政府为纪念本省在抗日战争和解放战争中光荣牺牲的1.7万余名死难烈士而修建的。1995年，该陵园被民政部认定为全国"爱国主义教育基地"。在察哈尔烈士陵园馆内集中展示了为察哈尔解放而牺牲的革命先烈和仁人志士的丰功伟绩，充分展现了先驱们大无畏的爱国主义精神。

研学团队在辅导员老师的带领下，深入察哈尔民众抗日同盟军纪念馆中进行观摩、学习与研讨。场馆讲解员通过一件件实物讲解，还原了当时的战斗场景，再现了察哈尔民众众志成城、共御外敌的决心。察哈尔烈士陵园中烈士先驱们的名单及生平记录也让同学们体会到抗战的艰辛与当今和平生活的不易。

随后，研学团队一行来到董存瑞烈士纪念馆。其中，董存瑞纪念碑是陵园中最雄伟的建筑，碑文是朱德总司令亲笔题写的"舍身为国永垂不朽"八个大字。在这里，研学团队的全体共产党员在思想上受到极大的震撼和教育。面对神圣的党旗，同志们举起右手，重温入党誓词，缅怀革命先烈，弘扬爱国主义精神。

3.2018 年"立足基础教育知行红色文化,加强民族团结助力脱贫攻坚"
主题研学

2018 年正值改革开放 40 周年,我们有幸经历并参与着社会的改革与进
步。习近平总书记针对党史学习教育曾指出:"社会是个大课堂。"为发挥社
会实践大课堂的功能,引导学生从社会大课堂中汲取养分和动力,充分利用
好已有的爱国主义教育基地、博物馆和纪念馆等红色资源,初等教育学院研
学团队一行人参观了六盘山红军长征纪念馆、西安事变旧址——张学良公
馆、八路军西安办事处纪念馆三处红色教育基地。其中最令师生难忘的是在
六盘山区重走长征路的艰难和震撼。六盘山区浓缩了红军长征过程中的每
一场重大战役,成员们在攀爬六盘山时不时驻足,观看每一处战役讲解,感
受红军长征过程的惨烈与先烈们坚忍顽强的革命精神。

此次研学活动使每一位师生都真切体验到了长征之不易、革命之不易、
胜利之不易。如今,和平年代的长征之路就在每个人的脚下,师生们将带着
一份赤诚的初心,充分发挥自身本领,处处敢为人先,为社会的进步做出力
所能及的贡献。

4.2019 年"庆祝中华人民共和国成立 70 周年"系列主题研学活动

2019 年正值中华人民共和国成立 70 周年,为传承红色基因、赓续红色
血脉,初等教育学院共组织 3 个学生团队赴贵州、陕西、江西开展红色主题
社会实践及研学活动,在广袤的中国大地上,带领学生亲身参与、体验,寻初
心、讲思政、看成就、担使命,实地学习党史、新中国史,坚定理想信念,树立
家国情怀。

(1)贵州研学团队"重温信仰,筑牢初心"活动

贵州研学团队深入黔西南地区进行党史学习教育活动,先后前往遵义
会议纪念馆、四渡赤水纪念馆重温长征精神,感悟革命文化。在聆听讲解员
介绍并对当地民众、参观人员进行访谈后,实践团成员全方位、多角度地了
解到当地人民的革命历程,深刻认识到革命文化能够激发爱国热情,锻造民

族精神。同时,研学团队结合当地实际情况及专家建议,明确红色精神和历史遗迹是贵州所特有的宝贵财富,决心助力校本课程的研究与开展,为红色基因的传承贡献自己的力量。

(2)陕西研学团队"弘扬五四精神,落实立德树人,重走西北联大路"活动

陕西研学团队在白欣教授的带领下,重访西北联大办学旧址,追寻先辈光荣足迹,传承兴学图强之志,为新时代教育发展汇聚力量。通过当地专家的耐心讲述和白欣教授的专业解读,初等教育学院师生近距离感悟了西北联大深厚的人文气息,学习了前辈们艰苦奋斗的拼搏精神和严谨求实的治学精神,更加坚定了自身投身教育事业的决心和信心,激发了大家齐心协力共同谱写新时代小学教育新篇章的昂扬斗志。

(3)江西研学团队"不忘长征初心,牢记青春使命"活动

江西红色资源丰富,从红军长征时期开始老区的人民便为了民族解放和人民幸福而奋斗。研学团队在专任辅导员的带领下,前往南昌八一广场、于都革命烈士纪念馆、南昌新四军军部旧址、中央红军长征出发纪念园,以及长征源小学等地开展了为期6天的社会实践活动。本次"行走的主题团课"让广大学子对于江西革命历史背景、红色精神传承有了更深刻的认识。同时,本次研学活动学习发扬长征精神,牢记青春使命,坚定了学生的从教理想信念,激发学生主动将红色资源与校本课程相结合,开阔教学新视野。

(三)创设多元的实践活动,提升学生参与研学活动的积极性

研学主体主要指的是各类学生,他们往往会直接或间接参与研学。从学生角度看,教师应突出学生的主体地位,提升学生的主动性和参与度,推动学生进行自主探究、自主体验,改变学生被动参与研学旅行的局面。

在研学旅行过程中,初等教育学院除了将相关学习任务分配给对应学生之外,还设置了有关文化、文艺、科技制作等多方面的趣味活动。在宁夏研学活动过程中,增设了与宁夏历史文化相关的活动和研究,帮助学生在与当

地村民一同参与文化活动的同时,了解当地风土人情,思考如何将传统文化应用到教学过程中。

习近平总书记指出,"中华优秀传统文化教育抓早抓小、久久为功、潜移默化、耳濡目染,有利于夯实传承中华优秀传统文化的根基"。教育的根本任务是立德树人。传统文化教育的最终目的也指向人生教育,也就是旨在教会学生如何做人,如何与他人合作,如何学会尊重,如何具有责任感,从而培养一个真正的人,一个人格健全的人。

面对错综复杂的信息化社会和网络环境,如何让传统文化进入小学生的视野中,如何挖掘并利用好传统文化潜在的育人价值,让传统美德、历史文化、人文精神在学生灵魂深处扎根,是当代重要的教育课题。

为借助研学这座桥梁体悟更为丰富的传统文化,不断汲取传统文化的精神力量,2018年暑假,学院组织8名师范生党员随辅导员团队赴宁夏回族自治区进行研学与调研。为深入感受西夏文化的魅力,实践团成员参观了西夏王陵与贺兰山岩画区,认真记录当地岩画的保存保护情况。在讲解员的带领下,实践团成员学习了作为西夏文化代表的西夏文字与岩画的发展历史。此外,实践团全体成员还与贺兰山区的民众一同舞蹈,并了解当地人民的生活习俗,感受当地淳朴热情的民风。在当地村民的带领下,实践团成员全方位地学习和了解民族发展与融合情况,将自身的心、情、思全部投身于文化学习中,赓续民族传统文脉,砥砺前行奋进力量。

(四)研学旅行过程精细化,促进良性循环发展

研学旅行应实现实践育人教育的目标,主要针对学生的核心素养进行综合培养。因此在开展研学之前,相关工作者应进行精心设计,充分结合学校、学生和地区的实际情况,设计具有可行性和针对性的研学方案。

习近平总书记指出,教育兴则国家兴,教育强则国家强。教育是国之大计、党之大计。自脱贫攻坚战打响以来,教育系统自上而下发挥自身优势,采

用多手段、全要素的方式助力乡村学校改造升级、提高贫困地区学生的学习质量。教育脱贫攻坚力度之巨大、影响之深远，前所未有。在党中央的坚强领导下，教育脱贫攻坚的成功实践，也充分彰显了社会主义制度的显著优越性。

摆脱代与代之间的贫困，不仅要靠物质和资源，更要提高人民的素质，实现个体的全面发展。教育扶贫就像"造血干细胞"一样，是阻断贫困之路代际传递的根本举措。习近平总书记在论及脱贫攻坚的问题时也特别指出，"一人成才，稳定一个家庭；一人学技能，全家脱贫困"。所以教育扶贫事关重大，是功在当代利在千秋的重要民生工程。

初等教育学院高度重视教育扶贫工作，多年来持续坚持派出支教团队和研学实践团了解全国各地区基础教育的发展情况，并在充分发挥师范生的专业优势基础上，依据当地的非遗文化、社会热点、党史教育、传统艺术等方面开展教育帮扶和技术支持等。在设计研学课程的过程中，也特别将脱贫这一时代课题融入其中，并针对不同地区的实际情况，设置精细化的研学内容，促进研学与脱贫举措相契合。

1.2016年"踏寻红色足迹·践行初教精神·共筑中国梦想"主题研学活动

为深入学习贯彻习近平总书记系列重要讲话精神，充分发挥社会调研在大学生思想政治教育中的积极作用，切实增强初等教育学院学生党员的社会责任感、师范生专业能力，初等教育学院组织学生研学团队，进入河北省阜平县和平山县，对当地基础教育状况、留守儿童状况等方面进行调研。通过与当地教育局局长座谈、实地考察、与学生和老师交谈等，研学团队真切认识到了当地基础教育资源存在的不足。经过深度交谈，学院与当地协商共建事项，并进行相关合作，助力乡村振兴与扶贫，实现京津冀优质教育资源共享与融通。

2.2017年"教化于行，促进京津冀协同发展"主题研学活动

沿着2016年学院研学团队的足迹，2017年学院继续组织研学团队到崇礼区教育局，张北县师范路小学、兴和小学，崇礼区高家营镇场地中心小学、

清三乡寄宿制小学等地进行实地走访与调研，旨在进一步加强京津冀优质资源的协同，助力偏远山区教育发展，缓解教育资源分布不均衡的问题。除了调研走访与了解实情之外，研学团队还发挥自身优势和特长，在不同的寄宿学校内与学生们开展多项活动，带领孩子们一同游戏，更亲近地与学生进行了交流，有效帮助留守儿童排解自身压力，增进人文关怀。

3.2018年"立足基础教育知行红色文化，加强民族团结助力脱贫攻坚"主题研学

在改革开放40周年之际，初等教育学院组织研学团队到宁夏地区了解老区教育扶贫情况与支教团队建设等相关情况。研学团队先后来到金凤区第三小学和永宁县闽宁中心小学两所区县级小学，以及西吉县火山寨乡小川小学、泾源县香水镇园子民族小学等基础教育和乡村支教一线了解当地基础教育现状，参观校园建设，并与各校领导、教师及学生进行了交流。

在走访小学的过程中，研学团队还重点了解了不同民族教育的情况。宁夏回族自治区是全国最大的回族聚居区，民族教育质量稳步提升。通过与校领导交流，实践团了解到经过几百年的发展，回汉民族除去饮食方面的区别，其他方面已基本融合。

教育在脱贫攻坚中具有基础性、根本性的作用。走访调研后，研学团队发现老区和民族融合的少数民族地区基础设施建设在得到进一步完善的条件下，师资数量短缺、教师专业水平不足、教师流动性较大等共性问题较为突出。为此，研学团队成员决心加强专业学习，踊跃投身教育实践，带头参与支教活动，积极建设教师远程交流培训项目，为推进教育均衡发展贡献力量。

4.2019年"助教育脱贫，谱京黔新篇"主题研学活动

为切实探寻黔北基础教育现状并提供教育支持，初等教育学院王云峰教授与研学团队一起出发，赴贵州习水县土城镇红军小学与台江县教育局等地进行实地考察、调研与指导，就该校建立的红色校本课程机制展开深入讨论。王云峰教授建议该校可将原本的实践活动进一步课程化，并结合核心

素养要求制定培育目标,切实将社会实践与课程学习有机结合,促进学生全面发展。此外,为进一步加强京、黔两地教育脱贫的合作交流,王云峰教授受邀于台江县教育局围绕"基于核心素养的语文课程改革"主题开展送教帮扶讲座,详细介绍了高中新课程标准修订的背景及总体情况,为当地一线语文教师提供专业化的理论指导,帮助其更好地开展教学活动。

5.2021 年"传承西柏坡精神,助力乡村教育振兴"主题研学活动

2020 年,在党中央的坚强领导下,西柏坡革命老区打赢了脱贫攻坚战。为深入挖掘河北省平山县西柏坡红色革命文化推动脱贫攻坚的具体内涵,传承红色革命基因助力乡村振兴,初等教育学院组建"京冀共建乡村教育助力行动调研团",于 2021 年暑假赴河北省平山县开展大学生暑期社会实践调研活动。

为深入了解平山县脱贫成果,充分挖掘西柏坡红色基因推动当地脱贫攻坚的具体内涵,调研团实地走访平山县古月中学 10 余名脱贫家庭学生代表,被访学生有着极为深刻的切身体验。随后调研团成员开展了成果转化研讨会,结合自身学科专业,分别以绘本故事创作、校本教材研发、课堂教学设计、主题活动日策划等形式对调研成果进行转化讲解。调研团通过实际行动传承红色基因,引导当地小学生将红色革命文化讲出来、画出来、唱出来……为巩固脱贫成果、助力乡村教育振兴奉献新时代青年的蓬勃力量。

三、反思与展望

初等教育学院紧密结合时代步伐及党中央和教育部工作的部署,旗帜鲜明地探索科技、文化、红色、扶贫四类研学路线,通过寻访、交流、实地考察与体验及专家指导等方法,促使学院学生亲近自然、回顾历史、心系社会。基于现有的研学实施路径,我们反思现有工作并提出如下优化建议。

第一,加强价值引领,激发学生更多的思想共鸣。研学活动作为"行走的

课堂"，承载着多方面的育人功能，能够有效弥补课堂教学的不足和短板。为了使研学活动内化于心，就必须强化其教育功能，实现全方位育人、化人。价值引领应放在历次研学活动的突出位置，引导广大学子从不同的研学活动中汲取充足的养分和精神能量，努力做到"内化于心、外化于行"。

第二，加大科技赋能，实现"线上＋线下"融合共生。当前，研学团队定期深入实地开展相关主题的研学活动，有时不免会割裂与学校教育之间的联系，显得相对独立。因此需要更多地引入智慧化互动式教学，通过具体真切的应用场景，在线上实现具象化的沉浸式体验。此外，亦可引入 VR 技术，引导学生云游体验馆与教育基地，在逼真的虚拟情景中，重温实践过程中的所见所闻，打破时空局限，实现实践前、实践中、实践后的有机融合。

第三，完善研学旅行评价体系，激发学生参与的热情。要建立过程、表现、结果并重的立体评价体系，采用过程性评价与终结性评价相结合的方式。过程性评价主要关注学生在研学过程中的综合表现，终结性评价主要关注学生提交的研学成果或研究课题等。除此之外，还要建立学生自评、互评并重的立体评价体系。

（执笔人：白欣、鲁华夏）

服务"双减"：推动师范生实践育人转型升级

推进课后服务支撑实现"双减"，是中小学校教育服务改革的新发力点。初等教育学院基于现实要求，以回应基础教育实践需求为己任，为学院师范生搭建高质量的教学实践与社会实践平台，全面争取社会资源，与中小学课后服务课程需求深度对接，激发中小学"双减"工作的内生动力。自课后服务活动开展四年来，共涉及近 22 门课程，覆盖 221 个班级，为 6000 余名小学生带来了丰富多彩的课后服务课程，实现高校人才培养与服务首都教育优质均衡双向发展。

一、背景与问题

2021 年 7 月，中共中央办公厅、国务院办公厅印发《关于进一步减轻义务教育阶段学生作业负担和校外培训负担的意见》，"双减"政策开始正式实施。教育部要求，推进课后服务支撑实现"双减"工作目标，新学期要实现课后服务校校开展全覆盖、保障时间"5+2"等。"提升学校课后服务水平，满足学生多样化需求"，成为中小学校教育服务改革的新发力点。

一方面，新课后服务模式的开启，为中小学管理带来了新的考验，学校的课后服务必须建立在家长有需求、学生有需要的基础上，并且要对课程进行重塑、整合和创新。如何进一步做好课后服务,提升学生学习生活质量,建立常态化、可持续的工作推进机制的问题亟待解决。另一方面,如何为在校大学生搭建高质量的教学实践与社会实践平台,积极争取社会资源支持,推进高校第一、二课堂建设,形成"三全育人"合力,是构建"三全育人"工作新格局、落实立德树人根本任务的重要一环。

"双减"政策实施以来,初等教育学院以回应基础教育实践需求为己任,以"姓师"特色为依托,针对学校课后服务师资不足、资源不均,以及学生多样化需求未能被充分满足的问题,发挥学校"文、理、艺、教"多学科资源优势,主动与中小学课后服务课程需求深度对接,推进了校内教育供给侧结构性改革。此举既激发了中小学"双减"工作的内生活力,又推动了高师院校实践育人的转型升级,以提升教师能力和增大课程供给凸显"双减"政策背后的"提"与"增"的底层逻辑,实现高校人才培养、服务社会与中小学提升校内教育质量的双向反哺和互利双赢,服务首都教育优质均衡发展。

二、举措与成效

初等教育学院以"双减"政策落实为契机,以首都师范大学教师教育专业师资和师范生为主体,以研发和实施中小学课后服务优质课程资源为入手点,实现首都师范大学推动"双减"政策落地的社会贡献,创新师范专业育人方式,建设中小学校高质量课后服务优质、特色课程。

(一)学院党委高度重视,注重调研基础教育需求

"双减"政策出台伊始,学院党委会决议把服务"双减"政策作为服务首都"四个中心"建设、为群众办实事的具体举措,发挥专业优势,组织学生在做贡献中长才干。学院各部门、各党支部、师生党员和入党积极分子积极响应号召,调研小学"双减"政策落实中的困难,了解小学生需求和小学生家长

期待,通过"课后一小时"课程设计、教学活动、教学研讨等方式,积极服务小学"双减"工作。

(二)发挥专家指导作用,注重服务"双减"长效机制建设

由首都师范大学副校长李小娟和初等教育学院院长刘慧分别带队,前往七一小学、八一学校小学部进行课后一小时观摩与指导,赴北京市西城区教委开展"双减"工作研讨,共同讨论"双减"工作提质增效的有效路径。就如何发挥双方资源优势,形成全方位、多领域、深层次协同育人进行探索。通过课后服务课程与主体课程的呼应,进一步依托学校教育学科、美术学科、思政学科、小语种学科资源,与小学共同研发中国话语体系教材、中国特色的绘本课程,形成具有中国特色的高质量课后服务体系。

(三)"五个转化"推动"双减"落地,初等教育学院做强"姓师"特色

通过"五个转化"的方式,推进高质量"课后一小时"课程体系建设。依托学院思想政治教育成果,实现学生社团文化育人成果、党史宣讲成果、主题社会实践调研成果、师资培训成果向"课后一小时"课程的转化,将大学生所学、所思、所感升华为生动、鲜活的教学资源,让小学的课后一小时课堂焕发新的生机与活力。

1. 发挥专业教师立德树人主力军作用,让高校"课程思政"成果转化为山区小学课后服务课程

在"山区学校"课后服务支持行动(跨校云课程)指引下,学校教师教育中心联合初等教育学院,引导专业教师在音乐课程、书法课程、生命教育课程中传授知识,注重价值引领,带领学生在理论和实践层面将专业所学转化为课后服务课程的育人能力。大学生们深入小学一线采访小学生及家长、访谈一线教师,研发了一系列美育云课程。课程将注重发挥课程思政作用,通过体验式、项目制的学习方式,增强师生在线活动,使课程具备思想性、文化

性、知识性、趣味性和实践性，使学生感受到课后服务课程有意思、有价值、有成长。

自 2021 年 12 月 8 日起，音乐学（初等教育，师范）、书法学（初等教育，师范）、美术学（初等教育，师范）的本科生教学团队，在 10 位高校教师、9 位小学骨干教师的共同指导下，带领本科师范生研发系列音乐、书法、美术"与美同行——云课后服务课程"，在线为来自北京市延庆区、密云区、怀柔区、房山区，河北省阜平县，以及广东省深圳市，三省市 9 所小学，一千余名学生同上一节思政、音乐、文学多学科融合的课后"330"美育活动课，探索了高校支持"山区学校"、京外学校课后服务特色课程供给的新路径。活动得到了北京市教工委副书记李奕的在线指导和鼓励。

2.发挥青年学子理论学习和宣讲的生力军作用，让大学生党史宣讲成果转化为中小学课后服务课程

"大小携手"推进"双减"，是高校与基教统筹发展协同育人的新契机。初等教育学院在"双减"课程研发中，注重与中小学文化的衔接与延伸。

在八一学校这所有着深厚红色文化底蕴的学校，来自学院党史宣讲团的师范生、教育硕士，和八一学校小学部的老师们共同研磨教案、课程，形成一系列特点突出、富有生趣的党史活动课，包含新中国成立、中国英雄、改革开放、中国梦等主题，涉及大学生参与国庆 70 周年、建党百年等志愿服务的经历，将青年马克思主义者的所学、所思、所感升华为生动、鲜活的教学资源，让小学的课后服务课程成为儿童信仰之花绽放的一处沃土。

3.发挥学生社团在活动育人中的助推器作用，让社团活动成果转化为课后一小时课程

中小学的课后服务课程不同于传统课堂教学，是一种突破单一学科，走向跨学段、跨学科、跨领域的综合活动课程。

初等教育学院与七一小学共同打造以儿童为中心的"最美"课后服务课程，将大学生丰富多彩的社团文化育人成果，转化为儿童喜闻乐见的课后学

习体验。比如来自国学社团的大学生身着汉服，与小学生共同学习中华民族的璀璨文化；来自朗诵社团的大学生以二十四节气的古诗带领小学生感受古代先人的劳动智慧；来自科学社团的大学生通过科学绘本教学，带领小学生体验热爱自然珍爱生命，理解构建人类命运共同体的深远意义。大学社团活动在小学课后服务课程中的转化，超越单纯以学科知识为体系的课程设计，而是以关注儿童全面健康成长为主线，拒绝"一刀切"，关注孩子个性特点，让孩子在校内的课后活动中获得更多快乐，在互动体验中成长。

注重小学生课内课程与课外课程的衔接与拓展，面向小学一年级开展的"最美书写者"课后服务课程，主要教授硬笔书法的规范书写及生字练习等；面向小学二年级开展的"最美朗读者"课后服务课程，主要教授朗诵的通顺朗读及语言理解等；面向小学三年级开展的"最美写作者"课后服务课程，主要教授写作词语积累及语言表达等；面向小学四年级开展的"最美创作者"课后服务课程，主要教授创作包含美术、音乐、科学、信息、劳动等课程形式的作品，注重培养学生的动手创造能力。

4.发挥专业引领在实践育人中的增效剂作用，让社会实践调研成果转化为课后一小时课程

"双减"的最终目标是关注人的健康成长，"大小携手"推进"双减"，探索出一条可行路径——将课程开发、课程实施的教与学，"固化"在大学生和中小学生身上。初等教育学院立足小学教育专业特色，连续七年组织社会实践团，支持曾经的国家级贫困县河北省阜平地区西下关小学课后服务课程，将社会实践团深入河北省石家庄市平山县西柏坡的社会实践调研成果，研发成红色文化校本课程，在线为西下关小学开设了百余节爱国主义教育课程和美育课程，丰富河北地区小学生的课外生活，讲好中国故事。2020年，河北省阜平地区成功脱贫，初等教育学院的师范生继续在助力阜平教育提质方面贡献力量。学校卓越教师计划的20多个专业本科生多次深入阜平、雄安、平山学校开展支教活动和课外活动课程，为丰富山区学生生活提供专业支持。

5.发挥特色专业在师资培训中的孵化器作用,让高校学术成果转化为中小学提升课后服务质量的内生力

首都师范大学"姓师"的办学特色坚持师范专业人才培养的五育并举,全面发展,注重贴近基础教育实践中加强专业建设,彰显专业魅力,注重在实践锻炼中以德树人,以文化人,以美育人,整合学校多部门、多专业力量服务基础教育、培育卓越教师。特别是2014年以来依托"高支附""高参小"、附校共同体和区域教育合作项目,美术学院、音乐学院、书法学院、外语学院、初等教育学院、教师教育学院等院系师生为中小学提供系列化美育课程指导和教师专题研修,开展中小学校教师的艺术素养和美育能力提升专业培训,为中小学拥有一支"留得住、教得好"的专兼职美育师资、提升教师"双减"服务实施力提供保障。

(四)课程设置全面"开花",推动"双减"政策落地

自2021年7月以来,首都师范大学初等教育学院陆续组织学生在首都师范大学实验小学、七一小学、八一中学小学部开展课后服务活动。活动邀请指导教师共计35人次,引领335名学院学生服务"双减",开设国学、朗诵、写作、书法、美术、德育、少先队、葫芦丝、口风琴等近22门课程,覆盖221个班级,师范生每周到小学开展"双减"服务,为6000余名小学生带来了丰富多彩的课后服务课程。

在开展线下志愿服务的同时,学院学生利用线上授课形式,与学校教师教育中心共同推进课后服务支持行动("山区学校"跨校云课程),为北京、河北、广东等不同省市1000余名学生创办内容丰富的"云课堂",以线上线下结合的形式有力推动"双减"政策落地。

学院师范生服务"双减"工作,得到了小学学校、学生及家长的一致欢迎和好评,累计获得《中国教育报》《北京青年报》、千龙网、学习强国等持续追踪报道23篇,学生的教育情怀、育人能力、教学能力得到了明显的锻炼和提升。

表 3-15　初等教育学院双减课后服务统计

授课小学:七一小学　　　　　　　　　　　授课时间:2021—2022 年第一学期

	指导教师	参与学生	课程名称	授课次数	班级数量	班额	学生总数
	1	26	国学课程	16	12	20	240
	1	25	朗诵课程	16	12	25	300
总计	2	51		32	24	45	540

授课小学:七一小学　　　　　　　　　　　授课时间:2021—2022 年第二学期

	指导教师	参与学生	课程名称	授课次数	班级数量	班额	学生总数
	1	17	最美创作者	2	11	43	474
	1	18	最美朗读者	2	12	37	444
	2	17	最美书写者	2	12	25	300
	1	18	最美写作者	2	12	25	300
总计	5	70		8	47	130	1518

授课小学:八一学校(小学部)　　　　　　　授课时间:2021—2022 年第一学期

	指导教师	参与学生	课程名称	授课次数	班级数量	班额	学生总数
	1	18	少先队员的故事	17	12	30	360
	1	19	感受共青团的光辉历史	17	12	30	360
	1	19	浴血奋战的民族英雄	17	12	30	360
	1	20	百年红船,少年扬帆	17	12	25	300
	1	18	我与新时代共前行	17	12	30	360
总计	5	94		85	60	145	1740

授课小学:八一学校(小学部)　　　　　　　授课时间:2021—2022 年第二学期

	指导教师	参与学生	课程名称	授课次数	班级数量	班额	学生总数
	1	1	德育一年级——我是小小少先队员	8	10	30	300
	1	1	德育二年级——穿越古今感受孝文化	8	1	30	30

	指导教师	参与学生	课程名称	授课次数	班级数量	班额	学生总数
	1	2	德育三年级——英雄的故事	8	2	30	60
	1	2	德育四年级——争做小小志愿军	8	4	25	100
	1	2	德育五年级——光辉路程	8	4	30	120
	1	4	少先队——主持	8	1	25	25
	1	2	葫芦丝——基础教程	8	1	30	30
	1	3	口风琴——演奏口风琴	8	1	26	26
	1	3	朗诵——朗读艺术	8	1	28	28
	1	2	美术	8	1	31	31
总计	10	22		80	26	285	750

授课小学：首都师范大学实验小学　　　　　　　　　授课时间：＿＿＿＿＿＿＿＿＿

	指导教师	参与学生	课程名称	授课次数	班级数量	班额	学生总数
	3	46	大手拉小手 共读一本书；"心"沟通毕业课程活动	12	16		480
总计	3	46		12	16		480

　　　　　　　　　　　"与美同行"山区学校跨校云课程　　　授课时间：＿＿＿＿＿＿＿＿＿

	指导教师人数	参与学生人数	课程名称	授课次数	班级数量	班额	学生总数
	4	20	音乐	6	9		342
	3	18	美术	6	9		682
	3	14	书法	6	9		328
总计	10	52		18	27		1352

(五)课程取得实效

以提升学校课程质量为依托,"双减"政策为青少年营造了身心健康的快乐成长环境。高校主动服务"双减"责无旁贷。首都师范大学充分发挥教师教育资源优势,在支持京津冀地区的"双减"政策、推动教育优质均衡发展方面主动作为,探索出一条高校支持"双减"政策落地的有效路径。

1.以服务"双减"工作为载体,师范生育人成效显著

一是初步凝聚一支教师、师范生共同参与的投身城区、山区学校课后教育服务行动的专业团队,包括了学校教师教育中心的专家团队、学院专业教师团队、北京市教研员团队、北京市骨干教师团队。

二是建设以音乐、书写、美术为单元主题内容、以综合学习活动载体、适应义务教育 4 至 7 年级学生课后一小时素质拓展服务课程,形成了覆盖国学、朗诵、写作、书法、美术、德育、少先队、葫芦丝、口风琴等近 22 门课程,极大丰富了基础教育"双减"课程的供给。

三是创新师范专业育人方式,师范生教育情怀、育人能力得到显著提升。通过第一、二课堂结合的"双减"项目,师范生在二三年级能够每周进入小学开展一节课后服务课程的讲授,并且可以计入学生的教学实践,使学生获得了理论与实践双向融合的提升平台。在课程建设实施中,教师指导师范生通过研发、筹备、讲授课后服务课程、在线教育的新形态课程,将职前教师发展与基础教育的改革紧密衔接,提升师范生作为未来教师的综合实践能力;也注重结合课程实施,与更多学校一线领导教师建立提升课后服务课程品质的协同育人新机制。学生获得了高密度、高质量的指导和培训,一节在线课后服务课程背后是 10 余次高校教师、小学骨干教师的课程指导和打磨,使学生敬畏课堂、敬畏学术、热爱儿童,得到了综合的历练和成长。

2.发挥高校资源服务"双减"工作获得多方好评和媒体持续报道

发挥高校资源服务"双减"工作获得了多方好评。小学表示:"首都师范

大学初教院学生素质高、理念新、学识深,对于学校课后服务是一个巨大的补充。"小学生说:"哥哥姐姐们的课堂丰富多彩,我再也不用一下课就直奔课外班啦!"家长们说:"学生授课生动,孩子喜欢,我们放心。"首都师范大学初等教育学院助力"双减"的生动实践先后被《中国教育报》《北京青年报》《现代教育报》、中国教育新闻网等媒体广泛报道,累计报道23篇。

3.为北京落实"双减"政策,提供了首都师范大学方案

高校资源服务"双减"是小学提升课后"330课程"的重要补充,是非常有利的尝试和探索。同时,课后一小时成为高校第二课堂建设的生动实践,通过搭建让青年学生广泛参与的平台,形成"三全育人"合力,推动中华优秀传统文化、革命文化和社会主义先进文化融入教育教学、校园文化、社会实践,让当代大学生从中汲取精神滋养、信仰力量和历史智慧,不断提升文化育人、实践育人效果。

三、反思与展望

在指导师范生投身"双减"服务中,实现了第一、二课堂的有机结合,丰富了师范生教育实践的途径,形成了"以研促建、试点先行、双线融合、行动学习、以点带面"的师范生服务"双减"实践育人工作思路,具体如下:

(一)以研促建

加强课后服务的学校需求、课程研发与设计过程反馈,以及师范生学习反馈等调查研究,针对"双减"背景下的小学课后服务课程提质增效的理论及实践研究,聚焦如何结合城区学校、山区学校的区域特点、学校文化,在考虑"双减"统一性要求的同时,探索差异性落实,为国家"双减"政策落实提供政策、理论支持和典型案例。

(二)试点先行

结合已有探索,继续选择 1 至 3 所城区学校开展课程教学实施线下试运行,选择 6 至 8 所山区学校继续探索跨校云课程试运行,选择书法、美术、音乐三学科牵头的美育综合课程为入手点,增强课程与教学的教育性、专业性、综合性,以及操作性、应用性和适应性。

(三)双线融合

以线下 + 线上、城区 + 山区的并行试点推动,促进课后服务课程的资源共建共享,双线混融并举。借助信息技术助力京郊乃至全国山区学校课后服务的课程资源与教学实施,力争实现大学育人职能与"双减"政策落实有机融合、信息技术与社会服务有机融合,让山区、京外学生共享首都师范大学特色教育资源。

(四)行动学习

以师范生为教学主体,以大学教师为专业指导,以中小学课后综合活动课为任务,让师范生参与活动课程设计与实施的全过程,实现教师技能训练的"做中学""学中教""教中研"。

(五)以点带面

以初等教育学院师生支持中小学课后服务的教育行动为示范,带动更多师范专业师生共同参与,丰富和适应基础教育学校课内与课外教育的大学特色课程供给。

(执笔人:刘婧媛、刘雨龙)

大小协同:小学教师职前职后一体化贯通培养的实践模式

"大学－中小学伙伴关系(University-School Partnerships)"的教师教育改革策略,如何在我国小学教师职前职后一体化贯通培养中形成本土特色,学院在附属小学建设工作中进行了不断的探索。基本举措主要是以发展各附属小学为基点,通过考察选定、全面诊断、发展建设、反思提升四个阶段指导支持各附小发展建设。以建设首都师范大学小学发展共同体为平台,坚持"依需服务,专业引领,项目管理,成果导向"的指导方针,落实"六个一"支持策略,即"一校一首席""一校一团队""一校一特色""一校一策略""一年一主题""一年一论坛"。经过十余年扎实认真的发展各附属小学,建设首都师范大学小学发展共同体,双方教师共同培养未来小学教师、共同培育新入职教师、共同进行教育科研,衍生出新的教师教育课程资源,形成了关注小学教师职前培养、入职教育和在职培训的职前职后一体化贯通培养的大小协同实践模式。未来需要在学校选择、资金支持、制度保障、科研引领等方面做进一步探索。

一、背景与问题

早在20世纪80年代,欧美等发达国家探索提出了"大学－中小学伙伴关系(University-School Partnerships)"的教师教育改革策略,旨在促进教师教育职前培养、职后培训、学校改进、教师专业发展、校本研修等各种形式与内容的合作。我国自20世纪90代末,通过教育实习、课题合作、专业咨询等多种形式,大学与中小学之间的伙伴协作关系有了长足的、富有成效的发展。

作为以教师教育为特色,服务首都基础教育师资培养的重要基地,首都师范大学较早开始了与中小学的伙伴协作研究。首都师范大学初等教育学院以"面向小学、研究小学、服务小学"为办学宗旨,对我国基础教育领域小学教师培训的有效性进行了积极探索和广泛实践,除为北京市基础教育举办各类培训项目外,先后承担了河北、内蒙古、青海、河南、湖北等十余个省市小学教师的培训任务,得到了各级教育主管部门及受训教师的广泛好评。受学校委托,初等教育学院从2010年开始,先后支持建设了首都师范大学附属小学、首都师范大学附属朝阳实验小学等22所附属小学,并于2016年成立了"首都师范大学附属小学发展共同体"。

近年来,初等教育学院持续推进师范人才培养模式改革,不断探索构建以实践为取向的教师教育模式。这一培养模式需要解决的是教师教育专业人才培养过程中实践教学环节薄弱、专业技能训练不足、课程结构重理论、职前职后脱节培养等问题。推动首都师范大学小学发展共同体的建设,是小学教师职前职后一体化贯通培养的重要举措。这种大小协同实践模式为卓越小学教师培养、基础教育研究等多方面开创了小学教师教育改革与实践的新局面。

二、举措与成效

(一)以发展各附属小学为基点

为了保证大小协同的针对性、持续性,实现大学和小学共同的可持续发展,学院明确了以发展附属小学为基点的策略,并规划了附小"四步走"的发展方案。

1. 第一阶段:考察选定

初等教育学院首先确定了合作小学的基本条件:有积极的态度与强烈的合作意愿;有一定规模、发展空间,特色鲜明的教育理念;有一位锐意改革、敬业爱校的校长;有良好办学基础和一定社会影响力。

根据以上原则,学院在全市范围内走访小学,广泛调研,首先选定了海淀区四季青中心小学作为第一所首都师范大学附属小学。2010 年 1 月 21 日,北京市海淀区教委与首都师范大学签署了共同建设四季青中心小学的合作协议,标志着大学和小学教育合作共同体建设的正式开始。随后,首都师范大学附属朝阳实验小学、首都师范大学附属云岗小学等 22 所学校先后加入首都师范大学小学发展共同体。

2. 第二阶段:全面诊断

在考察选定附属小学的基础上,首都师范大学还对该学校开展全面教育诊断工作,工作主要在两个层面进行。

其一,全面调研。共同体组建专家组入校对附小的教育理念、教学观念等进行"上位"诊断,帮助学校确立清晰的、科学的教育发展观,以及下一步发展的中肯建议。

其二,全学科诊断。走进课堂,走近教师,进行教学诊断,帮助各门学科教师实现专业化成长和发展。

3. 第三阶段:发展建设

依据诊断结果和建议,制定有针对性、可操作性、阶段性的学校改进计划,开展全方位的、有主次、有重点的学校改进活动。

工作重点主要包括:加强学校文化建设,凝练办学理念,形成学校特色;促进教师专业发展,开展有针对性的教师培训工作;抓高效课堂,创造性地成立由大学专家、区级教研员、一线教师三方组成的学科建设工作室(或称学科教研共同体),使教育教学质量的提升有了抓手,充分发挥大学专家和教研员的优势作用。

4. 第四阶段:反思提升

在持续推进指导工作的同时, 共同体专家组会持续对学校改进的各项重点工作进行评价和总结。通过总结反思整个合作的过程与变化,帮助学校提升办学经验,固化实践成果,构建学校发展的实践性知识,为学校的长远发展积蓄更多力量。

这些阶段的划分并没有非常清晰的时间界限, 根据附小的发展情况而定,有时甚至是交错的。在各阶段发展推进过程中,主题明确且高效务实的理事会工作会在共同体建设与学校改进中发挥着重要作用。

(二) 以建设首都师范大学小学发展共同体为平台

初等教育学院以"依需服务,专业引领,项目管理,成果导向"为指导方针,落实"六个一"支持策略,促进首都师范大学小学发展共同体建设,进而打通小学教师职前职后一体化发展的实践与研究。

1. "一校一首席"

一校一首席,即选派优秀的大学专家作为首席专家。

为更针对且持续性的助力附小建设发展,共同体形成了"科研副校长"制度。由初等教育学院为各附小指派科研副校长参与附小发展建设工作。

根据附属小学发展实际需要和不同发展合作阶段, 初等教育学院已向13 所附小派出了科研副校长。他们承担起建设和发展附小的主要工作,协调和践行学院附小发展指导方针与策略,同时反哺学院人才培养、科学研究等工作。

2. "一校一团队"

一校一团队,即组建"三位一体"专家团队,定向服务学校发展需求。

"三位一体"专家团队即指包含各成员单位所在区县教育行政领导为主

体的"决策咨询委员会";以高校、教育科研机构及中小学知名专家、学者为主体的"学术委员会";以首都师范大学初等教育学院学科教师为主体的"学科专家工作组"。

学院制定了《附小科研副校长及学科专家工作职责》,明确了科研副校长和学科专家的遴选聘任和工作职责,为活动实施提供了基本保证,同时为组织内部提供了监督、检查的依据。

3."一校一特色"

一校一特色,即凝练打造学校独有的教育特色与优势。

各附属小学根据自己的办学历程,形成自己的特色。以首都师范大学附属小学"童心教育"特色为例:学校对"童心教育"进行了重新梳理,从理论的高度对童心教育进行再思考、再认识、再明确;对"童心课程"体系进行不断研究和完善;在教师队伍建设方面,围绕"教育有思想、教学有风格、做人有魅力"的童心教师培养目标,构建了"内外共培、师徒共进、童心共育"的培养机制;在品牌建设方面,通过推进"真美课堂""完美教室""真心德育"来开展一系列深度研究。

4."一校一策略"

一校一策略,即厘定学校的发展策略和成长路径。

以首都师范大学附属房山小学为例,专家团队对其进行诊断,在分析学校目前的生源、教师、学校的现状后,确立的工作思路是:以提升学科教学质量为抓手,提高教师队伍专业水平;以学校特色建设为突破口,打造良乡地区优质学校。其工作策略是:依据教师需求,以理论讲座为切入点,充分发挥高校专家教授的智力资源优势,以先进、科学的理念引领干部教师转变观念,从而逐步改变思维和行为方式,促进教育教学工作的开展,落实工作方针。

5."一年一主题"

一年一主题,即每年确定一个阶段性的发展主题。既有主题活动年的主题引动,又包含课题拉动、任务驱动、校长带动,以校长论坛、专题论坛、观摩共享,增进附属学校间的联动互动与共享共生。

2016 年为核心素养学习年,主题为"聚智融创,促进每一所学校优质发展";

2017 年为语文学科建设年,主题为"立足课改,提升素养,共同发展";

2018 年为数学学科建设年,主题为"优化数学教育,绽放思维光彩";

2019 年为英语学科建设年,主题为"注重语言实践,培养思维品质";

2020 年(因疫情延续至 2022 年)为德育工作建设年,主题为"建设德育文化 落实立德树人"。

6."一年一论坛"

一年一论坛,即每年举办一次具有影响力的共同体学术论坛。

2016 年 11 月 12 日至 13 日,共同体召开了首届学术论坛。围绕学生核心素养,首都师范大学的六所附属小学进行经验分享、交流。顾明远教授从对基础教育任务的认识、当前教育改革的切入点等方面进行了解读。张绪培教授围绕教育究竟要培养什么样的人和社会需要什么样的人进行了详细论述,深入阐述了教育必须完成的两大任务——促进人的发展和完成人的社会化,指出了教育改革研究的切入点。

2017 年 7 月 10 日至 11 日,由首都师范大学附属朝阳实验小学承办共同体第二届学术论坛。会议第一个阶段由各共同体学校的六位优秀教师代表,对前期录制的语文学科研究课,进行现场说课展示。大会邀请特级教师陈延军、杨红兵与初等教育学院专家从不同视角进行点评。第二个阶段是王云峰教授关于"语文学科本质与核心素养培养"的报告,全国特级语文教师、清华附属小学窦桂梅校长的"小学语文主题教学的纵深发展"报告。

2018 年 1 月 19 日至 20 日,共同体第三届学术论坛在首都师大附属云岗小学召开。6 所成员校的老师们分别以不同主题为大家呈现了精彩纷呈的数学课堂,课后相关专家进行点评。特级教师、当代教育名家吴正宪带来"比的认识"现场课和"儿童数学核心素养的培育"学术讲座。

2019 年 4 月 18 日至 19 日,共同体在首都师范大学附属顺义实验小学举行了第四届学术论坛。7 所成员校的老师们分别以不同主题为大家呈现了精彩纷呈的英语课堂。北京市英语特级教师马荣花老师为教师们带来了现场课"My favorite season"和讲座"浅谈游戏活动在英语教学中的运用"。

　　2022 年 7 月 12 日，首都师范大学附属房山小学承办了共同体第五届学术论坛，因疫情影响，年会以线上方式面向全网直播。北京师范大学教育基本理论研究院檀传宝教授作了题为"范式转型的逻辑——'2019 年以后'的中国与中国教育应有的变革"的学术报告，认为我们要从时代巨变中，重新认识并应对中国教育必须直面的挑战，并对如何应对给出建议。首都师范大学初等教育学院院长刘慧教授作了题为"大中小学生命德育一体化的时代意蕴"的报告，为我们生动讲述了生命德育一体化的时代意蕴。本次会议还进行了主题沙龙、低高段课堂展示、说课及点评、主题论坛、德育特色展示，北京市特级教师沙晓燕老师、顾瑾玉老师、首都师范大学李敏教授、钟晓琳副教授等专家进行了点评和指导。

（三）大小协同，成效显著

　　经过十余年扎实认真的发展各附属小学，建设首都师范大学小学发展共同体，大学与小学在共同奋斗过程中，经过双方教师的努力，形成了关注小学教师职前培养、入职教育和在职培训的小学教师职前职后一体化贯通培养的大小协同实践模式。

　　1.共同培养未来小学教师

　　附属小学成为大学的教育实习基地之后，不仅严格按照初等教育学院《教育实习手册》为师范生提供教育实践的平台，选择认真负责有水平的指导教师，而且在实习生的生活方面给予关照，比如免费就餐、提供休息室、提供打印复印等便利条件，使实习生感受到更多的温暖。

　　学院每年有大量的学生面临教育实践、课题研究等任务。附属小学成为面向师范生的开放性实践场所，为学生培养提供了完全开放的校园和课堂。

师范生可以进行课堂观察、访谈等学位论文的材料收集、实地调研等工作。优秀的小学教师也被邀请走进培养职前小学教师的课堂,与大学教师一起,承担起培养职前小学教师的任务。

2.共同培育新入职教师

学院教师参与到附小校本教研活动中,与学科组长共同承担起促进教师专业成长的工作,"双导师"延续到新入职教师,极大地促进了学院刚毕业师范生的迅速成长(见表3-16)。

表3-16　首都师范大学附属小学近五年录取初等教育学院毕业生名单及取得成绩
(截止时间:2022年8月)

序号	姓名	专业	入职时间 (年、月)	取得成绩
1	侯婕	小学教育	2020.06	1.学区特色作业设计二等奖 2.校级童心杯二等奖 3.童心蓝丝带奖
2	李元隆	初等教育 (美术)	2021.07	1.学区童心杯教学设计一等奖 2.学区童心杯教学展示二等奖 3.童心蓝丝带奖
3	孟汭	小学教育 (英语)	2020.06	1.学区特色作业设计一等奖 2.童心杯课堂展示一等奖 3.童心蓝丝带奖
4	杨帆	小学教育	2020.06	1.国家中小学网络云平台网课录制 2.海淀区空中课堂网课录制 3.校级童心杯课堂展示一等奖
5	赵静	小学教育	2020.06	1.海淀区数学教研平台微课录制 2.校级童心杯课堂展示二等奖 3.两次校级蓝丝带奖
6	刘冰玉	课程与教学论	2017.07	1.北京市科研论文二等奖 2.海淀区科研论文一等奖 3.国家中小学网络云平台网课录制
7	王丽英	小学教育	2017.07	1.海淀区十三五科研成果一等奖 2.海淀区风华杯班主任基本功大赛二等奖 3.学区"审辩思维阅读"发言

续表

序号	姓名	专业	入职时间（年、月）	取得成绩
8	刘硕	小学教育	2017.07	1.中央电化教育馆展示课 2.海淀区优秀科技辅导员、优秀共青团员 3.2017、2018 年世界机器人大赛 RoboCom 亚军
9	朱爽	小学教育（科学教育）	2017.07	1.学区微课证书 2.海淀区航空模型优秀辅导员 3.童心蓝丝带奖
10	高艳影	小学教育	2017.06	1.被评为 2019—2020 学年度海淀区优秀班主任 2.所指导的活动课"'信'的力量——从读'家书'到学'贺信'，红色基因代代传"获得海淀区特等奖 3.在北京市教育综合改革背景下学科教学研究现场会上，做"角的度量"研究课
11	汪晨燕	小学教育（信息技术）	2019.06	1.北京市中小学生天文观测竞赛优秀辅导员 2.北京市中小幼校园影视评比获专题类二等奖、文艺类三等奖 3.海淀区"智慧杯"中小学生程序设计大赛优秀辅导教师
12	李欢	小学教育（数学）	2017.07	1 北京市基础教育科学研究论文二等奖 2.第二十二届北京市中小学师生电脑作品交流展示活动教师作品项目获优秀案例 3.海淀区空中课堂录制
13	张瑜	小学教育（数学）	2017.07	1.海淀区第九届"世纪杯"小学青年教师教学基本功展示活动中荣获录像课二等奖 2.海淀区第九届"世纪杯"小学青年教师教学基本功展示活动中荣获论文二等奖 3. 撰写论文获得 2017—2018 学年度基础教育科学研究优秀论文一等奖
14	韩丽嫚	小学教育（中文）	2018.06	1.被评为 2021—2022 海淀区青年岗位能手 2.海淀区第九届"世纪杯"小学青年教师教学基本功展示活动中荣获录像课二等奖 3.在北京市教育综合改革背景下学科教学研究现场会上，做"牛肚子里旅行"研究课

3.共同进行教育科研

学院基于各附属小学发展历史和现实需求,由科研副校长协调组织,与各附小共建多学科专家团队,促进各附小教学和科研工作实现内涵式发展。其中,许多学院教师参与其中,促进双方在教育科研工作实现大小协同。

刘慧院长、朱永海教授指导首都师范大学附属育新学校成功申报教育部2022年重大课题"交叉维度下小初高劳动教育评价研究",刘慧院长作为项目合作方负责人,朱永海教授作为项目第三参与人;李敏老师参与实验小学2018年中国教育学会课题"小学可视化德育资源的开发与应用研究";李玉华、张俊老师参与实验小学课题"指向积极心理品质提升的全域性心育模式构建与实施",该课题于2022年度申报北京市级规划一般课题;李敏、钟晓琳老师参与实验小学课题"基于学习共同体的大中小学思政课一体化培塑路径研究",该课题于2022年度申报北京市级规划一般课题。

一些学院教师在担任学科专家的过程中,通过与小学教师共同探讨实际教育问题,进行实践反思与探究,提升自身分析、解决现实教育问题的能力,将教育理论与教育实践相结合。如图3-21所示,张允老师作为英语学科专家,与来自首都师范大学附属小学和首都师范大学附属朝阳实验小学的英语教师一起,反思大学与小学协作共同体模式下的英语教师专业发展。

大小联动模式下英语教师的专业发展实践与反思

张允[1],孙明焱[2],张华[3],赵嫣[3]

1 首都师范大学初等教育学院 100048;2 首都师范大学附属小学 100195;3 首都师范大学附属朝阳实验小学 100023

摘要

本文基于教师专业发展及协作共同体相关研究成果,采用质性研究设计,主要通过参与式观察和讨论、阅读教案和反思日志、工作日志,对首都师范大学初等教育学院和首都师大几所附小英语学科协作共同体建设十年的实践进行梳理和反思。本研究聚焦三个问题:第一,双方协作共建的有效模式;第二,双方教师的专业成长;第三,教师发展中存在的突出性问题。研究结果表明:一、协作共同体的建设模式是基于有机协作的理念,制定规范的协作制度,确定有意义的共建内容,探索合适的协作形式。二、在大小联动模式下,小学教师实现了明显的专业成长和职业提升,大学教师实现了理论和实践的互动互补。三、协作共建中存在的问题是,小学教师自主专业发展能力不强,高校教师自身专业发展缺少必要的外部支持。

关键词:教师专业发展;协作共同体;协作模式;教师成长;问题

图3-21　大学教师与附小教师合作进行论文撰写

4.衍生出新的教师教育课程资源

学院教师在附小日常教学的课堂上听到的每一节课，无论从哪个角度进行透视与反思，都是对师范院校在校本科生进行学科课程教学的重要实践资源。学院教师对这些案例的了解、收集、整理，为其日后开发教师教育课程、开展案例教学准备了丰富的素材。这样的教育合作也促使学院不断完善教师教育课程设置。在修订课程方案中优化课程设置结构，可以在增加教师教育课程内容深度的同时，拓展内容的广度，强化规范全程实践环节，重视教师教育与中小学教育课程方面的适度衔接，更好地为基础教育服务。

三、反思与展望

小学教师职前职后一体化贯通培养的大小协同实践是一项长期的系统工程，需要学校学院、大学小学、政府部门与学校等多方面多组织协同。首都师范大学初等教育学院基于促进各附属小学发展，建设首都师范大学小学发展共同体，构建小学教师职前职后一体化贯通培养的大小协同实践模式的探索，面向未来，学院有如下反思与展望。

第一，在附属小学的选择上，应进一步加强大学与小学的前期相互了解与沟通，在形成共同愿景的情况下，再进行下一步合作。在目前的 22 所附属小学中，早期加入的附小基本按照附小建设"四步走"的方案，但是后期加入的个别附属小学并没有主动融入共同体大家庭的意愿，导致出现挂牌现象。

第二，在首都师范大学小学发展共同体建设方面，需要更合理的资金支持方案，为共同体建设与发展提供强有力的保障基础。同时，由于校长、骨干教师轮岗等政策的实施，面临共同体理事（一般由附小校长担任）频繁更换的问题，对未来的合作与发展带来不可预知的困难。如何在新形势下规划共同体的未来发展，可能需要更多政府部门的支持。

第三，学院专任教师担任科研副校长和学科专家，面临需要处理许多事务性工作的问题,给教师带来较大压力。应进一步将承担科研副校长、学科专家工作纳入学校学院考核聘任、薪酬发放、职称评定等体系中,给出合理定位,鼓励更多教师参与此项工作。

第四,研究层面尚存欠缺,在实践中出现的各种问题,需要更多关注与反思,进一步推进小学教师职前职后一体化贯通培养的大小协同实践模式研究。这对于培养卓越教师意义重大。

（执笔人:杨小英）

第四部分

效果与评价

小学教育专业人才培养目标达成度评价报告：
调查与分析

通过对首都师范大学初等教育学院毕业 1 年、3 年、5 年、10 年的四届本科师范毕业生进行追踪调查,并采用混合研究法进行分析可见,在学院各个人才培养目标的达成度上，毕业生的整体表现出色，很好地符合了预期目标。进一步具体来说,毕业生在师德规范、教学能力、技术融合等方面的能力较为突出,但在知识整合、国际视野、反思研究等方面相对薄弱一些。通过相关性分析可知,毕业时间越晚,学生在师德规范、知识整合、技术融合、自主学习、国际视野、反思研究、交流合作等多个维度上表现明显越好。可见,学院每年的本科生培养模式的反思与变革确实起到了明显效果，能够显著地提升本科生的综合素养。

一、背景与问题

为不断提升小学教育人才的培养质量，满足国家基础教育发展的政策要求和当前及未来需求,为首都地区的小学教育发展提供坚实保障,同时也为学院的师范生培养工作提供科学、全面的决策依据,首都师范大学初等教育学院自建院以来就不断探索和改进对师范毕业生的质量追踪与调查机制,通过对毕业生入职一线小学后的全方位工作表现,全面而深入地衡量学院的人才培养目标的达成情况,找到优势与不足,从而不断完善和改进卓越的师范生培养体系。20余年来,调查的方式、群体和机制不断完善和成熟。在调查方式上,从最初的、针对用人单位领导和校友的重点访谈,发展到较大规模的问卷调查,进而到有机结合质性和量化方法的混合研究法,将访谈、观察、问卷调查、内容分析等方法有机结合了起来;在调查群体上,从方便抽样得出的少数调研对象,逐步扩大到经过科学抽样的、具有较好代表性的大范围群体;在调查机制上,从不定期调查发展到建立起了规范、科学的调查制度和体系,并将调查结果同院系的改革决策紧密联系了起来。在二级认证之前,初等教育学院已经通过长期的实践经验积累和科学论证,出台了《初等教育学院本科毕业生专业发展质量跟踪与调研制度》,对毕业生质量追踪的时间、方法、工具、反馈机制等做了全面而详细的规定。尤其是逐条对标学院的人才培养目标,编制了科学的调查工具,以期能够及时了解初等教育学院毕业生在一线小学中的专业发展现状和成长路径,分析其遇到的困难和发展瓶颈,从而帮助学院评价和反思本科生培养质量,不断明晰培养目标和定位,调整和改进师范生培养体系。

学院最近一次追踪调查完成于2022年4月中下旬,基于该调查的结果,完成了本报告。

二、举措与成效

(一)调研设计

本轮毕业生追踪调查主要针对的群体是初等教育学院2021届、2019届、2017届、2012届四届本科毕业生,分别对应着毕业工作后的1年、3年、5年、10年的关键发展节点。此外,也有少量的其他届毕业生参与了调查。为更加全面而深入地了解毕业生的成长发展情况,本次调查采用了混合研究法,综合了质性研究和量化研究的各自优势,以在调查研究的广度和深度上达到良好平衡。具体而言,本次调查采用的是混合研究法中的平行设计,围绕调查主题,同时设计和开展了问卷调查和重点访谈,并在调查和分析过程中将二者的内容相互印证和补充,形成最终的调查结论。

由于疫情原因,此次调查不便进入小学现场进行面对面的访谈和问卷发放,因此均采用了在线的方式进行。在问卷调查部分里,此次通过网络共发放和回收有效问卷 699 份,并通过了信效度检验。问卷调查的重点包括四个方面:

一是毕业至今的基本情况和工作现状,包括工作所在区域、学校位置和质量、职称、校内任职情况、教学任务量、评奖评优情况等;

二是学院培养目标的达成度分析,通过一系列的情境类问题,评价毕业生是否达到了学院的培养方案中所详细列出的 11 项毕业要求,即师德规范、教育情怀、知识整合、教学能力、技术融合、班级指导、综合育人、自主学习、国际视野、反思研究、交流合作;

三是对本科期间的培养满意度分析,调查中详细询问了毕业生在本科期间各方面的学习体验,尤其是最为满意和最为不满意的地方,并要求他们根据工作之后的亲身体验,反思本科学习期间最缺乏的教学技能等;

四是对当前工作所在学校及工作的感受与评价, 包括对当前的学校氛围、学校领导、同事关系、工作量等方面的感知和评价。

在重点访谈部分里,此次共访谈了一线小学校长及副校长 10 人,一线经验丰富的各学科教师 10 人,以及毕业生代表 20 人。通过方便抽样和主观抽样,受访对象涵盖了北京市不同地区、不同办学水平的小学,以及不同的年级和学科,具有较好的代表性。访谈采用半结构式,主要围绕当前及未来北京小学教师应具备的关键素养、初等教育学院毕业生工作之后的表现、存在的不足等方面。

(二)调研结果

1. 毕业生的基本现状

(1)毕业生的基本信息

此次参与问卷调查的总人数为 699 人,其中女性 632 人,占比 90.4%,男性67 人,占比 9.6%,基本符合学院本科生的性别比例。

从毕业年份来看,此次调查包含了 2021 届学生 186 人,2019 届 219 人,2017 届 184 人,2012 届 54 人,其他届的 56 人。毕业 1、3、5 年的学生为本次调查的主体对象。

受访者的本科专业方向分布如图 4-1 所示。可见,中文方向的回复比例最高,达到了 32.76%,数学次之,随后是英语、科学、音乐、美术和信息。这一比例也和初等教育学院各专业的学生人数基本相符。

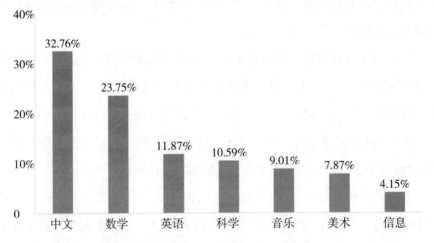

图4-1　毕业生的专业方向分布情况

学生家庭所在地的区域分布如图 4-2 所示。来自密云区的生源最多,占了 11.59%,朝阳区其次,通州、大兴、平谷、海淀、丰台、怀柔等区随后,人数比例大致相当。生源最少的是门头沟区,仅占了 1.72%。总体来说,699 人中,458 人来自远郊区县,占比 65.5%。

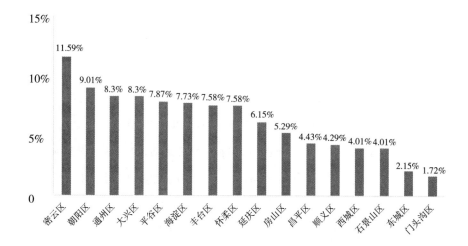

图4-2 毕业生的家庭所在地分布情况

从学生就业的小学所在区域来看,如图4-3所示,西城区的就业比例最高,共197人,占了28.18%,朝阳区和海淀区分居二、三位,人数比例为16.88%和13.88%。延庆区和石景山区的就业人数最少。总体而言,699人中有496人在城六区就业,占比71%。

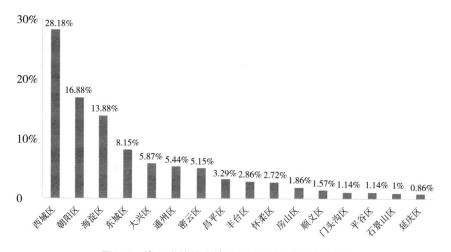

图4-3 毕业生的就业情况区域分布(北京市各区)

综合以上两组数据,初等教育学院师范生的回流比例值得注意。699人中有266人选择回到了家庭所在区就业,占比38%。在这266人中有171人来自远郊区县,占比64.3%。其中,回流比最高的区是密云区(35人)、通州区(33人)、大兴区(31人)、朝阳区(28人)、西城区(26人)和海淀区(25人)。回流比最低的是门头沟区(4人)、石景山区(4人)、东城区(5人)。

相对应的是,有433人在毕业后进行了跨区流动,反映了优秀的师资资源在北京市各区之间,尤其是城区和远郊区之间的流动和失衡。在此过程中受益最大的区是西城区,有171名出身于外区的师范生来此工作。排名随后的是朝阳区(90人)、海淀区(72人)和东城区(52人)。

进而,如图4-4所示,在毕业生当前任职学校的地域分布中,城市学校比例为78.4%,占了大多数。

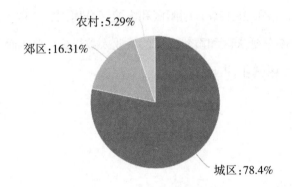

农村:5.29%
郊区:16.31%
城区:78.4%

图4-4 受访者任职学校地域分布

(2)毕业生的专业发展情况

在当前所教学科上,绝大多数学生(600人,占85.8%)当前的主教学科与所学专业一致,但有189人(27%)一直从事着多学科教学,185人(26.5%)曾经有过多学科教学的经历。可见多学科教学是一线学校的现实需求。

在班主任经历上,有346人(49.5%)担任着正班主任。进而通过分析可见,在各届毕业生中,担任班主任的人数比例基本相当,但班主任任职中的学科差异非常显著:中文教师中有85.6%担任着正班主任,比例最大,数学教师其次(55.4%)。比例最低的是美术(10.9%)和音乐(6.3%)教师。

受访毕业生当前的职称以二级为主,占了70.5%,如图4-5所示。高级和正高级各1人,均是2017届毕业生。

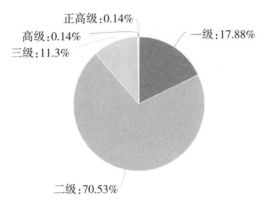

图 4-5　毕业生当前的职称情况

从入职后的获奖情况来看,获得过国家级奖励或荣誉的有50人,且主要集中于2012届(19人)和2017届(20人)毕业生。可见初等教育学院优秀的毕业生在工作五至十年内,就已经能展现出深厚的发展潜力。另有30.62%和21.17%的毕业生获得过北京市级和区级的奖励或荣誉(见图4-6)。

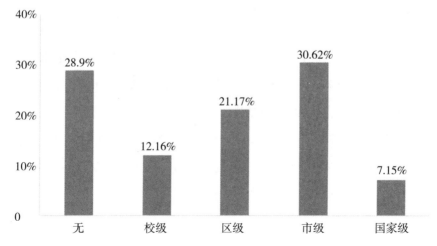

图4-6　毕业生入职后的获奖情况

　　至于当前工作中遇到的主要困难，调查中主要包括了班级管理和教学两大主题。首先，如图 4-7 所示，根据毕业生的反馈，当前在班级管理中最大的困难是处理各种琐碎事务，有 75.98% 的毕业生选择了这一项。其次是与学生家长交流，选择的人数比例为 60.94%。另有不足五成的受访者选择了班风班纪建设和学生思想教育与心理辅导，近两成的毕业生选了组织集体活动和与领导沟通交流。相比之下，极少有毕业生认为与学生和其他教师沟通和相处是困难的任务。

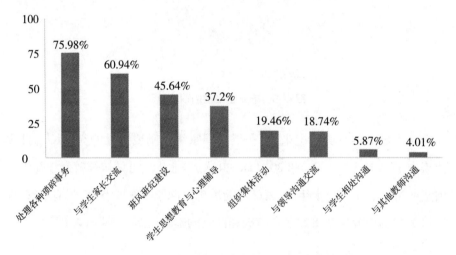

图 4-7　毕业生当前在班级管理工作中的主要困难

　　其次，如图 4-8 所示，毕业生所反映的教学工作中的最大难题，比例最高的是激发学生的学习兴趣（62.52%），其比例遥遥领先于其他教学工作。随后是实施教学评价、灵活调节教学进程和内容、寻找合适的教学资源、维持课堂秩序和进行教学设计，选择的人数比例均在 24%~35% 之间。相比之下，和其他老师进行教学交流与合作、知识讲授、应用多媒体设备和制作课件这几项，绝大多数受访者认为并没有太大困难。

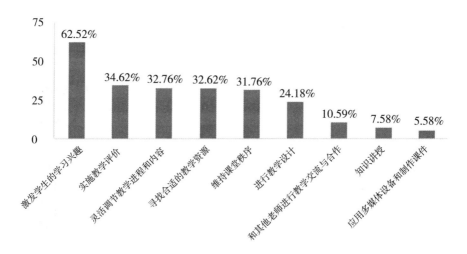

图 4-8　毕业生在教学工作中的主要困难

2. 学院培养目标的达成度分析

对于学院培养目标的达成度，问卷里通过一系列的情境类问题来评价毕业生是否达到了学院的培养方案中所详细列出的 11 项毕业要求，每一个问题均用 Likert 五点量表来测量，1 为很不符合，5 为非常符合。以下便对毕业生在这 11 项要求维度上的表现进行逐项阐述。

（1）师德规范

师德规范维度主要包括了三个问题：主要了解受访者是否严守师德，并时刻注意保持得体的教师仪表和行为。在这一维度上，受访者的表现整体非常好，总体得分情况如图 4-9 所示，有 350 人的自评分数为满分，可见初等教育学院毕业生的师德规范优异。

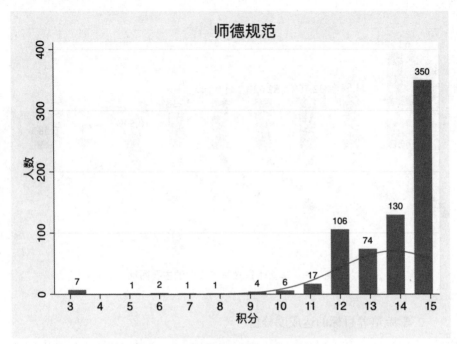

图4-9 培养目标达成度情况：师德规范

具体而言，绝大多数受访者认为，自己能时刻注意仪表行为规范，维护良好的教师形象，并且能够始终严守教师的职业道德。不过，在身为小学教师的自豪感上，毕业生的认可程度相对弱一些，有116人选择了没感觉或不认同。这一现象应当根源于当前社会对小学教师的职业认可度还不够理想，从而影响了从业者的职业自豪感。

（2）教育情怀

教育情怀维度主要包括了四个问题：主要了解受访者是否从教师工作中获得了快乐和成就感，并且愿意发挥教育者的主体意识，积极参与学校改革与发展。在这一维度上，受访者的表现整体也较为理想，总体得分情况如图4-10所示，在满分为20分的情况下，绝大多数受访者的得分都在15分以上，可见初等教育学院毕业生普遍有着良好的教育情怀。

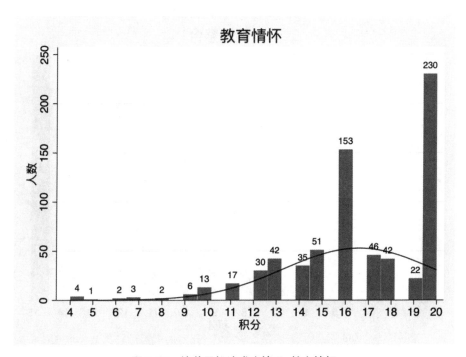

图4-10　培养目标达成度情况：教育情怀

　　具体而言，绝大多数受访者都认为自己在工作中获得了很大快乐，体验到了成就感，工作出现问题时能积极向领导反馈，以及愿意参与学校的改革与发展。这四个问题的回答分布也较为相似。

　　（3）知识整合

　　知识整合维度主要包括了三个问题：主要了解受访者是否掌握多学科知识，能够设计开展混合式课程，以及在教学中做到跨学科、跨领域的知识融合。在这一维度上，尽管仍有大部分受访者认为自己可以做到，但认可的程度并不如上面两项毕业要求的指标。如图4-11所示，在满分为15分的情况下，尽管有211人自评为满分，但9~12分之间的"及格—良好"区间里人数众多，达到了过半数的352人。因此，毕业生的知识整合能力还有一定的提升空间。

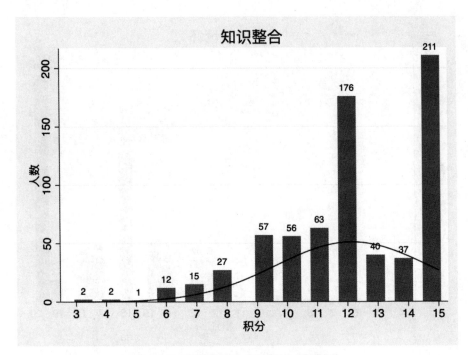

图4-11 培养目标达成度情况:知识整合

　　进而,毕业生的跨学科知识相对较为理想,但在以知识整合为导向的教学实践上,无论是课程设计还是具体实施教学,都还缺乏足够的经验和技巧,因此应成为未来重点加强的环节。

　　(4)教学能力

　　教育能力维度主要包括了四个问题:主要了解受访者是否能够灵活选择和使用教学方法,教学中突出重难点,因材施教,并科学合理地布置作业和评价任务。总体得分情况如图 4-12 所示。在这一维度上,毕业生的表现也较为理想,绝大多数人的得分在 16 分以上(满分 20 分)。可见初等教育学院毕业生普遍有着扎实过硬的教学能力。

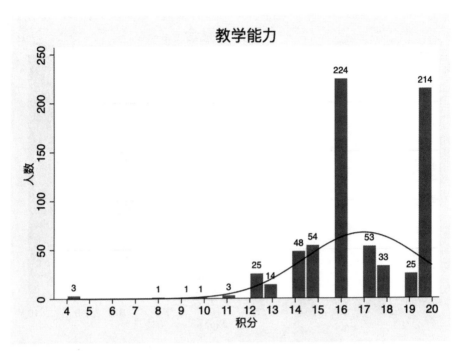

图4-12　培养目标达成度情况：教学能力

　　具体而言，绝大多数受访者认为，自己能够经常根据情境灵活选择和运用教学方法，把握教材中的重难点。不过，还有一些毕业生在帮每个学生制定个性化学习计划和目标、布置科学合理的作业和考试这两项上能力不足，分别有128人和105人。可见在具体的、以学生个性化为导向的因材施教和科学评价能力上，毕业生还有待进一步加强。东城区S小学的德育学科带头人J老师在接触过很多初等教育学院的实习生和留校工作的学生后，总结初等教育学院师范生是"非常热爱教师工作，喜欢学生，工作起来尽职尽责，不足之处，应该是新教师所面临的共同问题，比如具体进到每个班里的教学设计能力、课堂把控能力，还需要再进一步的提升"。

　　（5）技术融合

　　技术融合维度主要包括了两个问题：了解受访者能否熟练运用多媒体技术和信息技术。在这一维度上，受访者的整体表现很出色，总体得分情况如图4-13所示。

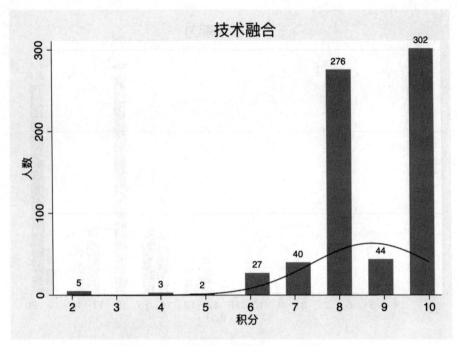

图4-13　培养目标达成度情况：技术融合

　　具体而言，受访者普遍认为，自己能够熟练运用各种多媒体技术来辅助教学，以及经常思考和尝试新的信息技术工具。可见学院毕业生的信息媒体素养从理论到实践层面都非常出色。在访谈中，2017届毕业生、现就职于西城区H小学的Y老师就重点强调："本科期间学习了信息技术课程，为实际工作进行备课、制作教学PPT、信息技术互动反馈等打下了良好基础。"

　　（6）班级指导

　　班级指导维度包括了三个问题：主要了解受访者的班级秩序、班级氛围，以及对有着特殊需要的学生的关怀帮助情况。从结果来看，毕业生的表现也普遍出色，绝大多数受访者的得分都是优良（640人，占91.6%）。可见班级指导能力同样是初等教育学院毕业生的强项所在。

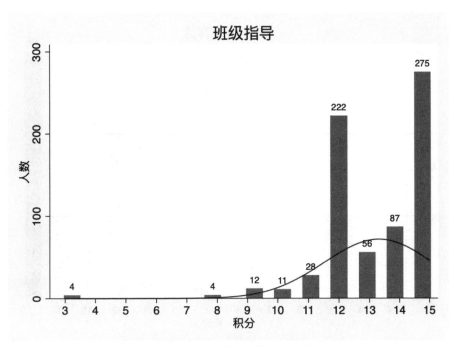

图4-14　培养目标达成度情况：班级指导

具体而言，绝大多数受访者认为，自己与学生始终保持着民主平等的关系，课堂秩序一向良好，也能为有心理困扰的学生提供及时有效的指导帮助。

(7)综合育人

综合育人维度主要包括三个问题：询问受访者是否注重培养学生的道德品质、注重文化育人和多元评价。而从回答来看，毕业生的表现也非常出色，绝大多数得分均为优良。由此可见，综合育人的教育理念在毕业生中得到了很好的理解和贯彻落实。

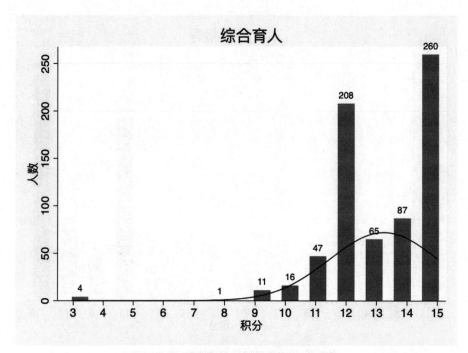

图4-15　培养目标达成度情况:综合育人

绝大多数毕业生在教学和管理过程中高度重视德育（684人,占97.9%）,可见初等教育学院在本科生培养过程中对于德育的重视和强调已然深入人心。多元评价的理念也普遍贯彻到了他们的育人过程之中。稍有不足的是有些毕业生在自己的班级里还没有塑造出鲜明的文化特色(120人),未能发挥出隐性的、文化育人的强大价值。

（8）自主学习

自主学习维度主要包括了两个问题:受访者在工作中是否经常"知不足",以及经常开展自主学习。在这一维度上,受访者的表现还有待提升。有404人(占57.8%)的得分为6~8分,即在及格—良好之间。可见相对来说,自主学习能力并非初等教育学院毕业生的优势。

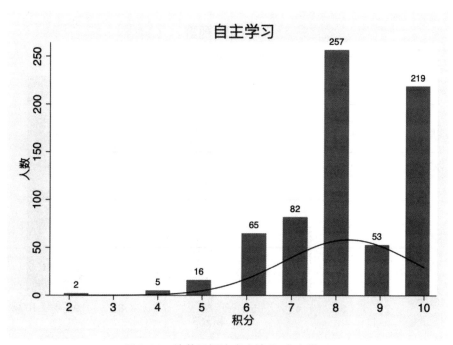

图4-16　培养目标达成度情况：自主学习

　　具体而言，虽然大多数毕业生在工作中确实感受到了自己在专业知识和技能上的不足（616人，占88.1%），体现出了应有的工作反思能力和意识，但很多人并没有经常阅读专业资料的习惯（154人，占22%）。因此，自主学习和终身学习的意识、习惯和能力，应成为未来师范生培养工作中的一项重点。海淀区S小学的德育老师L老师就提出，希望初等教育学院毕业生有更强的"终身学习的能力，不是大学毕业之后就结束学习了，作为老师要终身学习，要把学习作为一种生活习惯，作为一种爱好"。

　　（9）国际视野

　　国际视野维度包括了两个问题：主要了解受访者是否熟悉并尝试过其他国家的小学教育教学的方式与方法。在这一维度上，毕业生的表现比较不理想。如图4-17所示，有128人的得分不及格，另有136人仅得到了6分的及格分数。在这11项毕业要求中，国际视野是初等教育学院毕业生相对来说的短板之一。

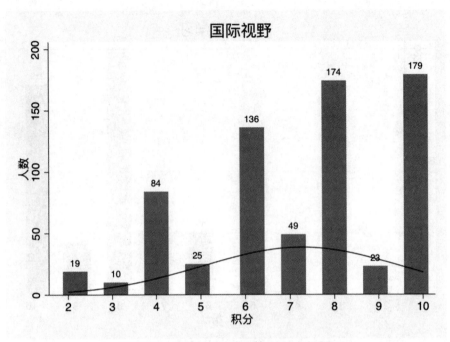

图4-17　培养目标达成度情况：国际视野

具体而言，无论是对其他国家小学教育教学经验的了解，还是工作中对"他山之石"的借鉴尝试，毕业生的表现都不理想。如果说，在工作中难以借鉴其他国家的教育教学经验，还可能是由于当前小学的教育体制的限制，但缺少对其他国家教育经验的了解，则暴露出了学院师范生培养中相关内容的不足。

（10）反思研究

反思研究维度主要包括了两个问题：分别了解受访者是否经常开展反思，并且能够独立进行课题研究，以及经常参加校本教研。在这一维度上，受访者的整体表现也不够理想。如图4-18所示，有100人的得分不及格，可见学院毕业生的反思研究能力也有较大的短板和改进空间。

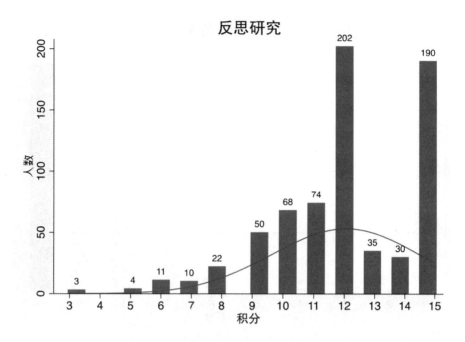

图4-18　培养目标达成度情况：反思研究

　　虽然绝大多数毕业生都能在每次课后进行及时反思，具备良好的教学反思能力和意识，但是研究意识和能力相对薄弱，表现为有较多的毕业生参加校本教研活动不太积极，同时缺乏独立进行教育科研课题研究的能力，从而导致无法将教育教学实践中的问题通过科学的研究路径和方法加以解决，进而转变为自己的专业能力与资本，从而获得专业提升。

　　（11）交流合作

　　交流合作维度主要包括了两个问题：调查受访者和学校同事、学生家长之间能否进行有效的交流、沟通与合作。整体来看，毕业生在这方面表现很好，在这一维度上，受访者的表现整体非常好，如图 4-19 所示。在访谈中，几乎所有的学校领导，都对初等教育学院实习生和毕业生的人际沟通能力有很好的评价。

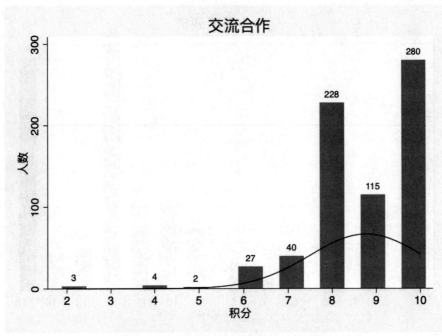

图4-19　培养目标达成度情况:交流合作

但具体比较毕业生与同事和家长的关系可见,前者更为出色,后者相对弱一些。在《中华人民共和国家庭教育促进法》出台之后,同家长保持密切而有效的沟通,并在此基础上构建良好的家校合作关系,依然是师范生亟须提高的一项重要而紧迫的专业能力。

最后,若将这11项毕业要求的指标做一个横向的直观比较,可以更加清楚地看出初等教育学院师范生在这些指标上的整体表现情况,如图4-20所示:

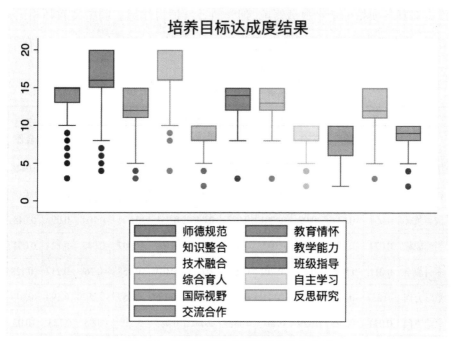

图4-20　培养目标达成度结果的综合分析

　　由于各个指标的总分不同，所以上图中代表各个指标的箱形位置高低有所不同。由图 4-20 可见，一方面，学院毕业生在师德规范、教学能力、技术融合等方面的能力最为突出，且内部较为一致；另一方面，学院毕业生在知识整合、国际视野、反思研究等方面，相对较为薄弱。

　　为了进一步探索影响毕业生在这些指标上的因素，又将这些指标分别作为因变量，以毕业年份、是否教非所学、获得的最高荣誉或奖励、当前的职称、是否为多学科教学、学科方向（中文为基准组）、学校位置（农村为基准组）等因素作为自变量，运用多元回归模型做了相关性分析。分析结果整合如下表 4-1。毕业时间越晚，学生在师德规范、知识整合、技术融合、自主学习、国际视野、反思研究、交流合作等多个维度上表现明显越好。可见，学院每年的本科生培养模式的反思与变革确实起到了显著的成果，能够显著地提升本科生的综合素养。

　　毕业生在校期间的荣誉和工作表现，以及工作单位的位置、环境，基本没有对其各项指标带来显著影响,但学科差异值得注意。同中文教师相比,音乐、美术学科的教师几乎在各项有关教育教学的维度上表现都更好。在很大意义上,这也反映出了艺术类师范生在一线教育教学实践中的可塑性。

表4-1　培养目标各指标的影响因素分析

指标	师德规范	教育情怀	知识整合	教学能力	技术融合	班级指导	综合育人	自主学习	国际视野	反思研究	交流合作
毕业年份	0.064*	0.106	0.093*	0.083	0.049*	0.022	0.038	0.066**	0.105**	0.093*	0.044*
教即所学	-0.209	-0.229	0.194	0.066	0.029	-0.043	-0.022	-0.087	-0.162	-0.282	0.038
最高荣誉	0.054	-0.031	-0.07	-0.001	0.023	0.046	0.051	-0.024	-0.104	-0.092	0.048
当前职称	0.074	-0.098	0.112	0.033	0.014	0.045	-0.023	-0.007	-0.047	-0.124	0.064
多科教学	0.011	-0.564*	-0.13	-0.201	0.042	-0.036	-0.019	-0.158	-0.26	-0.217	-0.128
数学方向	-0.237	-0.432	-0.268	-0.11	0.026	0.011	-0.189	-0.157	-0.287	-0.193	-0.049
英语方向	0.044	-0.195	0.329	0.441	0.382*	0.072	0.087	0.119	0.095	0.123	-0.02
信息方向	0.713	0.209	0.106	-0.074	0.357	0.537	0.55	0.636	0.252	0.715	0.197
科学方向	-0.02	-0.044	-0.077	-0.057	0.203	-0.071	-0.005	0.122	0.151	0.708*	-0.082
音乐方向	0.4	0.756	1.357**	1.256**	0.723**	0.761**	0.728**	0.457*	0.91**	0.891**	0.304
美术方向	0.433	0.604	0.908*	1.04**	0.546**	0.544*	0.655*	0.443*	0.671*	0.883*	0.24
市区学校	-0.387	-0.684	-0.314	-0.21	0.12	-0.2	-0.238	-0.159	0.175	-0.043	-0.137
郊县学校	-0.459	-0.67	0.027	0.268	0.233	-0.002	-0.085	0.019	0.37	0.045	-0.163

注:***$p<0.001$,**$p<0.01$,*$p<0.05$

3. 对本科期间的培养满意度分析

问卷中还调查了毕业生对本科期间的培养满意度。首先,在教育教学各环节上,毕业生最满意的是实习见习,有50.64%的毕业生选择了这一点。在访谈中,所有受访的毕业生均对实习见习经历充满了感激,并希望如果能再来一次大学的话,希望能继续参加实习。2019届毕业生、现就职于朝阳区S小学的X老师回忆道:"入职以来我认为初教院出来的老师最大的优势就是'经历了实习',能够比其他新教师更快、更准、更稳地去适应教师的角色,无论是带班还是教学,都能很好地完成从学生到老师的蜕变。"

随后的是课程内容、任课教师和课程结构,而最不满意的环节是考试考核,仅有1.14%的学生对之最为满意。X老师特别强调了艺术类课程的考核,对身为中文专业学生的她来说,是一种"鸡肋式的折磨"。

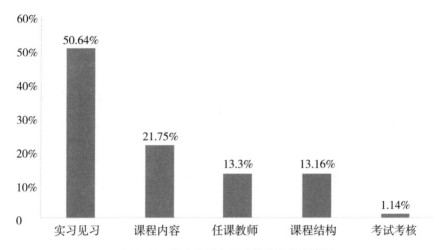

图4-21　毕业生对本科培养的满意度情况

关于本科教师最需要改善之处,有较多的毕业生(34.48%)选择了课堂互动方式,其次是考核评价方式(23.75%)。但对教师们的教学理念、专业知识和教学态度,毕业生都是持普遍认可的态度。

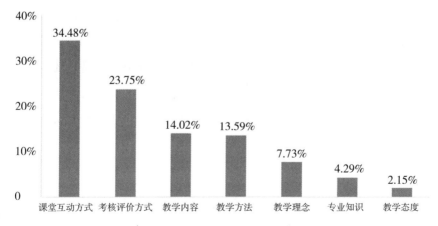

图4-22　毕业生认为的本科教师最需要改善之处

当结合毕业后的工作经验来反思自己在本科期间培养起的教学技能时，毕业生认为最需要改善的技能是家校合作。在这项多选题中，有45.92%的学生选了这一项。而且，在访谈中几乎所有的受访者都强调了这一点。房山区F小学的J校长就着重强调："高质量的教师要有很好的沟通能力，这对做班主任有很大帮助，在未来的教学中应加强沟通能力的培养。"2017届毕业生、现就职于海淀区S小学的H老师在访谈中提道："想要早早养成超强的与人沟通、交流的能力，与家长打交道很重要，也很让人头疼！"2019届毕业生、现就职于海淀区B小学的Z老师也认为，自己最困难的就是"让无数人头疼的家校共育问题，随着网络的普及，家校沟通频率不断提高又是必然趋势"。

其次是教材把握、课堂管理、教案设计和课标解读。这方面的技能缺乏，本质上反映出的是学生还不能很好地根据课标、教材和学情的变化而灵活适应和自主学习。毕竟，在校期间研习熟练的课标、教案、教材等，在其长期的职业生涯中还会不断发生变化，需要他们去自主学习。H老师也回忆道："（本科期间）少了一些实操性的课程指导，比如课本上的知识我自己掌握得很好，但不知道如何输出给学生，课堂实操技巧偏弱，导致入职前一两年比较手忙脚乱。"东城区S小学的德育主任G老师也认为，毕业生"理论性的知识和实践之间还是存在一定差距"。

在板书设计、学情分析、师生互动等方面，也有两成的毕业生认为需要在本科期间继续加强。J校长也希望："教学基本功要进一步提升，包括钢笔字、毛笔字、粉笔字、教学设计书写、作业设计与批改、试卷命制、班会设计与实施、家长会设计与实施……"而考评分析和课件制作能力则相对较好。

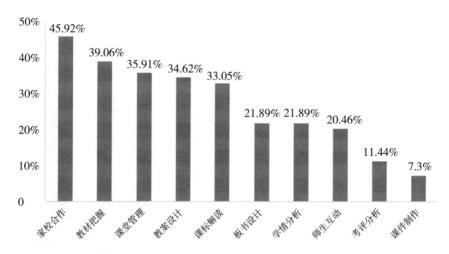

图4-23　毕业生认为的本科期间最需要加强的技能

4. 对当前学校及工作的评价

最后,问卷还询问了毕业生对当前所就职的小学及其工作情况的评价,包括学校氛围、学校领导、同事关系、工作量等。总体来看,绝大多数学生都很顺利地完成了从学生到教师的角色转换,大多数人感觉学校有着公平公正的环境与氛围,在工作遇到困难时也总能得到领导和同事的支持与帮助。但绝大多数毕业生均感觉工作量过重,压力过大,也有不少毕业生对自己的薪酬待遇不够满意。

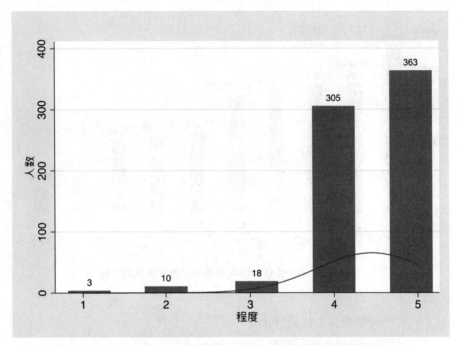

图4-24 毕业生认为自己完成了从学生到教师的角色转换的情况

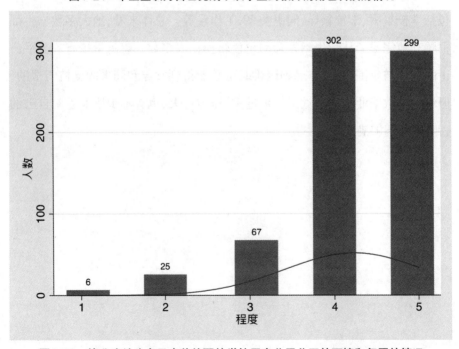

图4-25 毕业生认为自己当前就职的学校里有公平公正的环境和氛围的情况

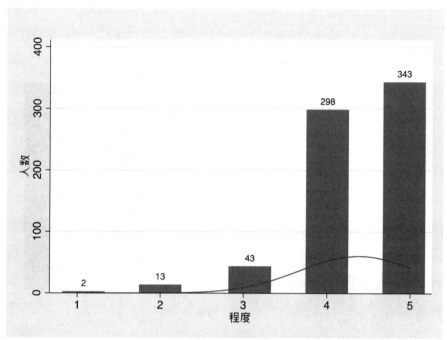

图4-26 毕业生认为自己工作遇到困难时能得到领导和同事的支持与帮助的情况

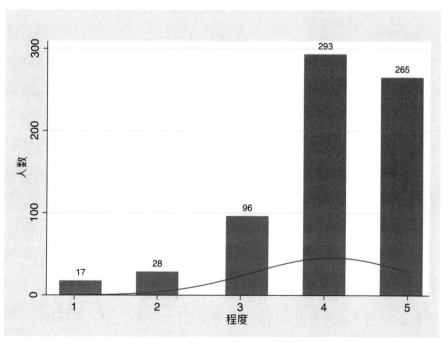

图4-27 毕业生认为自己工作量过重的情况

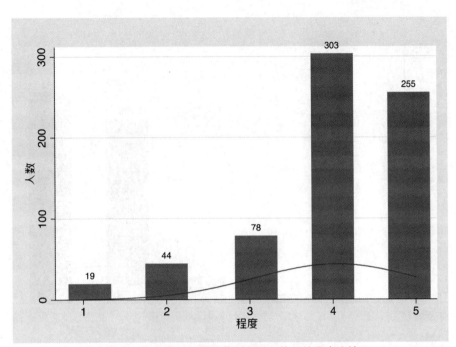

图4-28　毕业生对目前的薪酬和福利待遇的满意度情况

三、反思与展望

从此次追踪调查的结果来看，一方面，初等教育学院毕业生普遍能够很好地满足学院的各项培养目标和毕业要求，整体专业发展的态势良好，成长轨迹明显，成就喜人。优秀的毕业生在工作5年左右时，就能成为一线小学的骨干力量，获得较高级别的荣誉或表彰。用人单位也都对初等教育学院毕业生给予了高度评价，毕业生们也普遍对母校的培养深怀感激，深切感受到了培养体系对他们长远的专业发展的重要性。而且，在不同届的毕业生之间也存在着专业表现不断提升的趋势，反映出了学院本科师范生培养体系的不断完善与改进。具体而言，毕业生在师德规范、教育情怀、教学能力、班级管理能力、技术融合等方面的能力最为突出，实习单位、用人单位和毕业生自己均对这些方面评价很高。毕业生迅速的入职适应能力、"即插即用"的教学能力、良好的校内沟通能力、扎实的教学设计能力等，均堪称师范生的标杆。

另一方面，在知识整合、国际视野、反思研究、终身学习、个性化教学与评价等方面，学院毕业生相对较弱，与家长和社区的沟通与合作能力更是普遍性的短板。教育理论与实践之间的鸿沟依然存在，需要在就读期间继续进行有针对性的教育指导。由此，未来学院在本科生培养过程中，可以重点抓以下要点：

第一，继续将实习见习工作提质提量，丰富师范生的实践经验和反思，引导他们将书本理论和教育教学实践进行有机结合；

第二，加强教育教学基本功的训练，包括三笔字、课程设计、教材解读、课标分析等。值得注意的是，在教育教学基本功训练上应引导学生思考课标、大纲、教材和课程背后的深层逻辑，而不只是这些材料本身。这样才能帮助学生未来自主学习和适应不断变化的课标、教材等；

第三，优化本科生的课堂教学模式，改变传统的课程考核和讲授方式。这不仅能够提升教学质量和学生的满意度，同时还能为师范生作出表率，引导他们在毕业入职后也同样采用更加科学化、个性化的评价方式；

第四，通过专业课程和教育实践，强化学生与家长、社区沟通合作的能力，这是毕业生普遍反映的工作中的最大难题；

第五，继续开拓学生的学习能力。通过开拓国际视野、深化科研训练、加强自学和反思等方式，挖掘和培养学生的自主学习能力和意识。一方面锻炼其反思、研究和不断改进自己教育教学工作的能力；另一方面养成其终身学习的品质，为未来的专业发展奠定知识基础。

（执笔人：傅添）

重构毕业要求达成评价机制的新实践

　　毕业要求集中体现"产出导向"的基本理念,是整个认证的核心,具有承上启下的作用。基于教学评一体化理念和教育部认证工作产出导向的核心理念,深刻把握我国教育改革趋势及首都师范大学小学教育专业发展特点和需求,2019年3月至2022年8月期间,初等教育学院基于二级认证工作对毕业要求达成评估反馈的普遍性问题,尤其是初等教育学院小学教育二级认证阶段对毕业要求达成度评估机制系统化及评估工具科学性等方面不足,系统梳理了需要进一步改进的问题。在此基础上,学院积极回应三级认证标准的新变化和新要求,开展了对毕业要求达成合理性评价的改进工作。同时进一步完善毕业要求达成度评价机制,在原二级认证采用内、外部评价综合评估的工作经验基础上,重构多视角立体化的毕业要求达成评估机制,尤其是增进评估工具科学性考量、评估结果与课程目标关联度的评估。最后采用自主研发的系统评估工具对2022届毕业生进行毕业要求总体达成情况评价,按照毕业要求逐项说明达成评价结果和每项的整体达成情况,并以评估结果为依据反哺教学改进。

一、背景与问题

(一)毕业要求达成评价改进的提出及意义

专业认证的"主线"和"底线"要求明确了培养目标、毕业要求制定的逻辑思路,在认证标准下开展人才培养体系建设,要以学生发展为中心,以培养目标、毕业要求为依据,综合评价人才培养质量;以培养目标为依据制定毕业要求,依据毕业要求进行课程体系建设,并开展师资队伍建设和教学条件建设,最终促进学生发展。毕业要求集中体现"产出导向"的基本理念,是整个认证的核心,具有承上启下的作用。毕业要求的制定与达成过程充分体现了"教学评一体化"的理念,这种理念指向有效教学,倡导在课堂教学中把教、学与评价相互整合,将评价用作教学工具,以评价促进学习。

首都师范大学小学教育专业立足首都基础教育改革与未来教育发展的需要,传承百年师范精神,培养师德优秀、热爱小学教育事业,能以儿童为本、全面育人,素养综合、能够终身发展,具有国际视野和未来教育家潜质的创新型小学教育人才。基于教育改革的发展和面向未来人才培养的卓越小学教师培养现实需求,我们提出了毕业生应具备的六项核心素养,分别是师德优秀、儿童为本、素养综合、全面育人、终身发展和国际视野。

(二)毕业要求达成度评价需要解决的主要问题

2019年3月至2022年8月期间,初等教育学院基于二级认证工作对毕业要求达成评估反馈的普遍性问题,如培养目标不能有效落实到毕业要求,毕业要求分解不合理、指标点描述衡量困难,毕业要求达成评价方法单一、缺少学校层面制度保障,评价机制不健全等。同时针对初等教育学院在二级认证阶段对毕业要求达成度评估机制系统化及评估工具科学性等方面不

足,系统梳理了需要进一步改进的问题,具体如下:

1.原二级认证内部评价在分配课程权重时,只考虑了学分的因素。本案例统筹了各代表性课程的支撑强度及学分,为每门课程赋权重系数,作为评价目标值。这样的设计既考虑了课程学分,又考虑了支撑强度对课程权重的贡献度。

2.原二级认证内部评价使用的是原始成绩分数,无法计算等级评定的课程成绩。本案例将原始成绩分数转化成了更为标准化的绩点。使用绩点将公式可以计算的课程范围扩展到了等级成绩,用等级评定的课程成绩可以转化成绩点纳入计算。

3.原二级认证内部评价使用的计算结果为指标点达成度,缺少层次性。本案例力图使用多层次的达成度指标,包括指标点达成度、课程标准达成度、毕业要求评价值。

4.原二级认证内部评价学生自评视角评价工具科学性问题,评估工具有待进一步标准化,同时学生自评毕业要求达成度与课程目标关联度的评估以往没有涉及。

5.原二级认证外部评价只评价了两届学生,缺乏新教师入职后专业发展不同阶段数据的追踪。

二、举措与成效

(一)毕业要求达成评估工作改进的主要举措

基于教学评一体化理念和教育部认证工作产出导向的核心理念,深刻把握我国教育改革趋势及首都师范大学小学教育专业发展特点和需求,同时紧密结合初等教育学院毕业要求达成评估工作存在的实际问题,初等教育学院基于三级认证标准的新变化和新要求,明确如下毕业要求达成评估工作改进的主要举措：

1.毕业要求达成合理性评价改进

《认证标准(第三级)》是在《认证标准(第二级)》毕业要求 4 个主要维度不变的情况下,将毕业要求二级指标从 8 项扩充到了 11 项,同时对相应毕业要求的内容进行了优化与改进。尤其是对新增的 3 个毕业要求的改进与落实,列表详尽说明专业毕业要求对培养目标的对应支撑情况并简要分析内涵关联关系,对每项毕业要求的内涵进行合理分解,形成可教、可学、可评、可达成的指标点。

2.毕业要求达成度评价机制完善

在原二级认证是采用内、外部评价综合评估的工作经验基础上,重构多视角立体化的毕业要求达成评估机制,尤其是增进评估工具科学性考量、评估结果与课程目标关联度的评估,这是此次评估改进工作的重点,更是难点,也是突破点。

3.以评促改的初步实践

在前面工作的基础上,应用新开发工具完成对最近一次毕业要求总体达成情况评价,并按照毕业要求逐项说明达成评价结果和每项的整体达成情况,并以评估结果为依据反哺教学改进。

(二)毕业要求达成评估案例实践与初步成效

对标《认证标准(第三级)》,对小学教育专业毕业要求的评价包括合理性评价和达成度评价,评价方式须内部评价与外部评价相结合,应有利益相关方参与。其中合理性评价需要回应的问题包括:毕业要求是否支撑培养目标? 毕业要求是否在教育教学中发挥"产出导向"作用? 而达成度评价则是指"专业应通过评价证明培养方案中预期的毕业要求是否达成? "需要回答的问题是"毕业生的职业能力和素养是否达到毕业要求? "

1.毕业要求二级指标的扩充与优化

首都师范大学的小学教育专业对标《认证标准（第三级）》，在原《认证标准（第二级）》中所规定的8项指标点为基础进一步扩充和完善了毕业要求。将原基于《认证标准（第二级）》毕业要求4个主要维度保持不变，但是将毕业要求二级指标从8项扩充到了11项，并对多项毕业要求的内容进行了优化与改进。

新增的3个毕业要求分别集中在"学会教学"（技术融合）和"学会发展"（自主学习和国际视野）两个维度之下。技术融合旨在让学生具有基本的数字教育资源开发和信息化学习环境的建设与应用能力；自主学习旨在让学生具有终身自主学习的意识和对职业生涯的自主规划能力；国际视野旨在让学生具备国际视野并尝试借鉴国际先进教育理念和经验进行教学实践与教育研究。

同时，我们还对《认证标准（第二级）》中已有的毕业要求进行了优化与改进。例如，在学会教学维度中的知识整合中，增加了对跨学科知识结构的理解与应用；在学会育人维度中的班级指导中，增加了以儿童为本的重要理念；在学会发展的反思研究中，增加了对学术道德与学术诚信的基本要求。

2.完善和系统化11项毕业要求与6个培养目标关联

借助整改和一流专业建设，首都师范大学小学教育专业在《认证标准（第二级）》基础上，对标《认证标准（第三级）》中相关要求，对毕业要求与培养目标的支撑情况进行了全新的补充和完善。最新2021版培养方案中，11项毕业要求对培养目标的支撑情况如下表4-2所示，其中"√"代表了对培养目标高支撑的毕业要求。

表 4-2　本专业毕业要求对培养目标的支撑情况

	师德优秀	儿童为本	素养综合	全面育人	终身发展	国际视野
师德规范	√	√	√			
教育情怀	√	√	√		√	
知识整合		√	√	√	√	√
教学能力			√	√		
技术融合			√			√
班级指导	√	√	√	√		√
综合育人	√	√	√	√		√
自主学习					√	
国际视野			√		√	√
反思研究			√	√	√	√
交流合作	√		√	√	√	√

注：上表仅显示毕业要求的 11 个维度对培养目标的高支撑情况。

从表 4-2 可见，每一个培养目标下对应了至少 5 项毕业要求。其中，师德优秀目标对应 5 项毕业要求；儿童为本目标对应 5 项毕业要求；素养综合目标对应 11 项毕业要求；全面育人目标对应 6 项毕业要求；终身发展目标对应 6 项毕业要求；国际视野目标对应 6 项毕业要求。该表也表明，首都师范大学小学教育专业毕业要求逐条对应、支撑专业培养目标。所有经过考核顺利毕业的师范生都具备了小学教师所需的各项知识、能力和素养。以如上毕业要求作为专业发展基础，毕业生在工作 5 年左右可以达成培养目标的预期。

相比《认证标准（第二级）》，在《认证标准（第三级）》里，支撑表进行了全方位的丰富与完善。其中在培养目标向度中增加了国际视野，在毕业要求向度中增加了技术融合、自主学习和国际视野 3 项内容。具体来讲，技术融合对应了两项毕业要求（素养综合、国际视野），自主学习对应了两项毕业要求（素养综合、终身发展），国际视野对应了 3 项毕业要求（素养综合、终身发展、国际视野）。新内容的加入丰富了培养目标，精进了毕业要求，两者的关系也有了更加丰富的相互支撑。

3.重构立体化、多视角毕业要求达成度综合评价机制

达成度评价是指"专业应通过评价证明培养方案中预期的毕业要求是否达成"，需要回答的问题是"毕业生的职业能力和素养是否达到毕业要求？"在二级认证相关工作经验基础上，初等教育学院基于三级认证标准要求，重新厘定毕业要求达成评价内容，进一步完善评价方法，初步形成了明晰的工作机制，以及一套科学、可信的毕业要求达成评价工具（学生自评视角），并对2022届毕业生的毕业达成状况进行评估与分析。

（1）毕业要求达成度内部评价：提出依据、机制与结果分析示例

①提出依据

毕业要求达成度的计算基于对全部课程进行文本分析数据记录。针对任一项毕业要求包含的各项指标点，对高、中、低支撑度的核心必修课程，对每门课程的考核内容、考核途径（方式）和过程性记录进行提取和整理。也包括对评价周期、评价依据、评价人、评价结果等进行分析，并对相关记录文档整理归档。在上述准备工作的基础上，抽取有代表性的课程作为样本，依据对该毕业要求的各指标点的支撑强度与学分赋予权重系数作为评价的目标值，依照相关课程的平均绩点，进行加权求和后求平均值，进而得出目标达成度。

②评估机制

首先，统筹某一指标点下各代表性课程的支撑强度与学分，为每门课程赋权重系数，作为评价目标值，某一课程的评价目标值（权重 P）=（课程学分×支撑强度）/ 该目标下所有相关课程的（课程学分×支撑强度）之和。因此，该目标下所有相关课程的评价目标值之和为1。

其次，确定各课程达成度评价值，课程评价值 V= 目标值 P×（平均绩点 MG/ 绩点满分 HG）。

最后，确定各项指标点达成度，即同一指标点内各课程评价值之和，如

指标点 T 达成度 D 公式为：DT= $\sum$（P·MG/HG）。

具体评价机制见下表：

表 4-3　毕业要求达成度内部评价机制

评价内容	评价责任人	评价方法	评价依据	评价结果分析改进措施
每项毕业要求指标点下各支撑课程的教学目标、考核目标、考核内容、考核方式与考核结果	任课教师、指导教师、各教研室	1.统筹某一指标点下各代表性课程的支撑强度以及学分，为每门课程赋权重系数，作为评价目标值，某一课程的评价目标值（权重 P）=（课程学分支撑强度）/ 该目标下所有相关课程的（课程学分支撑强度）之和。因此，该目标下所有相关课程的评价目标值之和为 1 2.确定各课程达成度评价值，课程评价值 V= 目标值 P（平均绩点 M$_G$/ 绩点满分 H$_G$） 3.确定各项指标点达成度，即同一指标点内各课程评价值之和；如指标点 T 达成度 D 公式为：D$_T$= $\sum$（P·M$_G$/H$_G$） 4.确定各项毕业要求评价值，即同一毕业要求内各指标点达成度相加后求平均值	1.课程考核目标、教学目标对毕业要求指标点的支撑强度 2.同一指标点下各课程权重比例 3.课程考核过程性记录 4.课程考核结果（综合成绩和绩点）	1.通过总结之前历届学生的毕业达成度水平，制定各项毕业要求达成度期望值为75,若达到期望值则视为该项毕业要求期望达成 2.若结果达成:为该项毕业要求赋予新期望值(以一年为动态调整期,对新期望值合理性进行分析),于第二年以新期望值为标准持续改进各课程教学对毕业要求的支撑情况 3.若结果未达成:重新审视该指标点下课程对毕业要求指标点覆盖情况，统筹该毕业要求下各课程对毕业要求支撑强度分布,在现有课程中增加强支撑内容或新增强支撑课程

③2022 届毕业生毕业要求达成度整体状况

下面以 2022 届毕业生数据为例，说明本届学生毕业要求达成总体情况。数据显示，11 项毕业要求达成情况总体良好。不同评价方式下达成度均较好的为师德规范指标和班级指导指标。其中国际视野指标在自评角度偏低,而在总达成度上相比其他指标略高。

表 4-4　2022 届学生毕业要求达成情况评价结果表

毕业要求	毕业要求达成评价方法		达成期望（定量值、定性达成描述）	达成情况	
	直接评价	间接评价		总达成度	学生自评
师德规范	表现性评价、综合性评价	问卷调查、课程及大纲文本分析法等	总达成度75分，师德规范良好	87.8 分	94.8 分
教育情怀	综合性评价		总达成度75分，教育情怀浓厚	78.9 分	95.8 分
知识整合	结果性评价、综合性评价		总达成度75分，知识整合深入	78.1 分	87.4 分
教学能力	表现性评价、综合性评价		总达成度75分，教学能力扎实	74.8 分	90.4 分
技术融合	表现性评价、综合性评价为主		总达成度75分，技术融合丰富	74.2 分	90.2 分
班级指导	结果性评价、表现性评价、综合性评价为主		总达成度75分，班级指导细致	86.2 分	92.0 分
综合育人	综合性评价		总达成度75分，综合育人全面	76.9 分	94.4 分
自主学习	表现性评价、综合性评价		总达成度75分，自主学习突出	79.7 分	91.2 分
国际视野	综合性评价		总达成度75分，国际视野宽广	81.1 分	85.2 分
反思研究	表现性评价、综合性评价		总达成度75分，反思研究深刻	77 分	91.4 分
交流合作	表现性评价、综合性评价		总达成度75分，交流合作充分	78 分	91.4 分

　　(2)毕业要求达成度内部评价－学生自评视角:提出依据、工具及结果分析示例

　　①提出依据

　　教育部相关文件从师德规范、教育情怀等 11 个维度对师范生的毕业要求进行了阐释。我们依据文件精神编制了毕业要求达成度自评工具,同时邀

请专业任课教师分别编制了小学教育中文、数学、英语、科学、信息 5 个专业方向的学科素养自评量表。根据心理测量学的相关要求，我们对测量工具的信度和效度进行了检验，以确保其科学性和可靠性。在信度方面，我们选取了内部一致性信度指标，发现 11 个毕业要求达成维度信度在 0.82~0.96 之间，各专业科学素养自评量表信度在 0.95~0.98 之间。在效度方面，我们选取了比较经典、成熟的量表（或部分维度），通过计算量表（或维度）与自编工具之间的相关系数，作为效标关联效度的指标。

②测量工具

A.职业认同感问卷。采用吴晓玮（2021）编制的师范生职业认同感问卷。问卷包括教师角色接纳、从教承诺、内在价值观、外在价值观 4 个维度，共 12 个题目。从"完全不符合"到"完全符合"依次计 1~5 分。本次调查中总问卷信度为 0.96。此问卷作为"教育情怀"维度的效标。

B.教学效能感问卷。采用俞国良等人（1995）编制的教师教学效能感量表中的个人教学效能感分量表。原问卷含 17 个题目，本次调查中选取了 5 个题目，问卷内部一致性信度为 0.92。此问卷作为"教学能力"维度的效标。

C.教师胜任力量表。采用李玉华（2008）编制的教师胜任力量表中的成就动机、自我调节、人际沟通 3 个维度，共 17 个题目，问卷内部一致性信度为 0.96。此问卷作为"自主学习""交流合作"维度的效标。

D.职业成熟度问卷。采用缴润凯（2009）编制的师范生职业能力成熟度量表中的职业能力成熟度问卷（另有职业态度成熟度问卷），增补和修订后包含 32 个客观的行为条目，采用"0""1"计分，如"去小学听课 10 节以上""获得了小学教育教师资格证书"等。

本次调研中，总问卷内部一致性信度为 0.81。由于问卷内容广泛，作为自评工具的总效标。相关分析发现，自编量表各维度与效标之间呈中度以上相关，系数在 0.32~0.82 之间（见表 4-5）。整体表明自编自评工具信度和效度良好，达到心理测量学指标。

表 4-5　毕业要求达成度自评工具与效标之间的相关（N=351）

	职业认同	教学效能感	教师胜任力成就动机	教师胜任力自我调节	教师胜任力人际沟通	职业成熟度
1-师德规范	0.55***	0.50***	0.37***	0.31***	0.44***	0.32***
2-教育情怀	0.61***	0.59***	0.38***	0.34***	0.52***	0.33***
3-知识整合	0.53***	0.69***	0.45***	0.43***	0.60***	0.41***
4-教学能力	0.58***	0.76***	0.55***	0.55***	0.62***	0.48***
5-技术融合	0.60***	0.74***	0.51***	0.52***	0.60***	0.43***
6-班级指导	0.67***	0.78***	0.53***	0.54***	0.66***	0.42***
7-综合育人	0.66***	0.71***	0.46***	0.45***	0.65***	0.33***
8-自主学习	0.65***	0.74***	0.56***	0.57***	0.68***	0.45***
9-国际视野	0.46***	0.64***	0.51***	0.51***	0.55***	0.45***
10-反思研究	0.66***	0.79***	0.56***	0.53***	0.71***	0.44***
11-交流合作	0.66***	0.79***	0.56***	0.53***	0.71***	0.44***
学科素养	0.69***	0.82***	0.58***	0.55***	0.70***	0.49***

注：* 表示 $P<0.05$，** 表示 $P<0.01$，*** 表示 $p<0.001$

③2022 届师范生自评视角下毕业要求达成情况分析

根据自评量表测试结果，师范生在师德规范、教育情怀和综合育人等维度上得分较高，在 4.70 以上；在知识整合和国际视野维度上得分较低，在 4.30 左右（如图 4-29 所示）。

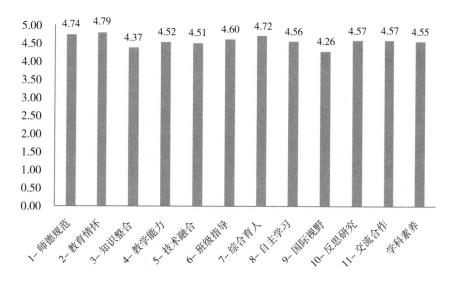

图4-29　学生自评毕业要求达成度（N=351）

以各维度得分率在80%以上的学生占总体的比例作为达成度的群体指标（达标率），发现教育情怀和综合育人两个指标达标率较高，在95%左右；而国际视野维度达标率较低，仅为70.1%（如图4-30所示）。

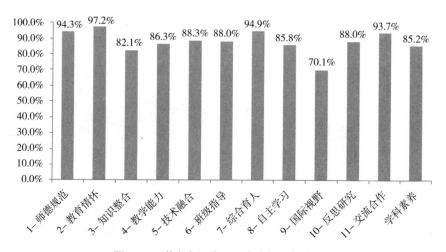

图4-30　学生自评毕业要求达标率（N=351）

④最近一届毕业生自评专业课程对毕业课程达成度相关分析

将 2022 届毕业生的儿童教育类必修课程分数与学生自评的毕业要求达成度进行相关分析,结果发现,儿童教育类课程与学生毕业要求达成度之间相关显著,相关系数在 0.10~0.21 之间。为直观表示课程对毕业要求的达成度,选取了 5 门课程与 6 个毕业指标之间的相关系数,绘制了如下雷达图 4-31 至图 4-36。由图可见,"儿童生理与卫生学基础"等 5 门课程与师范生毕业要求达成度之间相关密切。

另外,选择了中文方向的专业课程成绩与学生职业成熟度问卷的得分计算相关,发现二者之间相关密切。选取"儿童文学概论"等 6 门课程成绩与职业成熟度得分之间的相关系数,绘制了雷达图 4-35。

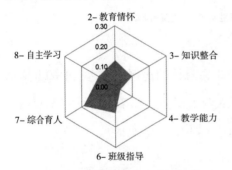

图4-31　"儿童生理与卫生学基础"
对毕业要求的支撑情况

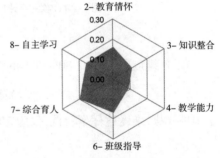

图4-32　"儿童发展"对毕业要求的
支撑情况

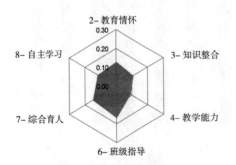

图4-33　"小学班级管理"
对毕业要求的支撑情况

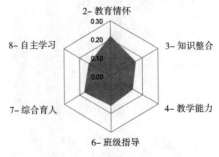

图4-34　"小学教育研究方法"
对毕业要求的支撑情况

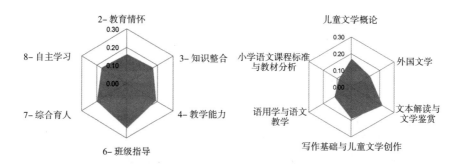

図4-35　"教师语言"
对毕业要求的支撑情况

图4-36　中文方向专业课程与职业成熟
度之间的相关

（3）毕业要求达成度外部评价机制及结果分析示例

①毕业要求达成度外部评价机制

首都师范大学小学教育专业每年都有近400名毕业生进入小学教师岗位，在基础教育发生深刻变革的今天，他们能否胜任工作？是否达成了毕业要求？用人单位对他们的评价如何？为此，本专业制定了外部评价机制，见表4-6。

表4-6　毕业要求外部达成度评价机制

评价内容	评价责任人	评价方法	评价依据	评价结果分析改进措施
毕业生在11项毕业要求的工作表现。	小学（用人单位）校长、主任、教学指导委员会	向用人单位发放毕业生培养质量调查问卷、进行访谈，对毕业生的毕业要求达成度情况进行评价（5分制）	追踪评估本专业毕业生参加工作1、3、5、10年，毕业要求的达成度情况（涵盖毕业生在11个目标上的发展状况）	制定各项毕业要求达成度阈值：3.5，若达到该阈值则视为该项毕业要求达成；将评价结果反馈至"专业教指委"，根据评价结果调整专业人才培养方案

②往届毕业生毕业要求达成情况分析

依照《初等教育学院本科毕业生专业发展质量跟踪与调研制度》，初等教育学院于2022年4月中下旬开展了对本科毕业生的追踪调查，以及时了解初等教育学院毕业生在一线小学中的专业发展现状。其中毕业要求达成是此次调研很重要组成部分。下面以2022年首都师范大学小学教育专业对2021届、2019届、2017届、2012届四届本科毕业生（分别对应着毕业工作后的1年、3年、5年、10年的关键发展节点）开展的大规模调研数据为例说明毕业要求达成度外部评价的实施及结果。

本次调研采用混合研究设计，即一方面采用问卷调查法，围绕11项毕业要求设计一系列的情境类问题，评价毕业生是否达到了学院的培养方案中所详细列出的11项毕业要求；另一方面通过访谈法，对一线小学校长及副校长10人、一线经验丰富的各学科教师10人，以及毕业生代表20人深入访谈，了解当前及未来北京小学教师应具备的关键素养、初等教育学院毕业生工作之后的表现、存在的不足等。调研结果表明，初等教育学院毕业生在师德规范、教学能力、技术融合等方面的能力最为突出，且内部较为一致，而在知识整合、国际视野、反思研究等方面，相对较为薄弱。这反映出小学教育专业大多数毕业生达到了毕业要求的规定，并具备了较好的持续发展基础，获得了用人单位的普遍认可。

三、反思与展望

在完成三级认证毕业要求达成评价的探索和实践中，我们也发现培养过程确实存在一些需要改进的地方：比如在教学评一体化理念下，如何进一步增加对课程、教学等多方面、多种方式整合评价，尤其是将评价结果的使用如何及时反馈，促进教学改进还需要加强。同时，除了从培养方案、课程评价方案这些制度层面落实外，从学校层面对毕业要求合理性和达成情况评价实施办法、院系层面关于毕业要求达成情况评价实施方案等目前只是制度上落地，如何发挥毕业要求达成在育人实践中的教学成效反馈和学习评价方式改进方面教研等还有待加强。

本案例虽然在目标达成、数据分析、评价指标上进行了一些改进,完善了内部评价机制,但是仍然存在一定的不足之处,需要在未来进一步完善。

在内部评价机制方面:首先,本案例仅仅选取了有代表性的课程进行内部评价,没有囊括所有必修核心课程,未来将扩大课程样本数量,以寻求更高的效度。其次,在公式拟合上缺乏信效度的检验,未来将结合学生毕业后在学校的表现与自我评价,进行严谨的信效度检验。最后,对于达成指标的期望值,未来将综合多年学生成绩,更加合理的设置期望值,使期望值更加符合学生的应有水平。

从毕业要求达成度自评方面:未来可考虑采用聚合交叉设计的方式完善测评方案。此次 2022 届师范生毕业要求达成度自评量表数据在毕业前夕采集,建议未来可在学生的不同培养阶段进行追踪测试,如学生在不同年级参加自我报告毕业要求达成度、职业成熟度等方面的测验,以期描绘出学生专业成长的轨迹。同时,在不同培养阶段,采用成熟的工具或其他客观指标进行辅助测量,如在入学前测试师范生的入学动机,在实习结束后测试师范生的教学效能感,将在校期间获得教学或科研奖励的情况等作为师范生师德规范、教育情怀、教学能力、反思研究等维度的效标。

此外,以评促改,以评促教。在采集学生毕业要求达成度数据的过程中,及时分析和反馈结果也亟待落地。建议可在学院层面推进:①根据课程对毕业要求达成度的支撑情况,调整课程方案;②在学生专业成长的关键时间节点,进行针对性的加强训练或引导,如入学后的师德教育,实习中的专业督导等。在个别层面上,甄别出专业发展欠佳的班级或学生个体,进行有针对性的辅导。基于实证调查的数据反馈,来进一步提高初等教育学院整体育人质量。

（执笔人:李玉华、俞劼、毛新瑞、张俊、苏萌萌）

课程目标达成度评价：机制、方法与分析

首都师范大学小学教育专业针对二级认证中存在的"基于 OBE 的课程评价机制尚未全面建立"不足，积极致力于建立面向产出的课程体系合理性评价机制与课程目标达成情况评价机制。本案例对应三级认证的"标准 3 课程与教学"的"课程评价"部分，聚焦课程目标达成评价的机制、方法和分析，说明首都师范大学的小学教育专业课程评价改进中所采取的措施：①建立科学规范的课程评价机制；②充分发挥用人单位、毕业生等利益相关方参与评价与修订的作用；③加强课程评价培训，深化课程目标达成度评价的认识；④多方投入有效实施课程目标达成度评价。在课程评价方面，已经形成了科学规范的小学教育专业课程体系合理性与课程目标达成度的长效评价机制，在管理和具体教学层面都形成了课程评价的高度自觉意识，课程评价的探索和实践成为本专业持续改进的重要举措之一。

一、背景与问题

自 2018 年二级"打样"认证以来，本着持续改进、追求卓越的理念，首都师范大学初等教育学院在"国家一流小学教育专业建设""卓越小学教师培养模式探索""小学教育专业三级认证"的"一体共建"中，不断深化本科教育

改革,提升专业建设水平。在课程评价方面,根据《普通高等学校本科专业类教学质量国家标准》(以下简称《国标》)、《普通高等学校师范类专业认证实施办法(暂行)》(教师〔2017〕13号)、《首都师范大学本科课程教学质量评估标准与实施办法》《首都师范大学关于加强本科教学持续改进机制建设的意见》《首都师范大学人才培养质量达成度评价管理办法(试行)》等相关文件要求,学院针对二级认证中专家组指出的"基于OBE的课程评价机制尚未全面建立""有的环节有评价、有反馈,有些环节还没有做到评价的全覆盖"等不足,对标三级认证标准,积极致力于建立面向产出的课程体系合理性评价机制与课程目标达成情况评价机制,并将评价结果作为课程教学和课程体系持续改进的依据,确保整个课程体系能够覆盖全部毕业要求,每门课程能够实现其在课程体系中的作用,支撑毕业要求达成。

课程评价聚焦目标达成。课程体系合理性评价是对专业整个课程体系支撑性、合规性与特色性的分析判断。就小学教育专业而言,主要针对本专业培养方案中的课程设置及对应的课程教学大纲。针对首都师范大学小学教育专业,评价内容包括评价课程体系能否合理支撑卓越小学教育人才培养的所有毕业要求,课程教学大纲所示的教学内容和教学环节能否落实相关毕业要求的支撑任务,课程考核能否对相关毕业要求的达成进行举证。

课程目标达成度评价,是基于课程合理性的评价,从课程视角对学生的学习效果进行评价,证明课程对指标点的支撑是否达成。针对首都师范大学小学教育专业,评价内容是看本专业课程教学是否能有效实现预期的课程目标,对各课程目标的达成情况进行判断,并分析成因。

基于此,本案例对应三级认证的"标准3课程与教学"的"课程评价"部分,聚焦课程目标达成评价的机制、方法和反思,说明首都师范大学的小学教育专业课程评价中,作为基础的定期评价课程体系的合理性机制,如何开展课程目标达成度评价,以及"课程体系的评价与修订过程利益相关方参与的过程、方式和发挥的作用"。

二、举措与成效

基于"以评促建，以评促改，以评促强，推进专业内涵发展"的理念，初等教育学院沉潜探索，以培养卓越小学教师和未来教育家为己任，结合学校的部署，实施了课程评价的持续改进措施，引领卓越小学教师培养。具体而言，改进举措主要包括以下四个方面：

(一)建立科学规范的课程评价机制

针对二级认证中发现的问题，特别是"基于 OBE 的课程评价机制尚未全面建立"的欠缺，学院将小学教育专业课程评价机制建立视为关键来抓，一抓到底。课程体系合理性评价机制和课程目标达成情况的评价机制的建设，目的在于加强小学教育专业课程建设的约束力，提升课程标准，不断进阶，持续改进。

首先是本专业积极推进定期开展课程体系合理性评价机制的建设。在评价制度上，本专业的课程体系设置依据《小学教师专业标准》《教师教育课程标准》《首都师范大学本科课程教学质量评估标准与实施办法》《首都师范大学关于加强本科教学持续改进机制建设的意见》《首都师范大学人才培养质量达成度评价管理办法(试行)》等要求，以小学教育专业人才培养方案修订工作组及各教研室为主导，学院党政联席会、学院教学指导委员会负责审核，定期召开会议对培养方案课程体系合理性进行评价。

本专业课程体系合理性评价的责任机构是学院党政联席会、教学指导委员会、人才培养方案修订工作组。评价周期是每 4 年进行一次，与小学教育专业人才培养方案的修订周期相同。评价以党和国家的教育方针政策、《国标》、三级认证标准、小学教育专业定位、小学教育专业人才培养方案、专业培养目标及毕业要求为依据。具体评价工作还基于整个评价周期内的如下材料进行分析评判：①毕业要求达成情况评价报告；②课程目标达成情况报告；③专业教师调研反馈意见、在校生调研反馈意见；④同行专家及用人单位调研反馈意见；⑤毕业生跟踪调查反馈等。

课程合理性评价的过程如下：①提出课程体系合理性评价需求与修订需求；②组织评价；③论证意见和修订课程体系；④经学院党政联席会、教学指导委员会通过，成稿；⑤专家评议；⑥修改；⑦形成最终课程体系。

评价方法综合采用直接和间接评价相结合、定性与定量评价相结合，以及校内与校外评价主体相结合等多样化评价方式。

从外部而言，每隔2至4年，依照《初等教育学院本科毕业生专业发展质量跟踪与调研制度》，对本科毕业生的追踪调查，了解学院毕业生在一线小学中的专业发展现状和成长路径，分析本专业培养目标的达成度，判断课程是否支撑学生工作之后的可持续发展。同时，根据《初等教育学院本科人才培养需求调研制度文件》的要求，针对小学教育专业培养目标需求的调研，采用专家座谈、小学调研、校友调查等方式收集资料，将调研结果整理分析成报告。此外，根据《初等教育学院本科人才培养方案修订评议制度文件》，同行专家实质性参与修订评议过程，并提出方案修订的意见或建议。

从内部而言，一方面，学院组织专业教师对小学教育专业本科人才培养目标、毕业要求指标点、课程设置等进行评审，就此提出具体的修订意见和建议。另一方面，毕业要求达成度评级机制逐步完善。其一，就全部课程相关进行文本分析数据记录，针对毕业要求，基于其包含的各项指标点，高、中、低支撑度核心必修课程，提取和整理每门课程的考核内容、考核途径（方式）和过程性记录，抽取有代表性的课程作为样本，计算出目标达成度。其二，采用自编毕业要求达成度问卷进行学生自评毕业要求达成状况调研，同时选择权威、公认的评估教师专业素养的测评工具，包括教师职业认同感、教师胜任力、教学效能感及教师职业成熟度等进行多角度评估，并对课程与学生自评结果进行相关分析。教研组、督导、学生评价及教师自评等，评价课程的达成情况。

专业课程体系合理性评价结果,是专业培养目标能否达到预期质量标准的基础保障和依据,也是指导专业人才培养方案、培养目标和课程体系持续改进的重要依据。本专业评价结果强调围绕课程体系支撑性、合规性和特色性,从评价结果发现课程体系相关问题,形成评价报告和改进方案,提交学院党政联席会、教学指导委员会审核,为课程体系的改进和完善提供依据。

其次,在积极推进课程体系合理性评价的同时,健全本专业课程目标达成情况的评价机制。

在评价制度上,《首都师范大学人才培养质量达成度评价管理办法(试行)》在第五章对课程目标达成度评价,从评价依据、评价主体和评价责任人、评价方法、评价周期、评价结果及运用都有细则要求。据此,本专业确定课程目标达成情况评价责任人是课程负责人,评价主体是任课教师,同时涵盖学生、相关教师、教学督导、教学管理办公室,评价要综合每一门课程的考核及评价情况,判断每一门课程的目标达成情况。评价结果由教学管理办公室统一汇总交至学院党政联席会、学院教学指导委员会,分析评价结果,审议存在问题,便会反馈到各教研室及教学团队,对相关课程的教学内容、教学方法、考核方式等进行改进。评价周期是每学期一次,评价对象是当学期每一门课程。评价依据在于课程教学大纲所设定的课程目标和毕业要求指标体系。评价方法采用形成性评价和终结性评价相结合、定性评价和定量评价相结合的评价方法。每门课程由任课教师作为评价主体,依托每一门课程的成绩评定的得分情况,对每一门课程的目标达成度直接评价,并结合学生对课程目标达成的自我评价,以及教指委成员、督导、教研组听课评价,多层面了解与反馈课程建设与实施情况。

(二)充分发挥用人单位、毕业生等利益相关方参与评价与修订的作用

基于多主体多维度的课程与教学评价体系的构建,本专业通过多种方式与利益相关方联系沟通,针对卓越小学教师培养的目标定位,收集首都基础教育对本专业人才培养工作的反馈信息。具体而言,通过校友会与从事教育工作及教育管理工作的校友建立起广泛联系, 收集小学对本专业毕业生综合素质的评价及改进建议;通过实践教学检查与用人单位、师范毕业生利益相关方座谈和访谈; 通过专门性就用人单位对首都师范大学小学教育专业毕业生的反馈调查,为学院提供广泛而深入的市场信息和要求,为培养方案的调整和教学改革提供实际性参考。本专业综合多种方式多渠道获取的数据,进行分析和论证,将用人单位、师范毕业生利益相关方的要求和意见纳入课程调整机制,以动态调整人才培养方案,修订培养目标及毕业要求,指导课程教学改革。

(三)加强课程评价培训,深化课程目标达成度评价的认识

加强全体教师在课程评价方面的培训,深化对课程评价,特别是对课程目标达成度评价的认识。

在二级"打样"专业认证现场考察告一段落后,初等教育学院召开"小学教育专业"认证工作总结会,回顾专业认证工作的全过程,梳理认证期间完成的各类专项工作。鼓励全体教师围绕认证标准进一步加强初等教育理论研究,坚持学生为本的理念,加强评价体系、质量保障体系建设,注重提高专业人才培养力度、提高课堂教学质量、提高质量保障力度,完成以评促建、以评促改、以评促强的三大任务。号召全体教师站在中国"小学教育专业"发展的高度,基于使命感、责任感,梳理、发现、反思首都师大"小学教育专业"发展的历史、现状与问题,寻找并确认发展的新起点和征程。

2019 年, 首都师范大学小学教育专业入选首批国家级一流本科专业建设点。趁此良机,初等教育学院按照国家级一流专业建设要求制定进一步完善并统筹、实施好小学教育专业建设计划,强化需求、标准、特色三个导向,以师范专业认证促进专业高质量发展。为此,初等教育学院邀请国家师范类专业认证专家、东北师范大学教师教育研究所所长、博士生导师李广平教授作题为"专业认证理念下师范专业课程建设与教学改革"的专题讲座。在聆听讲座的基础上,教研室组织教师就李广平教授阐述的"师范类专业认证的基本理念""师范专业认证的核心要素""国家级一流专业建设目标和规划""推动大学建设质量文化",以及"打造金课过程中的课程与教学改革"等问题进行更为深入的探讨。鼓励教师针对如何建立支撑毕业要求的课程体系、课程教学如何实现课程目标、课程评价如何聚焦目标达成、制度建设如何保障课程教学,结合学院和专业做有针对性和适切性的研究。

此外,在首都师范大学初等教育学院承办的以"走近·对话·共享——多元取向小学教师教育理论与实践"为主题的 2019 年小学教师教育国际会议,以及以"互通、互鉴、互融——面向未来 优质发展"为主题的 2021 年小学教师教育国际会议上,"小学教师教育质量保障议题""面向未来的小学课程与教学高质量发展议题",既有本院老师的分享,也有来宾的发言。这些都深化了本院教师对课程评价,特别是对课程目标达成度评价的认识。

(四)多方投入有效实施课程目标达成度评价

学校与学院层面推出多项举措,有切实的实施机制,促进课程考核评价。其基本原则是,对于课程考核评价,坚持能力导向,具体落实《深化新时代教育评价改革总体方案》提出的"改进结果评价,强化过程评价,探索增值评价,健全综合评价"原则要求和《教育部关于加快建设高水平本科教育全面提高人才培养能力的意见》提出的"加强考试管理,严格过程考核,加大过程考核成绩在课程成绩中的比重,健全能力与知识考核并重的多元化学业考核评价体系"等评价改革要求。

学校颁布《首都师范大学全日制本专科学生管理规定(试行)》,其中第二十五条规定"课程总评成绩由任课教师根据学生平时成绩(含平时作业、其他形式的课程学习成果、单元测试、期中考试、到课率及学习表现等)和期末成绩等综合评定"。第二十六条规定"有实践、实验环节的课程,学生须按时完成实践、实验(包括实验报告)后方可参加考核。该类课程成绩根据理论、实践和实验考核结果综合评定"。学院要求任课教师在课程教学大纲中明确设计"评价方案与考核要求",制定并提交相应的"课程评价标准",针对考核目标(课程教学目标)细化考核的方式、内容、标准及权重。在整体上,系列典型的改进举措(如表4-7所示),倡导形成性评价和终结性评价相结合,关注、落实并提升每一条课程目标的达成。

表4-7 典型持续改进举措

举措	责任机构	具体措施
课程教学大纲	教学办公室,各教研室	重新修订《小学教育专业课程教学大纲》,规定每门课程的学习目标、学习内容、参考资料和评价方式,精准达成对毕业要求的支撑
课程评价标准	教学办公室,各教研室	每门课程设计、修正《课程评价标准》,详细说明"考核目标""考核方式""考核内容""评价标准"及每项评价的权重,为本门课程教学目标达成评价提供依据。其中"考核目标"直接关联课程的各教学目标
教学日历执行结果	教学办公室,各教研室	就本门课程教学对学生自学的指导情况与辅导答疑的时间安排,组织讨论、课外小组等,说明教学改革措施落实情况
期末成绩基本情况的统计与分析	教学办公室,各教研室	以本门课程的评价标准为依据,结合平时、期末及总的评价结果,针对本门课程的教学目标,逐项进行达成度分析。说明每项课程目标的达成情况、达成度,并对学生学习中存在的问题进行具体分析。在上述基础上对该课程的本轮教学从内容选择、课时安排、教学方式、教学效果等方面进行整体总结和反思,并对下一轮课程教学的调整写出具体的改进意见

最近一次课程目标达成情况评价在2022年3月,选取了小学教育专业2018级学生课程"小学跨学科教育"等课程进行目标达成情况评价。任课教师按照《首都师范大学人才培养质量达成度评价管理办法(试行)》要求,根据

课程考核的数据,对课程目标达成情况进行评价。评价紧扣教学大纲,基于课程目标与毕业要求的对应关系,对评价内容、方式及课程目标的评价结果进行全面分析。每门课程建立课程档案,体现评价过程。

课程质量评价由课程负责人负责审核,并报学院教学管理办公室和学院教学指导委员会,用于评价课程体系的合理性和课程目标的达成情况,并根据评价结果对培养方案进行修订。同时,使用课程质量评价结果,帮助教师对改进课程,确定课程目标达成短板,提出就低达成目标教学改革措施;课程质量评价结果用于后续课程内容,教学方式、方法及考核方式等教学过程的持续改进。下面以"小学跨学科教育"为例,进行简要示例和说明。

2022 年"小学跨学科教育"课程目标达成度评价报告

一、课程基本信息

课程代码	3300063	课程属性	必修课
学分	1	总学时 / 周学时	16/1
面向年级 / 专业	小学教育方向本科 2018 级学生	开课学期	第 7 学期
选修课程要求	儿童发展、教育学、课程标准与教材分析、教学设计与实施	在线教学平台	师星平台 企业微信
教师或教师团队信息	职称	教研室	
唐斌、魏戈、孙明铭、欧璐莎、崔嵘、宋侨、外请教师	副教授	多个教研室	

二、课程简介

"小学跨学科教育"为小学教育方向本科四年级学生开设的专业必修课。通过本课程的学习,学生能够掌握小学跨学科教育基础知识和原理,形成小学跨学科教育的意识,理解跨学科教育的价值、理念和本质特征,初步具备小学跨学科教学设计、实施和评价的能力。小学跨学科教育的课程内容为学习小学跨学科教育的基本概念、课程设计模型与常见课程、小学跨学科教育评价方法、小学跨学科的教学模式、小学跨学科教育实践策略等。课程强调学以致用、融会贯通,重视引发学生关注小学跨学科教育的新动向和新成果。

三、教学目标

1.了解小学跨学科教育的基础知识和基本理论,形成小学跨学科教育的意识。

2.初步具备小学跨学科合作教学设计、实施和评价的能力。

3.具有一定的问题意识,能够运用批判性思维、创造性思维分析小学跨学科教育中的现象,发现、提炼并尝试解决实践中的问题。

4.尊重、理解、保护、平等对待每一位儿童及其跨学科学习,以儿童发展作为小学跨学科教育工作的出发点和归宿。

四、评价内容、方式与标准

项目	考核目标	考核方式	考核内容	评价标准	所占比重(%)
平时1	目标4:尊重、理解、保护、平等对待每一位儿童及其跨学科学习,以儿童发展作为小学跨学科教育工作的出发点和归宿	考勤	考勤	根据师星平台统计,按次数累计,每签到一次+1,签到数达10次为满分	10
平时2	目标1:了解小学跨学科教育的基础知识和基本理论,形成小学跨学科教育的意识	章节学习次数统计	学习次数统计	根据师星平台统计,章节学习次数达150次为满分	15
平时3	目标1:了解小学跨学科教育的基础知识和基本理论,形成小学跨学科教育的意识	课程视频/音频观看	课程视频/音频观看	课程视频/音频全部完成得满分,单个视频/音频分值平均分配	15

续表

项目	考核目标	考核方式	考核内容	评价标准	所占比重（%）
作业	目标1:了解小学跨学科教育的基础知识和基本理论，形成小学跨学科教育的意识 目标2:初步具备小学跨学科合作教学设计、实施和评价的能力 目标3:具有一定的问题意识，能够运用批判性思维、创造性思维分析小学跨学科教育中的现象，发现、提炼并尝试解决实践中的问题 目标4:尊重、理解、保护、平等对待每一位儿童及其跨学科学习，以儿童发展作为小学跨学科教育工作的出发点和归宿	小论文	学生阅读《跨学科教学的误区及理性回归》一文，结合课程内容，撰写对跨学科教育的新认识，不少于500字	1.独立思考 2.对小学跨学科教育有正确的认识 3.表述清晰，无错别字，标点运用规范	60
		教学设计	结合第1章结合"跨学科概念及课程设计模型"，以小组为单位提炼不同学科核心概念，完成概念为本的单元课结构设计，提交设计结构图及相应的文字说明，不少于300字	1.运用"跨学科概念及课程设计模型"设计概念为本的单元课结构 2.图文并茂，清楚说明设计思路	
		小论文	请从各自学科角度阐述个人对STEM的认识,300—500字	1.独立思考 2.能从各自学科角度阐述对STEM的认识 3.表述清晰，无错别字，标点运用规范	

续表

项目	考核目标	考核方式	考核内容	评价标准	所占比重 (%)
		小论文	请从下列的五道题中任选一题，根据自身社会经验，结合实际情况，运用跨学科思想，分析罗列下列问题所需求的学科知识及其原因，不少于500字 Q：南水北调工程 Q：组织进行一场重阳节的传统礼仪习俗活动 Q：作为导演，拍摄影视剧作品——《电影版三国》 Q：如果蜜蜂消失了，世界可能会怎样？ Q：根据北京市出台的生活垃圾标准新规，如何更好地实现生活垃圾分类与回收？	1.独立思考 2.能运用跨学科学习思想，融合不同学科视角分析现象 3.表述清晰，无错别字，标点运用规范	
		教学设计	根据"IB校的超学科"分享的结构与案例，并与本课程前面所涉及的跨学科教学案例进行比较，说明IB校超学科融合教学的特点，分析不同的跨学科教育方式的异同	1.独立思考 2.能以区分异同的方法，深度理解不同跨学科教育的方式	

续表

项目	考核目标	考核方式	考核内容	评价标准	所占比重（%）
		教学设计	就第二次的实训做作业"结合第 1 章'跨学科概念及课程设计模型'，以小组为单位提炼不同学科核心概念，完成概念为本的单元课结构设计，提交设计结构图及相应的文字说明，不少于 300 字"。修改该跨学科课程设计，完成活动设计	1.能完善自己设计的跨学科主题 2.修订跨学科主题学习目标 3.优化学习活动过程设计，体现学生发现问题、提出问题、解决问题的思维过程 4.强化学生在学习过程中自主、合作、探究、反思等学习方式的有效运用	
		教学设计	请就已经完成的概念为本的单元课完成学习档案袋的设计	1.能细化以学生为主体的学习策略，设计学习单 2.能细化学生学习过程和结果的评级标准	

五、成绩统计与分析

2021—2022 学年第一学期

课程序号	3300063.01	课程代码	3300063	课程名称	小学跨学科教育
授课教师	唐斌	考核方式	考查	课程学分	1
开课院系	初等教育学院			上课人数	151
成绩构成	平时成绩:40%,期末成绩:60%				
教学班名称	班级:cj18B1zw　cj18 B2 zw　cj18 B3zw　cj18 B4zw				
分数段	90–100	80–89	70–79	60–69	0–59
人数	34	103	12	2	0
成绩人数	151	考试人数	0		
平均分	85.53	最高分	93	最低分	65

注:本课程以考察方式而非考试方式进行考核,所以表格中考试人数显示为 0

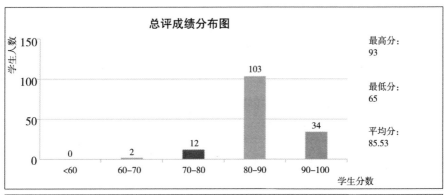

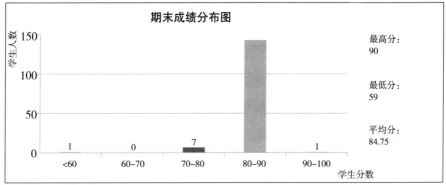

不参与计算	未通过原因	缓考	0
		旷缺	0
		违纪	0
试题分析 （考察分析）	本课旨在促进本科生掌握小学跨学科教育基础知识和原理,形成小学跨学科教育的意识、理解跨学科教育的价值、理念和本质特征。初步具备小学跨学科教学设计、实施和评价的能力;课程强调学以致用、融会贯通,重视引发学生关注小学跨学科教育的新动向和新成果;本课程的教学内容和安排都是围绕着该目的。课程要考核的内容在于学生对理论的理解和对知识的运用能力;本课程注重将评价贯穿于整个教学,重视以形成性评价与终结性评价的结合来考核学生的学习成果。本课程对学生的考核以小学跨学科教育理解、平时讨论发言与出勤、课堂作业来评定。其中,出勤占10%,讨论发言占10%,平时作业占40%,小学跨学科单元课程设计占40%,学生出勤率高,线上学习认真,能积极参与讨论,表达清晰;作业完成质量较高,教学目标达成度良好		
总评成绩分析	总体上,学生平时成绩、期末成绩和学期总评一致,学生的学习态度、理论理解与实务经验相关性强。通过教师的讲授、学生的探究和实践,教学促进了学生对小学跨学科教育认知和理解,提升了学生的实践经验		
改进措施	以后应重视学生对小学跨学科教育的理论理解和实践认知,培养学生以批判性和创造性的眼光来分析和解决小学跨学科教育的诸多理论和现实问题的能力		

日期:2022 年 2 月 18 日

　　经历思想的洗礼、眼界的开阔与切实的实践,首都师范大学初等教育学院在小学教育专业落实、落细面向三级师范专业认证的课程评价工作中,形成了追求卓越的课程质量文化。具体而言,体现在以下方面:

第一，形成了科学规范的小学教育专业课程体系合理性与课程目标达成度的长效评价机制。从宏观到微观，外部工作机制与内部工作机制有效融合，完成了对整个课程体系的合理性评价，课程目标达成度的评价覆盖了课程体系中的每一门课程。

第二，形成了课程评价的高度自觉意识。自二级"打样"认证，经过"国家一流小学教育专业建设""卓越小学教师培养模式探索""小学教育专业三级认证"的一体化建设，学院在健全课程评价机制基础上，秉承终身学习的理念，组织全体教师加强课程评价的学习，以专家讲座、教研室学习、专题研讨等形式，提升全体专业教师的课程目标达成评价的理解水平，教师在实践应用基础上能洞察和自知课程目标达成度评价。

第三，成为本专业持续改进的重要举措之一。通过课程评价获得的数据、形成的报告，是指导本专业人才培养方案、培养目标和课程体系持续改进的重要依据。因此追求卓越课程文化质量的课程评价成为本专业持续改进的一条重要举措。

三、反思与展望

尽管初等教育学院在课程评价工作，特别是课程目标达成度评价上举措有力，对专业的改进持续显效。我们仍需要意识到，尽管课程目标达成情况评价覆盖整个课程体系，但基于数字平台的评价体系还不够完善。需要针对不同类型课程，科学采用定量评价与定性评价、过程性评价和终结性评价相结合的方法；需要抽取具有统计意义的样本数，明确计算课程分项教学目标达成度，提供达成描述，呈现样本分布。否则，就不能更准确地评价课程内容、教学方法、考核内容和方式对课程目标达成度的支撑，在一定程度上影响了课程目标对毕业要求达成情况评价的科学性和系统性，进而影响到课程目标与毕业要求反馈改进机制的有效性。

因此,在课程目标达成评价覆盖所有课程的基础上,学院将组建课程目标达成评价体系研发团队,共同研制更为科学合理的课程目标达成评价方法,有效运用量化评价和质性评价相结合的方式,就课程的每项教学目标,客观真实反映达成情况,以便更准确地评价课程内容、教学方法、考核内容和方式对课程目标达成情况的支撑,从而有针对性地改进相应教学环节,如调整教学内容、优化教学方法和调整评价策略等,提供更具针对性的依据,完善课程目标与毕业要求反馈改进的长效机制。

（执笔人：唐斌、孙建龙）

实习评价：卓越小学教师发展的循证探索

教育实习是首都师范大学初等教育学院面向卓越小学教师培养过程的重要环节。自二级认证以来，我们开始主动研发实习评价的科学工具，推出了问卷调查、视频分析、实习日志分析三种主要评价模式，共同体现了实习评价工作的专业性、循证性、发展性，为教育实习工作的改进提供了有力的支持。

一、背景与问题

根据教育部《教师教育课程标准》及师范类专业认证的相关要求，首都师范大学初等教育学院教育实习办公室协同教育教研室专业教师，共同研制开发了系统的小学教育专业全程实践课程体系（见图 4-37）。其中，"教育教学实践"（以下简称教育实习）是实践课程体系中最重要的组成部分。

教育实习不仅承载着小学教育专业的人才培养目标与毕业要求，也推进着大学与中小学在教育活动中的相互协同、深度融合。优质高效的实践教学，将促进师范生深入体验教育教学工作，深入理解教育教学专业知识，掌握必要的教育教学设计与实施、班级管理、学生指导等能力，逐步形成良好的师德素养和专业认同，为未来从事小学教育教学工作和持续的专业发展奠定坚实基础。

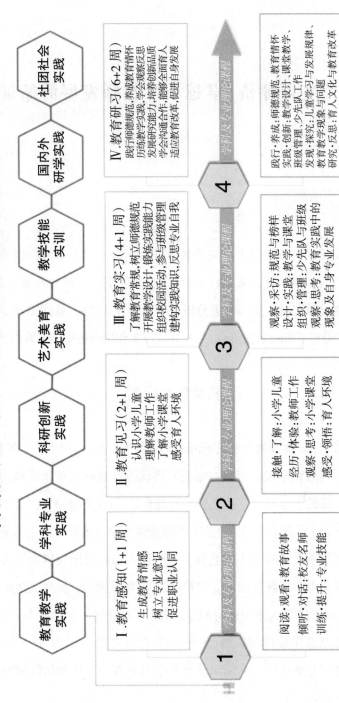

图4-37　首都师范大学小学教育专业实践课程体系

那么，首都师范大学初等教育学院作为卓越小学教师培养的首批示范单位，在教育实习方面的成效究竟如何？为了回答这一问题，初等教育学院在完成了师范专业二级认证之后，历经四年组织专业研究团队，不断创新评价方法，从定量和定性两种视角对师范生的实习成效进行了评价，并且基于评价结果在国内外重要刊物发表了多篇研究论文，实习教学的评价反哺了小学教师教育实践改革及初等教育学的学科研究。

二、举措与成效

对卓越小学教师实习成效的评价，我们主要采用了三种科学有效的诊断方式：问卷调查、视频分析、实习日志分析，共同体现了实习评价工作的专业性、循证性、发展性。（见图4-38）

图4-38 小学教育专业师范生实习成效评价的三种模式

（一）基于问卷调查的整体评估

为了更好地了解学院实践课程体系的落实效果，反思小学教育专业师范生大学四年的学习成果，学院教学实践办公室协同教育教研室魏戈老师成立了"师范生教育实习研究项目组"，对初等教育学院本科生的教育研习工作进行了为期三年的追踪调查,收集了丰富的一手资料。

　　从2018年起,项目组就进入小学教育一线对初等教育学院的实习生进行持续性观察、访谈。其间通过线上、线下多种方式记录了多名实习生的成长。此外,在实习结束时向全体实习生发放了科学编制的教育实习与师范生专业发展调查问卷。该问卷的设计思路见图4-39。

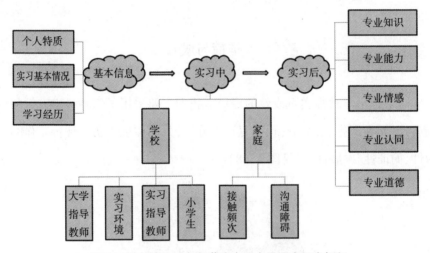

图4-39　教育实习与师范生专业发展调查问卷框架

　　通过整理和分析资料、数据,我们了解到师范生在实习期间的真实状况,了解他们的诉求,以便更好地完善小学教育实践课程体系。需要特别说明的是,该调研仅从实习生的视角对研习工作进行了反思,未来还需要引入实习指导教师、实习工作管理者以及教师教育研究专家的多重视角,立体化评估教育实践环节的有效性。

(二)基于视频分析的专业知识评估

　　项目组自2020年起便开始使用视频分析法(Video analysis)对师范生提交的实习公开课录像进行分析,并辅以教育叙事和半结构式访谈研究个案。由于师范生在实习过程中参与教学的机会不多,能有效记录课堂状态的视频材料就显得十分重要。

视频分析法是通过运用课堂观察方法对教学录像中课堂师生行为进行分析,并分析课堂教学行为。而录制课堂教学视频也为师范生提供了自我反思的有效证据和清晰的材料,与在教师专业知识方面有独特呈现的师范生进行访谈,且进一步了解个案对专业知识的理解及其生成途径并提出相关建议时能有所助益。

我们利用编码表(见表 4-8)为视频资料进行捕获、标记、分类、计量等,观察师范生在教学中的实践性知识的表征情况后赋值,进行数据分析、统计得出结论,表 4-8 也成为我们自主研发的师范生实习效果评价工具之一。

表 4-8　师范生实践性知识内容构成要素在课堂教学中的表征评价表

课堂教学环节	关于自我的知识	关于学科的知识	关于学生的知识	关于情境的知识
课堂引入	建立自我概念	有效使用辅助教学资源	充分吸引和引导学生	加强师生互动
		有效利用学科知识	关注学生感兴趣的话题	加强生生互动
	建立自我效能感	有效利用课程知识	有效使用学生接受的方式	渗透班级和学校文化
		有效利用学科教学知识		板书设计出色
讲授新课	建立自我概念	了解学情到位	明确学生学习的需求和动机	精心设计知识呈现方式
		有效使用辅助教学资源		
		有效利用学科知识	充分吸引和引导学生	加强师生互动
	建立自我效能感	有效利用课程知识		板书设计出色

课堂教学环节	关于自我的知识	关于学科的知识	关于学生的知识	关于情境的知识
		有效利用学科教学知识	有效使用学生接受的方式	加强生生互动
		合理把控课堂环节		渗透班级和学校文化
学生活动	建立自我概念	有效使用辅助教学资源	明确学生学习的需求和动机	精心设计活动内容
	建立自我效能感	有效利用学科教学知识	充分启发学生	关注学生整体情况
	关注学生的差异性	有效利用课程知识	巡视课堂并答疑	关注学生的差异性
				加强生生互动
课堂提问	建立自我概念	提问形式多样化	了解学情到位	完善教学内容情境
			充分启发学生	
	建立自我效能感	提问句式多样化	使用鼓励性语言	关注学生整体情况
			有效使用学生接受的方式	关注学生的差异性
	关注学生的差异性	提问内容多样化	善用追问	加强师生互动
		强化教学内容的逻辑性	有意识地确认学生是否清楚	加强生生互动
课堂反馈	建立自我概念	有效利用学科知识	了解学情到位	关注学生整体情况
		有效利用课程知识	使用鼓励性语言	注学生的差异性
	关注学生的差异性	有效利用学科教学知识	有效使用学生接受的方式	加强师生互动
		教学依据知识体系由浅入深	充分启发学生	加强生生互动

续表

课堂教学环节	关于自我的知识	关于学科的知识	关于学生的知识	关于情境的知识
				结合课堂内容
课堂总结	建立自我概念	结合知识点概括学生答案	明确学生学习的需求和动机	关注学生整体情况
				关注学生的差异性
	建立自我效能感	结合知识点升华学生观点	充分启发学生	加强师生互动
				加强生生互动
	关注学生参与程度	联系生活实际	有效使用学生接受的方式	结合课堂内容
		总结方式多样化	联系生活实际	渗透传统、学校或班级文化（人文）
教具使用	建立自我概念	有效利用学科教学知识	有效使用学生接受的方式	关注学生整体情况
	建立自我效能感	结合课堂内容	充分吸引和引导学生	关注学生的差异性
	追求个性化课堂		充分启发学生	加强师生互动

从对教学视频的分析可以得出结果，整体感知实践性知识的表征情况时，从数据结论的呈现和"得分"最高、最低师范生案例的对比中可知，五类表征形式呈现在数值上的结果存在较大差异，甚至出现数值上的明显"断层"并形成两个"阵营"。这说明师范生的符号类、图示类、个人标签类这种缄默性较强的表征的整体情况强于行动类和语言类这类外向性的表征。从上述归纳各学科分类中实践性知识的表征对比结果中可以看出，语言类、数理类和艺术类三类师范生的课堂教学表征情况在整体上存在差异。由于各类

学科特性不一,不同学科师范生在授课时的关注点和侧重点不同,因此数值差异并不意味着各学科分类的表征存在好坏、优劣之分,而是体现在因学科特色过于明显使师范生实践性知识的获得与呈现并不平衡的现实情况中,导致师范生的课堂出现了"刻板化"问题。尤其是在提倡学科融合与培养全科教师理念的小学教师教育领域,解决这一问题需要不断反思与实践。

(三)基于实习日志的反思能力评估

在实习期间,初等教育学院要求学生以周为单位进行反思日志的记录,实习生做的实习日志是其学习经历的重要资料,记录了他们在实习期间的变化过程。对于卓越的小学教师来说,反思能力是至关重要的素养。项目组以学者约翰沃德(John.R.Ward)和苏珊娜麦考特(Suzanne.S.McCotter)提出的反思评价量规(Reflection rubric)作为资料分析框架对师范生实习反思日志进行分析,整理出其反思的模式,进而提炼出师范生实习反思的一般模式,根据在实习过程中师范生反思的变化过程归纳其实践性知识的发展过程。

该评价量规将反思(reflection)分为关注(Focus)、提问(Inquiry)、改变(Change)三个维度,关注维度聚焦于实习教师关注的对象,提问维度聚焦于实习教师提出问题的过程,改变维度聚焦于实习教师如何通过提问改变观点与实践。各维度分别对应常规性反思(routine reflection)、技术性反思(technical reflection)、对话性反思(dialogic reflection)、变革性反思(transformative reflection)四个层级,反思的质量依次增加。其具体的内容见表4-9。

表 4-9　师范生反思能力评估框架

维度	层　级			
	常规性反思	技术性反思	对话性反思	变革性反思
关注	聚焦于以自我为中心的问题（这对我有何影响？）或不涉及个人利益的问题。主要关注点可能包括控制学生、时间、工作量、获得对个人成功的认可及避免因失败而受到责备	聚焦于具体的教学任务，如计划和管理，但不考虑教学问题之间的联系。通过评估和观察来评判成功或失败，并未对学生具体的品质进行形成性评估	聚焦于学生，通过与学生的评估和互动来领会学生是如何、以何种方式学习的，进而帮助他们。尤其关心学习困难的学生	聚焦于在基本的教育学、伦理、道德、文化或历史方面的个人参与性，以及其对学生和其他人的影响
提问	关于需要个人改变的问题并不会涉及，通常不承认是自己的问题，将问题归咎于他人或时间和资源受限。关键问题和分析仅限于对他人的批评。分析倾向是不变的、笼统的	自己对于一些具体情况提出问题，或由挫折、意料之外的结果、令人激动的结果或指出问题复杂性的分析来表明问题。在初始问题被解决后停止提问	情境问题导致新的问题。与其他人一起提出问题，对新观点持开放态度。寻求学生、同龄人和其他人的观点	长期持续的提问，涉及与模范导师、关键朋友、关键文本、学生、学生学习的接触和参与，以及对关键事件的仔细审视。提出挑战个人假设的难题
改变	对实践进行分析时不带有个人情感，似乎纯粹是为了分析而分析，在自我与情境之间有一段距离	个人对某种情况做出反应，但是并不借此改变观点	综合在情境中产生的问题，对教学或学习者或个人教学优缺点提出新的见解，从而改进实践	导致实践发生根本改变的一种变革性的视角重构

　　通过我们的调研发现，当师范生的"关注"维度发展到技术性反思与对话性反思后，趋于保持在该层级，难以获得进一步的提升。发展至技术性反思进而保持在该层级的师范生在实习中后期始终聚焦于具体的教学任务，即如何完善教案、如何合理分配时间、如何有效实施教学计划、如何管理学生。他们会在实际讲课后，针对在课堂中出现的问题进行反思，结合指导教

师的意见对自己最初的教学设计进行修改，并结合听课经历汲取老教师在教学及管理学生方面的有效方法。这类师范生具有很强的责任感，他们希望充分发挥自己的职能与作用去改善当前存在的问题，但是往往忽略了学生的主观能动性，不能意识到学生的需求。发展至对话性反思进而保持在该层级的师范生在实习中后期始终聚焦于学生，师范生在观摩了骨干教师的课堂后受到启发，感悟到"优秀的教师善于提问学生，通过提问启发学生，注重培养学生的独立思考能力"，"发挥学生主观能动性的关键在于充分调动学生的积极性"；在进行教案设计时会"考虑学生的认知水平、接受程度、理解程度""让每一位学生在 40 分钟中有自己的事情做"；在授课后提出需要改进的地方，"不仅应该注意正确地讲授知识，还应该注意考虑学生的感受""在讲解试卷时，应该更多地考虑学生的情况与需求，提供适合学生的方法""在讲课过程中要注意观察学生的状态"。

根据反思评价量规，"提问"维度处于常规性反思层级的实习教师不会提出关于需要个人改变的问题，分析倾向于不变的、笼统的，只是单纯地记录自己的所见所闻或是指出其他人存在的问题，不涉及自己需要做出哪些改变。在后续的实习过程中，他们会因为某些挫折或意料之外的结果而提出问题，例如，在课堂上某些学生表现得昏昏欲睡，他们会意识到自己的讲课方式可能过于乏味，意识到自己需要增加课堂的趣味性，但是并未在记录本中提及具体的想法或计划，缺乏对于该问题深入的思考。这类学生会因为一些不理想的状况而意识到自己某方向有待提升，进而提出一些问题，但是他们的批判性思维有所欠缺，往往难以做到长期的持续提问。

"提问"维度起始层级处于技术性反思的师范生基本都会在实习第三周开始出现变革性反思，即进行长期持续的提问，涉及与模范导师、学生、学生学习的接触和参与。引发这一转折的关键事件往往是师范生正式讲课的经历。正式讲课后，师范生发现实际讲课与设想或演练存在差别，不管教案设计得多么完美，实际情况都会有所不同，课堂上会出现很多意料之外的问题,学生会给出意想不到的回应,这些问题促使师范生产生变革性反思,持续不断地提问以获取能够解决他们当前存在问题的建议及解决措施。其中,如何提高在课堂中的应变能力是大部分师范生在实习过程中面临的首要问题。

当师范生的"改变"维度发展到对话性反思后,趋于保持在该层级,这类师范生基本都会在实习第二周开始出现对话性反思,即综合在情境中产生的问题,对教学或学习者或个人教学优缺点提出新的见解,从而改进实践。引发这一转折的关键事件往往是师范生在听课过程中的见闻,以及师范生自己第一次正式讲课的经历。通过旁听老教师的课程,师范生能够从中学到许多有效的教学与管理纪律的方法,获得教学活动设计的灵感,应用到自己的教学过程中。在师范生自己讲授课程后,他们能够通过自己的反思及指导教师的评价意识到自己存在的问题,思考如何解决这些实际情境中产生的问题,在下一次实践中有更好的表现。而变革性反思需要一种变革性的视角重构,导致实践发生根本改变,绝大多数师范生都能够做到吸取经验,改善下一次实践的效果,但是由于他们在实践过程中并不存在根本性的错误,所以也很难使实践发生根本的改变。

三、反思与展望

基于以上数据,我们了解到初等教育学院本科生在小学一线参与教育实习的真实情况。为了更好地完善小学教育专业全程实践课程体系,促进师范生更好地理解教育教学专业知识,体验教育教学工作,对师范生的教育研习提出如下改进建议,以期从教育实习管理部门不断优化实习质量。

(一)灵活安排教育实习时间

大学四年级本科生对自己未来的职业规划存在差异,主要分为两大类:

一是继续深造,考取硕士研究生;二是进入一线,成为一名小学教师。选择考研的师范生需要更多的理论储备,而选择就业的师范生则需要更多的实践知识。面对两种发展取向的师范生,实习对他们来说会起到截然不同的作用。

初等教育学院大四本科生的教育实习时间为 10 月至 11 月。有不少大四本科生处于考研备考的关键时期,他们处于备考和实习的两难境地。通过问卷反馈和访谈情况,我们了解到有不少同学对备考和实习之间顾此失彼。但是选择就业的师范生则希望可以延长实习时间, 希望获得更多实习的机会。那么,对于具有不同职业规划的师范生,学院可以设置弹性教育实习时间。对于考研的师范生,可以给予他们教育实习时间选择的自主性,或者考研的师范生可以选择 3 至 6 周的实习期,而就业的师范生则需要完成 6 周或更长时间的实习。

(二)个性化设计教育实习手册

实习手册是为了记录、呈现师范生在教育实习期间的收获和成果。根据实习生的反馈,目前的实习手册存在较大的局限性,例如排版问题,实习生在实习过程中收获很多反思性经验,但是因为实习手册的排版,实习手册没有誊写实习生反思性经验的类目。再如,实习生在实习期间的教案以电子版Word 形式完成,因为实习手册需要手写,不得不再抄写在实习手册上,又因实习手册页面限制,不能展现完整的教案,仅仅停留在形式上,缺乏实质性内容。

因此,可以将实习手册设计得更加灵活和个性化,保留原有板块,减少每个板块的条目和表格框架,充分发挥实习生的主体性。另外,基于调研数据反映的情况,不同学科的师范生面对实习有不同的问题,因此可以考虑进一步结合各专业方向设计符合学科特色的实习手册。

(三)加强大学指导教师对实习生的指导

教育实习历来采用"双导师制",但小学指导教师与大学指导教师发挥的作用并不一样。实习期间,师范生认为与实习学校指导老师互动交流频繁,选择"非常同意"的占 69.55%;与大学指导老师互动交流次数频繁,选择"非常同意"的仅占 37.73%。在本次教育实习过程中,重要的目标之一是运用所学的教育理论对教育实践过程中出现的有关现象和问题进行分析和研究,在理论和实践的互动中提高自己的教育反思和研究能力。

因此,在这一过程中,大学教师的理论指导是必不可少的。实习生应在每周实习结束后,对本周的教育实习进行反思,总结教育问题,并及时与高校指导老师进行有效沟通和交流。高校指导老师应该及时对实习生的教育问题给予及时和有效的反馈,帮助实习生提高理论敏感性,学会站在理论视角看待教育现象中的问题。

(四)精细化教育实习活动

通过深入教育一线调研,根据实习生的反馈,我们了解到不同小学年级阶段的实习生在实习过程中的收获和感受是存在明显差别的。例如,小学低年级(一、二年级)实习生的特点是"事无巨细",主要侧重小学生的品德、行为习惯养成、维持课堂纪律等;中年级(三、四年级)实习生主要侧重小学生学习习惯养成、课堂有效学习等;高年级(五、六年级)的实习生主要侧重于小学生人生观、价值观、世界观的引导。

小学划分为低、中、高三个阶段,不同阶段需要实习生掌握和学习的内容不同。因此学院在安排实习生实习的过程中,可以考虑在大学四年时间中,特别安排每名师范生都有机会在小学各学段实习,直观感受每个阶段小学生发展的特点,并及时调整教学策略,为专业发展奠定良好基础。

当然,有关师范生实习成效的评价还需要引入更加多样化的评价方式,综合比照方能找到优化教育实习成效的最佳路径。首都师范大学初等教育学院作为培养未来卓越小学教师的摇篮,也将继续探索,在大学与小学协同育人的背景下不断优化育人模式,联结教育理论与教育实践。

（执笔人：魏戈）